Picnic de Abutres

Em busca dos Porcos do Petróleo, Piratas da Energia
e Carnívoros da Alta Finança

LIVROS DO AUTOR

A Melhor Democracia que o Dinheiro Pode Comprar (Editora Francis)

Armed Madhouse

PICNIC DE ABUTRES

UMA INVESTIGAÇÃO DE Greg Palast

» Uma plataforma de petróleo explode no Golfo;
» A srta. Badpenny veste suas roupas de couro; e
» "o jornalista investigativo mais importante da nossa época" [*The Guardian*] vai à caça.

Do Ártico até a República Islâmica da BP, de um reator nuclear danificado no Japão até o Carnaval em Nova Orleans, PALAST revela a história que você não verá na CNN.

ALTA BOOKS
EDITORA

Rio de Janeiro 2014

Picnic de Abutres: Em Busca dos Porcos do Petróleo, Piratas da Energia e Carnívoros da Alta Finança
Copyright © 2013 da Starlin Alta Editora e Consultoria Eireli.
ISBN: 978-85-7608-820-2

Translated from original Vultures' Picnic: In Pursuit of Petroleum Pigs, Power Pirates, and High-Finance Carnivores © 2011 by Greg Palast. ISBN 978-0-525-95207-7. This translation is published and sold by permission Penguin Group, the owner of all rights to publish and sell the same. PORTUGUESE language edition published by Starlin Alta Editora e Consultoria Eireli, Copyright © 2013 by Starlin Alta Editora e Consultoria Eireli.

Todos os direitos reservados e protegidos por Lei. Nenhuma parte deste livro, sem autorização prévia por escrito da editora, poderá ser reproduzida ou transmitida.

Erratas: No site da editora relatamos, com a devida correção, qualquer erro encontrado em nossos livros. Procure pelo título do livro.

Marcas Registradas: Todos os termos mencionados e reconhecidos como Marca Registrada e/ou Comercial são de responsabilidade de seus proprietários. A Editora informa não estar associada a nenhum produto e/ou fornecedor apresentado no livro.

Impresso no Brasil — 1ª Edição

Vedada, nos termos da lei, a reprodução total ou parcial deste livro.

Produção Editorial Editora Alta Books	**Supervisão Gráfica** Angel Cabeza	**Conselho de** **Qualidade Editorial** Anderson Vieira Angel Cabeza Danilo Moura Jaciara Lima Natália Gonçalves Sergio Luiz de Souza	**Design Editorial** Auleriano Messias Aurélio Silva Bruna Serrano	**Marketing e Promoção** marketing@altabooks.com.br
Gerência Editorial Anderson Vieira	**Supervisão de** **Qualidade Editorial** Sergio Luiz de Souza			
Editoria **de Negócios** Vinicius Damasceno	**Supervisão de Texto** Jaciara Lima			
Equipe Editorial	Claudia Braga Cristiane Santos Daniel Siqueira	Evellyn Pacheco Juliana de Paulo Marcelo Vieira	Licia Oliveira Milena Souza Thiê Alves	
Tradução Marilia Florindo	**Copidesque** Vinicius Damasceno	**Revisão Gramatical** Adriano Bastos	**Diagramação** Cumbuca Studio	**Capa** Bruna Serrano

Dados Internacionais de Catalogação na Publicação (CIP)

```
P154p   Palast, Greg.
            Picnic de abutres : em busca dos porcos do petróleo, piratas
        da energia e carnívoros da alta finança / Greg Palast. – Rio de
        Janeiro, RJ : Alta Books, 2013.
            452 p. : il. ; 21 cm.

            Picnic de abutres : uma investigação de Greg Palast.
            Tradução de: Vultures' Picnic: in Pursuit of Petroleum Pigs,
        Power Pirates, and High-Finance Carnivores.
            ISBN 978-85-7608-820-2

            1. Empresas de negócios. 2. Indústria petrolífera - Corrupção.
        3. Bancos internacionais - Aspectos morais e éticos. 4. Finanças
        internacionais - Aspectos morais e éticos. I. Título.

                                          CDU 334.746.2
                                          CDD 338.7
```

Índice para catálogo sistemático:
1. Empresas de negócios   334.746.2

(Bibliotecária responsável: Sabrina Leal Araujo – CRB 10/1507)

ALTA BOOKS
E D I T O R A

Rua Viúva Cláudio, 291 – Bairro Industrial do Jacaré
CEP: 20970-031 – Rio de Janeiro
Tels.: 21 3278-8069/8419 Fax: 21 3277-1253
www.altabooks.com.br – e-mail: altabooks@altabooks.com.br
www.facebook.com/altabooks – www.twitter.com/alta_books

"Um cruzamento de **SEYMOUR HERSH** e **JACK KEROUAC**."
— **BuzzFlash.com**

"O VERDADEIRO SAM SPADE." — JIM HIGHTOWER, THE NATION

"Livro do Ano: *Armed Madhouse* de Greg Palast, incendiário... virtuoso... me deixou torcendo em pé."
— *New Statesman*

"MUITO DIVERTIDO. PALAST, À MODA DOS DETETIVES, FORNECE (...) PEÇAS DO QUEBRA-CABEÇAS SECRETO."
— ***THE NEW YORKER***

"O último repórter investigativo de verdade dos Estados Unidos... A história é como um suspense de detetive."
— Robert F. Kennedy Jr.

"ODIAMOS ESSE FILHO DA PUTA."
— Porta-voz da Casa Branca

Baseado nas reportagens do *Newsnight* da BBC TV, do *Dispatches* do Canal 4, da ARTE e do *Democracy Now!*

Partes dessa história apareceram em SuicideGirls.com, *Hustler, Harper's Magazine*, BuzzFlash.com, *New Statesman, Rolling Stone, Dazed and Confused, Radar*,Truthout.com, The Raw Story, AlterNet, *The Guardian, The Shadow, Red Pepper, In These Times,* Top Shelf Comix, *The Observer* (Londres), e uma história, me perdoem, no *The New York Times*.

Sempre há uma desculpa para ser um babaca.

— C. Bukowski

Há um homem ao meu lado caminhando.
Há uma voz dentro de mim falando.
Há palavras que precisam ser ditas.

Para Frank Rosen
United Electrical and Machine Workers' Union
Siga em frente.

© Pete Seeger, com sua permissão

SUMÁRIO

1. Goldfinger — 1
2. Terra da Lady Baba: A República Islâmica da BP — 47
3. Porco no Oleoduto — 105
4. A Riviera Cajun — 137
5. O Queijo Tinha um Cheiro Estranho Então o Jogamos na Floresta — 183
6. O Mágico de gOZma — 197
7. Meu Lar Agora é Um Lugar Estranho — 225
8. Descobrimos Quem Matou Jake — 279
9. A Pedra Filosofal — 297
10. Fukushima, Texas — 317
11. Sr. Justiça — 347
12. O Generalíssimo da Globalização — 355
13. Picnic de Abutres — 401
14. Um Monte de Peixes — 431

Entre em Contato com a Equipe Investigativa de Palast — 437

Agradecimentos — 441

Tudo o que acontece aqui aconteceu de verdade.

CAPÍTULO 1
Goldfinger

MONTANHAS, FORA DE NOVA YORK

É tudo minha culpa, porque eu sou um maldito mão de vaca. Disseram-me que eu deveria alugar uma van branca, algo não chamativo, que pintores ou um faz-tudo poderiam usar e não seriam notados, porque estacionaram ao amanhecer em uma estrada onde apenas BMWs e Porsches Carrera 95 passam.

Mas eu temia que a BBC não pagaria o aluguel da van (e estava certo sobre isso), então lá estava eu no Ameaça Vermelha, meu Honda de 14 anos, detonado, com as luzes idiotas do *freio* ligadas.

De qualquer forma, não vou me mover. *Eu posso te esperar.*

Bem, talvez eu possa. Faz um frio absurdo e o café da Dunkin' Donuts está gelado, e eu preciso urinar as últimas três xícaras que matei esperando O Abutre sair de seu portão eletrônico em direção ao seu "trabalho", para que de algum jeito eu possa segui-lo despercebido em meu carro vermelho ridículo.

E agora Deus faz nevar sobre mim. Uma neve da madrugada, grossa, desagradável, molhada, pesada, que faz com que tudo fique branco, exceto minha lata-velha vermelha. Eu deveria colocar um letreiro luminoso no capô: ESTOU DE TOCAIA. PROCURO POR VOCÊ.

Começamos às 4h da manhã. Parece muito glamouroso no telão, quando transmitimos essas histórias: as tomadas dramáticas em close, depois o pulo e os confrontos. Mas após quatro horas horrivelmente frias, não há nada de glamouroso, só a minha bexiga gritando comigo.

Badpenny liga do nosso Toyota, de tocaia em frente ao prédio comercial do Abutre. Mesmo problema: ela e Jacquie precisam fazer xixi. Então agora elas podem estragar toda a história, porque *Deus me livre* que se agachem atrás de uma árvore e deixem a neve amarela. Elas insistem em um vaso de porcelana e *precisam* deixar a posição. Tudo bem, droga, procurem um posto de gasolina, mas *não deixem que eles vejam vocês*.

Ricardo está acariciando sua câmera. Seu bebê. Ricardo está calmo. Ricardo está *sempre* calmo. Ele acabou de voltar do Iraque, onde a calma o manteve vivo. Ricardo nunca está com fome; Ricardo nunca está com frio e *nunca* precisa urinar. Qualquer que seja a droga que ele usa, eu quero. Eu digo a Ricardo: "Nós ficamos". Por quê? Se Deus está pouco se importando para O Abutre e para o que ele faz da vida, para o que ele fez com a África, por que eu deveria me importar? Bem, foda-se Deus.

Se eu fosse um psicólogo, diria que estou aqui porque meu pai trabalhava em uma loja de móveis em um bairro latino de Los Angeles, vendendo puro lixo aos mexicanos pelo sistema de reserva de mercadorias; mais tarde, ele venderia um lixo mais sofisticado às pessoas mais sofisticadas de Beverly Hills e ele *odiava* os móveis, e eu odiava os babacas inúteis e suas jovens esposas que compravam os móveis. Eu podia sentir o cheiro do dinheiro deles e sentir o cheiro dos cadáveres dos quais eles roubaram esse dinheiro. Eram todos abutres e nós, o resto, éramos apenas alimentos.

Então, aqui está. Minha história, minha motivação: rancor, inveja, fervor revolucionário, que seja.

Mas eu não sou psicólogo. Sou um repórter. E aparentemente, um com uma pequena, se não fervente, reputação internacional: justo nesta manhã recebi um pedido de outro jovem, esse da Polônia, que gostaria de entrar em nosso grupo de investigação. Porém, ao contrário do tradicional currículo, Lukasz, o aspirante a jornalista, de Cracóvia, envia-me a notícia de que está com meu crachá de acesso da BBC, meu caderno de anotações e meu laptop, que ele encontrou no aeroporto de Heathrow, em Londres. No lugar de dinheiro, ele quer o emprego. Não era um resgate: se eu negasse o emprego, ele devolveria o crachá e o caderno de qualquer forma. Mas ele já teria se livrado do meu computador, depois de decifrar meus códigos de segurança.

Um cara desses pode ser útil.

Mas eu não me pergunto por que estou aqui. Eu *sei* por que estou aqui. Estou aqui pelo que nosso Informante disse na gravação sobre o Abutre:

Eric passou para o Lado Negro.

LAS VEGAS

As prostitutas que custam dois mil por noite estão vagando sozinhas e desconsoladas pelo cassino Wynn, vítimas da recessão. Badpenny, totalmente vestida como uma Bond Girl, está perdendo moedas nas máquinas caça-níqueis e murmurando músicas do Elvis.

O trabalho designado a Badpenny é estar bonita e conseguir informações. Ela faz bem o seu trabalho. Um advogado de acusação diz a ela: "Uma mulher tão bela como você deveria ouvir que é bela a cada cinco minutos". Seu nariz desce devagar em direção ao decote dela. Eu não sabia que existiam caras que ainda falavam daquele jeito. Bem, muito bom. Tome nota, Penny.

Minha designação é encontrar-me com Daniel Becnel. Becnel é simplesmente o melhor advogado de defesa dos Estados Unidos. Ele não tem um escritório em Vegas ou em Nova York. Ele montou seu barraco na pior parte de Louisiana, no final dos pântanos do rio Mississippi, onde defende outros Cajuns como ele, e defende também os petroleiros especuladores das plataformas da Costa do Golfo.

Acabei de voltar da Floresta Amazônica, onde eu acompanhava as operações da Chevron. A Chevron monopoliza a perfuração em águas profundas no Golfo do México. Talvez Becnel e eu poderíamos trocar informações. Hoje é dia 20 de abril de 2010. Aniversário do Hitler e da minha ex-mulher.

Encontrei Becnel — longe das mesas de jogos e aparentando estar sóbrio, infelizmente.

Houve uma explosão em sua terra. Uma plataforma começou a vazar petróleo e estava pegando fogo. A Guarda Costeira ligou para ele. Queriam sua permissão para abrir uma cápsula de segurança emergencial que encontraram flutuando no Golfo. A Guarda supôs que talvez vários clientes de Becnel trabalhando na plataforma Deepwater Horizon estivessem lá dentro, cozinhados vivos.

O som da TV no balcão estava desligado. As espirais de fumaça, altas e negras, subindo da plataforma petrolífera da British Petroleum (BP) lembraram-me do meu escritório, quando pegou fogo.

Algo está *muito* errado com essa imagem. Tudo que vejo são alguns barcos de resgate borrifando com água a chama de metano e petróleo, inutilmente. Que diabos? Onde está a Vikoma e o RO-Boom? Onde está o *Sea Devil*?

Por conta do caminho excêntrico da minha carreira, acontece que eu sei muito sobre contenção de vazamento de petróleo. E sei muito sobre baboseira. Aquilo não é contenção de vazamento, aquilo é uma baboseira.

Eis um arranha-céu em chamas, e então os bombeiros chegam com duas garrafas de água mineral.

Como eles podem fazer isso? Como pode a British Petroleum, a empresa petrolífera com postos de gasolina ecológicos, com painéis solares na capa de seu relatório anual, que beijou a boca dos grupos ambientais ao discordar publicamente da Exxon para condenar o aquecimento global... como pode a BP Ecológica atacar ferozmente e macular nossa preciosa Costa do Golfo?

A resposta é: *a BP tem muita prática.*

No dia seguinte, Anderson Cooper, da CNN, e uma manada de repórteres correram para o Golfo para filmar de perto os pássaros cobertos em petróleo e para entrevistar aquela fraude de fala enrolada, o governador da Louisiana: Bobby Jindal.

Contudo, eu sei algo que os outros repórteres não sabem: a história real sobre a explosão da BP está na direção oposta, 12.800 quilômetros ao norte.

Tenho em meus arquivos uma investigação de quatro volumes, altamente confidencial sobre as instruções do *Exxon Valdez*, no Alasca, escrita há duas décadas. O relatório concluiu que,

"Apesar do nome 'Exxon' no navio, o verdadeiro culpado pela destruição do litoral do Alasca é a British Petroleum."

Tenho uma cópia desse relatório porque eu o escrevi.

Foi meu último trabalho. O trabalho que me derrotou: após anos como um detetive-economista, investigador de fraudes corporativas e extorsões, esse caso fez com que o jogo acabasse para mim.

O mais importante, a história escondida que me chamava ao norte, é que o desastre da Deepwater Horizon nasceu exatamente lá, na rota de petroleiros do Alasca. Eis o motivo: a BP cometeu o crime, mas não pagou por ele. A Exxon escapou por um valor barato, claro, mas a BP se livrou completamente, sem gastar um centavo de seu tesouro, sem nenhuma gota de óleo manchando sua reputação verde. Então eu me demiti.

Mas agora, do cassino, Badpenny está reservando um voo da Alaska Airlines para mim e fazendo ligações para que um Cessna Apache faça um voo fretado a Vila Tatitlek, na Ilha Bligh. A rede terá que confiar em mim quanto a isso. Sei que a chave para expor a causa do vazamento no Golfo está na Vila Nativa Tatitlek. Preciso conversar com o chefe Kompkoff.

ALGUM LUGAR PELA COSTA DO AZERBAIJÃO

Logo após deixar Las Vegas, Badpenny recebeu um e-mail com o título "Re: Sua Doação a Palast", estranhamente enviado de um navio flutuando pelo Mar Cáspio, perto da plataforma de petróleo da Central Azeri da BP, ou seja, em algum lugar pela costa do Azerbaijão, na Ásia Central. No e-mail, lia-se:

Respondemos "Entendido", e esperamos.

Quando o poço da Deepwater Horizon vazou no Golfo, a BP agiu como se estivesse chocada. Apenas seis meses antes da explosão no Golfo, um vice-presidente da BP testemunhou no Congresso que a empresa realizava perfurações em alto-mar por cinquenta anos sem vazamentos de grande porte. Quando o grande poço de fato explodiu no Golfo, a empresa disse que aquilo nunca aconteceu antes. Quer dizer, eles nunca relataram.

Semanas após recebermos a primeira mensagem do navio no Mar Cáspio, localizamos nossa fonte aterrorizada em uma cidade portuária na Ásia Central; e ele nos contou que o depoimento da BP no Congresso era um monte de merda. Ele mesmo havia testemunhado outro vazamento de uma plataforma de águas profundas. Ele parecia realmente nervoso. E por um bom motivo.

Eu não sabia de onde diabos tiraria um orçamento para ir a Baku, capital do Azerbaijão, mas Badpenny marcou a viagem sem perguntar. "Sei que você vai, então não vamos discutir sobre isso".

MONTANHAS, NOVA YORK

Café gelado em meio a uma tempestade de neve não era o que eu tinha em mente. O plano original não era tão horrível. Eu teria convocado aquele louco maldito do John McEnroe (de verdade) para nos ajudar a conseguir o consentimento para entrar na propriedade do Abutre.

Das fotos de satélite das terras do Abutre, podíamos identificar uma quadra de tênis a menos de 90 metros da entrada. Para colocar câmeras em sua propriedade, apareceríamos em uniformes brancos de tênis, com nossa equipe sorridente, para o novo reality show *Jogando Tênis com os Famosos! Estrelando John McEnroe!* Será que o Abutre gostaria de jogar uma partida com o campeão?

Mas nossa sincronia foi para o inferno. Tênis na tempestade de neve? Esqueça.

Agora Londres está ligando no celular de Ricardo. Centro de Televisão da BBC. Problema. Algum serviçal trabalhando para o dr. Eric Hermann, também conhecido como O Abutre, parece ter detectado um carro vermelho no fim da estrada e ligou para a empresa de Relações Públicas do dr. Hermann na Inglaterra, onde já é fim de manhã. O astuto porta-voz do Abutre grasnou na mesa de notícias da BBC: "Palast está em uma 'caça ao abutre'?". Jones, meu produtor, diz que respondeu ao RP do Doutor: *"com certeza"*.

Jones acrescenta: "uma *merrrda* de carro vermelho!?". Perdoem o sotaque galês.

Frio, e agora um pensamento muito, muito ruim: *ele escapou de nós*. Coisa fácil de se fazer com uma casa maior que o Vaticano — 20 mil metros quadrados com nove banheiros (nós checamos os registros de imposto). Pior ainda, a fotografia aérea revelou acres de florestas no ponto cego, que levava direto aos fundos da torre do escritório do doutor. E o perfil dizia que o dr. Hermann era um maratonista sério. Esse cara poderia muito bem correr direto de sua floresta particular para seu escritório, rindo do otário no carro vermelho. Ou talvez ele poderia *aparatar* até lá, como um bruxo do *Harry Potter*.

Badpenny e Jacquie juraram pelo telefone que não detectaram nenhum rosto da foto-lista entrando no prédio, mas isso pode ter sido por causa da indesculpável parada para o vaso de porcelana.

Dirigi o Ameaça Vermelha muito rápido no gelo, pelas pistas de trás do escritório de Hermann.

Nós já tínhamos o plano. Badpenny fez o reconhecimento uma semana antes. Ela extraviou um envelope de propósito, fez uma "entrega" para o escritório deles, agindo como uma tola enquanto mapeava mentalmente o local. Agora, enquanto estamos amontoados na neve, ela diz ao Ricardo que se pudermos passar pelo distraído rapaz da segurança com alguma conversa fiada, poderemos chegar exatamente nos conjuntos de escritórios do quarto andar da empresa do Abutre, a FH International.

Dentro do prédio — a mesa da segurança estava estranhamente vazia —, Ricardo entrou rapidamente no elevador, tirou sua ultra-mini câmera digital da bolsa esportiva e ligou o microfone. Uma mulher bem-vestida que estava no elevador conosco perguntou: "Surpresa para alguém?".

Era. Mas seria uma surpresa para nós mesmos.

Nos apressamos para o quarto andar com o mapa de Badpenny feito à mão, procurando pelas portas da FH. Em círculos pelos corredores do prédio, comicamente nos perdemos três vezes. Então eu notei uma grande mancha branca na parede da entrada do corredor: a grande placa esculpida com o nome da FH International havia sido *removida da parede*, assim como o número do escritório, além de as portas estarem trancadas.

Foi embora. Em questão de *horas*. Uma empresa bilionária de fundos de cobertura internacional... *puft!*

Encostei-me na porta, simplesmente exausto, simplesmente derrotado.

Então ouvi vozes. Por trás das portas. O Abutre *trancou* seus funcionários.

Agora era uma comédia, era a terra da esquisitice: multimilionários encolhidos de medo embaixo de suas mesas, no escuro, temendo o cara no Honda vermelho. Fiquei honrado.

Tudo isso, a placa removida, os milionários escondidos, tudo para não responderem a uma única pergunta:

O que, ou quem, é Hamsá?

LIBÉRIA, ÁFRICA OCIDENTAL

Com a equipe do Abutre ainda fingindo estar invisível e a Segurança do prédio nos pressionando no elevador, sabíamos que o único jeito de obtermos uma resposta para nossa pergunta era conseguirmos vacinas e vistos de emergência e irmos à Libéria. A BBC não ficou feliz com o preço das passagens e eu não os culpo, mas eu precisava falar com a própria presidente.

Trinta e seis horas após a tocaia na neve, estávamos suando em Acra, na África Ocidental.

"BEM-VINDO A GANA. NÃO TOLERAMOS PERVERSÕES SEXUAIS".
Bem, como um lema nacional, esse era um nível acima do *Em Deus Confiamos* norte-americano.

Não foi como a última vez que tentei me transportar para a Libéria, durante a guerra civil, em 1996, quando o aeroporto da capital era só um monte de buracos, crateras de bombas. Naquele tempo, o único voo era feito aleatoriamente, uma vez por semana, por dois russos que faziam contrabando em um turbopropulsor da Tupolev. Disseram-me que eu poderia pegar uma carona por duas garrafas de vodca. Perguntei se eu poderia dar as vodcas *depois* de pousarmos. *Nyet.*

Agora estou voando pela Ethiopian Airlines e pegando uma vodca para mim mesmo, apesar das minhas promessas de parar com essa merda.

Se você não sabe qual é a capital da Libéria, relaxe, isso não é um teste. A maioria dos americanos não aprendem quais são as capitais de terras estrangeiras até que a 82ª Divisão Aerotransportada pouse nelas. Cabul. Mogadíscio. Saigon.

Resposta: Monróvia. A capital da Libéria foi nomeada em homenagem ao presidente norte-americano James Monroe, que ajudou ex-escravos norte--americanos a criarem a mais duradoura democracia da África, fundada em 1847. Essa democracia caiu por terra quando, em 1980, o cabo Sam Doe fez com que todos os membros do gabinete do presidente eleito marchassem para a praia próxima, amarrou-os em postes e atirou neles, com câmeras de TV ligadas. Ronald Reagan ficou animado e ajudou o ditador assassino Sam Doe a transformar a Libéria em uma zona de assassinatos da Guerra Fria. Um em cada dez liberianos morreriam.

Richard e eu chegamos à Libéria sem nenhuma noção do que fazer. Mas Ricardo tinha alguma. Ele havia acabado de aprender um pouco de árabe da forma mais difícil: como um hóspede involuntário de uns caras maus em Bassorá, no Iraque. Ele disse: "Sabe, *Hamsá* em árabe significa 'Cinco'".

Ah.

Mais ainda, uma Hamsá é mais ou menos assim:

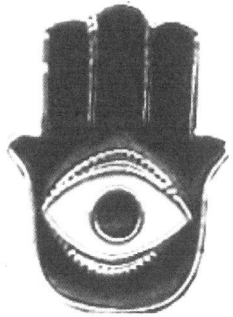

O símbolo é libanês. Claro.

MOTOWN

Aos 15 anos, Rick Rowley foi condenado. Nascido no meio de lugar nenhum, em Michigan, um barranco de ferrugem e neve tão terríveis que deixamos que os trabalhadores da indústria automobilística ficassem com ela. Quando criança, Rick colocava a cabeça nos trilhos de trem e esperava pelas raras vibrações de um trem em movimento, longe dali. Ele tinha 15 anos no dia em que se levantou e seguiu o zumbido na estrada. Ele andou por mais de 320 quilômetros, sobrevivendo com pasta de amendoim e pão de forma até chegar à Cidade dos Carros: Detroit.

Rick não estava fugindo de algo; seus pais eram tranquilos. Ele estava indo *em direção a* algo; sabe-se lá que diabos era.

Rick nunca mais voltou a Lugar Nenhum.

Ele ouviu. Ele viu. E ele descobriu que as histórias das outras pessoas eram mais importantes do que a sua própria.

Pela estrada, ele comprou uma pequena câmera que ouviu e viu com ele. Ele encontrou mais histórias na Argentina, dentro das rebeliões do FMI, depois seis meses na floresta de Iucatã, aprendendo espanhol com as guerrilhas Zapatistas, que o nomearam Ricardo, depois, em algum lugar no meio do caminho, passou um tempo na Universidade de Princeton, depois muito tempo no Iraque, no Afeganistão e no Líbano, com o Hezbollah.

Ele segurava aquela pequena câmera digital de forma estranha, embalada como um bebê. A primeira vez que filmou para a BBC News, por insistência minha, Jones disse: "O que é isso? Algum tipo de câmera de brinquedo?". Não, é minha arma.

Ricardo não gosta de falar sobre si mesmo. Foram necessárias três doses de uma bebida muito forte em um bar na África Ocidental para descobrir sobre o trilho de trem, Hezbollah, Princeton.

Agora ele está por aí, sem supervisão militar.

Ignorando o conselho de Jones, ele voltou ao Iraque para conseguir as últimas palavras arrogantes do chefe militar Abu Musab, antes deste explodir em pequenos e úmidos pedaços. Rick é um cara de sorte. Até agora.

VILA TATITLEK, ILHA BLIGH, ALASCA

O chefe Gary Kompkoff permaneceu na praia, vendo o petroleiro VLCC *Exxon Valdez* se arrastando em Bligh Reef. Kompkoff estava se perguntando: *Que diabos?*

Era quase meia-noite, estava claro e iluminado pelas estrelas. Enquanto a sombra do navio surgia, a vila inteira juntou-se a Kompkoff na praia, perguntando a si mesmos: *Que diabos?*

Kompkoff me disse que pensou que fosse algum tipo de treinamento idiota. Até um bêbado poderia notar a luz de aviso de halogênio, piscando e iluminando seus rostos a cada nove segundos.

Não era uma perfuração.

Agora, não fique com a ideia de que eles eram um monte de índios estúpidos impressionados pela aparência do superpetroleiro do homem branco. Eles não tinham televisões, mas tinham treinamento em contenção de derramamento de petróleo.

Conter um vazamento de petróleo na água não demanda uma tecnologia superavançada. Seja um petroleiro arruinado ou um poço destruído, deve-se fazer duas coisas: primeiro, coloca-se uma contenção de borracha ao redor do vazamento. Essa contenção é chamada de "boom". Depois, deve-se trazer um barco de remoção com um grande tubo sugador, e sugar o petróleo para dentro do curral de borracha; ou pode-se afundar o petróleo ("dispersá-lo" com produtos químicos); ou pode-se rebocá-lo e atear fogo. Claro que existem variantes lunáticas, a maioria utilizada pela BP. Em 1967, o *Torrey Canyon*, no Canal da Mancha, pegou um atalho feito para barcos pesqueiros e quebrou. Foi o maior derramamento de petróleo de todos os tempos. A British Petroleum chamou a Força Aérea Real (RAF), que lançou um monte de bombas na poça, enquanto ela boiava pelo Canal em direção à França. A RAF foi tão eficiente com o petróleo na superfície da água quanto foi com o Talibã. Poça de Petróleo: 1. RAF: 0.

Eis uma ilustração simplória de como conter uma poça de petróleo de um petroleiro quebrado:

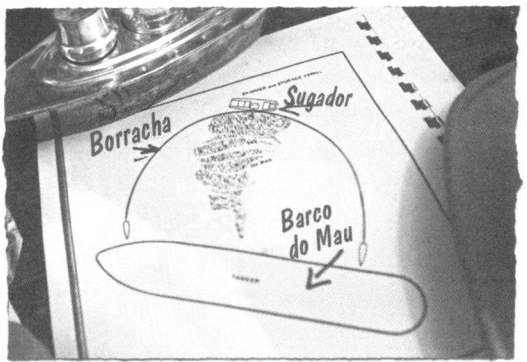

É mais ou menos o mesmo para uma explosão de poço. Observa-se nessa imagem um pequeno desenho de um barco puxando a contenção de borracha, chamado Vikoma Ocean Pack, em volta do navio, enquanto outro pequeno barco, o removedor Sea Devil, suga a mancha, o petróleo na superfície.

Eis a ironia, ou o crime, você escolhe: obtive esse diagrama da Alyeska, a empresa responsável por conter e limpar o derramamento de petróleo nas águas do Alasca, não importa quem seja o dono do petroleiro. A Alyeska é uma combinação de empresas e o nome disfarçado politicamente colaborativo para a proprietária sênior, a British Petroleum. A Exxon é proprietária júnior. Algum tipo de júnior.

A ilustração do derramamento de petróleo é do PRDP (Plano de Resposta de Derramamento de Petróleo) oficial da BP-Exxon para a Enseada do Príncipe Guilherme, no Alasca, publicado *dois anos antes* do treinamento do *Exxon Valdez* na Ilha Bligh, Tatitlek. Os executivos de alto escalão das empresas petrolíferas comprometeram-se a esse plano sob juramento perante o Congresso.

Admito, foi um lindo plano.

Ele tinha tudo: sugadores e borrachas por todo o lugar e equipes de emergência 24 horas, prontas para agir.

Simples, simples: cercar com a borracha e sugar. Os nativos de Tatitlek poderiam ter feito isso com muita rapidez e nunca se ouviria falar do *Exxon Valdez*.

Mas *poderiam ter* são as duas palavras mais desoladoras de um idioma. Os nativos eram os bombeiros com o equipamento. Isso estava no plano. Eles só ficaram parados lá. *Por quê?*

Durante minha investigação logo após o vazamento da *Exxon*, Henry Makarka ("Passarinho"), o ancião do grupo indígena Eyak, levou-me à vila de Nuciiq, hoje abandonada. Ele me disse: "Eu tive que ver uma lontra arrancar seus próprios olhos, tentando limpar o petróleo". Henry é um cara bondoso, hoje com 80 anos. Mas caso eu não tivesse entendido direito, ele adicionou: "Se eu tivesse uma arma, eu mataria cada um daqueles brancos filhos da puta".

Ele não disse "brancos". Ele usou a frase Alutiiq grosseira, *isuwiq* alguma coisa, *foca desbotada*.

Eu precisava dele para me dizer de uma vez, sem baboseira, o que diabos aconteceu naquelas reuniões entre os chefes Chugach e os chefes de empresas petrolíferas 20 anos antes, para embasar minhas suspeitas, ou para me dizer que eu cheguei em outro beco sem saída. Não era uma conversa que ele estava feliz em participar, especialmente com um investigador que era uma foca desbotada.

Os Eyak, Tatitlek e outros Nativos Chugach viveram na Enseada por três mil anos, talvez mais, exatamente os últimos norte-americanos a viverem daquilo que poderiam capturar, reunir, caçar. Era dia 24 de março, 0h 04min, 1989, quando Kompkoff testemunhou o momento em que três mil anos da história Chugach chegou ao fim, o momento em que Satanás recolheu o que lhe era devido por causa da cumplicidade dos Nativos, especialmente da tribo de Makarka.

LOS ANGELES, CALIFÓRNIA

Por que estou voando para todos os lados? Por que estou caçando líderes excêntricos e acuando especuladores de fundo de cobertura, depois carregando você até o Ártico e depois até a Amazônia?

Por que estou escrevendo tudo isso, arrastando você comigo?

Meu editor quer que eu escreva um livrinho legal sobre um único assunto, como "empresas petrolíferas" ou "bancos" ou "Receitas de *Sex and the City*". Contudo, o planeta não é tão simples quanto um litro de leite homogeneizado, todo branco e sedoso.

É uma bagunça, é uma confusão. Acostume-se.

É assim que é. É assim que trabalhamos. Não posso dizer *Ah, por favor não me mande essa informação suspeita essa semana*. E as semanas seguintes do desastre da Deepwater Horizon produziram a mais forte torrente de informações a serem seguidas de toda a minha carreira.

Mas, pelo bem da clareza, e da minha sanidade e da sua, vou levá-lo comigo, um movimento investigativo de cada vez. Apenas neste primeiro capítulo, quero lhe mostrar como nosso trabalho é feito na realidade, seguindo várias pistas de uma vez. Tropeçando uns nos outros, batendo nossas cabeças em paredes (tenho as melhores ideias desse jeito).

Sou o que o dr. Bruce, meu professor de Ciências do ensino médio, chamaria de mergulhador de esgoto. Antes de o dr. Bruce adquirir seu doutorado, ele conseguiu um dos poucos trabalhos que uma criança negra no Extremo Sul dos EUA poderia conseguir para ganhar alguns dólares, mergulhando em esgotos. Quando alguém deixava cair uma aliança ou uma carteira no banheiro lá fora, dr. Bruce mergulhava lá, com seu balde, e puxava a coisa de volta e procurava cuidadosamente. Ele passou a gostar disso. E eu também, mergulhando, apertando em nossos filtros investigativos, encontrando as boas histórias. Não há apenas um tópico, mas há apenas uma história: eu caço porcarias diferentes por todo o planeta, mas é tudo a mesma merda.

Há apenas uma história: a história Deles contra Nós.

ELES têm casas maiores que a Disneylândia, NÓS temos aviso de execução hipotecária.

ELES têm jatinhos particulares para ilhas particulares, NÓS temos bolas de alcatrão e futuros perdidos, e pagamos suas dívidas de apostas com nossas pensões.

ELES têm as terceiras esposas jovens e redução de impostos, NÓS temos crédito de risco.

ELES têm dois candidatos nas eleições e NÓS devemos escolher.

ELES têm as minas de ouro, NÓS temos os buracos.

Eles contra Nós: essa é minha carreira, minha obsessão — e minha lápide (ELES FINALMENTE ME PEGARAM).

Este livro, esta jornada, é uma busca para desmascarar A Fera, a máquina monstruosa que trabalha incessantemente para tirar de Nós e dar para Eles.

Isso não responde a pergunta, responde? A pergunta do *por que* estou fazendo isso.

Sou de Los Angeles, da depressão chamada de Vale, onde se jogam os perdedores até que haja necessidade de mão de obra barata e soldados baratos quando os *gusanos* não são suficientes.

Voltei lá, apenas uma vez. Quando você dirige por Hollywood Hills e desce para o Vale, não se veem casas, mas sim uma névoa densa subindo, que é num tom amarelo vômito-e-urina. A mulher que estava me dando uma carona disse: "Achei que o Sul da Califórnia tinha um clima. Isso é uma *cor*".

Cresci e, o mais rápido que pude, saí da névoa de urina. Após fracassar em inúmeros empregos não promissores — instrutor de dança de salão, porta anúncios, baterista de jazz, doador de esperma, ghost-writer de trabalhos escolares (*"um 10 garantido!"*), acabei como um investigador. Trabalhei em grandes casos, que envolviam centenas de milhões e bilhões de dólares. Fui passado para trás inúmeras vezes. Em outras palavras, meus alvos sempre pareciam fugir a tempo de conseguirem a melhor mesa no restaurante Nobu.

Então eu me demiti. Agora sou um repórter investigativo. Ainda sou passado para trás. Porém, agora, também posso dar o troco.

COSTA DO GOLFO, PRAIAS DO ALABAMA

A história que ouvi de nosso investigador Ronald Roberts era como um filme tosco de terror: peixes se afogando.

Em lugares estranhos por todo o Golfo, mortos. Eu nem *sabia* que peixes podem se afogar. Mas parando para pensar, o que eu não sei daria um livro inteiro.

Ronald Roberts foi farejar a cena antes de nós e fez perguntas à BP sem levantar perguntas sobre si mesmo. Seu nome real não é Ronald, é Zachary: Zach Roberts, o fotojornalista. Mas se você jogar no Google "Ronald" Roberts, você verá a foto de um maníaco sexual da Flórida, falecido, assim como verá o autor do estudo clássico *Fish Patology* ("Patologia dos Peixes").

Apesar de o petróleo ainda ser expelido de seu buraco de Macondo, a BP estava no modo de negação do holocausto: *Os peixes não estavam mortos*. E, disseram, se estivessem, não foi a BP que os matou.

Investigar o assassinato de peixes não faz parte do meu jogo. Então eu precisaria de um especialista que não fosse um enganador e que não estivesse nadando em dinheiro da indústria. O campo era específico, então não é surpresa que sem consultar um ao outro, Ronald/Zachary e eu decidimos pelo dr. Rick Steiner. Eu conhecia Steiner como o Grande Nome quando se trata de peixes e contaminação por petróleo, o diretor do Departamento de Biologia na Universidade do Alasca. Steiner literalmente mergulhou nesse campo há duas décadas, atravessando com dificuldade em meio ao lixo do *Exxon Valdez* que envolvia seu próprio barco.

O professor Steiner não era apenas incorruptível, era também incomunicável, escondido em algum lugar na África. Meu especialista em pesquisa, Matty Pass, conectando-se de alguma forma com nossa vibração telepática, também foi à procura do dr. Steiner, localizando-o naquele banheiro tóxico chamado Nigéria, brincando com o lodo que a Shell deixou lá há 40 anos.

Demos sorte porque Steiner queria recolher algumas porcarias da BP na costa do Mississippi para testes. A empresa não deixou que ele acompanhasse os professores que compraram, então ele se planejou para visitar as colunas de água suspeitas via submarino. Sem brincadeira.

O professor se ofereceu para me levar com ele.

Valia a pena voar para a Costa do Golfo para bancar o Capitão Nemo com Steiner, para que eu pudesse coletar algumas pistas científicas para responder à pergunta que simplesmente não me abandonava: a destruição da Costa do Golfo, as marismas mortas e as zonas úmidas poluídas que apareciam na TV sem parar... todos concordaram que o petróleo era da BP. Era mesmo da BP? Eu suspeitava que não, e não sem motivo.

SEATTLE, WASHINGTON

Nossa testemunha em alto-mar, mesmo no Mar Cáspio, sabia que precisava ficar debaixo dos panos. Ele sabia, e todos da indústria sabiam: coisas ruins acontecem com quem denuncia a BP.

Chuck Hamel que o diga. Hamel, um executivo do petróleo, havia feito uma parceria com a BP e a Exxon no Alasca. Em 1986, ele descobriu que o terminal Valdez estava uma bagunça, com um acidente de petroleiro prestes a acontecer. Ele ficou tão abalado que pegou o primeiro Concorde para Londres para contar ao presidente da BP, pessoalmente, que eles corriam risco de sofrer um desastre.

A resposta da BP foi contratar um time de ex-agentes da CIA para segui-lo. Interceptaram seu telefone. Invadiram sua casa. Planejaram armadilhas com mulheres, daquelas que homens menos importantes não recusariam, mas Hamel é estranhamente fiel a sua esposa. Então, quando Hamel marcou uma reunião com um deputado em Washington, os presidentes-executivos da BP no Alasca ficaram malucos tentando descobrir o que Hamel iria soltar. A equipe de espionagem da BP colocou um carrinho de controle remoto nos dutos de ventilação do hotel e equiparam o brinquedo com microfones para secretamente ouvir a conversa de Hamel. Infelizmente para os operadores da BP, a Força de Operações Especiais da Marinha dos Estados Unidos, Navy Seals, havia instalado um posto secreto de escuta no hotel. O time de espionagem da Navy Seals enlouqueceu quando pegou o microfone da BP, certos de que eram os Russos. Os agentes rastrearam o sinal, arrombaram a porta do hotel e prenderam os espiões da BP.

A BP teve que indenizar Hamel. Mas a indústria é paciente e pegou Hamel no final. Quando Hamel juntou-se à Exxon, ele era um próspero executivo do petróleo. Ele não é mais próspero e não possui mais nenhum petróleo. Acabei de conversar com ele em Seattle, para onde se mudou após a Exxon levá-lo à falência.

Hamel não tem muitos dias bons agora. Ele está doente, sem fôlego suficiente para continuar nossas conversas. Mas eu precisava da ajuda dele.

Desbravei 600 páginas do Plano de Resposta de Derramamento de Petróleo da BP para a operação nas águas profundas do Golfo. Não precisava. Era quase uma cópia do plano do Alasca. "Boom" de borracha, barco de remoção, equipes de emergência (e limpeza de focas). Foram esses "boom" e barcos de remoção que eu *não* vi por perto da plataforma da BP no incêndio e naufrágio no Golfo quando vi aquilo na TV em Las Vegas. Não posso dizer que fiquei chocado.

O equipamento não estava no Alasca e não estava no Golfo. A mesma empresa, o mesmo plano, a mesma balela. A verdadeira pergunta para mim era: *como eles vão se safar dessa vez?* A bondosa esposa de Hamel já estava farta, e disse para ele se afastar. Porém, eu imaginei que ele pudesse conhecer alguém que conhecesse alguém.

Entretanto, a pessoa que ele me indicaria poderia não falar: depois do trabalho que a BP fez com ele e outra meia dúzia, poucos infiltrados na indústria ou no governo arriscariam seus pescoços, mesmo para sussurrar extraoficialmente. Hamel me deu o telefone do inspetor Dan Lawn.

Os espiões da BP também interceptaram seu telefone. Mas parece que o inspetor gostou da oportunidade de educar seu público escondido de neandertais da indústria.

CAZAQUISTÃO

Se eu fosse um detetive em um caso de divórcio, eu procuraria pelo parceiro rejeitado. Ao investigar essa gigante multicontinental do petróleo, eu procurei pelo parceiro rejeitado.

Jack Grynberg certamente foi rejeitado pela BP, deixado no altar do Mar Cáspio por John Browne, que estava prestes a obter o título de lorde barão Browne de Madingly e, até o lorde perjurar a si mesmo em 2007, era presidente-executivo da British Petroleum. Em 1991, a Grynberg Energy trouxe a BP como parceira na negociação exclusiva para perfurar o lado cazaque do Mar Cáspio.

O Cazaquistão é a maior das nações das Estepes da Ásia Central que foram cagadas pela Mãe Rússia em 1991, quando ela expulsou seus indesejados Muçulmanos e Armênios, Uzbeques, Cazaques e Turcomanos, defecando novas nações tão rápido que a "República Quirguiz" recebeu sua independência não solicitada da União Soviética em um telegrama surpresa, fazendo com que os líderes de partido de lá se reunissem em uma conferência de emergência para perguntar: "Como podemos ter um correio? Precisamos imprimir nossos próprios selos?".

A negociação no Mar Cáspio foi o grande acerto da carreira na BP do lorde Browne. Então, em 2004, Browne sacaneou Grynberg em, pelos meus cálculos, $180 milhões quando a BP vendeu o contrato de arrendamento. A forma exata como o Lorde o sacaneou — eu precisava perguntar isso a Grynberg.

Acho que Browne cometeu um grande erro. De qualquer modo, achei válido localizar um executivo do petróleo obstinado, meio milionário, com uma fixação pela BP.

Grynberg possui mais poços produtivos de petróleo (672) do que eu tenho arrependimentos, e essa riqueza não inclui o pagamento gordo que ele recebeu por seu casamento financeiro disfuncional com a BP PLC.

Ex-agente de inteligência dos EUA, Grynberg prefere desaparecer quando é procurado pela mídia. Minha equipe deixou mensagens para ele e fez ligações para qualquer um e todos que pudessem saber algo sobre ele. Isso fez com que ele nos ligasse do seu celular, sabe-se lá Deus onde ele estava. Ofereci-me para encontrá-lo em Denver, onde ele tinha 30.000 cabeças de gado, ou em Londres, ou em Almaty, no Cazaquistão.

Para a sorte do nosso orçamento sofrido, ele precisava fazer uma visita discreta a Nova York na semana da Assembleia Geral das Nações Unidas, quando ele poderia se encontrar discretamente com presidentes, primeiros-ministros e ditadores fingindo ser presidentes.

Ele tinha algo para me mostrar. Não, ele não enviaria por fax.

BAKU, MOSCOU, WASHINGTON

Mas havia a outra metade do Mar Cáspio que a BP cobiçava, sob as águas do Azerbaijão, longe da antiga pousada caravançarai de Baku. Foi lá onde outra plataforma da BP explodiu, pelo menos de acordo com nosso informante marítimo.

O Azerbaijão é outra excreção ex-soviética. Tornou-se uma república Islâmica, onde a ditadura exige que todos os seus cidadãos rezem cinco vezes por dia pela British Petroleum. Eu precisava me infiltrar. Contudo, não era simplesmente chegar no Azerbaijão com uma câmera filmadora, fazendo perguntas.

Infiltrar-se era uma coisa. Mas encontrar provas, mesmo sobre um acontecimento tão grande quanto uma enorme explosão em uma plataforma de petróleo, exigia uma especialidade que eu estava feliz por não possuir.

Imaginei que um agente do petróleo como Grynberg poderia me dar uma dica sobre como se mover pelos becos escuros e antigos de Baku. Ele sugeriu que eu encontrasse um infiltrado na BP que trabalhasse na unidade da empresa petrolífera XFI em Baku. Ele me deu um nome, mas nós teríamos que encontrar seu endereço e telefone, que era de algum lugar no Hemisfério Norte. Dica: XFI pode significar Exploração de Fronteiras Internacionais — ou não. Ela poderia ter existido — ou não.

Bem, Badpenny tinha algo para começar.

Veja o que aprendemos antes de tentarmos nos encontrar com ele. Apenas minutos depois dos países "Stãos" serem liberados das leis comunistas, o time da XFI da BP correu para oferecer ajuda às novas nações para desenvolverem seus recursos não explorados. Ou talvez para *servirem a si mesmos* com os recursos.

Um membro do Clube do Petróleo em direção ao Leste Selvagem me disse: "O mundo é movido à petróleo, e o petróleo é movido a pagamentos e xoxotas". Não é um sentimento que você encontraria em cartões de saudações, mas os poderosos das novas repúblicas Islâmicas não recebem cartões de saudações. O embaixador da Grã-Bretanha no Uzbequistão mencionou que o presidente uzbeque Karimov cozinhou seus oponentes vivos; não é algo que você comenta em jantares oficiais.

Absolutamente ninguém era melhor no jogo de postagem e embalagem do que o líder da XFI da BP, Leslie Abrahams. O operador gostava de se gabar para seus amigos sobre como seus envelopes com dinheiro e suas garotas ganhavam o coração dos burocratas de Baku e de seus contratos de arrendamento de petróleo. Em outras palavras, esse Abrahams era um otário profissional. O otário da BP. Ele passou à empresa estatal de petróleo azeri um "agrado" de $30 milhões. O cheque foi entregue a ele pelo lorde Browne, ou seja, o lorde entregou a Leslie uma velha maleta marrom que continha o cheque. A velha maleta estava acompanhada, de forma oportuna, pela Baronesa Margaret Thatcher.

Mas será que Abrahams diria isso para mim com gravadores ligados, com câmeras? Conseguir que ele falasse não era tão simples, já que ele ainda conduzia negócios em Baku, o que exige o uso ponderado de contatos com uma ditadura não ponderada. Além do mais, foi dito para nós que a inteligência britânica colocou um aviso "D-1" nele. Um "D-1" faz com que publicar o que ele diz seja um crime no Reino Unido.

Todavia, eu esperava que o homem da maleta da BP pudesse estar disposto a esclarecer um pouco alguns detalhes desagradáveis a respeito do envolvimento suspeito da BP na queda do presidente eleito do Azerbaijão.

A BP negou qualquer participação naquele golpe de estado, dizendo que "isso não é parte de nossa cultura".

A BP de fato influenciou o governo de Tony Blair a libertar o maior assassino em massa já condenado pela corte britânica para ajudar a empresa a conseguir direitos de exploração de petróleo do ditador da Líbia, Muammar Gaddafi. Aparentemente, isso é parte da cultura deles.

Devo salientar que, a crédito da BP, a corporação recusou uma solicitação de suborno de meio bilhão de dólares de Marat Manafov, amigo íntimo dos poderosos do Azerbaijão, para garantir os direitos de exploração de petróleo no Mar Cáspio. Quem enviou Manafov para oferecer o suborno? Quem sabe? Não podemos perguntar a Manafov. Ele foi demitido (ou seja, seu corpo não pode ser encontrado).

Isso fez com que nos restasse Leslie, o Homem da Maleta, o homem da XFI, se ele pudesse ser encontrado e se a XFI existisse. Certamente ela não está no site da BP ("SUA PROCURA POR 'XFI' NÃO RETORNOU RESULTADOS"). Contudo, nem toda porta tem maçaneta.

A procura exaustiva de Badpenny por todo o mundo encontrou o Homem da Maleta onde deveríamos ter procurado primeiro: no Oriental Club, Westminster, em Londres.

No mundo legalmente puritano de hoje, as pequenas tarefas de Abrahams para a BP e para a rainha, um pouco de suborno embrulhado com vaginas, seriam um crime que dá um tempo na cadeia. Mas apenas há uma década, cavalheiros não iam presos. Eles iam ao Oriental Club. A adesão exigia a nomeação de um diplomata, operador de inteligência ou outros membros autênticos do corpo do Império.

Pelo telefone, expliquei a um homem tossindo, que tinha um sotaque afetado, que nossa história era sobre petróleo.

O Homem da Maleta estava disposto, mas conversa é conversa: por acaso ele tinha algumas, digamos, fotografias? Comparsas dos dias de Baku? Os nomes de alguns "Sirs" e "Ladies" vinham à sua memória — inclusive John Scarlett, chefe subsequente do Serviço Secreto de Inteligência Britânica, MI6, que ainda assina seu nome como uma única inicial, *C*, verde.

Interessante, mas nossa história é sobre a BP.

Sim, ele disse, "sobre o MI6".

Ele nos encontraria no Bar dos Membros.

Agora, se você acha que o uso de sexo e dinheiro é uma forma de corrupção exclusiva da Rússia e da Ásia Central, perceba que a BP e outros magnatas do petróleo utilizam a mesma técnica com o Serviço de Administração dos Minerais dos EUA para garantir generosos contratos de arrendamento para exploração de petróleo no Golfo do México. A diferença é que os *apparatchiks* norte-americanos ficavam satisfeitos com muito menos dinheiro e com mulheres mais feias.

É fato: eu vi as fotos. As prostitutas azeris eram simplesmente lindas — algo que se esperaria da seleção cuidadosa dos agentes do Serviço de Segurança Federal da Rússia.

Como eu poderia saber se todas essas informações do Cazaquistão e de Baku eram uma fonte rica ou um monte de lorota? Enviei um recado ao nosso guru da web, Yuriy K, que trouxemos da velha União Soviética, para me conectar com alguém que estivesse infiltrado nos campos de operação da BP Azeri ou Cazaque, assim como na parceria da BP com as oligarcas "BP-TNK" da Rússia. A resposta veio de Georgi Zaicek — George, o Coelho. Desde quando Yuriy se tornou Georgi?

Badpenny falou com ele ao telefone: "*Yuriy! Pare de ofegar!*".

Ela acalmou o "Georgi" e me entregou o telefone. "Georgi é meu outro nome legal. Não posso usar Yuriy K lá. Não contei para vocês, mas me meti em confusão, em uma grande confusão". Isso me pareceu como um momento "não pergunte, não conte".

Ainda mais interessante foi o que "Georgi Coelho" passou para mim de terceiros com um número de telefone começando com +7-495-, ou seja, Moscou, para "Максим Шингаркин".

Badpenny tem um conhecimento aceitável do alfabeto cirílico e pronunciou: Maxim Shin-gar-kin.

Shingarkin? O Google pôde encontrar apenas uma referência útil de "Shingarkin" em inglês, no jornal *San Francisco Chronicle*:

> Maxim Shingarkin, um antigo major do 12º Departamento Secreto Militar da Rússia, que está encarregado das armas estratégicas, disse que as bombas nucleares...

Parecia ser um homem que queremos.

Fui avisado para não ligar para Shingarkin diretamente, mas para ligar para alguém que ligaria para alguém que então diria para Shingarkin aceitar minha ligação.

Mas primeiro liguei para nosso "reparador" em Londres. Quanto tempo levaria para conseguir um visto de jornalista para a Rússia e o Azerbaijão? "Não vai dar tempo". A não ser, é claro, que fôssemos como "turistas" com uma 5D. Uma Canon 5D Mark II é uma câmera de altíssima resolução que se parece com uma câmera semiprofissional de turistas e pode ser equipada com uma lente zoom assustadora.

Matty Pass, o Garoto Maravilha de 27 anos do nosso time, acabou de voltar de Cuba com imagens da 5D de sequestradores, prisioneiros políticos e, adicionalmente, fotos "ooh-la-la" da bela neta de Che Guevara. Antes de embarcar para deixar Havana, as autoridades jogaram-no para o isolamento e confiscaram todo seu material impresso, lixo insignificante. Eles já tinham roubado seu laptop. Mas não perceberam que a câmera que aquele turista usava no pescoço com fotos inocentes de palmeiras e festas do rum também fez vídeos perturbadores. A parte boa, em chips de memória, já havia sido despachada via Costa Rica.

Para o Mar Cáspio, a 5D serviria.

TEXAS E TÓQUIO

No meio de maio de 2010, com sua presidência flutuando de barriga para baixo no Golfo, Barack Obama já tinha outra crise para lidar. Obama ainda tinha umas duas guerras queimando no forno, e nossas tropas precisavam, *agora*, de "veículos salva-vidas resistentes a minas e antiemboscadas".

Então o presidente enviou uma lei de financiamento de *emergência* ao Congresso. O secretário de defesa Robert Gates marchou até a Colina do Capitólio e disse que Nossos Garotos nas linhas de frente seriam explodidos em pedaços se não conseguissem $1,1 bilhão para os veículos à prova de minas, $137 milhões para novos coletes e $9 bilhões para duas usinas nucleares.

Quê?

Na verdade, o secretário de defesa deixou esse último item fora de seu depoimento. Eu só sei porque um anjo me contou.

O anjo é Harvey Wasserman, de Columbus, Ohio. Quando Deus decidir castigar esse planeta novamente, eu sei que Ele salvará Harvey das águas, mesmo que isso signifique poupar Columbus.

Harvey é a Cassandra da Radioatividade. Por três décadas, ele encara destemido os olhos ameaçadores da perversa indústria energética e os olhos entediados dos novos editores.

Harvey queria que eu soasse o alarme, que eu acabasse com aquele elefante branco nuclear no valor de bilhões de dólares, camuflado na lei da guerra em meio aos coletes dos soldados. E, disse Harvey, havia uma estrela do rock que faria uma doação para minha equipe de investigação escrever a história. Mas eu não aceito dinheiro por histórias se alguém tem fixação por elas. Harvey sabe disso.

E eu *não tenho tempo*. Tenho que ir ao Golfo do México, ao Mar Cáspio, ao Alasca.

Mas isso, disse Harvey, é "*urgente*".
— *Tudo* é urgente, Harvey.
— Mas isso é *urgente* urgente.
— Agora não, Harvey.

Admito, foi tentador. A manobra dos $9 bilhões foi muito brilhante. Os bilhões estavam escondidos como um pequeno item, por padrões de orçamento militar: apenas $180 milhões para "energia alternativa", despejados em alguns painéis solares, aparecendo como parte do plano do exército de "tornar-se sustentável". Como alguns magos lobistas colocaram $9 bilhões em um embrulho de $180 milhões não importa, o que importa é que eles conseguiram fazê-lo. Os caras por trás disso realmente conhecem o jogo.

Senti o cheiro de Houston.

A conversa fiada tinha aquele aroma inconfundível do Canal de Houston onde a Exxon e a BP despejaram suas toxinas do refinamento do petróleo bruto da Venezuela. A cidade que dá um nome feio para a poluição.

E a sede da NRG Corporation.

Se houvesse um jeito bizarro, traiçoeiro de ter acesso a um bilhão livre em algum projeto insano e perigoso, certamente seria atrativo para a NRG Corporation de Houston, no Texas, e sua comitiva de banqueiros, empreiteiros e lobistas musculosos.

"A NRG está envolvida", disse Harvey, mas não sob o nome NRG. A empresa muda de pseudônimo como a Lady Gaga muda a cor de seus chicotes. Dessa vez eles se nomearam *Nuclear Innovation of North America* (Inovação Nuclear da América do Norte). NINA: essa é boa. Harvey disse que a "NINA" venceu 20 grandes empresas energéticas para ganhar metade dos $9 bilhões da lei da guerra.

Conheço bem a NRG. E a NRG alega que me conhece: eles têm um arquivo sobre meu pênis com suposta evidência de que ele acabou dentro de uma jovem política em ascensão, próxima do então primeiro-ministro Tony Blair. E eu tenho um arquivo sobre *eles*. Então, até o momento, estamos quites.

Mas ninguém está dando uma moeda para a NRG, Harvey, que dirá $4 bilhões, mesmo se eles mudarem o nome para Energia Nuclear Beijos de Filhotinhos da Madre Teresa. Eles acabaram de sair de uma falência, então o grau de investimento deles está zerado. Isso significa que nem no inferno eles conseguiriam financiamento do governo. Além do mais, as agências reguladoras do Texas designaram oficialmente a NRG como uma administradora "imprudente", palavras do governo para "incompetente", depois de desperdiçar um bilhão de dólares do dinheiro de seus clientes de eletricidade em suas velhas usinas do sul do Texas — "você *sabe* disso, Harvey" —, sem falar nas sérias violações de segurança em suas usinas nucleares e no recorde de multas vultuosas da empresa por terríveis negligências à segurança. Harvey, Harvey. Isso não vai acontecer.

Vai sim, ele disse. Eles têm um ótimo "laranja". Formaram um time com a Westinghouse Nuclear e estão prometendo empregos aos norte-americanos.

Harvey, não tem mais *nenhuma* Westinghouse Nuclear.

Tem sim. Os japoneses compraram o nome.

E a "Inovação Nuclear" trouxe a empresa Tóquio Energia Elétrica para tranquilizar o Departamento de Energia, mostrando que eles têm caras competentes e "prudentes" no comando de seu projeto por causa do excelente recorde de operação com coisas nucleares da Tóquio Energia no Japão. A NRG está dando à Tóquio uma fatia de 20%; quase um bilhão de dólares do subsídio governamental.

Estou pesquisando no Google enquanto Harvey continua implorando. E eis aqui, o comunicado de imprensa da "Inovação", datado de 10 de maio de 2010, não tinha nem uma semana:

> A EMTEE [Empresa Tóquio Energia Elétrica], atuando como consultora técnica, forneceu o benefício de sua experiência adquirida em desenvolvimento, construção, comissão e operação de Reatores de Água em Ebulição Avançados (ABWR) ao projeto. A EMTEE também continuará a contribuir com a tarefa essencial de treinamento de força de trabalho altamente especializada.

Então, Harvey, você quer que eu diga à minha rede e aos meus editores que parem as máquinas porque eu tenho uma história sobre como a Casa Branca está secretamente financiando um monte de operadores ultrapassados para construir usinas nucleares no Texas com uns caras japoneses com mãozinhas pequenininhas que compram calcinhas usadas de garotinhas em máquinas de venda. Li isso em algum lugar. É verdade?

"É verdade".

Não posso vender essa, Harvey.

Então Harvey decidiu me mostrar um pouco de coxa. "Shaw é a A/E". Ele sabia que eu não desligaria o telefone com essa. "A/E" significa Arquiteta-Engenheira, a empresa que compõe e de fato constrói a usina, passa o cimento, fixa os painéis nas paredes. Shaw, de Baton Rouge, Louisiana, é a última máscara corporativa de outra metamorfa, a Stone & Webster Empresa de Engenharia. Em 1988, um júri descobriu que a empresa deliberadamente falsificou um atestado de suporte a terremotos de uma usina nuclear.

Terremoto uma ova. A empresa fez um acordo e o juiz livrou-os da acusação com um pagamento de $50.000. Tenho certeza de que eles comemoraram com um almoço de $60.000.

O investigador que descobriu a fraude da Stone & Webster, Greg Palast, não ficou muito feliz com isso. Eu não guardo rancores. Guardo arquivos.

E lá vem a Stone de novo, vestida de Shaw.

Fascinante: como um monte de caras da Tóquio Energia, que cantam a canção da empresa pela manhã e não conseguem beber direito, vão "treinar" um monte de cascavéis de Houston e ratos de esgoto de Louisiana?

"Ainda assim não posso fazer isso, Harvey".

No entanto, eu fiz.

Isso foi depois de eu receber O Tijolo pela porta.

Três dias depois de, culpado, descartar Harvey, um pacote, sem endereço do remetente, sem nome, chegou de Houston. Uma pilha grossa como um bloco de concreto.

Não sei quem o enviou. Não pergunto. Seja quem for, está correndo um puta risco para me enviar aquilo — fim de uma carreira ou até prisão.

Com certeza fiquei tentado. Mas o pedido de visto para a Ásia Central não pode ser modificado — conseguir um já era uma dança arriscada envolvendo uma história sem pé nem cabeça do ministério de segurança da ditadura do Azerbaijão. Não se chega na República Islâmica como se fosse um hotel Club Med.

Mas aquele tijolo radioativo, a pilha quente de documentos internos da NRG, esperando ali, com um elástico, ficavam sussurrando: *dá só uma olhada. Vem, você sabe que quer olhar.*

Olhei.

Conteúdo: muitos e muitos papéis, uma mistura louca. Bilhetes escritos à mão, planilhas financeiras, rabiscos, formulários para o governo, e a maioria marcado como "confidencial".

E agora? Talvez nos filmes de Sam Spade, ou em *Batman*, ou em *Columbo*, as evidências gritam: o castiçal ainda sujo com um pedacinho do crânio, a carta que berra "culpado culpado culpado".

Não é assim que funciona, pelo menos não nos casos grandes, nos golpes de bilhões de dólares que envolvem chefes corporativos com contadores e especialistas em finanças que poderiam enfeitiçar Merlin. Informações incriminadoras são cortadas em pedaços como um jogo de quebra-cabeças atirado ao chão, com a maioria das peças faltando; são escritas em tecno-croata e se você tem problemas com matemática, esqueça. E pode levar meses ou anos para unir as peças.

Mas nesse caso foi clique, clique, clique. Em um caso de assassinato, procura-se por digitais compatíveis. Em fraudes, procura-se por números *incompatíveis*. E aqui haviam dois incompatíveis — *muito* incompatíveis.

Depois de um dia e meio que não tinha sobrando, vi que a "Inovação" havia dado ao governo federal o que parecia ser o preço deles para construir a usina: $5 bilhões. No mundo desvairado da energia nuclear, é barato, o vencedor.

Então havia outro lote de números, alguns colocados em bilhetes privados escritos à mão, enviados de Tóquio, que me pareciam a estimativa privada do construtor do reator do custo da usina, o que eles realmente cobrariam para construí-lo. O bilhete está todo marcado com *confidencial* e *ao proprietário*. E os números adicionam até *sete* bilhões de dólares.

Me chamem de louco, mas senti que algo não estava certo.

Dois números, dois continentes, $1,4 bilhão de diferença.

Tenho certeza de que há uma explicação. *Sempre* há uma explicação.

Não consigo dizer não ao Anjo Harvey e dormir à noite. E se eu morrer e tiver que me explicar para Deus e tudo que eu puder fazer for resmungar sobre conflitos de prazos?

Então, antes de embarcar para a Ásia Central, escrevi uma história: *"Opção Nuclear na Lei da Guerra — Cheiro de Fraude"*, uma exposição sobre os trapaceiros de Houston, os caras nucleares do Japão e os vigaristas de Louisiana. Nunca tive uma história de especulação rejeitada em toda minha carreira, por isso Harvey colocou o fardo sobre mim. O "nunca" chegou ao fim. Recebi um e-mail otimista que terminava assim:

"É uma história interessante mas não se encaixa para nós".

O que se encaixava para eles era uma história cujo título era "Lésbicas que Amam Pornô Gay Masculino". Não estou brincando.*

Empurrei o Tijolo Radioativo para o canto da minha mesa bagunçada, onde ele dormiu quieto por quase um ano, até 11 de março de 2011. Aí ficou crítico.

GENEBRA

Badpenny está dirigindo como um morcego do inferno na estrada para Genebra. Algo simplesmente não faz sentido aqui. Vejo muitas vacas. Vejo chalés bonitos e castelos de contos de fadas e os Alpes Graios subindo como uma casquinha de sorvete dos anjos e isso não faz sentido algum. A Suíça é, per capita, a nação industrial mais rica do mundo.

---

* Não, não vou mencionar o nome do jornal, pois isso lhe daria a impressão de que um jornal norte-americano é diferente do outro. Nenhum editor norte-americano escolheria um aviso sobre usinas nucleares no lugar de pornô lésbico, a não ser que alguma usina realmente explodisse.

Então cadê a indústria? Todos esses Mercedes brilhantes não são pagos com queijos, chocolates e relógios cuco.

"Traficantes de drogas", diz Badpenny, da droga mais poderosa do mundo: DDO. Dinheiro Dos Outros. Ela sabia. Ela nasceu aqui. Escapou aos 18.

Agora ela estava me mostrando como rastrear esse DDO. Meses antes, descobrimos que o presidente da Zâmbia teve um período de compras aqui em Genebra e estimamos que ele estava com $40 milhões no bolso. Imaginamos que ele depositou um tanto desse dinheiro em uma conta anônima no Credit Suisse. Alguns chamam o Credit Suisse de banco, outros chamam-no de a lavanderia mais respeitável do mundo.

Em uma tarde, ouvimos falar que, o então presidente da Zâmbia, Frederick Chiluba havia torrado quase um milhão de dólares de suas posses em uma loja, a Boutique Basile. Jones, da BBC TV, pediu para Badpenny verificar se ela poderia de alguma forma entrar lá para filmar aquilo.

Fácil, fácil. Ela entrou na loja, no estilo adequado, com seu cinegrafista, falando o dialeto local alemão. Ao ouvir o funcionário falando francês, ela mudou para o *française* e anunciou-se como produtora de outro reality show: *Fazendo Compras com os Ricos e Famosos!* O funcionário ficou empolgado. Sim, claro, havia celebridades que vinham o tempo todo. Ele mencionou um mafioso russo que, visto as roupas horríveis a preços absurdos, fazia todo o sentido. E chefes de estado? Certamente: o presidente da Zâmbia.

Com as câmeras filmando, Badpenny valsou em meio aos conjuntos casuais piegas de $8.000. Chiluba aparentemente havia comprado 200 camisas, 200 ternos — cada um custando mais do que um ano de renda de uma vila típica da Zâmbia — e uma gravata, listrada com fileiras de diamantes, por 125.000 francos suíços (cerca de $110.000 dólares). E 100 pares de sapatos com saltos masculinos (ele era do tipo baixinho).

Ainda mais importante, estávamos certos de que cerca de $3 milhões da pilhagem de Chiluba vinha de um homem chamado Goldfinger.

WASHINGTON, DC

Era incrivelmente difícil achar um cara cujos negócios eram protegidos pelo presidente dos Estados Unidos. Eu precisava de duas agências de detetives e de uma Badpenny por toda a noite para achar Goldfinger. Mas também, se o negócio do cara é, como um diplomata da ONU diz, "matar bebês" na África, não se espera que ele coloque o nome nas Páginas Amarelas.

Presumíamos que Goldfinger estaria, como a maioria de suas empresas de fachada, seguro fora do país. Mas lá estava ele em sua minimansão perto de Washington, DC. Sem dúvidas, aquele era nosso cara: um Cadillac dourado com rodas de magnésio na entrada da garagem para exibição. Sabíamos sobre o magnésio por causa das salas de bate-papo dos aficionados por Cadillac, onde ele logava como Goldfinger@DAI.com.

Goldfinger — nome real: Michael Francis Sheehan — é o Abutre nº 2.

Abutres são executores de dívidas. Mas diferente dos caras sujos que tomam seu carro para o banco quando você não faz um pagamento no prazo, esses são caras muito sujos que tomam nações inteiras que não pagam seus débitos de soberania no prazo.

Não fui eu quem os nomeou de Abutres. Seus próprios bancos chamam-nos de Abutres, os bancos que eles enriqueceram com as mortes por suas garras.

Eis a história de Goldfinger: a nação da Zâmbia comprou alguns tratores inúteis da Romênia há décadas. Quando o mercado mundial do cobre sucumbiu, a Zâmbia foi da extrema pobreza à miséria desesperada. Se você tem 40 anos na Zâmbia, você é um cara de sorte: a expectativa de vida é de 39 anos — e está em queda devido à epidemia de AIDS. O perfil do país elaborado pela CIA lista o clima típico da Zâmbia como "seca".

A Romênia, também quebrada, disse ao ministério de finanças da Zâmbia para pagar apenas $4 milhões, um fragmento dos $29,6 milhões devido pelos tratores.

Porém, de alguma forma, Goldfinger surgiu e pagou os $4 milhões para a Romênia para colocar suas mãos no direito de receber os $29,6 milhões da Zâmbia.

Estranhamente, o governo da Zâmbia, ao invés de pagar $4 milhões para a Romênia e quitar a dívida, concordou em pagar a Goldfinger *quatro vezes* esse valor. Quê?

Quando a Oxfam me contou sobre essa esquisitice, suspeitei que aquilo tudo não era kosher, e não demorou para acharmos um e-mail de Goldfinger para seu parceiro de fundo de cobertura:

> Como você deve se lembrar, compramos $29,6 milhões, acredito que em fevereiro desse ano, por cerca de $4 milhões (...).
> O acordo será feito por motivos políticos, porque vamos dar um

desconto num monte de quaisquer coisas para a caridade favorita do presidente.

A "caridade favorita" do presidente parece ser a Boutique Basile. Não precisa de um MBA para entender essa (apesar de eu ter um). Pagar para jogar. Propina. Aliciamento. Suborno. Até o FBI, quando solicitou uma cópia, não precisou de tradução (logo falo sobre isto).

Ei, se alguém pudesse pagar $4 milhões e receber $15 milhões algumas semanas depois, todos nós faríamos isso. Mas nós pagaríamos pela caridade favorita do presidente? Isso é entre você e sua divindade.

É por isso que estávamos lá antes do amanhecer, perto de Washington, com uma cópia do e-mail, para a BBC de Londres, para perguntar ao Sr. Goldfinger sobre sua doação "caridosa".

Pessoas ricas têm suas próprias forças policiais, os caras da segurança privada que patrulham procurando por pessoas suspeitas como eu. Então, eu e Ricardo mantivemos a distância, com a câmera escondida no chão do carro branco alugado, enquanto Badpenny, vestida com seus trajes de condessa Russa, passeava para cima e para baixo na rua de Goldfinger, no frio terrível, pronta para nos dar um sinal. Os guardinhas de segurança pararam, e queriam saber por que aquela dama elegante estava vadiando de madrugada em frente à casa daquele cavalheiro, e nós captamos do microfone remoto.

"Estou procurando pela minha gatinha!" (acho que os guardas não entenderam a cantada teatral. Eles deveriam dizer: "E a gatinha tem telefone?" Tcha-ram!).

Agora, é inútil recolher uma dívida da Zâmbia se não há nada para ser recolhido lá. Mesmo um vampiro como Goldfinger não pode sugar sangue de pedras.

Mas a Zâmbia tem alguma coisa: a AIDS. Cerca de 25% da população adulta é portadora do vírus. Então nações como os Estados Unidos e a Grã-Bretanha, respondendo às ameaças do Bono de cantar "It's a Beautiful Day" repetidamente, concordaram em fornecer ajuda. Goldfinger mal podia esperar.

Para Abutres, guerra civil, genocídio, epidemia, seca e a pestilência africana de presidentes cleptocratas são centros de lucro, oportunidades de beliscar uma carcaça econômica da qual os outros se afastariam estremecidos.

Mas como Goldfinger conseguiu a informação interna da dívida com a Romênia? Nós descobrimos que ele já trabalhou com o Banco Mundial, prestando consultoria à Zâmbia de seus problemas com a dívida. Parece que ele estava só preparando o cerco.

O ministro de finanças da Zâmbia poderia ter dado um basta nesse jogo, mas ele desapareceu. Literalmente. Estava usando feitiçaria para tornar-se invisível. O ministro Kalumba tinha bons motivos para sumir: estavam faltando $30 milhões das contas bancárias do governo. Finalmente, Kalumba foi descoberto escondido em uma árvore, acreditando estar invisível. No entanto, os policiais foram mais espertos do que ele: venceram o feitiço de camuflagem removendo suas cuecas. Não inventaria isso nem se eu tentasse.

Uma vez que Kalumba estava fora, um novo ministro de finanças aprovou, por nenhum motivo visível, a entrega do tesouro da nação, do destino da nação, à empresa de fachada caribenha de Goldfinger.

Portanto, no amanhecer frio de Washington, DC, nós esperamos, juntando essas peças mal encaixadas do quebra-cabeças. E após quatro horas, as altas e curvadas portas duplas se abriram e saiu um homenzinho atarracado puxando de uma perna, seguido por uma mulher tão atarracada quanto.

O cérebro de um plano cruel, brutal de apoderar-se de uma nação africana inteira e embolsar para si mesmo e para seus comparsas os milhões que deveriam ir para os remédios da AIDS. Um homem com tal maldade profunda e incansável deveria se parecer com Christopher Walken, como um vilão propriamente dito.

Mas quem passou pelo Cadillac tunado, o verdadeiro Goldfinger, parecia ser um desprezível patético, deteriorando-se com uma velha jaqueta bege de caça da Eddie Bauer, um chapéu imbecil de operário e sapatos da Hush Puppies. Foi uma decepção terrível. O mal não deveria ser tão entediante. O mal deveria ter um senso de estilo. Ternos Nino Cerruti azul-escuro de seda crua, com ombreiras. O diabo veste Prada, e não JCPenney.

Apesar disso, a Zâmbia sangrava, e alguém precisava confrontar esse predador manco — e naquela manhã, no clima frio, seria eu.

Acenei com a cabeça para Ricardo e contei: "três, dois, um, já!".

PARK AVENUE, NOVA YORK

Então, uma loira alta vem até a mim, depois de uma conversa trivial sobre livros na Barnes & Noble, e diz: "gostaria de falar com você em particular".
É claro que você quer.
"Preciso da sua ajuda".
Todos nós precisamos de ajuda. Qual é o seu nome?
Ela sussurra: Patricia Cohen.
Não significa nada para mim.
Ela sussurra: esposa do *Steven* Cohen.
Isso significa algo. Steven A. Cohen?
Um aceno de cabeça. "Tenho documentos. Você pode ir ao meu apartamento amanhã?".
Até antes. A Combinação Energia-Finanças acabou de abrir a porta e disse *entre!*

Steven A. Cohen, SAC Capital.
Septabilionário ($7,4 bilhões de renda líquida, mais ou menos). O suficiente para ser chamado de "filantropo". O Gênio "arbitragista". Em outras palavras, ele era seguido por um aroma de criminalidade que os ricos ficavam felizes em entregar seus milhões para ele brincar, sem perguntas. Sem respostas.
O Saco sabia como as ações iam se movimentar antes de Deus saber. Ele derrubava a Wall Street. Ele era Karnak, o Magnífico, que sabia qual carta o negociador jogaria antes de ele jogar — todas as vezes.
Usando informações internas? Deus o livre! Isso seria *ilegal*. "Pesquisa", seus investidores dizem, sorrindo. Por que Badpenny não consegue fazer uma pesquisa mágica como essa?
Esposas usadas são muito atraentes para mim, como jornalista. Elas ficam furiosas por anos, e Patricia Cohen estava muito furiosa.
Agora, quando uma senhora de certa idade, mesmo uma loira que poderia sugar o ar de sua alma, diz que quer dizer a verdade sobre seu ex, ela não quer deixá-lo nas mãos da justiça, ela quer deixá-lo de joelhos. As Primeiras Esposas desejam, primeiro, o dinheiro; depois, a vingança; e depois, o dinheiro.
Enquanto eu andava em sua cozinha na Park Avenue, eu podia sentir o cheiro da vingança queimando. Era perto o suficiente da casa de Mick Jagger para pedir uma xícara de açúcar emprestado. Luxuosa,

mas dificilmente seria a casa de uma bilionária. Obviamente, a ex-sra. Cohen era *muito* ex.

Ela disse: "Acho que você é o homem certo. Acho que só você tem os pré-requisitos para realizar essa investigação".

Nunca veio algo de bom dessas palavras, principalmente de uma loira. Peguei meu bloco. "Posso tomar nota?".

Então por que ela desistiu de um cara que claramente já entendia do jogo? Como sempre, era outra mulher. A outra mulher era...

"A mãe. Ele adorava a mãe".

Já ouvi piores.

"Sim, mas ele *realmente* amava a mãe. Ligava para ela todo dia. Steven não fazia cocô sem ligar para a Mamãe. Então nós íamos toda semana vê-la em Great Neck para o jantar, e ela dizia para ele: 'Tudo que sei é que *dinheiro faz o macaco pular. Dinheiro faz o macaco pular*'.

E nós íamos embora e, metade do caminho de volta, ele ficava em prantos por causa das humilhações de sua mãe". Aparentemente, o macaco de Steven não pulou alto o suficiente.

ATENAS À QUITO

Duas semanas depois da Deepwater Horizon pegar fogo e afundar, a Grécia pegou fogo e afundou.

Em 5 de maio de 2010, abri o jornal e poderia vomitar. Havia uma foto de um homem pegando fogo, simplesmente um monte de chamas com uma perna para fora. Outros dois foram queimados com ele em um belo dia de primavera em Atenas.

A pergunta é: *Quem fez isso?*

Se você leu os jornais norte-americanos, a resposta é óbvia. Um monte de trabalhadores gregos cuspidores de azeitonas, bebedores de uzo, preguiçosos que se recusaram a cumprir um dia inteiro de trabalho, aposentaram-se ainda adolescentes com salários dignos de um paxá, enlouqueceram numa época de gastos dos serviços sociais usando dinheiro emprestado. Agora que a conta venceu e os gregos têm de pagar os empréstimos com juros maiores e cortes em seu estado de enorme bem-estar, eles se rebelaram, gritando nas ruas, quebrando janelas e queimando bancos com pessoas dentro.

Caso encerrado.

Eu não acreditei. Não era apenas um instinto que eu sentia, era o documento em minha mão dizendo:

DISTRIBUIÇÃO RESTRITA. SEU CONTEÚDO PODE NÃO SER DIVULGADO. PODE SER UTILIZADO POR DESTINATÁRIOS APENAS NO EXERCÍCIO DE MISSÕES OFICIAIS.

Bem, é minha missão oficial como jornalista divulgar isso. Os bombardeios, as multidões nas ruas de Atenas, um em cada sete trabalhadores marcado para o desemprego em apenas uma semana, os fundos de pensão vazios e o desespero furioso que se alastraria pela Europa, em 2010, começou com várias transações bancárias realizadas nos Estados Unidos e na Suíça. O plano tinha 18 anos de idade e aqui foi colocado em prática nas ruas da Grécia, depois na Espanha e em Portugal, e antes disso na América Latina e na Ásia. As rebeliões estavam descritas no plano.

Quando perguntei *Quem fez isso?*, não quero saber do idiota atormentado que jogou o coquetel Molotov no banco lotado. Estou procurando pelos homens nas sombras, os enormes Macacos que Pulam que transformaram economias em combustíveis explosivos, acendem o detonador e ficam nos primeiros lugares da fila da liquidação.

Tenho o telefone deles.

Os cinco números de telefone vieram de uma mensagem sobre "o fim de jogo". O bilhete agourento, quase confidencial, foi escrito por Tim Geithner para Larry Summers. Com o tempo, tanto Summers quanto Geithner passariam um período como secretários do tesouro dos Estados Unidos. Contudo, em 1997, eles tinham cargos mais altos, como Mestres do Universo Financeiro (explicarei mais tarde). Mas, por mais valiosos que fossem aqueles bilhetes, eles eram só um monte de papéis que não serviam para incomodar você ou qualquer outro a não ser que eu conseguisse uma confirmação de que eles eram legítimos. E isso exigiria outra viagem cara a Genebra.

Badpenny queria que eu abrisse o jogo. "Então você vai escrever sobre isso, né?".

"Não".

Eu já havia convencido a rede de TV Britânica a financiar minha caça à BP no Alasca e no Mar Cáspio. Além disso, estou procurando a Hamsá para a BBC e o *The Guardian*; o Anjo Harvey estava no meu pé para a investigação da energia nuclear, e eu tinha um editor da Europa que não se importava se a Europa explodisse — só queriam 100.000 palavras para empurrar entre duas páginas e vender, vender, vender. Eles foram pacientes o bastante, e ninguém vai nos pagar para viajar pelos Alpes como Julie Andrews em *A Noviça Rebelde*.

Então esquece.

Badpenny me deu um sorriso maldoso e comprou passagens para a Suíça, ida e volta, saindo de Londres.

Mas primeiro vamos a Quito, para verificar esse negócio de "DISTRIBUI-ÇÃO RESTRITA" com o presidente do Equador.

Não seria fácil. O presidente Rafael Correa jurou que jamais falaria com repórteres norte-americanos, nem com qualquer norte-americano, de fato, depois de ser revistado nu em Miami enquanto trocava de avião no caminho de volta de uma reunião da OPEP no Oriente Médio.

Correa não aceita muita porcaria vinda dos Estados Unidos e nem de ninguém, a propósito. Correa — "O Cinturão" em espanhol — possuía comerciais de campanha com o hino do Twisted Sister: "We're Not Gonna Take It" (Nós Não Vamos Aceitar Isso).

Ele não aceitava.

O Equador estava sitiado por abutres financeiros. Porém, diferente dos zambianos e dos liberianos que imploravam por um acordo, Correa mandou os abutres para o inferno, ele não pagaria. Foda-se. Ele simplesmente não pagaria resgate aos especuladores cujas reivindicações eram apenas um monte de merdas usurárias.

A completa recusa de Correa em pagar causou uma loucura internacional em todos os grandes centros bancários. O FMI e o Banco Mundial bateram seus martelos. Eles cortariam o acesso da nação ao crédito.

Quando Correa assumiu, seu país estava ferido. Apesar de seus recursos do petróleo, apesar de o preço da banana ter dobrado (sim, o Equador é realmente a quintessência da república das bananas), o equatoriano, em média, não tinha nem as cascas dessas bananas. Ele assumiu o cargo não muito tempo depois de a capital, a 3600 metros acima do nível do mar, ser tomada por mulheres falantes da língua quíchua furiosas, usando chapéus-coco e fedoras, batendo em panelas vazias e colocando fogo em carros.

Correa, pela migração faminta e em massa de equatorianos desesperados para os Estados Unidos, culpou os pactos secretos com o Banco Mundial e com o Fundo Monetário Internacional, que, ele suspeitava, foram aceitos por seus predecessores (um declarado insano, os outros declarados corruptos).

Sua reivindicação por acordos secretos é cruel, selvagem e 100% exata. Eu tinha cópias — e pensei que ele poderia gostar de olhá-las.

Ele gostaria. Então fui ao Equador com Ricardo, ao Palácio Presidencial.

GENEBRA

Ao dizer "Tirem as mãos do nosso petróleo" e "Peguem suas obrigações e enfiem", Correa infringiu as regras.

Mas de quem são essas regras? Quem as criou?

Quem disse que o petróleo do Rio Amazonas pertence à Occidental Petroleum? Isso é *entregue seus recursos para pagar os abutres, senão..!* Quem disse que a Grécia precisava deixar os banqueiros tomarem as aposentadorias para pagar outros banqueiros?

Quando foi que concordamos em viver nossas vidas no tabuleiro de jogo deles, em deixá-los nos dizer quem é rico, quem é pobre, quem controla o cassino, quem determina os resultados?

O primeiro cara a se fazer essas perguntas morreu em uma pobreza amarga, e pior, quase morreu na Inglaterra. Jean-Jacques Rousseau odiava os ingleses. Ele foi expulso de sua Genebra nativa apesar de implorar para ficar e prometer viver em uma ilha no meio do lago, sem escrever ou falar mais nada. Mas Rousseau calado ainda era mais perigoso do que muitos homens gritando. Sua casa foi apedrejada e os banqueiros burgueses chutaram-no pelo Canal.

No século XVIII, quando os reis comandavam por direito divino e chicotes terrenos, as pessoas simplesmente aceitavam e diziam OK. Então Rousseau escreveu o *Discurso sobre a Origem e os Fundamentos da Desigualdade entre os Homens*. Ele disse que a ideia de que um especuladorzinho vulgar de fundo de cobertura como O Saco vale $7 bilhões e você não tem plano de saúde (ele citou o equivalente do século XVIII) porque todos nós concordamos com as regras *dele* sobre propriedade, domínio e lei. E por que nós simplesmente seguimos as regras dele? Não sabemos, porque as regras vêm de muito tempo atrás, quando existiam caras chamados Ugh e Thug. Thug tinha uma pedra enorme e pôs uma cerca em torno do melhor terreno para plantar milho, deixando Ugh sem nada, e disse: "Essa é a regra e essa é minha pedrona. Entendeu?". E Ugh disse: "OK".

Então quem tem a pedrona hoje em dia? Quem inventou este sistema e quem o reforça para o benefício do Saco, de Goldfinger, da BP PLC?

Dizem que a Mão Invisível do Mercado segura a pedra hoje, mas ela deve pertencer a um braço muito poderoso. De quem é esse braço? Havia muitos candidatos, vários Thugs e seus generais movendo bens e reservas pelo mapa. Sem dúvida, um deles sentava-se no complexo de grandes muros que se erguia em frente a mim e a Badpenny, a sede da OMC, a Organização Mundial do Comércio.

Vê-se que tínhamos coisa mais importante a fazer à margem do Lago Léman do que seguir o diminuto ditador da Zâmbia em sua compra extravagante de sapatos.

Nós queríamos falar com um reforçador das regras, o delegado de polícia da Combinação Energia-Finanças que estava se alimentando do Equador como café da manhã, da Grécia como almoço, e ainda faminto pelo Brasil e pela sobremesa. Surpreendentemente, imploramos e conseguimos uma reunião com o diretor-geral da OMC, Pascal Lamy, o próprio Generalíssimo da Globalização.

Lamy provavelmente concordou com a entrevista por causa de algo gentil que escrevi sobre ele quando eu ainda bebia.

O D.G. Lamy chegou à OMC vindo do Le Crédit Lyonnais (LCL), o megabanco francês, onde ele também vestia as dragonas de diretor-geral. O Homem Francês em forma e brilhoso, confortável consigo mesmo e confiante, vestiu-se de um modo mais humilde para mim, com um colete azul claro. Ele estava tranquilo, mas garantiu que eu não estivesse. Ele marcou nossa conversa em uma mesa de conferência enorme e escura, em uma sala vazia feita para pessoas mais importantes do que eu jamais serei.

Então espalhei minhas cartas, meus documentos, na mesa, como um jogador de pôquer do Texas que precisava de mais uma carta para um flush. Na capa do documento mais grosso no topo estava um bilhete claramente ineficaz:

Garanta que este texto não se torne disponível publicamente.

Eu sabia que poderia fazer o General sorrir.

O banqueiro insistiu: "*A OMC não é uma conspiração maldosa de banqueiros*".

Talvez não. Mas os bilhetes das reuniões dos não conspiradores eram uma leitura bem interessante.

Levou uma hora e meia para lermos todos, principalmente um que poderiam chamar de Carta Magna da Globalização. O Homem Francês estava entretido, claramente encantado pelo jogo. O conteúdo deles e sua importância exigem um capítulo próprio, que acontecerá em breve.

ENSEADA DO PRÍNCIPE GUILHERME, ALASCA

O que a Exxon não matou com petróleo, matou com dinheiro. Lembro-me da macabra profecia de Kompkoff, presidente e chefe de Tatitlek (a filha dele era — e perdoem-me pela imagem estereotipada — uma réplica assustadoramente exata do desenho da Disney Pocahontas, tão bela quanto, e seu marido era uma imagem cinematográfica de um índio corajoso). Sentado comigo sob a Aurora Boreal, um ano após o derramamento de petróleo da Exxon, Kompkoff estava pensando alto, perturbado: "Os advogados dizem que podemos receber da Exxon 50 mil dólares cada um. Vou te dizer, se recebermos essa quantidade de dinheiro, bem, cara, não quero ficar aqui na vila. Quer dizer, todos têm uma arma e irão beber, sabe; tudo pode ficar louco, louco".

Para essa nova investigação da BP pós-Deepwater Horizon, planejei pegar um avião e encontrá-lo, para descobrir se as petrolíferas finalmente disponibilizaram os malditos contêineres de "boom" que prometeram, e se haviam feito o pagamento. Acabou que Tatitlek recebeu seus cheques de $50 mil, mas Kompkoff falhou ao não seguir seu próprio conselho de sair dali. Estava passando pelo inferno para encontrá-lo. Então consegui falar com uma senhora ao telefone. Ela me disse: "Ah, ele se foi. Bebeu até a morte. Foi depois de sua filha ser assassinada pelo marido. Ela morreu nos braços do pai, sabe".

Eu não sabia.

Disse para Matty cancelar o Cessna e ao invés disso, fretar um barco pesqueiro para a vila de Chenega, que era lá no meio da Enseada. Eu não queria arriscar ir voando para lá, caso eles me negassem a permissão de pousar como fizeram antes.

Além do mais, o presidente de Chenega ainda me deve $300.

Voltemos a 1989. Chenega é a vila mais remota, a que mais sofreu com o derramamento de petróleo. Consequentemente, seu presidente, Chuck Totemoff, era o homem que deveria enfrentar a Exxon e o consórcio Alyeska da BP. Peguei um voo de 14 horas saindo de Nova York para encontrá-lo em Anchorage — mas ele não apareceu, apesar de o piloto do voo fretado ter jurado que o trouxe a salvo da vila.

Então, na manhã seguinte, enquanto eu descia pela calçada perto do hotel Captain Cook em meu esqui cross-country, procurando por um café da manhã, vi Totemoff entornando whisky com cerveja no bar local. Não dava para não vê-lo. Chuck era tão largo quanto alto, com um inconfundível cabelo liso e preto. Ele foi eleito o presidente de Chenega, apesar de mal estar em seus vinte e poucos anos.

Sentei perto dele: "O que aconteceu, Chuck? Sentimos sua falta".

Ele parecia bem transtornado. Ficou acordado a noite toda no Alaska Bush Club, um famoso (ou infame) clube de *striptease* onde era possível alugar as mulheres para entretenimento privado. Ele alugou uma, depois outra, depois outra, contou para mim. E agora ele não sabia como voltar para a ilha já que havia gastado todo o orçamento de viagem de sua pobre vila, que lhe havia sido dado em dinheiro.

Ele queria explicar: "Bem, sabe, você já teve uma daquelas noites em que simplesmente queria mais e mais xoxotas?".

Emprestei 300 dólares para ele.

ALGUM LUGAR, EUA

Então recebi o e-mail. Badpenny estava extasiada. Ela disse: "É o Smart Pig, o Porco Esperto!".

Ela não estava falando do cara que enviou o bilhete. Há um PIG (porco) em todo encanamento, e não apenas os executivos suínos e entupidos de bônus que são sugados vez ou outra. Ela falava da máquina de diagnóstico que deveria captar os perigos. A BP usa essas máquinas, ou deveria usar. Elas meio que são importantes. Um cano de gás explodiu na Califórnia, acabando com nove vidas. Culpa do porco. O porco deveria ter percebido as soldas defeituosas que cederam.

O cara que nossos arquivos chamam de Homem Porco nº 1 tinha algumas informações devastadoras sobre os Smart Pigs. Talvez eles não fossem tão espertos. Mas eu precisava me encontrar com ele pessoalmente para obter as informações reais.

Porém, o Homem Porco nº 1 disse, como todos dizem: "Só peço que você não revele minha identidade".

Claro que não posso. Você escolheu trabalhar em uma indústria sem piedade. Eles te encontram, descobrem que você abriu a boca, eles te pegam. Uma bala na nuca da sua carreira. Eles escrevem NR em seu arquivo — Não Recomendado. Ou colocam um bilhete venenoso sobre um caso amoroso (especial da BP), ou você é dispensado por "insubordinação".

Prometi ao Homem Porco nº 1 que nos encontraríamos em Algum Lugar, nos EUA, um lugar a uns 300 quilômetros de onde ele e eu estávamos, em que não manteríamos nenhuma gravação; e quando filmássemos, prometemos não mostrar nada além da fumaça que ele exala.

> I only ask that you do not reveal my identity - please keep me as an anonymous source on this matter.
> I give you my name so you can discreetly verify my employment   Ids if you wish, so you car

ESTABELECIMENTO FEDERAL DE DETENÇÃO, BUFFALO, NOVA YORK

Minha semana estava indo de absurda para insana. Ainda recebi outro pacote, este de George Boley Jr., filho de um professor de ciência política da Universidade Estadual de Nova York, em Binghamton. Ouvi muitas coisas sobre o pai dele, Sr. George. Nas férias e horas vagas da universidade, o professor Boley voltava para casa, na Libéria, para comandar seu exército privado de crianças, algumas com oito anos de idade, as quais ele drogava, não alimentava e forçava em uma força assassina armada com fuzis AK-47. Boley mandava as crianças matarem sem piedade na guerra do professor com outro acadêmico norte-americano, o economista, condenado foragido e criminoso de guerra (atualmente preso), Charles Taylor.

Boley Jr. alegava que seu pai, o acadêmico e/ou chefe militar, possuía uma má reputação. Era um caso de identidades e motivos equivocados. Apesar disso, o Departamento de Segurança Interna dos Estados Unidos estava mantendo o professor de ciência política como uma visita involuntária no Estabelecimento Federal de Detenção de Buffalo, por causa de uma violação em seu visto. Em outras palavras, ele não conseguiu colocar em seus formulários que era um assassino em massa.

A prova, o depoimento privado de um agente do governo, foi baseado em afirmativas arbitrárias de três testemunhas não juramentadas, sr. Sonny Swen, também conhecido como Bebê Satã, sr. Garley Farley, também conhecido como General Scarface, e sr. Blano Tuan, também conhecido como General Peladão (que foi à batalha uniformizado dessa forma). Durante a guerra civil liberiana, meu pesquisador, Jim Ciment, encontrou-se com o General Peladão e achou que ele era convincente e um tanto quanto charmoso para um homem que executou seus prisioneiros com uma faca de serra.

A Segurança Interna poderia ter entendido tudo errado. Geralmente é o que acontece, como quando eles me acusaram de violar as leis antiterroristas. Eu juro que sou inocente. Essa é outra história para outro livro.

Mas eu não viajei à África para investigar Boley ou crimes contra a humanidade. Eu estava lá para coletar o que eu pudesse sobre O Abutre.

Eu queria que Boley Jr. me levasse para ver seu pai na prisão. Não estava nem aí se Boley era um chefe militar maníaco e sanguinário ou um professor tímido (ou os dois), mas eu tinha quase certeza de que Boley tinha alguma pista para me dar sobre a *Hamsá*.

LONDRES

Há uma época sombria na carreira de todos os jornalistas conhecida como O Encontro Com A Emissora. Para participar desse ritual místico, voei para Londres. Foi uma perda de tempo total para mim e, acredito, para você também, já que estou me importando em escrever sobre isso. Mas este livro é uma *reportage verité*, e não vou esconder nada de você, inclusive as cenas de incrível aborrecimento.

Eu estava fazendo minha nova investigação sobre o petróleo para o *Dispatches* do Canal 4. Seus episódios mais fracos passam nos Estados Unidos no *Frontline* da PBS.

Estou numa ligação a três com meu russo do 12º Departamento e vasculhando o entulho de documentos que eu não deveria ver, quando recebo um e-mail da emissora em Londres, dizendo que eles não queriam que eu usasse meu chapéu.

Eles fizeram uma reunião sobre isso.

Na África, uma criança sem um braço rouba chicletes; prostitutas muçulmanas no Azerbaijão esperam num clima terrível pela lista de burocratas para servir; 94.000 litros de um veneno negro é expelido por minuto, do cu do Diabo no fundo do Golfo do México; o Talibã implanta bombas na beira das estradas, apedreja mulheres e tem grupos homossexuais de masturbação, enquanto Obama está com um segredo sobre o Afeganistão entalado na garganta que faz com que ele se sinta como se estivesse traindo suas crianças mesmo quando as abraça.

E a emissora está pensando no meu chapéu.

Meu diretor está pensando no meu chapéu.

Por quatro décadas eu uso esse fedora. Quando me meti na televisão, não percebi que meu chapéu me seguiu porque nunca penso nele. Contudo, o primeiro-ministro Tony Blair percebeu e seus sentinelas disseram à imprensa: "Não confie em um homem que usa chapéu". Então a BBC disse: "Use o chapéu".

Agora o Canal 4, a emissora rival, decidiu que o chapéu era um "ícone" da BBC. Se meu chapéu soubesse do status que tem! Eles não queriam um ícone da BBC. Pior ainda, agora o chapéu era usado por Matt Drudge, um impostor fingindo ser jornalista.

Não posso ter executivos de emissora escrevendo e-mails onde imaginam que podem me vestir e me despir como uma Barbie de meia-idade.

Não sei quanto a você, mas eu tenho muito a fazer antes do trabalho do Diabo ficar pronto.

Para garantir que Greg Palast não se enfureça, a Emissora designou um entusiasmado garoto das universidades de Oxford e Cambridge, James B, para ser meu diretor, pobre coitado. Chequei seu site. Ele também esteve na Libéria, e há um clipe do Diretor James no arbusto, levando tiros enquanto seu guarda-costas mercenário atira de volta, xingando. James continua filmando deitado na grama, o que mostra uma extrema dedicação à história ou uma completa insanidade. Concluí que era ambos, depois que ele sugeriu que fôssemos para Tomsk, na Sibéria, a cidade mais fria da Terra, alugássemos um helicóptero e voássemos pelos campos de petróleo de Samotlor, que a BP e seus parceiros oligarcas transformaram em um show de bizarrice tóxico. Ressaltei que Samotlor é uma zona de segurança russa, e, de acordo com o catálogo militar Jane's Military, todo caça MiG-21 possui dois canhões de 30 mm, uma arma de cano duplo de 23 mm e uma variedade de mísseis aéreos detectores de calor. Nós, ao contrário, teríamos nossas credenciais de imprensa e cartazes feitos à mão: *NÃO ATI-REM! NOSSAS MÃES AINDA NOS AMAM!*

Helicóptero cancelado.

James mostra seu lado cauteloso quando leva seu kit de emergência para qualquer lugar que vai, que inclui "aplicadores anticoagulantes para sangramento intenso, toalhas para queimaduras abdominais, talas de ajuste rápido para fraturas, um esterilizador de seringas", e muito mais, hermeticamente fechado. Além de tudo isso, um telefone via satélite. Ricardo e eu viajamos com comprimidos de Pepto-Bismol para males digestivos, camisinhas, repelente de mosquitos e eu, por hábito, com K-Y Gel e um frasco de 100 ml do conhaque Felipe II.

E meu chapéu.

MANHATTAN, 2nd AVENUE, CENTRO

O alarme me acorda às 5h para uma daquelas manhãs de chuva fina feitas para o suicídio. Que tipo de doente fodido faria chover antes do amanhecer? Tenho que fazer o programa da Amy Goodman, *Democracy Now!*, em duas horas. Esse programa é um tipo de campo de refugiados para jornalistas exilados. Amy transmite minhas investigações da BBC quando sua querida irmã U.S. Networks, os capados corporativos, não tocam nelas.

Meu jet lag da viagem de 36 horas para a Grã-Bretanha está me matando, e a chamada para a maquiagem é às 7h40min. Isso não deveria estar acontecendo: passei minha vida fazendo de tudo humanamente possível para evitar trabalhos onde eu tivesse que bater ponto. No lugar disso, acabei com trabalhos onde o relógio bate *em mim*.

Cinco e meia da manhã e ainda uma luz fraca. Desmaiei em meu colchão oficial de cochilos e agora, na manhã desagradável, vejo Badpenny em sua mesa, seu rosto iluminado pela tela do laptop, trabalhando em seu horário de vampiro. Ela se vira repentinamente, toda animada e sorridente, para me dizer que conectou Montreux ao Abutre Hermann. Ah é, ainda temos a investigação dos Abutres fervendo. Tudo de uma vez. Badpenny está empolgada, se contorcendo em suas roupas de couro e apontando para arquivos obscuros da Comissão de Títulos e Câmbio dos Estados Unidos na tela: "Eles são parceiros!". O Abutre está seguro como *proprietário* de Montreux com Straus, por anos. "R—— ficará *furioso* porque Hermann, na cara dele, negou qualquer ligação com Straus". Tenho todos os motivos para acreditar que isso fará sentido para mim quando eu acordar.

Ela está radiante, como deveria estar, mas eu não estou a fim disso agora e me arrasto para a cozinha no andar de cima.

De repente, Badpenny vem correndo com um estrondo, gritando "*AH NÃO, NÃO FAÇA ISSO! VOCÊ NÃO VAI SABOTAR O SEU DIA INTEIRO!*" e arranca meu café da manhã das minhas mãos, derramando meu Felipe II no meu pulso (dois dedos de Felipe II em uma xícara de café, sem gelo. Gelo é nojento de manhã. Ou, se estiver com pressa, bebo direto da garrafa).

Sirvo outra dose, mas Badpenny agarra o Felipe. Ela está louca. Está *possuída*. Agarro a garrafa de volta e ela a arranca das minhas mãos novamente. Eu não vou ceder. Ela não vai ceder. Agora ela está me ordenando, como um pequeno Stalin: "*NÃO VOU DEIXAR VOCÊ FAZER ISSO!*".

Solta essa merda, sua maluca...

A tampinha é bem violenta e *forte*. Está me arrastando junto com o Felipe para o topo da escadaria e — "MERDA, NÃO!" — nós vamos quebrar nossos pescoços. Não quero morrer assim. Tento dar um tapa nela — não é hora de ser um cavalheiro — mas cacete, *ela é rápida*.

Achei que ela tinha pegado uma vara de aço, mas era só o seu punho. O sangue, *meu* sangue, espalhado por todos os lugares: paredes, janela, *teto*. A escadaria parecia o cenário de um assassinato da máfia. E na hora que a cegueira causada pela dor passou, Badpenny já havia fugido para a casa dela.

Olhei no espelho. Meu rosto estava crescendo, inchando e, meu Deus, havia um pedaço do meu lábio simplesmente pendurado.

A bondosa moça iraniana da maquiagem da equipe de Amy Goodman fez seu melhor para cobrir meus Band-Aids de borboleta e o corte horrível. Eu disse aos caras das câmeras para filmarem apenas meu perfil esquerdo.

"*E essa foi uma reportagem especial da Libéria, do repórter investigativo da BBC TV Greg Palast. Então me diga, Greg Palast...*"

Amy estava dizendo algo para mim, muito sincera. Ela estava me perguntando sobre os Abutres. Eu estava tentando continuar são. Gentilmente, Amy não mencionou ao público do rádio que seu convidado tinha um pedaço de carne sangrenta pendurada sobre seus dentes. Tenho certeza de que Jeremy Scahill vai rir para caralho disso.

Voltei ao escritório e, só para me vingar daquela putinha arrogante, deitei no sofá e entornei três-quartos da garrafa de 1 litro. "*Você deveria ouvir que é bela a cada cinco minutos*". Ah, *por favor*! Uma ideia mais sensata seria chutar sua bundinha a cada cinco minutos.

Estou deitado lá, trabalhando. Em outras palavras, encarando uma mosca e tentando resolver o problema. *O Abutre tem um pedaço de Montreux?* Como eu perdi essa? Eis como perdi: o Mal é saudável. O Mal tem tênis de corrida. O Abutre acorda cedo. Ele corre, participa de maratonas. Isso é verdade: Matty Pass quem descobriu.

Vamos ser honestos: existem algumas pessoas nesse mundo que realmente merecem um soco na cara. Eu sou uma delas.

Na manhã seguinte, demiti meu coautor, Felipe II, joguei o restinho que sobrou na privada e dei descarga (bem, quase. Mandei pra dentro o último gole, aquele para a pista, para a maratona). O mundo é intoxicado e cambaleante, o que significa que eu precisaria escrever esta história, este livro, totalmente sóbrio.

Durante semanas, eu não admitiria a Badpenny que parei de beber. Não há nada pior do que uma mulher que te censura e te atormenta. Principalmente quando ela tem razão.

JFK

Ao final desta história, você descobrirá se o professor Boley armava crianças, matava crianças, comia crianças ou salvava crianças; como Chuck está no caminho de se tornar o primeiro índio norte-americano bilionário (com meus $300); como o Japão criou sua própria Hiroshima em câmera lenta; e por que o Texas e a Geórgia estão competindo para serem os próximos — e o cenário do próximo show de horrores da BP.

Não vou entregar o final porque eu *não tenho ideia* de como tudo isso vai acabar. Enquanto escrevo isso, Badpenny está atrás de mim, tentando arranjar vistos para o Cazaquistão e o Azerbaijão, voos fretados e jipes para o Alasca, e procurando um aerobarco de várzea no Delta. Nesse momento, estou indo ao Aeroporto JFK com uma parca e bermudas.

A interrogação no lugar do último capítulo está deixando meu editor louco. Mas o que *me* deixa louco é que, enquanto tenho total certeza de que posso nomear quatro deles, o quinto homem, o *Hamsá*, continua fora do meu alcance por centímetros.

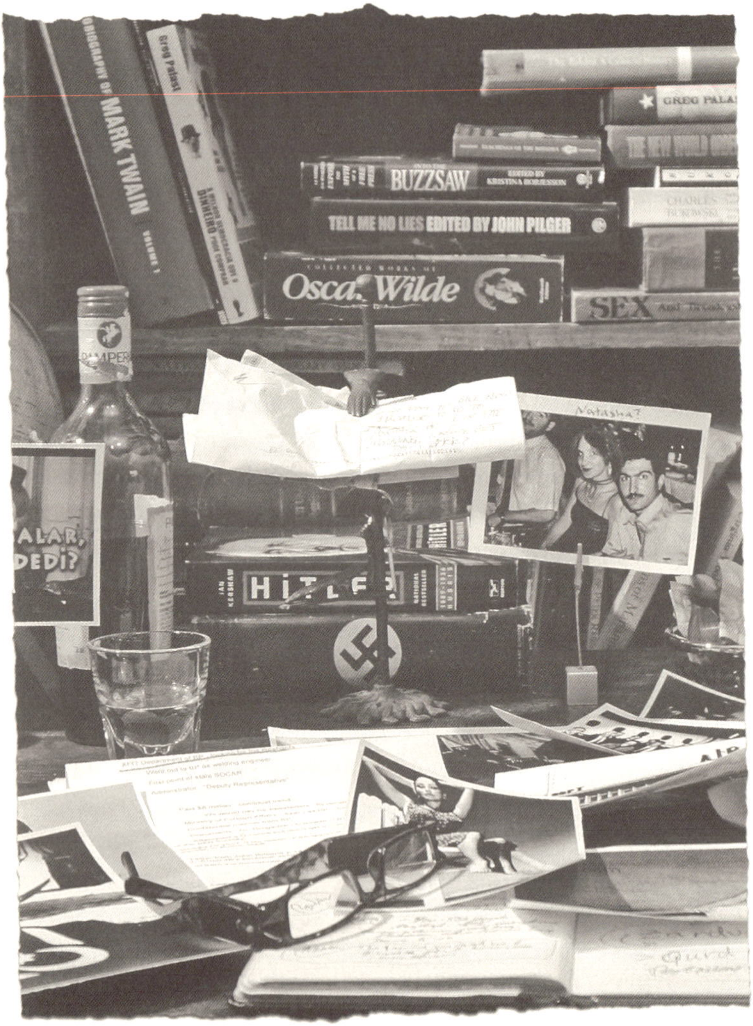

CAPÍTULO 2

Terra da Lady Baba: A República Islâmica da BP

BAKU, AZERBAIJÃO, 2010

Acabei de fotografar todas as páginas das minhas anotações com a câmera-caneta que Badpenny passou discretamente para mim enquanto eu embarcava no avião para a Ásia Central. Arranquei as páginas cruciais do caderno e limpei tudo em meu iPad, exceto por uma pasta chamada *documentos da BP*, que agora não tem nada a não ser por uma edição ilustrada do *Ursinho Puff*. Meu filho *amava* esse livro.

O diretor James chama nossa "segurança externa" e diz: *"Esperamos 'visitantes' em breve. Levem os souvenirs ao local seguro que combinamos".*

Proteger os "souvenirs"??? Não é *possível* que eles entendam *essa*, James.

Agora ele está escondendo nosso filme debaixo do colchão — *o primeiro lugar que eles vão procurar!* Ah, Jesus.

Mas ele me garante que o filme que colocou lá é um lixo sem importância. Ele o está plantando para que "descubram-no" — e parem uma busca mais aprofundada. É isso aí, Jamie!

Estou sozinho agora, esperando pela polícia do Ministério bater na porta.

Recebo uma ligação daquele punheteiro que está "chefiando" nossa investigação de Londres: "Você colocou a equipe em perigo. Você deve ficar longe das ruas e ir embora *imediatamente*". Adoraria, senhor. Mas o Ministério já ligou para os funcionários do hotel e eles confiscaram nossos passaportes e vistos de saída.

Ninguém vai embora desse lugar "imediatamente" — não com os Três Patetas, nossas sombras, lá no beco, a única saída possível. Vejo "Larry", com a jaqueta de couro sintético, e "Moe" naquele sobretudo pesado. É fim da tarde, mas consegui a foto deles. E o que de bom isso traz a você, Palast? E cadê o "Curly Joe", número três?

Fico pensando, será que os Três Patetas sabem que a Lady Baba é a Décima Segunda Mulher Mais Sexy da Atualidade? A primeira-dama do Azerbaijão. É verdade. É oficial. Ela ganhou o título de Número 12 em uma votação feita pela revista *Esquire*. Coloquei essa foto dela na minha tela. Queria ter algo visível quando eles entrassem, para amolecer seus corações, ou pelo menos algo para eles roubarem.

A *Esquire* se empolga: "*A primeira-dama do Azerbaijão, Mehriban Aliyeva, garantiu esse título porque ali está uma Embaixadora da Boa Vontade que consegue fazer o seu trabalho sem dizer nada*".

Qual é exatamente o "trabalho" dela? A *Esquire* não diz.

Aqui ela está ao lado de seu marido, Ilham Aliyev. Ele é apenas o terceiro presidente daquela nova nação, que ganhou sua independência da União Soviética em 1991. Em sua última década como uma República Socialista Soviética, o Azerbaijão foi governado por um bandido impiedoso da KGB, Heydar Aliyev. Ele foi substituído por um muçulmano devoto e anticomunista, o impiedoso presidente da república do Azerbaijão, Heydar Aliyev. Os azeris sentiram saudade dos dias em que Heydar era só impiedoso.

Devo dizer, "Baba" Aliyev. Vovô. Aliyev queria que todos os azeris o chamassem apenas de Vovô. E todos realmente o chamavam de Presidente Vovô porque ele botava medo para cacete neles. O Azerbaijão é uma democracia. Em outras palavras, eles têm eleições. Baba não ganhou, mas isso é um detalhe. Se você não está interessado em detalhes, pode pular para a parte dos sapatos.

Então o filho do Baba é o Bebê Baba. O que Mehriban vê nesse cara? Deve ser o bigode. Ela deve ter se apaixonado por aquele bigode dele. E por seu jatinho Gulfstream G5.

Ou talvez seja seu mastro da bandeira. Eu escrevi que "o presidente Aliyev tem o mastro de bandeira mais alto do mundo". Isso é verdade. Custou à nação $30 milhões para "deixá-lo ereto". *Palast, isso é coisa de menino de faculdade. Você está perdendo o controle. Não é uma boa hora para perder o controle.*

Além disso, deve ser amor, porque a primeira-dama já é sobrecarregada. Ela é tipo uma pequena empreendedora. Mehriban Aliyeva e sua família possuem a Pasha Seguros, Pasha Construções, Pasha Viagens, Banco Pasha, sua própria linha de cosméticos e a concessionária Bentley na Cidade Fortificada.

Como eu sei disso? Porque o editor de jornais Elmar Huseynov começou a investigar as posses da primeira-dama. Ele está morto. Porém, um colega dele me deu a sinopse do que eles descobriram sobre os balancetes de Mehriban. Um outro jornalista tentou descobrir como Elmar acabou morto, e *ele* acabou na prisão. Ninguém está tentando descobrir por que o jornalista nº 2 está na prisão.

Já que a saúde da nação é medida pelos saltos agulha da primeira-dama, tirei fotos de oito pares dela. Achei que a polícia do Ministério gostaria de ver o que suas rondas e a BP compraram para ela.

Saltos *sérios*. Esses cinzas são Tribute Pumps da Yves Saint Laurent. Cerca de $900 pelo modelo pronto para levar. Levou um tempo, mas consegui o preço. Achei que os visitantes do Ministério deveriam saber que o salário de três meses deles poderia comprar um. Não um par. Apenas um.

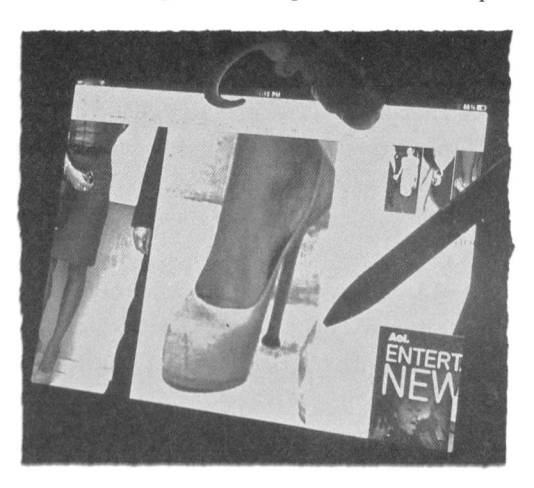

O salário em média de um trabalhador do Azerbaijão, desde a chegada da BP, caiu para cerca de $90 por mês. Mas esse não é um parâmetro justo, porque quase metade dos homens adultos não possuem emprego em período integral.

Se eles me deixarem sob custódia de novo, vou perder o Hanucá com as crianças.

Acho que elas não vão se importar.

Sei que o presidente usa os saltos da mulher enquanto ela o espanca, ordenando que ele "confesse". *Essa é uma invenção completa.* Mas é o que eu vou falar para o Ministério. Não, não vou, mas gosto de fingir que sou um cara durão, esperando a polícia bater na porta.

Mas acho que eles não vão bater.

THE ORIENTAL CLUB, LONDRES

A confusão começou em Londres.

Era quase Natal, quando a cidade fica mais feia. Badpenny e eu simplesmente não podíamos evitar essa parada no caminho da Ásia Central. Havia a questão do cheque de $30 milhões enviado para o Azerbaijão na pequena maleta marrom a bordo de um jato Boeing 727 privado, equipado com uma banheira de água quente *e a Dama de Ferro*, ex-primeira-ministra Thatcher.

O cheque, o voo, a transferência da maleta do jato para o presidente-executivo da BP, lorde Browne, e depois para as mãos do presidente do Azerbaijão chamaram a minha atenção. Enquanto a Baronesa Thatcher tagarelava com executivos asiáticos do petróleo em jantares, Browne colocou a maleta e o cheque nas mãos do nosso Homem da Maleta, Abrahams. Isso aconteceu em 1992. Ainda assim, eu sabia pelo meu instinto que para verificar o que o Homem do Mar Cáspio nos disse — que uma plataforma em alto-mar da BP sofreu um estouro e a empresa acobertou isso — precisávamos seguir o dinheiro, seguir a maleta marrom com os $30 milhões. Precisávamos daquele Leslie Abrahams, o Homem da Maleta.

Na cinza Londres, Badpenny e eu estamos procurando por um prédio que passa despercebido, fora da Rua Oxford, sem número na porta. Escolhi a entrada mais grandiosa na lista dos prédios georgianos grandiosos e abri. Lá dentro, um porteiro com um forte sotaque russo disse: "O Sr. Abrahams está esperando o senhor. No Bar dos Membros".

Encontramos o bar, passando pelos elefantes dourados e outros vergonhosos detritos pirateados do Raj, incluindo um Buda em tamanho real furtado pelos britânicos da Birmânia enquanto o Senhor Buda meditava sobre suas tolices.

O Bar dos Membros era obscurecido por quatro quadros gigantes pintados a óleo, de séculos, que contavam mentiras sobre a história. *Coronel Philips Salvando os Reféns* mostra um benevolente oficial de peruca em um colete vermelho pegando uma criança das mãos imundas de um sultão de turbante. "*Dedicado a Sua Majestade George III.*"

Há um ar dominante de Casablanca em Leslie Abrahams, então não me surpreendo por ele ser um membro do Oriental Club, um tipo de museu rococó da morte de um império. Se a Ásia Central é o "Cemitério dos Impérios", o Oriental Club era onde os cadáveres engoliam gim-tônica, esperando pelo enterro.

Eram 11h30min e Abrahams estava terminando seu café da manhã, dois dedos de whisky Jameson. Badpenny me olhou feio, então pedi "um chá, branco, por favor". O serviço trouxe a porcelana com brasões rápido e em silêncio.

Foi um trabalho louco achar Abrahams, mas uma vez encontrado, e apesar de sua saúde extremamente ruim, ele estava surpreendentemente ansioso para conversar. O bem equipado Leslie levantou-se, tossiu muito, com um chiado assustador vindo de seus pulmões, depois jogou seu peso considerável na grande cadeira de couro, cutucando uma maleta diplomática quadrada e marrom que estava perto dele, vintage de 1930. Ele tinha histórias do novo Raj do petróleo para nós, de whiskies compartilhados com a ex-primeira-ministra Thatcher em Baku. Eu queria saber o que mais estava na maleta que lorde Browne entregou para Abrahams proteger.

"Apenas o querubim". O cheque. Acho que um cheque de $30 milhões ocupa muito espaço. Leslie disse que eles chamaram-no de "royalty" da produção de petróleo, apesar de não haver nenhuma produção de petróleo. E o cheque seria entregue a ninguém menos do que o presidente, em particular.

Em 1992, quando a Senhora Thatcher enviou a maleta ao Azerbaijão, aquela era apenas uma nação bebê, de somente um ano. Thatcher foi forçada a dizer coisas boas sobre a nova democracia. No entanto, parece que as pessoas da república islâmica nascente fizeram um mau uso de seus novos direitos democráticos. Fizeram uma escolha ruim, Leslie explicou, votando em um presidente que "não era muito favorável à BP". O presidente "não favorável", sr. Abülfez Elchibey, pegou o cheque surpresa das mãos de lorde Browne, mas ao invés de colocá-lo em seu bolso, ele propriamente o entregou à empresa estatal de petróleo. Depois, deu o dedo para a BP: o petróleo do Mar Cáspio vai para a American Oil Company (AMOCO), não para a British Petroleum. Em um ano, seu erro seria reparado. Elchibey seria expulso em um golpe militar.

De acordo com um relatório da inteligência Turca, os britânicos (a British Petroleum e o governo britânico juntos) forneceram as armas para essa mudança de regime. Essa lição não foi esquecida pelo homem que derrubou o presidente eleito. Ao assumir a presidência, Heydar Aliyev, Baba, tornou-se *muito* favorável à BP. Em quatro meses, ele entregou à BP o que toda a indústria do petróleo e o próprio Baba chamam de "O Contrato do Século". A BP ganhou sem licitação, não oferecendo mais do que mostras de amizade e afeição, algumas delas fornecidas por Leslie Abrahams. Por exemplo, o ministro do petróleo precisava que seu escritório fosse redecorado, e o ministro das comunicações precisava de um telefone via satélite (preço: $25.000 em dinheiro), e todos eles precisavam de prostitutas, garantidas por Leslie em certos clubes noturnos de Londres para onde os azeris eram enviados no jatinho particular Gulfstream do lorde Browne.

"Algo mais?", perguntei.

Abrahams disse, entre ataques de tosse: "Eu os subornei. Envelopes de dinheiro".

Ele mudou para o café. Deixei-o tomar um gole e se recuperar, depois perguntei por quantidades. Ele pessoalmente passou cerca de "dois ou três milhões de libras" para os oficiais azeris — além do cheque de $30 milhões. Um homem meticuloso, Abrahams sempre pedia recibos. Os recibos não dizem "suborno", é claro, dizem "telefone" ou "apoio cultural e educacional".

Quando Baba Aliyev apelidou o acordo pelo petróleo do Mar Cáspio como "O Contrato do Século", ele não estava brincando. Por uma promessa insignificante de alguma infraestrutura para perfuração, a BP abocanhou direitos exclusivos pela parte do Azerbaijão do Mar Cáspio. Eles imaginaram que ali havia reservas de petróleo "aproximadamente iguais às do Kuwait". Então, para que era o cheque de $30 milhões?

"Um pequeno 'agrado'", disse Leslie. Seu segundo copo vazio de whisky foi retirado silenciosamente.

Um suborno? "Não perguntei". Leslie sorriu. Cavalheiros não perguntam.

E o que estava na maleta que ele levou ao Oriental Club? Dessa vez, nenhum querubim, apenas fotos velhas que ele espalhou pela mesa de mogno: ele mesmo, mais jovem em Baku, em frente ao escritório da BP, sorrindo, todo de branco, enfeitado com um chapéu panamá, e outra segurando um fuzil Kalashnikov. Havia várias de Abrahams com o embaixador britânico. Não foi inesperado: a Embaixada Britânica era uma mesa dentro da sede da BP, no escritório de Leslie, na verdade. Uma conveniência.

Uma foto incluía o visconde Douglas Hogg, do Conselho Privado do Governo de Sua Majestade; outra era em uma boate com a maravilhosa Natasha, a instrutora de russo da BP que também fornecia o carinho que fosse necessário para fechar um negócio; e uma foto, na qual me demorei mais, com o deputado Harold Elletson (mais tarde revelado como um agente da MI6) e a condessa Lola Czerny.

A Condessa, Leslie?

Ah, sim. Ela o convidou para subir, para uma discussão particular. Quando ele chegou no quarto, ela tinha uma surpresa para ele. Estava lá o embaixador britânico, assim como o presidente da BP-Azerbaijão, e John Scarlett, chefe da estação de Moscou dos MI6.

Para entender o agravo dessa pequena reunião, você precisa saber de uma daquelas interrupções desoladoras na história, que não são contadas nos telejornais da manhã. O ano era 1991, quando, para celebrar sua nova liberdade das leis soviéticas, o Azerbaijão muçulmano e a Armênia cristã entraram em guerra. A Armênia, apoiada tanto pela Rússia quanto pelos Estados Unidos, expulsaram os azeris de volta a Baku, permitindo que os armênios completassem a limpeza étnica armada na região Nagorno-Karabakh, no sul do Cáucaso.

Um pouco de história: quando Stalin desenhou os mapas das Repúblicas da Ásia Central da União Soviética, ele criou uma ilha muçulmana dentro da Armênia cristã, Nagorno-Karabakh, e designou-a como território azeri, só para deixar a panela étnica fervendo.

Era uma vez em que a British Petroleum era um braço do poder imperial britânico. Hoje, o governo britânico é um braço do poder imperial da BP. Nesse papel de pequeno ajudante da BP, o governo de Sua Majestade adicionou outro "agrado" para abocanhar o Contrato do Século para a BP: um acordo para rearmar o Azerbaijão, um trabalho necessariamente feito *sotto voce* para não irritar os norte-americanos e os russos.

No entanto, era importante que a BP, que também estava procurando arrendamentos na Rússia, mantivesse os dois lados da matança felizes. Abrahams poderia ajudar. Ele havia conseguido status oficial de diplomata com o governo ditador azeri, o que lhe deu direitos especiais de acesso para cruzar zonas militares de entrada proibida, para chegar aos campos de petróleo.

O chefe da BP, Terry Adams, estava na reunião no quarto da condessa. Adams deixou claro que trabalhos de inteligência eram uma parte exigida das funções de Abrahams na BP. Como Leslie cruzava as zonas de segurança, ele deveria marcar o número de mísseis e trens de tropas e qualquer outro equipamento de inteligência militar. Então, ele entregaria essa inteligência à Embaixada do Reino Unido em Moscou em suas viagens para fora da Ásia Central.

Como Abrahams se sentiu sendo um espião, um agente duplo na verdade, uma torre no Grande Jogo que custou aos peões muçulmanos e cristãos tantas lágrimas e tanto sangue?

"Era excitante."

Quem poderia confirmar sua história incrível? Ele sugeriu que falássemos com a princesa Tamara Dragadze da família real georgiana, que a BP adicionou em suas folhas de pagamento para abrir portas. A princesa estava com Leslie quando lorde Browne entregou a ele o cheque, e ela sabia do jogo inteiro. Mas ela evitou todas as minhas ligações e mensagens — novidade —, o que não deixou escolha ao nosso time a não ser voar para Baku (não é barato) e caçar uma ex-colega de Abrahams, Fatima, que poderia encontrar Zulfie, um cara que também estava nos negócios de pagar-e--jogar da BP. E esperávamos que Zulfie nos ajudasse a chegar até Natasha.

Abrahams sabe que suas informações irão atingir o Parlamento Britânico como uma bomba de fragmentação e que irão respingar nos papéis do Azerbaijão. Mas ele não precisava temer a prisão na Grã-Bretanha: os cheques, o dinheiro e o amor comprado foram combinados quando ainda era legal que os britânicos pagassem subornos (ainda hoje eles podem pagar, mas só se os cheques estiverem escritos em árabe).

Porém, a reação no Azerbaijão seria um problema, definitivamente. Mesmo estando há muito tempo longe da BP, Abrahams ainda dirige uma empresa de consultoria em Baku. Provavelmente, abrir o bico trará consequências desagradáveis, e não apenas para seus negócios.

Ele reconhecia o risco: "Não seria inteligente voltar para o Azerbaijão. Nunca mais". O presidente Bebê Baba ainda é um "bom amigo", ele diz, mas Abrahams sabe que isso não necessariamente ajudaria. Leslie relatou como um dos amigos do Bebê Baba que trabalhava no Banco Central fez a pergunta errada e recebeu uma resposta rápida — uma bala na cara. Não que Abrahams esteja sugerindo alguma ligação entre a bala e a família presidencial.

Então, esse era o fim do Azerbaijão para ele e para sua nova esposa azeri, e talvez, para ser bem direto, o fim para o próprio Leslie. Seu derrame recente e grave deixou-o com dificuldade de terminar uma frase sem uma tosse seca que parecia um chiado mortal. Ele teve até mesmo que parar umas duas vezes para vomitar durante nossa conversa.

Badpenny perguntou para ele: "*Então, por que agora?*". Por que nos dar a maleta marrom (que ele entregou para que nós protegêssemos)?

"Interesse público", ele disse. Mas o público estaria interessado há muito tempo. Ele também deu dicas de que não se importaria em foder aquele merdinha do Terry Adams, seu ex-diretor quando presidente da BP-Azerbaijão, que prometeu cuidar de Leslie, mas o descartou quando a BP e os MI6 conseguiram tudo que queriam.

Acho que algo mais o motivou. Enquanto ele se desesperava por ar na sala espessa e barroca, parecia que Abrahams viu essa como sua última chance de obter aquilo que ele mais sentia falta dos dias de Baku em seu chapéu panamá: ser um cara muito mau de novo. E isso é muito excitante.

Histórias de calabouços, suborno e Natasha virão a seguir. Mas, primeiro, a história precisa falar mais alto.

O IMPÉRIO CAZAR

Titusville, na Pensilvânia, é orgulhosa para caramba por ser o primeiro lugar na Terra a produzir petróleo bruto. Não é verdade, mas os Estados Unidos simplesmente amam essa história.

O fato é que, lá atrás, no século VIII, os Cazares, cavaleiros cruéis que um dia aterrorizaram a Ásia Central, tinham um pequeno negócio bacana de venda de petróleo exportando-o de Baku — numa daquelas ironias da vida que deixam a história deliciosa — para os reinos da Arábia (os Cazares construíram o único império judeu da história, algo que até mesmo os judeus esqueceram há muito tempo, preservado na memória apenas pela palavra ídiche *khazarei* ou "uma bagunça ridícula").

Aqui em Baku, uma pousada caravançarai na Rota da Seda da China, um dia o petróleo já surgiu da terra para o Mar Cáspio sozinho. Poderia ser colhido como um esturjão.

Marco Polo, o grande explorador do século XIII, parou em Baku para ver com seus próprios olhos as chamas que magicamente iluminavam a cidade à noite, das torres gigantes com turbantes de labaredas no topo. Os muçulmanos caucasianos (as Estrelas de Davi, há muito expurgadas da terra) canalizaram gás metano nos pilares flamejantes. Essa foi a primeira cultura a louvar o petróleo, mas não seria a última.

Marco Polo registrou as transações com essa substância extraordinária, o petróleo, mas sabiamente escolheu ficar distante delas, porque percebeu que, diferente do óleo de oliva, era possível queimar o petróleo de Baku, mas não comê-lo. Ao invés disso, ele selecionou uma invenção chinesa, o macarrão, para levar para casa, em Veneza. Os italianos nunca se arrependeram dessa escolha. Contudo, o fato de Marco ter escolhido o macarrão no lugar do petróleo assombrou Mussolini e a ENI, a grande empresa petrolífera da Itália, levando os dois a cometerem erros que custariam muito caro.

Em 22 de julho de 1912, o jovem e assustadoramente ambicioso primeiro lorde do almirantado da Grã-Bretanha, o honorável Winston Churchill, convenceu o Parlamento de Sua Majestade de um impressionante sistema novo de armas que manteria o país como o mestre dos mares: a energia líquida. Ao invés do carvão pesado e difícil de tratar, ou do vento, o petróleo iria, a partir de então, fornecer energia aos motores das frotas por combustão interna.

A Grã-Bretanha possuía muito desse combustível líquido. O tabloide *The Daily Mirror* vangloriou-se por existirem lençóis de petróleo nas Terras do Centro inglesas que indicavam que as Ilhas Britânicas possuíam tanto petróleo no solo quanto a Pensilvânia, Baku e o Oriente Médio, os únicos lugares na Terra então conhecidos por possuírem grandes reservas de petróleo.

Churchill, é claro, sabia que o *The Mirror* era tão confiável quanto é hoje. E então, o jovem comandante naval sabia que o Império Britânico precisaria de sua própria reserva global de petróleo. Ele olhou para a Pérsia e para o Iraque. Mas primeiro, Churchill precisaria inventar o Iraque, o que ele fez mais tarde, em 1919, com uma lâmina, quando desenhou uma "nação", feita com os três campos de petróleo da Mesopotâmia, do derrotado Império Otomano.

Enquanto isso, os caipiras e tolos estavam agarrados ao "Investimento Sólido" alardeado na primeira página do *The Mirror* depois do discurso a favor da exploração do sr. Winston:

> É essa característica pioneira que fez da Nação Britânica a maior nação comercial da face da Terra. É essa mesma característica que irá, em um futuro bem próximo, fornecer aos Investidores Britânicos visionários o balanço supremo dos novos Campos de Petróleo Russos, onde muito Capital Britânico na mesma localidade já está produzindo os resultados mais gratificantes de seus primeiros investimentos.

Lênin tomaria à força o petróleo dos investidores britânicos. Em outras palavras, a Revolução Bolchevique de 1917 libertou os servos da Rússia e permitiu que as colônias islâmicas no Mar Cáspio fugissem. Os Estados Unidos e a Grã-Bretanha correram para reconhecer a nação independente do Azerbaijão, que, naquele ano, produziu quase metade do petróleo do mundo e, ao que parece, metade das casas de prostituição, dos cassinos e das mansões gigantescas.

Lênin demorou 23 meses para perceber que sua revolução socialista estava perdendo energia, literalmente. Ele ordenou que o 11º Exército Vermelho invadisse e, matando apenas 20.000 azeris, deu a eles o presente do petro-socialismo.

Tanto Lênin quanto Churchill, anatomistas entusiastas da história, entenderam bem: o petróleo é a guerra líquida.

E Churchill agarrou aquilo em seu punho. "Aquilo" era a Pérsia. Uma invasão não era necessária; a Grã-Bretanha poderia simplesmente comprá-la. Aquela civilização antiga, chamada de Irã por seus moradores, era governada por um paxá com um grande chapéu de frutas e uma pilha enorme de débitos que acumulou em uma viagem caríssima à Europa. O amigo de bebedeira de Churchill (todos os seus amigos bebiam), William Knox D'Arcy, tomou a Pérsia do paxá inútil por uma bagatela em 1901, depois vendeu o que se tornaria a British Petroleum, por um "resultado gratificante", para o governo de Sua Majestade em 1914, por insistência de Churchill.

Com a Pérsia no bolso, o Império Britânico deixou que os soviéticos abusassem do Mar Cáspio — como uma isca de tentação bem-sucedida para o Eixo, condenado ao fim (eis uma foto de Hitler cortando um bolo no formato das repúblicas caspianas. O nome *Baku* está no pedaço dele. O Führer planejava cortar o Mar Cáspio em 25 de setembro de 1942, com as divisões Panzer. Eles é que foram cortados em pedaços. Foi um caso incomum de comer um bolo pelo qual você seria comido).

Em 1989, o Muro de Berlim caiu e, em 1991, as repúblicas caspianas deram outra chance à independência.

As pessoas votaram em Abülfez Elchibey, um antigo dissidente com uma barba. Seus temas eram a Paz, o Amor e a Compreensão. Penso nele como o Presidente Hippie.

A Armênia continuava roubando pedaços do Azerbaijão como se ele fosse um bolinho quente (sei que é difícil de acreditar. Thomas Friedman nos garantiu que no novo mundo de mercados livres globalizados, duas nações com McDonalds não entrariam em guerra. Eis uma foto que tirei de um copo de refrigerante com o famoso símbolo da lanchonete em escrita azeri. Entendi que as últimas palavras de vários soldados à beira da morte eram: "Você quer batatas como acompanhamento?").

A grande ideia do Presidente Hippie era conduzir um oleoduto pela Armênia, como uma forma de amolecer o coração do inimigo, e então incliná-lo para o norte do Irã, mostrando solidariedade com seus irmãos azeri que viviam além das fronteiras. Dali, o duto iria ao porto russo de Novosibirsk no Mar Negro, aquecendo assim as relações com um Urso Russo muito irritado, cujo pote de mel de petróleo havia sido roubado.

O Oleoduto da Paz dava um pouco para todos (Armênia, Irã, EUA, Rússia e Turquia) e, consequentemente, algo para que todos ficassem enfurecidos. De qualquer forma, o Oleoduto da Paz foi eliminado — assim como a presidência de Elchibey. Os militares azeris não conseguiam vencer a Armênia, mas com toda a certeza, poderiam derrotar um hippie com uma barba. Baba voltou ao poder, não mais como secretário de partido e chefe da KGB, mas como presidente e Avô.

Não foi o Oleoduto da Paz, nem mesmo a perda de terras para a Armênia o que arruinou Elchibey. Como Leslie, o Homem da Maleta, nos disse: "Elchibey não era a favor da BP".

Não, ele não era. Na verdade, Elchibey promoveu algo como uma licitação aberta para os imensos e quase intocados campos de petróleo do Azerbaijão no Mar Cáspio. A AMOCO (American Oil Company) ficou com a maior parte. Elchibey deu só um pedacinho para a BP.

E então, como mencionei, quatro meses após o golpe, a BP aumentou seu pedacinho para a enchilada inteira.

Como?

A BP ofereceu uns agrados. Além do dinheiro que chegou com a Baronesa Thatcher na banheira de água quente voadora com lorde Browne, a BP e seus parceiros deram um agrado às contas da Empresa Estatal de Petróleo do Azerbaijão em até meio bilhão de dólares. Não sei dizer a quantia exata com certeza. *Ninguém sabe dizer* a quantia, a não ser o Baba e a BP. E, eu acho, o diretor da Empresa Estatal de Petróleo, Ilham Aliyev, o filho de Baba, o Bebê Baba. E eles não estão dizendo nada.

Finalmente, milhões não compram a imortalidade (no entanto, compram várias estátuas), e o Vovô sabia que não iria durar para sempre. Então, em agosto de 2003, ouvindo as asas da mortalidade, Baba escolheu um novo primeiro-ministro, Ilham Aliyev, Bebê Baba. O Bebê Baba era tão bom no serviço de primeiro-ministro que, apenas dois meses depois de seu Papai ter dado esse cargo a ele, o público votou nele para presidente, substituindo seu pai. Ele ganhou com 76,84% dos votos.

Mas quem fez essa contagem?

A BP.

Aqueles agrados em maletas marrons, sapatos de salto alto YSL e 11 homens mortos no Golfo do México: eu estava certo de que tudo isso estava conectado de alguma forma, e eu só poderia encontrar as conexões no Azerbaijão. É por isso que estou aqui, nervoso, em um hotel de Baku.

Então Badpenny ganhou e espero que ela esteja feliz. Digo "ganhou" porque ela estava me atormentando para ir ao Mar Cáspio muito antes do estouro no Golfo. Dois anos antes, ela tentou me seduzir para uma investigação no Mar Cáspio, dando, como presente de Hanucá, o livro *Energy and Conflict in Central Asia and the Caucasus*, de Robert Ebel. Até fui a Washington, DC, para conhecer Ebel e pude confirmar que ele sabe muito sobre o assunto de energia e conflito porque ele *causou* muito conflito. Ele era chefe da unidade de inteligência de petróleo da CIA (talvez ele ainda seja. Eles não dizem).

Imaginei que Ebel pudesse saber o que aconteceu com o meio bilhão de dólares pagos em royalties e "agrados" ao Azerbaijão. Ele calcula que, no mínimo, a localização de $140 milhões é "totalmente desconhecida". Ou talvez a CIA saiba, *sim*. Então, vamos consertar, dizendo que "a localização de $140 milhões não pode ser revelada". Seria um monte de sapatos YSL para a primeira-dama Mehriban.

✱ ✱ ✱

Quando Leslie, o Homem da Maleta, pousou em Baku em 1992, ele saiu do jatinho Gulfstream da BP com armamento, maços de dólares americanos costurados em seu terno e status de diplomata garantido pela ditadura azeri.

Em dezembro de 2010, quando cheguei em Baku com meu diretor James, nós fomos de classe econômica, armados apenas com o telefone de Fatima dado por Leslie e um convite falso de algum grupo, prometendo que não filmaríamos a "reeleição" cômica do Bebê Baba. Contudo, nós tínhamos combinado com alguns "Contatos" para nos ajudar a encontrar trabalhadores locais da BP nas plataformas de petróleo do Mar Cáspio que saberiam sobre o grande estouro — mas provavelmente não estariam animados para falar sobre isso.

Mas, primeiro, poderíamos de alguma forma encontrar o Homem do Cáspio, nossa fonte nervosa com informações a respeito do estouro da plataforma?

Eu precisava chegar ao Homem do Cáspio e convencê-lo a falar comigo em Baku. Badpenny foi para Lucerna, na Suíça, com coisas mais importantes a fazer, mas pedi que ela escrevesse um e-mail para o "namorado" dela. Ditei:

```
De: ▮▮▮▮▮▮▮▮▮▮▮▮@gmail.com>
Assunto: ▮▮▮▮ podemos visitar?
Data: 13 de outubro de 2010, 11:41:03 AM EDT
Para: ▮▮▮▮▮▮▮▮▮ @▮▮▮▮▮▮▮
Resposta a: ▮▮▮▮▮▮▮ <e ▮▮▮▮▮▮▮@gmail.com>
```

▮▮▮▮▮
aqui é sua velha amiga L.
Meu colega com o chapéu está indo para Bah Coo.
Seria adorável se almoçássemos juntos antes de você voltar para casa.
Quando seria melhor?
Se não der, vamos nos encontrar no ▮▮▮▮▮▮

L

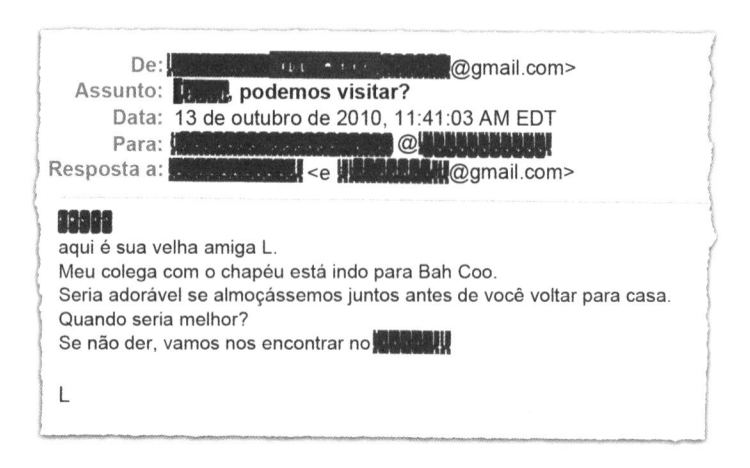

Então, outro e-mail imediatamente depois:

Assunto: oooops desculpe

Esqueci de mandar meu novo número de telefone 6xx 6xx 6xxx

;) -L

Badpenny estava gargalhando: "*Bah Coo??? Ah, pelamordedeus Palast, isso mal é um enigma! Parece o Agente 86!*".

Me processe. Meu querido diretor de filmagem queria se encontrar com o Homem do Cáspio e *filmá-lo* em Baku, e pediu que eu mandasse uma carta a ele por meio de seu endereço oficial nos servidores de e-mail azeris. O falso convite adúltero era só uma forma de evitar mecanismos de busca bisbilhoteiros. Tenho que supor que a BP e seus amigos elevaram o nível do jogo desde o desastre com o caminhão de brinquedo.

Badpenny não pôde resistir em perguntar: "*Você deu a ele um número dos EUA, mas você checou o correio de voz da sua linha 'limpa'? Você fez uma pesquisa reversa para ver o nome associado a ela?*".

"Sim, eu já ia fazer isso".

"Merda nenhuma que você ia!".

Badpenny aproveita a oportunidade para listar as vezes que perdi o prêmio James Bond.

"L" recebeu uma resposta rápida do Homem do Cáspio: "NÃO". Sem chance. Ele ocupa uma posição tão alta na cadeia alimentar oficial, que seria canja para a BP ou para o Ministério do Baba identificá-lo, mesmo se ele aparecesse sombreado com a voz disfarçada.

De fato, Badpenny era completamente contra a tentativa de entrevista em "Bah Coo" (Baku). Ela temia que o Homem do Cáspio perdesse o emprego; ou coisa pior. A família do Baba comanda o Azerbaijão, e o Azerbaijão é movido à petróleo. Desrespeitar a confiança da BP-Azerbaijão é desrespeitar o Baba. Como um informante da BP me disse, "os Aliyevs têm um longo alcance. Por favor, nunca diga que mencionei o nome deles". Não direi.

E não me encontrarei com o Homem do Cáspio enquanto ele estiver no alcance de Aliyev, apenas porque Badpenny simplesmente não permitirá um tratamento desleixado das fontes. Ela irá garantir que ele está visivelmente bem longe de nós antes de começarmos a filmar.

Ainda assim, apesar da objeção dela, fiz esse pedido extremamente imbecil para encontrar o Homem do Cáspio na capital azeri apenas para assegurar a emissora de que eu sou um pateta confiável capaz de obedecer a instruções insanas.

NO DESERTO, AZERBAIJÃO

"Aqui no Azerbaijão acreditamos nos direitos humanos..."

Que coincidência: eu sou humano.

"... E POR FAVOR NOS DÊ SEU FILME".

Ah não não, nada bom. Nada bom mesmo.

Meus dedos digitaram cegos uma mensagem para Matty Pass na Cidade do México:

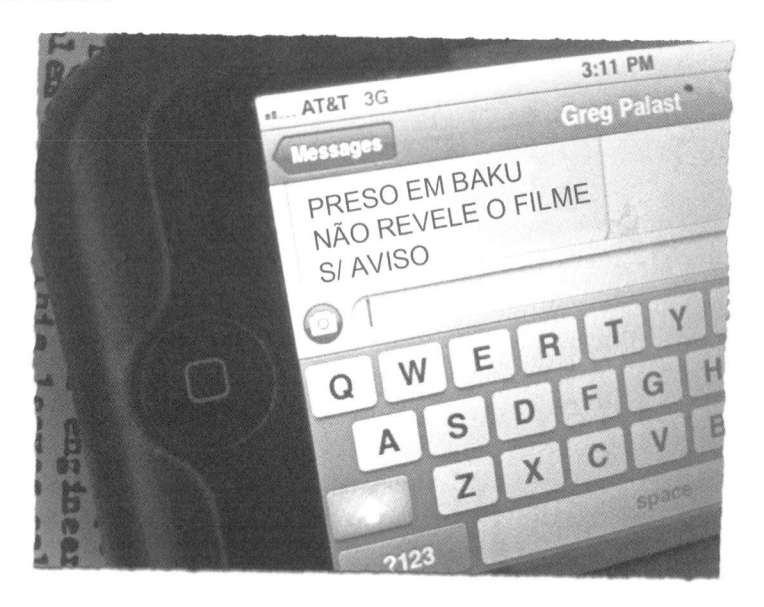

> PRESO EM BAKU
> NÃO REVELE O FILME
> S/ AVISO

Os capangas aqui vêm em três cores: a polícia militar ainda usando seus velhos uniformes russos verde-vômito, o Ministério da Segurança Nacional usa casacos impermeáveis sem identificação e a polícia corporativa própria da BP, com túnicas pretas, faixas e aqueles enormes chapéus russos de pele. Eles têm pequenas torres de perfuração de petróleo gravadas no uniforme. Eles pareciam os soldadinhos de brinquedo do balé Quebra-nozes, mas não estavam dançando.

Nossa prisão, se você me permite passar a culpa, foi por causa do meu Querido Diretor. James, de volta do perigo em que se meteu na África, decidiu que a melhor forma de conseguir informações sobre a operação da BP no Mar Cáspio era fazer um ataque direto fora da estrada, pelo deserto, contra a própria Fortaleza da BP, o terminal de oleoduto gigante perto de Sangachal, como o marechal Rommel cruzando o Saara. Também não acabou bem para ele.

Com as lentes de longo alcance ligadas e focadas, começamos a filmar a máquina de câncer da BP, a usina fumegante e flamejante que envia o petróleo do Mar Cáspio azeri em direção ao oeste, para iluminar as árvores de Natal da Europa.

Mostrei ao soldadinho de brinquedo da BP nossas credenciais de imprensa em inglês e em azeri, e nenhuma das duas ele soube ler (o presidente Baba mudou de repente o alfabeto azeri, fazendo com que a maioria da nação se tornasse analfabeta do dia para a noite). Agora, parecia que eu passaria o feriado na masmorra do Baba, lambendo ratos como café da manhã.

Eu disse: "Olhem aqui: esse papel diz que seu suposto presidente é o traseiro de uma doninha", o que nosso "contato" traduziu como: "Essa carta do Ministério das Relações Exteriores é uma autorização para realizar um documentário para a TV Britânica". James trocou o filme na câmera por cartões de memória vazios e disse ao policial militar: "Não começamos a filmar ainda, amiguinho".

Começaríamos agora. Liguei minha microcâmera escondida na caneta, aquela que Badpenny me deu de presente quando embarquei para Baku. E James, apesar de ter removido o filme da nossa câmera de forma dramática, filmou despercebido, gravando em um segundo cartão de memória, não visto antes.

Um veículo utilitário esportivo preto chegou na estrada remota do deserto, desembarcando sua carga impressionante, um coronel salpicado de medalhas da guerra recente que o Azerbaijão perdeu para a Armênia. Um de seus porta-chapéus dizia, como forma de explicação, "A British Petroleum guia este país". Ele pensou que eu, como um jornalista "britânico", ficaria orgulhoso desse fato.

Um pastor em um cavalo que não era maior do que um pônei de carrossel foi preso porque sua ovelha se perdeu perto do oleoduto.

Sem saber o que fazer com seu rebanho e seu pônei, eles liberaram o pastor. Andamos sob escolta em direção a uma base militar fechada. James sabia que quem fizesse check-in no Hotel Baba não faria check-out com facilidade. Ele insistiu para que parássemos em um posto de gasolina (não era da BP) naquela estrada para lugar nenhum. Lá havia um pequeno restaurante para caminhoneiros e nós corremos para lá. Quando entramos, o dono do restaurante vazio achou que estava morto e no paraíso: um grupo de estrangeiros ricos com a cúpula militar!

"Vocês querem almoçar?".

James disse "é claro que não", mas antes que sua rejeição pudesse ser traduzida, gritei "BËLI!", uma das cinco palavras azeri que eu sabia — SIM! —, o que fez o proprietário entender que eu pagaria por um banquete completo para todo o grupo. E era exatamente o que eu queria. É uma república *Islâmica*. Eles podem arrancar nossas unhas, mas desrespeitar um convidado, negando hospitalidade, é uma proibição do Alcorão.

A esposa do proprietário (que tinha um terço da idade dele, eu diria) segurou uma carpa imensa para que eu inspecionasse, ainda viva, obviamente recém-pescada da fossa química conhecida como Mar Cáspio. *Bëli! Bëli!* Iogurtes com romã apimentada? *Bëli!* Koutabs, Chorba, jarras de Ovchala, Halva de sobremesa? *Bëli! Bëli!** Ramush estava na TV, o Keith Richards caspiano (e tão antigo quanto), sacudindo e enlouquecendo.

Então, o ar festivo tornou-se frio. A porta do restaurante se abriu e um Lexus preto — blindado — parou no caminho da porta. Cento e vinte quilos de assassinato entraram, uma cicatriz em seu lábio, barba por fazer e dois dentes de ouro. Não havia no homem nenhuma insígnia, medalha, dragona ou uniforme. Mas todos sabiam quem ele era. Todos, menos eu e James.

Será que nosso querido diretor tinha um pretexto para estarmos filmando no oleoduto, bem *em cima dele*, como resultado, pisando no Oleoduto Sagrado do Baba? James disse que "estava tentando pensar em algo" desde que fomos pegos há duas horas. Que bom, James, continue tentando pensar.

Nós estávamos agora em um jogo, como qualquer um naquele estado petro--policial, onde participantes submissos são questionados por um palhaço hostil e precisam adivinhar as respostas que o palhaço quer. Não há vencedores.

O sr. Assassinato abre um sorriso e solta uma risada, e a polícia e o exército de todas as cores riem com ele, nervosos. Então, o Assassinato senta-se para tomar chá. Ele ri com o coronel, e o coronel ri um pouco mais, suando.

---

* Edições interativas virão com as receitas.

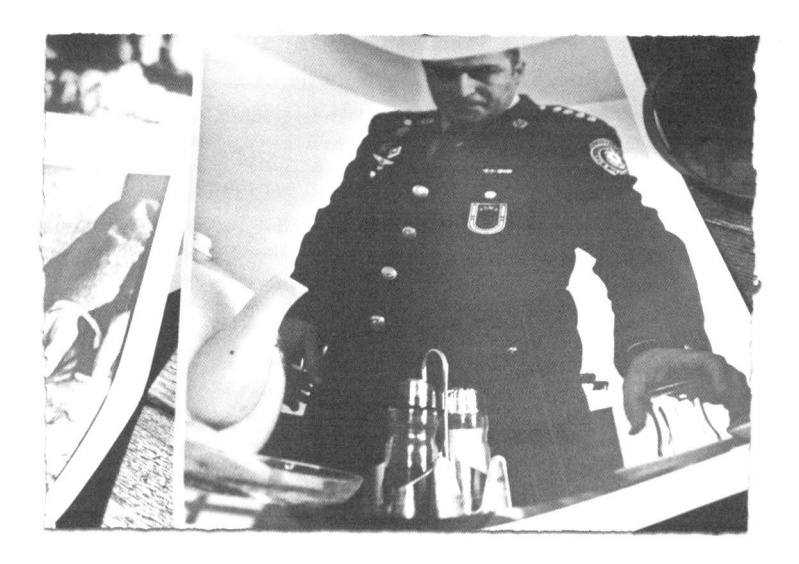

Meu contato sussurra: "MSN Número Dois". Ou seja, ele é o segundo no comando do Ministério da Segurança Nacional, a polícia secreta. Eles parecem que não se importam em permanecer em segredo. Estou honrado, porém perplexo. Equipes estrangeiras de TV estão sempre sob suspeita, sob vigilância. Havia os carros sentinelas intermitentes (eles tinham um padrão inexplicável: dois pretos, e então um branco). Até tirei uma foto junto com um dos meus policiais vigilantes, na Cidade Fortificada. Ele sorriu para a câmera e fez um sinal de positivo, em inglês, para o "Canal 4!". Mas para fazer um cara do topo como o nº 2 deixar sua agenda lotada de brutalidades... por quê?

Isso é mais do que estranho. O Ministério parece saber muito mais do que deveria. Pretendo saber como, se eu conseguir fugir daqui.

O sr. Assassinato puxou uma cadeira perto de nosso tradutor. Ele sabia que o tradutor também era candidato à presidência pelo Partido Verde do Azerbaijão. Pode rir. É verdade, eles não têm uma reles vaga no parlamento, mas ninguém tem, a não ser que expresse seu amor pelos Babas, especialmente pela congressista de Azizbeyov, a Senhora Mehriban.

Ao fazer do Professor do Partido Verde nosso tradutor (o nome dele não vai servir para nada, nem para você, nem para ele), nós também podíamos filmá-lo sem causar muita balbúrdia.

Desde a noite passada, o Professor do Partido Verde estava treinando seu inglês, preparando-se para contar às câmeras o que exatamente estava acontecendo: o golpe de estado, o Contrato do Século da BP, quanto dinheiro na conta bancária de quem: corroboração detalhada da maior parte da história do Homem da Maleta.

O Professor do Partido Verde era um leão; não podia ser comprado ou intimidado. Tinha bolas de aço. Ele ia contar a coisa toda em uma nação onde mesmo a ligeira menção do Baba ou da BP em adjetivos abaixo de gloriosos era um negócio arriscado. Aprendi uma lição sobre o temperamento do Baba na noite anterior, quando jantei com um jovem bloguiero. Seu site popular era dedicado a ensinar os azeris a se portar, a conversar, a dançar — a festejar. O Blogueiro Festeiro me disse: "Não temos a cultura de nos reunirmos para uma festa". Eu já tinha sacado isso.

Por diversão, o Blogueiro Festeiro colocou uma fantasia de burro e promoveu uma coletiva de imprensa. O presidente Bebê Baba viu o vídeo do evento no YouTube e suspeitou que o asno era ele. Era ele. É ele. De qualquer forma, o burro festeiro ficou dois anos e meio na prisão.

Não ajudou o fato de o Blogueiro Festeiro ter abençoado em nome "do Pai, do Filho e do Oleoduto Santo".

A prisão do burro foi mencionada pelo Serviço Mundial da BBC. Resultado: em 2009, a emissora azeri da BBC foi banida da rádio. A America's Radio Liberty também transmitiu o presidente asno e também foi expulsa do ar.

O Assassino puxou sua cadeira ainda mais perto de nosso tradutor e sussurrou algo a ele em sua língua solitária (apenas os oito milhões de residentes daquele reino do petróleo falavam azeri).

Até hoje, assistindo ao filme da caneta, sinto um calafrio.

O Partido Verde ouviu, ficou branco, murmurou, concordou, depois ficou cinza, envelhecendo naquele instante. Ele parecia Jacó, como eu imaginava, quando implorou a Deus e aos anjos para que não deixassem Esaú vencê-lo: *"Vocês irão deter a mão do meu irmão?"*.

Não havia sentido em perguntar para mim; eu não podia fazer nada.

O Assassinato abriu um sorriso. Virou-se para os oficiais, riu, eles riram de volta — e fez um sinal para que eles devolvessem nossos passaportes e credenciais de imprensa. Disseram que agora poderíamos entrevistar o Professor do Partido Verde, com as câmeras ligadas. Como cenário, tínhamos a cabeça gigante e sorridente do presidente Baba no letreiro em frente a uma usina química. Uma nova manada de policiais nos "escoltou".

Começamos a rodar o filme. Perguntei ao candidato dissidente do Partido Verde sobre o que aconteceu com os milhões de dólares que a BP pagou à empresa petrolífera de Baba que ninguém consegue encontrar.

Ele respondeu: "Aqueles que sugerem que há corrupção apenas estão servindo aos propósitos da Grã-Bretanha, dos Estados Unidos e de Israel!".

Israel??

Diante dos meus olhos, o corajoso Homem Verde estava se tornando em um republicano islâmico; estava falando pelo Baba. E estava falando em azeri, para que nossos anfitriões informados pudessem ouvir ele sendo um bom potrinho, um bom burrinho.

Enquanto o sedã preto do Assassinato partia, pude ouvir duas bolas de aço soltas tilintando em seu bolso.

Na verdade, ensaiei essa entrevista com o Partido Verde na noite anterior. Isso é incomum, mas eu precisava que ele praticasse o inglês para a versão com as câmeras ligadas. Então pensei que já sabia as respostas dele. Mas agora, enquanto ele falava, eu anotava em meu caderno para James ver:

Ele está negando tudo

e sublinhei e circulei.

O que eu esperava? Como o Blogueiro Festeiro explicou,

"No Azerbaijão, as possibilidades para os burros são imensas. Se você é burro o suficiente, você provavelmente será bem-sucedido em qualquer coisa."

Conselho direto da boca do burro. Bem, eu também comi muito capim na minha vida, mesmo sem me mostrarem os equipamentos de tortura.

CIDADE TERMINAL

Nossa história falsa oficial para filmar em Baku era essa: faríamos um documentário sobre a "economia crescente" da república islâmica. Que o único negócio crescente é o suborno e a BP são detalhes que deixamos de fora do nosso formulário para o Ministério.

Mas ainda assim, estávamos mais do que ansiosos para filmar o lado feliz do crescimento do petróleo. Então fomos a Sangachal, a Cidade Terminal, onde o petróleo da BP é inserido no oleoduto para pessoas mais merecedoras no Oeste Europeu. Eu esperava filmar a Grande Ação, uma coisa meio guerreiro nórdico comum dos tempos áureos do petróleo; trabalhadores de petróleo ricaços gastando como loucos. Só que não achamos nada disso.

Aparecemos na Cidade Terminal no meio de um dia de trabalho. Ainda assim só vimos homens apáticos vagando em grupos de tagarelas.

Aleatoriamente, com nosso tradutor, segurei um cara barulhento e enorme, Elmar Mamonov. O homem alto e chamativo, tipo um Max von Sydow muçulmano, estava levemente bêbado, provavelmente por causa das bebidas locais que têm gosto de xarope para tosse e napalm, o que deu a ele coragem temporária para dizer às câmeras: "Vou contar para você o que aconteceu com a gente".

Andar pela rua principal da Cidade Terminal com Mamonov era como andar na ala de câncer de um hospital. "A filha desse tem câncer de mama; Rasul tem um tumor cerebral. Tipos de câncer que nunca vimos. Foi seu funeral na semana passada. *Alev Salaam*. Azlan aqui — ei, Azlan! — teve câncer no pulmão e pagou para retirarem um de seus pulmões". E lá estava Shala Tageva, professora, que tinha câncer nos ovários. Ela precisava iniciar o tratamento logo, mas como, Mamonov não sabia. Shala é a esposa de Mamonov.

Talvez seja por isso o nome Cidade Terminal.

De repente, Mamonov parou.

"*Se eu for preso, vocês vão me ajudar, né?*".

Na verdade, não posso. Mas deixei esse detalhe de lado. Vou ser um merda completo e mentir para ele, ou vou falar a verdade? *Se eles te pegarem, você está sozinho.*

Se caras grandes como os do Serviço Mundial da BBC foram chutados, Sr. Mamonov, você será chutado ainda mais forte pelos burros relinchantes do Bebê Baba, jogado em algum buraco medieval. Você será esquecido, enquanto minha emissora envia uma carta de desculpas ao regime por violar "acidentalmente" as condições de nossa permissão de filmagem.

Eu sou só meio merda. Disse a Mamonov: "Vamos fazer tudo que for possível". Pelo menos eu escrevi errado o nome dele de propósito.

Admiro a coragem involuntária dele.

✶ ✶ ✶

Às 3h da madrugada, em noites sem lua, o ar na Cidade Terminal fica fétido, desagradável. Em Houston, perto da refinaria da Exxon, eles chamam de Lixão do Céu. Toxinas que deveriam ser fechadas e queimadas — um processo caro — são, ao contrário, colocadas em fornalhas, ajeitadas em pilhas "flamejantes" e arrotadas no céu. Difícil descobrir, mais difícil ainda achar um rastro.

A BP não está tentando sufocar os pobres muçulmanos até a morte. Como o presidente-executivo da Shell dos EUA me disse uma vez, "empresas petrolíferas não têm ideologia nenhuma". A BP não tem preconceitos religiosos. Eles fazem o Lixão do Céu em Texas City também, e na refinaria no Golfo, fortemente protestante; a Exxon o faz em Houston e no Beco do Câncer, em Louisiana, com vários católicos Crioulos e Cajuns.

Vaguei pela Cidade Terminal com James e sua câmera, fingindo que eu poderia fazer algo a respeito de tudo isso. Agora, se o sr. Azlan, o homem que teve o pulmão removido, fosse uma foca ou uma garça branca ou um pelicano coberto em petróleo, eu poderia chamar a CNN e Anderson Cooper chegaria aqui em um piscar de olhos. Ou melhor, uma baleia: então o suplício de Azlan renderia um programa no canal National Geographic.

Mas Azlan é só um pobre coitado muçulmano no fim do oleoduto da BP. Podemos dizer que ele é um dos sortudos — um dos poucos que têm um emprego na BP. "Mas isso me custou um pulmão! E eles não pagaram para que eu o removesse! E então eles me demitiram, porque eu não podia trabalhar pesado o suficiente!". O que esperar quando você rejeita uma ocupação na União Soviética por uma ocupação na BP? Você tem um pulmão ainda; de quantos você precisa?

E, francamente, o que eu posso fazer quanto a isso? O sr. Azlan não é um mamífero muito bonitinho, e não está coberto por petróleo bruto, o que daria uma foto comovente. Aqui na Cidade Terminal, os resíduos de petróleo entram nos corpos dos habitantes e os comem vivos de dentro para fora.

Ninguém quer ver isso.

Fui ao quintal de Mamonov, onde ele me apresentou sua única galinha. Pelo menos ela está vivendo bem: tem um terreno todo para ela. Mamonov me contou que tinha 20 galinhas.

No pátio, ainda na companhia da galinha, estava um piano, bem afinado. É o que ficou do Grande Salto Para Trás. A família de Elmar caiu de uma grande altura, e como todos que caem, agarraram-se firmemente a um ou dois objetos de suas vidas perdidas. Um sem-teto guarda um controle remoto de TV, refugiados deixam a comida para trás, mas arrastam consigo um candelabro com velas quebradas, um tabuleiro de xadrez, xícaras de prata do Sabá quebradas (minha família), ou, para os Mamonovs, o piano. Não coube no quintal para galinhas da casa deles, mas o instrumento clássico ficou com eles, no ar do deserto, guardado para a filha tocar músicas azeris de um outro tempo, os concertos de Shostakovich muitas vezes tocado por Rostropovich, um filho nativo.

Lembro que uma das favoritas de Rostropovich era *Lady Macbeth of Mtsensk*. Lady Baba parece ficar mais à vontade com outras canções. Sei que muitos a consideram cruel, mas pelo menos ela não força Elmar e sua esposa doente a irem ao grande show do Elton John (o Bebê Baba gastou milhões para trazer o Liberace dos anos 80 a Baku).

A filha de Mamonov apareceu, tímida, em um lenço de cabeça modesto. Ela tem aproximadamente 14 anos, um ano mais velha do que a minha filha (que abandonou as aulas de piano, perdeu o interesse, mas ainda tenho o teclado guardado em algum lugar). Perguntei à jovem senhorita Mamonov se ela sabia tocar "Crocodile Rock". A filha também ajuda na loja de sapatos. Elmar se lembra de ter vendido um par há dois anos.

Outros objetos continuam com Elmar, o sapateiro, depois da Queda: as "últimas" de um sapato, a parte de cima sem as solas, quase finalizado, e deixado assim por uma década, coberto de poeira. Os trabalhadores da Cidade Terminal não podem mais comprar esses sapatos para trabalhar, porque eles não têm trabalho — tampouco necessidade deles, pelo mesmo motivo. Se pelo menos a Lady Baba patrocinasse sua loja *apenas uma vez*... mas...

Então, agora, os habitantes usam sandálias. Mesmo Elmar, o próprio sapateiro, usa rasteiras baratas enquanto volta com sua nação ao século XIV. O asfalto na Rua Principal da Cidade Terminal está virando pó; agora, é apenas uma estrada medieval imunda. Só falta um camelo.

CARACAS

O que aconteceu no Azerbaijão?

Em Caracas, ficaram insanos; no Alasca, os habitantes piraram; na África, Grã-Bretanha, Kansas e Rio, onde os cariocas ficaram doidos, todos enlouquecem quando enriquecem de repente com o petróleo (exceto pelos noruegueses. Eles permanecem imperturbavelmente calmos). O petróleo esguicha e os ricos ficam mais ricos, verdade, mas os pobres fazem um festão. Quando os elefantes defecam, os pássaros fazem a festa.

Por toda a rota do petróleo que percorri, testemunhei isso. A explosiva reação em cadeia de épocas de compras, aquecidas pelo petróleo, impulsionam a economia, agora voltada à venda de porcarias que ninguém nunca pensou antes que precisaria: um liquidificador para fazer batidas no Ártico; seguro de vida, armas, Papais Noéis de porcelana; heroína, crack e antisséptico bucal; rosquinhas e cream cheese de recheio para combinar com o salmão defumado no Alasca (eu gostei desse); privadas, aparelhos de DVD, televisões (na verdade, televisões antes de privadas, sempre); vencedores do Prêmio Nobel (a Universidade do Texas comprou vários quando foram descobertos poços de petróleo embaixo das propriedades da faculdade); fechaduras de portas, crucifixos iluminados, batom (lá no meio do Amazonas), pílulas de falso controle do peso, pasta de dente norte-americana, carros que não se ajustam às ruas, guerras extras ("O petróleo será nossa arma para ganharmos Karabakh de volta!", disse o Baba, até que a BP vetou a ideia); férias, brinquedos à bateria, pornografia, equipamento de mergulho; e muitos sapatos.

O combustível para tais festividades dos ricos instantâneos são as moedas fortes, trabalhos que vêm e vão fácil como peões de plataformas, recepcionistas de hotel, controladores de tráfego aéreo, pilotos de helicóptero, cabeleireiros, batedores de carteira, e todos os operadores de infraestrutura e simpatizantes que o petróleo exige e adquire: instalar tubulações, vender sanduíches aos caras que instalam tubulações, garotas que se vendem aos caras que instalam tubulações, trabalhos que levantam as plataformas autoelevatórias, jogando os dejetos a céu aberto, e, inevitavelmente, muito trabalho para limpar os vazamentos.

É uma jornada e tanto. Certamente aconteceu aqui em Baku, em 1919, durante o primeiro florescimento do petróleo no Mar Cáspio.

Tempos bons, tempos loucos, tempos extravagantes, a festa do petróleo que, inevitavelmente, acaba em fracasso e ressaca. Mas, dessa vez, os azeris foram direto à ressaca.

Como isso pôde acontecer? Como tantos dólares em petróleo puderam ir embora sem nenhuma libra esterlina cair dos bolsos cheios da BP?

O que diabos deu errado? Como essa nação, que tem petróleo escorrendo pelas mãos, tornou-se uma carniça econômica?

O que aconteceu? A BP aconteceu. O Contrato do Século aconteceu. Sob o acordo do Presidente Hippie com a American Oil Company (AMOCO), os azeris mantinham 30% do petróleo para vender. Mas sob o Contrato do Século do Baba, a parte do Azerbaijão começa com apenas 10%. Parece que será um século bem macabro para os azeris.

Vamos fazer um cálculo. A BP tem sua grande bagatela, uma reserva de 5,4 bilhões de barris. Digamos que sejam $100 por barril, com uma divisão de 90/10, seria meio trilhão de dólares para a BP e sanduíches de pasta de amendoim para o Azerbaijão.*

A BP não pagou nem a taxa mínima do contrato. Um cabograma confidencial do Departamento de Estado dos EUA, recuperado pelo meu bom amigo David Leigh, do *The Guardian*, diz que o Baba reclamou à BP por eles terem roubado seu tesouro em torno de $10 bilhões. A divisão deveria ter mudado de 10% para 20% aos azeris há anos. Quando a BP não pagou, Baba deu um chilique, chamou um diretor local da BP e ameaçou expor a empresa:

"[Aliyev] irá divulgar que a BP está roubando nosso petróleo".

---

* Aos meus amigos economistas de energia e peritos amadores em petróleo: sei que esse cálculo é uma simplificação enorme. A porcentagem da Empresa Estatal de Petróleo da República do Azerbaijão (SOCAR — *State Oil Company of Azerbaijan Republic*) aumenta sob o Acordo de Compartilhamento de Produção, a quantidade que de fato pode ser retirada da reserva é menor, mas a própria reserva certamente irá aumentar e o preço por barril é por conta da OPEP, A Todo-poderosa, e James Baker. Ficarei feliz em receber os cálculos de vocês, feitos com mais precisão. Enviem para GregPalast.com/contact.

O homem da BP abriu um sorriso para o Baba. Ele não precisava dizer *vai lá, Baba, vamos fazer uma audiência pública dos pagamentos do contrato*. A audiência terá que voltar aos $140 milhões e sabe-se lá o que mais desapareceu. Está com sorte, Baba?

O autocrata obviamente escolheu sair para um canto e mastigar seu sanduíche de pasta de amendoim em um silêncio sorumbático. E ele concordou em prorrogar o contrato com a BP (mais tarde, os Estados Unidos iriam aumentar as apostas, dando indiretas de que havia armas com as quais os militares de Baba poderiam brincar).

Mas pasta de amendoim não é insignificante. O estado ainda recebe *uma parte* do petróleo. Então, por que aqueles azeris estão literalmente morrendo de fome?

Pelo menos três fontes me responderam, ligando a fome com o colapso da nação frente ao Contrato do Século, ao golpe de estado e aos milhões perdidos. Mas, como nosso Verdinho no restaurante, eles entravam em pânico quando eu ligava as câmeras. Não estou culpando eles, só estou dizendo que eu fiquei como um pato encurralado.

Isso me deixou uma única opção: a Senhora Louca.

COMPLEXO HABITACIONAL DOS TRABALHADORES DA BP, BAKU

Nós a encontramos no bloco habitacional dos trabalhadores em petróleo, em uma parte asquerosa de Baku, em um dos quartos dos andares de cima do prédio, como A Louca de Chaillot. Os prédios aqui são uma mistura de austeridade soviética e decadência do Terceiro Mundo. No entanto, 95% da população azeri venderia seus filhos para viver nesse lixo.

"Ela é louca", nosso tradutor disse para mim.

Mirvari Gahramanly não me parece doida. Educada em diversos idiomas e um dia a mulher de posto mais alto na empresa estatal de petróleo, ela comandava uma organização de proteção dos direitos dos trabalhadores em petróleo. Isso me parecia um sindicato, mas a BP não o reconheceria e o Baba não toleraria sindicatos de verdade.

Um sindicato não faria tanta diferença. Ela ressaltou que a BP está na verdade *proibida* de pagar salários acima das merrecas pagas por outros setores da pretensa economia do Azerbaijão. Está bem ali, no Contrato do

Século. Ela falou com autoridade sobre como aconteceu: listando nomes, datas e a história do Golpe do Século.

Por isso que Mirvari é louca. Ela vai dizer qualquer coisa, mesmo em frente às câmeras. Mesmo sobre a 12ª Mulher Mais Sexy do Mundo, que, diz ela, está tomando o controle do dinheiro da assistência social que a BP doa para ajudar "as pessoas pequenas" (como o presidente da BP nos chama).

Antes de ir embora, perguntei a Mirvari sobre uma foto em uma estante atrás de sua mesa. Nessa foto, ela está na frente de uma fileira de policiais, uma parede de escudos e cassetetes. Sozinha, Mirvari segura todo o grupo de pessoas. Parecia aquele homem na Praça da Paz Celestial, em frente aos tanques de guerra.

O que ela não tinha na estante eram fotos tiradas momentos depois. Mirvari abriu uma pasta especial em seu computador: lá está ela no chão, depois de os policiais a terem espancado para cacete. Então ela foi presa. Então, foi espancada novamente, e presa mais duas vezes. Até agora.

Louca.

Mas a BP acredita no amor, não na guerra. Ofereceram dinheiro a Mirvari. Ela disse não. Ela disse: "paguem aos seus trabalhadores doentes o dinheiro que vocês devem a eles". A BP disse não.

Contudo, eles pintaram o corredor dela. A BP o pintou de eco-verde, como seus postos de gasolina. É o yin-yang da ditadura do petróleo. O Baba espanca, a BP pinta.

E eu pensei: *Foda-se o aquecimento global. É isso* que vai queimar nosso planeta: colocar dinheiro e beijos na mão do estado petro-policial, enquanto sua outra mão surra e prende uma senhora bondosa como Mirvari; isso faz com que os trabalhadores das plataformas aceitem uma dança diária com a morte, porque falar mais alto é morrer de fome; isso faz de você um prisioneiro em uma cela não numerada; isso faz com que você olhe nos olhos daqueles que você ama e pergunte: *você vai me entregar?*

Você sabia que estou escrevendo isto usando a porra de uma máscara para respirar? Asma. Será que eu tenho que comprar o céu de volta da BP e da Exxon para poder respirar, para que meus filhos possam respirar? Estamos prontos para sufocar enquanto a polícia militar garante que cantemos a música do Baba? Contrato do Século? *Quem diabos deu à BP o direito de comprar nosso século?*

É, a Badpenny tem razão. Eu digo foda demais. Mas olho para esse mundo e não sei mais o que dizer.

De volta ao hotel, fomos recebidos por Larry, Moe e Curly, os três patetas que o MSN mandou para nos vigiar — e garantir que soubéssemos que eles estavam nos vigiando ("nosso fã-clube!", disse nosso contato). Isso me forçou a imaginar quanto tempo até os meninos do Baba irem "conversar" com Mirvari sobre nossa visita. Pensei no depoimento patético do candidato do Partido Verde, dizendo que falar ao mundo a verdade sobre corrupção, golpes e crueldade apenas "serviria aos propósitos de Israel".

A frase me veio agora — e sua origem antiga, Gênesis 32, uma das passagens preferidas por nós, ateus. Será que o Professor Verdinho sabia disso?

Se você esqueceu, eis o resumo: Jacó estava morrendo de medo de que seu irmão bruto, Esaú, como o corpulento mensageiro do MSN, espancasse-o até a morte.

O Professor do Partido Verde procurou pela segurança de nosso poder diplomático britânico para protegê-lo de seus companheiros azeris, assim como Jacó implorou para que Deus "detivesse a mão de seu irmão". Deus, como de costume, ficou em silêncio.

Na história da Bíblia, cai a escuridão e Jacó é atacado repentinamente por um demônio, um anjo mau. Eles lutam a noite inteira. Com a chegada da manhã, Jacó, invicto, não deixa o agressor ir embora — até que o espírito sombrio, o anjo mau do próprio medo, da culpa e cumplicidade de Jacó, concorda em abençoá-lo. Essa foi a bênção: o Anjo disse a Jacó que ele não seria mais Jacó. Daquele momento em diante, seu nome seria Israel, ou seja, "aquele que lutou com Deus". Então Israel/Jacó atravessou o mar em direção à terra de Edom, para enfrentar sem medo o seu irmão.

Mirvari me falou que, apesar de não ter ganhado uma única batalha contra a BP, "não me sinto perdedora. Se você não lutar, *aí sim* você é um perdedor". Ela lutou contra seus próprios anjos maus e os venceu. Ela foi sem medo para Edom; ela está além do alcance deles agora. Mirvari ganhou sua liberdade dentro de si mesma. Os capangas do Baba não podem tomar essa liberdade dela, nem a BP pode comprá-la.

E eles sabem disso.

PRAIA DE BAKU

A família da Lady Baba possui a concessionária da Bentley. É na velha Cidade Fortificada. É muito velha. Ninguém sabe quão velha, de tão velha. Quantas outras civilizações podem afirmar estar em declínio contínuo por mais de oito séculos? Baku se gaba por ter o primeiro sistema de esgoto do mundo. É hora de uma reforma.

Mas os impérios esquecidos deixaram monumentos que impressionam os olhos de quem vê. A Torre da Donzela, talvez 15 andares de trabalho em pedra ondulante transbordando por mil anos; antigas pousadas caravançarais abrigando lojas de sapatos de Ermenegildo Zegna e de acessórios Prada; catacumbas arqueadas transformadas em restaurantes requintados e em uma loja da Gucci; estradas medievais de paralelepípedos levando à concessionária Bentley e aos salões de exposição de Jaguares, Maseratis e Rolls-Royce. É como se Camelot se encontrasse com Rodeo Drive. A apenas 15 minutos de Calcutá-no-Cáspio.

O PIB per capita da nação cresceu rapidamente para mais de $10.100 por azeri. Elmar, da Cidade Terminal, deveria estar vivendo bem. Mas o salário típico, para aqueles que conseguem ganhá-lo, é de cerca de $1.000 por *ano*. A diferença está na BP e nos lordes no topo da pirâmide da Cidade Fortificada, que dão um bom uso ao dinheiro. A filha de Lady Baba, Leyla, gastou £300.000 (cerca de meio milhão de dólares) em Cristal Champagne vintage num jantar para uma dúzia de amigos. O que levanta um questionamento, como aquele 1% sortudo encaixa todo esse dinheiro em um Jaguar rebaixado? Resposta: eles o colocam na Bentley.

Em uma tentativa de fingir que há uma economia por trás da servidão contratual à BP, Baba lançou Baku nos negócios de turismo. Ou seja, Baba construiu cassinos.

Como parte do esforço promocional, Lady Baba posou em seus trajes de praia — um vestido branco de festa — e brincou de salva-vidas para as câmeras, um raro momento em que estava descalça.

Fui caminhar naquela praia no pôr do sol. Ela recebeu uma grande aprovação da seção de viagens do *The New York Times*. Por que não? Eu tinha meu traje de banho para surfar. Encontrei a frente da praia repleta de garrafas de vodca e Raki. A areia estava escurecida pelas sombras das plataformas de petróleo densas e oleosas, grandes como robustas Torres Eiffel, transpirando seu lodo inominável.

(Não vi isso na reportagem do *The New York Times*. Eu deveria saber que eles não contam a história completa nem quando se trata de *areia*.)

Parei para uma piña colada em um bar com telhado de palha cercado por *chaise longues* pastéis para tomar sol, tocadas pela brisa suave de substâncias cancerígenas pestilentas. Margaritaville no Inferno.

Não havia clientes. Não havia garçons, nem atendentes, nem *nada*. Mas só porque os cassinos fecharam de repente — *bam!* — simples *assim!* — por ordem do Baba. O presidente se lembrou de que sua nação era uma república islâmica, que não toleraria tais abominações. Ou porque, me disseram, o Bebê Baba torrou $2 milhões nas mesas de dados.

PELO BULEVAR HEYDAR ALIYEV

Lia-se no relatório de inteligência:

"(...) a senhora Mehriban Aliyeva parece (...) incapaz de demonstrar uma expressão facial completa".

O oficial da Inteligência dos EUA presume que é resultado de "considerável cirurgia plástica".

Talvez. Quais expressões ela não demonstra? Empatia? Autopercepção? O relatório não diz.

Kadija, ao contrário, demonstra muitas expressões faciais. Apenas de seus sapatos sensatos, sapatilhas pretas simples, pode-se dizer que Kadija é a *última* dama do Azerbaijão. E tem orgulho disso.

Contratamos Kadija para nos conduzir por Baku, o que ela fez acenando e sorrindo aos nossos policiais vigias e traduzindo quando éramos parados por um "voluntário" em um sedã preto (ele disse espontaneamente, quando ela perguntou, que seria pago para ficar de olho em nós. Em todo mundo).

Kadija saiu com um ar de impunidade quase cômica, como se rir da farsa de um governo a mantivesse livre das garras dele. Ela tem um programa na Rádio Liberdade, que, depois de ser banida pelo regime, é transmitido sem estação. E ela sabe "o que aconteceu", por que Elmar, o sapateiro, não pode comprar sapatos, por que metade desse país rico em petróleo está procurando emprego.

Ela diz que isso remonta ao Contrato do Século. O acordo original da AMOCO com o predecessor do Baba, o presidente Elchibey, incluía a cláusula típica de "conteúdo local" para compras de equipamentos. No entanto, Baba deixou a BP desobrigada, e a cláusula desapareceu. A BP não precisava usar os dutos ou os equipamentos manufaturados em Baku.

Aquilo era estranho, estranho. Eles não eram a Libéria. Baku tinha fábricas de equipamentos petrolíferos. Correção: Baku, até pouco tempo atrás, era o maior centro de manufatura de equipamentos petrolíferos da Terra, fornecendo material para toda a União Soviética. Agora a BP e a própria empresa petrolífera do Azerbaijão se recusaram a comprar praticamente qualquer um desses materiais.

Resultado: a maior indústria do Azerbaijão desmoronou em pedaços, com 90% de seus trabalhadores despejados nas ruas. Trabalhadores do petróleo passando fome em uma época de prosperidade do petróleo. Ela me levou para as fábricas que o Bebê Baba diz que estão de volta à atividade. Atividade significa que as janelas quebradas dos prédios vazios estão cobertas com faixas contendo seis histórias retratando a família Baba.

O ministro da indústria petrolífera quando o contrato da BP foi assinado, Rovshan Ismayilov, providenciou que as fábricas de Baku fossem elevadas às especificações da BP — mas a empresa estatal de petróleo ainda recusava o equipamento de seu próprio país. Em 1995, em uma reunião de gabinete presidida por Baba Aliyev, Ismayilov não podia mais ficar calado. Ele começou a gritar com o Ministro do Petróleo, com todo o gabinete: "VOCÊS ESTÃO ALMEJANDO SHOPKAS AO INVÉS DE SERVIR AO SEU PAÍS!" — e então desmaiou. Um derrame o deixou hospitalizado por três meses.

Shopkas, subornos.

Naquele tempo, o presidente Baba apresentava um tipo de programa de jogos na televisão nacional. Ele chamava ministros diante dele no horário nobre da TV e censurava-os por essa ou aquela falha. O ministro repreendido implorava por perdão e prometia corrigir seus modos sob a condução "perspicaz" do Baba (ele mandava que eles usassem a palavra "perspicaz").

Depois que Ismayilov recebeu alta do hospital, Baba o arrastou para frente das câmeras para explicar por que ele permitiu que 90% das fábricas de fornecimento de materiais petrolíferos fechassem. O ministro respondeu: "Porque você, sr. presidente, negou meus constantes apelos para colocar novamente a cláusula de conteúdo local no contrato da BP".

Naquela noite as notícias anunciaram que Ismayilov foi removido de seu gabinete. Sua família, no entanto, não foi expulsa da mansão ministerial, porque há muito tempo ele havia se recusado a mudar-se para ela.

Kadija sabia bem dessa história. Rovshan Ismayilov era seu pai. Então, não havia nada mais que eles pudessem fazer contra ela, e ela não mais se importava se eles fizessem.

NIGÉRIA

Shopkas, subornos. Bem, o que esperar de um lugar como esse? O Azerbaijão é uma das nações mais corruptas do planeta, de acordo com a Transparência Internacional.

No entanto, os azeris não têm dinheiro suficiente para subornarem uns aos outros. Então quem, caro leitor, *os está corrompendo?*

Bem, quem, afinal, fornecia os dutos? A Halliburton tinha uma limusine esperando quando cheguei em Baku (não era para mim). Então, no meu caminho para a Cidade Terminal, passei por um prédio comercial enorme escrito BAKER-HUGHES, seu fornecedor do Texas.

Será que a Baker-Hughes paga o suborno? Bem, sim, eles até já confirmaram. A empresa declarou-se culpada por subornar um ministro do petróleo para fornecer perfuração em alto-mar no lado cazaque do Mar Cáspio. Um *shopka* de $4 milhões.

A Halliburton e seu ex-presidente, um senhor chamado Dick Cheney, foram processados pela Nigéria por subornar os ministros do petróleo também, mas as acusações foram retiradas quando o Sr. Cheney tornou-se o Honorável Richard Cheney, vice-presidente dos Estados Unidos da América.

Quando fui disfarçado para a Grã-Bretanha em 1998, os contatos que eu estava fingindo "contratar" me disseram que os executivos dos EUA sempre irrompiam com duas perguntas: "Quem devemos contatar? Quanto pagaremos?".

BASE DAS MONTANHAS CATSKILL, NORTE DE NOVA YORK

O lorde Browne conseguiu o Contrato do Século. Mas a BP *não* pegou o petróleo. Depois de toda aquela trapaça dos MI6, o "querubim" de $30 milhões, amores de prostitutas e um golpe de estado, a BP não queria o petróleo. Os azeris ficaram impressionados. Eles imaginaram que a BP, conhecedora de tecnologia, dobraria e quintuplicaria a triste produção soviética. Na verdade, nos primeiros anos de operação da BP, a produção *caiu* em 80%.

Ahn? Para entender o por quê, esqueça tudo que você acha que sabe sobre empresas petrolíferas. Eles não estavam caçando petróleo, estavam caçando lucros. A BP agarrou o contrato do Mar Cáspio em 1994, quando o preço do petróleo era uma piada, tão baixo quanto $15 por barril. O Contrato do Século deu à BP o direito de explorar o petróleo, porém mais importante, o direito de *não* explorá-lo, de mantê-lo fora do mercado, de forçar o preço mundial a aumentar. O primeiro mandamento do capitalismo é: quanto mais baixa a oferta, mais alto o preço. E Baku era o lugar perfeito para diminuir a oferta. O Baba podia chiar, mas a BP o tinha preso pelos *shopkas*.

Guerras são travadas por causa de petróleo — não apenas para obtê-lo, história que você bem conhece — mas também para impedi-lo de alcançar o mercado. E essa é a história do Iraque em 2003.

Badpenny estava investigando as "Opções para a Indústria Petrolífera do Iraque", altamente confidenciais, que obtivemos por meio apenas da mínima quantidade de subterfúgio e mentiras que o interesse público demanda.

Esse plano de *Opções* foi esboçado em segredo para o Departamento de Estado pela indústria petrolífera. Os Garotos em Houston defenderam a permanência do Iraque na OPEP, limitando assim a produção de petróleo deles. O plano "aprimoraria a relação [do Iraque] com a OPEP" e manteria o preço do petróleo mais alto do que o Monumento a Washington. Foi o plano "Aprimorar a OPEP" que moveu os tanques de guerra a Bagdá. Aquela não foi uma guerra sanguinária por petróleo. Foi uma guerra sanguinária por *nenhum* petróleo, para limitar o fluxo.*

---

* Veja "The Flow (O Fluxo)" no livro *Armed Madhouse*.

> **Atividades de Transformação**
>
> Decisões que forem tomadas durante as fases de Reabilitação e Transição estabelecerão o setor de exploração, perfuração e produção de petróleo do Iraque em direção a um dos cinco cenários identificados na Figura 0.1. Embora nenhuma dessas decisões sejam irreversíveis por si mesmas, mudar de direção e tentar compensar atrasos tornar-se-á cada vez mais difícil com o passar do tempo.
>
> Como observado acima, as quatro questões cruciais a respeito da estrutura e do processo no setor petrolífero do Iraque serão todas provavelmente dirigidas em uma direção ou outra durante a fase de Transição, a saber:
>
> O uso ou a divulgação das informações contidas nesta página estão sujeitos às restrições expressas na folha de rosto desta proposta.

Uma vez que os campos de petróleo do Iraque foram limitados e contidos pela guerra e pela OPEP, o preço subiu de $20 para $40 por barril, depois pulou para mais de $100. Somente então a BP abriu as torneiras no Mar Cáspio.

Era em 2004 e eu estava em uma batalha mortal com meu último livro manuscrito quando a nova voluntária, uma senhorita chamada Badpenny, chegou para me resgatar da casa do meu cunhado no país da neve. Eu tinha conseguido o documento confidencial sobre os campos de petróleo do Iraque e ela estava caçando o General Jay Garner, o vice-rei que Bush colocou no comando do Iraque, para verificá-lo. Havia sangue em Bagdá e aquela jovem achou que eu devia revelar a história para a BBC Mundial, todo o esquema doentio e secreto de empresas petrolíferas. Mas voltar ao trabalho para a BBC me tiraria do meu foco crucial em loiras e conhaque.

Quando ela foi até meu esconderijo de escrita nas montanhas, eu a ignorei e disse a ela que ainda precisava acabar com a resistência de dois parágrafos monótonos. Mas depois, eu disse, poderíamos pular na banheira de hidromassagem.

Foi a única vez que eu veria Badpenny chocada e horrorizada.

Se olhares fossem balas, teriam que fazer um desenho com giz em torno do meu cadáver.

Nossa, ok, moça. Só estou sendo educado. Até troquei a água depois que a copidesque loira saiu para o fim de semana.

O sotaque de Badpenny ficou totalmente Serviço Mundial da BBC naquela hora: "Localizei o General Garner e preciso que você assine esta carta(...)".

O que vi então em seus olhos não era um choque virginal. Era uma tristeza introspectiva profunda.

Pude ouvir ela falando a si mesma: *Pensei que Greg Palast fosse diferente. Eu me enganei. Ele é só mais um pervertido sujo e velho.*

E então eu me senti como só mais um pervertido sujo e velho.

Anos mais tarde, ela me diria que ficou repentinamente abatida por uma grande decepção e tristeza, pensando que não teria escolha a não ser sair do emprego para o qual ela havia nascido.

Daquele momento em diante, mantive uma distância profissional e respeito por seus anos de fidelidade esperando que seu belo e jovem baterista na Grã-Bretanha se decidisse.

Por algum motivo, pensei que seria importante que ela soubesse que "eu também sou baterista". Ela ligou para a BBC Londres e disse a Jones que eu estava voltando ao trabalho.

Quem diabos era aquela criança?

R■■■■■-Louisa von N■■■■■-Manzoni, também conhecida como Velvet Vicious, também conhecida como Srta. Badpenny, é filha de maquinista de trem, com dom para idiomas, sotaques, matemática e disfarces elegantes. Nos Alpes, da janela do quarto de seus pais no bloco quadrado para trabalhadores, a pequena Penny podia ver o pico do Monte Pilatus acima dela, e abaixo, os banqueiros da Suíça viajando para Zurique, onde contavam e recontavam o dinheiro que roubaram das vítimas de Hitler e esconderam dos chefes militares africanos. Isso a deixava doente e louca. "A Suíça é a única nação onde os cidadãos são os prisioneiros e seus próprios carcereiros", escreveu o único autor vencedor do Prêmio Nobel da Suíça, Max Frisch. Ela escapou aos 14 anos em uma motocicleta roubada, foi presa, arrastada de volta; fugiu de novo aos 15, depois aos 18 chegou em Londres. Em semanas, aprendeu inglês suficiente para escrever músicas e liderar uma banda punk, que eventualmente chamou a atenção da imprensa do rock. ■■■■■ ■■■■■■■ ■■■■■■■■■■■■■■■ Um casamento durou o suficiente para lhe garantir um passaporte britânico.

Então, apesar de professar sua lealdade à Rainha, Badpenny foi para os Estados Unidos, largou o baterista, pousou em Nova York, onde ela encontraria um professor de francês arcaico com mãozinhas esqueléticas (ela as chamava de "garrinhas") e foi embora. Na Rota 66, ela declarou que não iria andar mais nem um quilômetro como uma estrangeira ilegal. Eles foram para a cidade deserta de Fort Sumner, no Novo México, onde dois guardas penitenciários serviram de testemunha para o casamento. No momento em que eles chegaram no Vale da Morte, ela percebeu que o Professor Garrinhas era um preço muito alto por um *green card*.

Novembro de 2004. Presa em Nova York para lidar com burocratas loucos da Imigração e seu divórcio, Badpenny passou o tempo lendo os seis volumes da história da Segunda Guerra Mundial de Churchill e, quando terminou, usou suas gorjetas do bar para comprar um exemplar do livro *A Melhor Democracia que o Dinheiro Pode Comprar*, de Greg Palast. Badpenny estava acompanhando suas reportagens na British Broadcasting pela internet (ela considerava as notícias da televisão norte-americana insuportáveis). Enquanto navegava pelo GregPalast.com, ela viu que algum idiota postou o endereço do escritório — bem em frente ao café onde ela era garçonete. Durante seu turno, ela ficava de olho na janela de vidro do segundo andar na 2nd Avenue, onde Greg Palast e sua equipe trabalhavam até tarde, observando a hora em que Palast colocaria seu fedora e iria embora. Ela não estava perseguindo; ela decidiu trabalhar para mim e precisava encontrar uma forma de me informar de sua decisão.

Meu chefe de pesquisas, Oliver Shykles, um gênio com uma dose racional de paranoia, odiava trabalhar em frente àquela janela enorme que ia do teto ao chão, principalmente depois de quase cem ameaças de morte e lesão corporal que recebi depois de publicar o que o *The Guardian* chamou de meu "robusto" obituário de Ronald Reagan ("*Reagan: Assassino, Covarde, Golpista*"). Ollie retirou todas as placas visíveis da rua que identificavam nossa localização.

Eu adorava aquele escritório, acima das escadas sujas. Muito sol para um imóvel no centro e, à noite, quando chovia, a névoa vermelha das luzes de ambulâncias e a cafeína de suas sirenes.

Era meia-noite. Estava passeando com o cachorro. Estava frio e minha cabeça estava congelando.

Então: "Sr. Palast?".

Apesar de estar perdido no meio de dois casacos de inverno enormes, um cachecol e uma touca de pele, pude discernir que era uma jovem mulher — idade universitária? Pensei, depois de todas as ameaças, *é isso. É uma Squeaky Fromme*, como aquela garota da família Manson que atirou no presidente Ford.

Então olhei nos olhos escondidos pelos cachecóis: eram analíticos, não assassinos. "Sr. Palast, estava pensando se o senhor precisa de alguma ajuda."

Nenhuma arma! Eu estava vivo! Meu cachorro estava vivo! Eu tinha uma regra: sem carinhas ricos e sem graduados em jornalismo. E sem tietes, não onde eu trabalhava.

Então quais tipos de talentos a "Squeaky" poderia oferecer?

"Sou fluente em quatro idiomas e não preciso dormir."

Perfeito.

Em duas semanas, parecia que haviam colocado combustível de jato no motor do escritório. "Sr. Palast, será que isso pode ajudar?"

Olha, fala sério. De algum jeito ela conseguiu ter em suas mãos o número do telefone de um diplomata puto do Departamento de Estado no Cazaquistão que poderia confirmar o plano secreto pré-invasão pelo petróleo do Iraque. Estou pensando, *quem diabos te ensinou a cantar?*

(*Nota*: a própria Badpenny colocou as marcas pretas no manuscrito sobre as letras estratégicas do nome completo e da história dela. "Agora, estou in-Google-ável". Ela está profundamente horrorizada só de eu estar escrevendo sobre ela).

Ela poderia fornecer outra ajuda: sem casaco, sua aparência de Bond Girl era perturbadora para muitos homens — mas, devo acrescentar, não para mim. Não me atraio por mulheres jovens que eram meros zigotos quando John Kennedy foi baleado. Gosto de ver alguns quilômetros rodados no odômetro. Não sei porque estou te falando isso.

O MAR CÁSPIO, A CEM QUILÔMETROS DA COSTA

Até hoje, quando a Mãe Natureza vira homicida, ela se safa porque alguma corporação inocente leva a culpa. Como a BP. Pelo menos é isso que você aprendeu lendo os comunicados de imprensa da empresa.

Vamos lembrar o que primeiro me trouxe para esse buraco chamado Baku. Não foram as praias. Ou a loja de sapatos de Ermenegildo Zegna. Foi o chamado do Homem do Cáspio, o infiltrado com sua mensagem obscura enviada de um navio navegando pelo Mar Cáspio. Se a história dele conferisse, nós teríamos a causa verdadeira e escondida das mortes na Deepwater Horizon. Aquilo era um negócio sério. Sua informação, se corroborada, muda o caso da Deepwater Horizon de tragédia para homicídio.

IRAQUE

O homicídio negligente é um crime "se ao menos". Por exemplo: "*Se ao menos* meu primo imbecil tivesse tirado as balas da arma carregada antes de entregá-la ao seu irmão violento e desequilibrado, o poodle estaria vivo hoje".

Se ao menos a BP tivesse nos falado (ao Congresso, aos inspetores de segurança, aos acionistas, à imprensa, ou a qualquer um) que houve um estouro violento na plataforma em alto-mar do Mar Cáspio, então os 11 homens na plataforma do Golfo do México estariam vivos hoje. Se ao menos a BP tivesse confessado a falha de seus métodos sovinas de cimentação, repito: aqueles homens estariam vivos.

Se ao menos.

Será que nosso Homem do Cáspio viu o estouro com seus próprios olhos, ou era apenas conversa de boteco? O recado para Badpenny colocava toda sua carreira em risco, então isso dá algum peso para sua resposta. Mas o que ele viu primeiro? Nós preparamos uma ligação, de um telefone seguro para outro telefone seguro. Ouvi barulhos de bar no fundo.

A voz disse: "Barcos laranjas na água".

Essa era a frase que eu queria ouvir. Uma testemunha ocular. Uma testemunha ocular que esteve lá. Nunca saberei, ou pelo menos espero nunca saber, como é ter apenas alguns minutos para viver.

Lá estava a história do Homem do Cáspio e lá estava a história oficial da BP, escrita, presumo, por alguém que não estava lá para dançar de rosto colado com a Morte. Tudo aconteceu em 17 de setembro de 2008.

A História Oficial da BP nº 1, divulgada naquele dia:

"Um vazamento de gás foi descoberto na área de uma plataforma Central Azeri nesta manhã".

Por essa história da BP, era apenas a Mãe Natureza peidando, quanta falta de educação dela. A liberação de gás estava a uma distância razoavelmente segura da plataforma de petróleo.

Então, houve a História Oficial da BP nº 2. Ela foi empurrada em um relatório de avaliação ambiental obscuro em 2009:

"Uma liberação de gás foi detectada em torno da plataforma CA [Central Azeri] no meio de setembro".

Era "na área" na História nº 1; agora é "em torno". Em cada história da BP, o gás se aproxima. Ainda assim, é o gás da Mãe Natureza, não do poço da BP.

E assim, não é grande coisa, nenhum perigo. No entanto, a BP, sempre preocupada com a segurança de seus trabalhadores, ordenou uma evacuação na plataforma.

> "Como uma medida de precaução, suspendemos todas as operações na plataforma."

"*Precaução*". Na história da BP, porque o vazamento não estava sob a própria plataforma, não havia perigo real; mas que se dane, vamos evacuar. V. S. Naipaul, que ganhou um Prêmio Nobel de Literatura (e Amargura), escreveu uma vez que poderes imperiais "não mentem, omitem". Ou seja, eles deixam a merda de fora. O Homem do Cáspio diz que a BP deixou de fora o fato de que o gás estava vazando *abaixo* da plataforma, e que ela estava pronta para explodir pelos céus. O Homem do Cáspio aproximou mais, *logo abaixo* dos trabalhadores. Ele me disse que:

> "(...) o gás vazou por fora do elevador principal, a plataforma estava *imersa por metano*. ALTAMENTE explosivo".

Os barcos salva-vidas laranjas foram jogados na água em pânico. A equipe estava dentro de uma "nuvem de gás". A evacuação não foi uma medida de "precaução", foi uma medida de "*merda, nós vamos morrer!*". O Homem do Cáspio disse:

> "Pela graça de Deus [Ins'Allah], o gás não inflamou, então não houve explosão e nem perda de vida".

"Imersa por metano", exatamente o mesmo que a Deepwater Horizon. Um capitão de pensamento sagaz da Central Azeri ordenou que a plataforma "ficasse no escuro". Então não havia luzes, nem fontes de chamas, nem mesmo ligação de interruptores. Na Deepwater Horizon, acredita-se que a plataforma explodiu quando um trabalhador, ao invés de pular fora da plataforma como outros fizeram, começou a ligar e desligar repetidamente o interruptor de "prevenção de estouro" para cortar o estouro de gás. Uma ação inteligente — se o interruptor funcionasse. Não funcionou, e o trabalhador, por seu ato de heroísmo, foi instantaneamente pulverizado.

Todos os 211 trabalhadores da Central Azeri saíram vivos, mas com "alguns ossos quebrados" (segundo o Homem do Cáspio), apenas porque um navio de emergência conduziu uma fuga milagrosa em um tempo recorde de uma hora e meia. Badpenny descobriu esse fato apenas porque o dono do barco de evacuação recebeu uma medalha especial do próprio Bebê Baba pelo evento salvador — o que, os autocratas parecem ter esquecido, não aconteceu.

Agora chegamos à História Oficial da BP nº 3. Outra brincadeira noturna da Badpenny pelos arquivos da Comissão de Títulos e Câmbio trouxe o vazamento de gás ainda mais perto da plataforma. A empresa (mais americana do que britânica) está sendo cobrada pelas leis dos EUA a admitir os problemas. Os oficiais da empresa assinaram os relatórios sob pena de falso testemunho.

Com o risco de a prisão extrair algo mais próximo da verdade, os chefões da BP finalmente admitiram que o gás vinha de baixo da plataforma.

> "Em 17 de setembro de 2008, uma liberação subterrânea de gás ocorreu abaixo da plataforma da Central Azeri."

A BP está chegando perto da verdade. Mas ainda poderia ser culpa da bruxa maldosa Mamãe Natureza, dando peidinhos abaixo da plataforma da BP.

Lembre-se do pronunciamento de Naipaul: eles não mentem, eles *omitem*.

O que eles deixaram de fora?

Isso, o Homem do Cáspio que diz: o estouro ocorreu logo depois de...

> "(...) um trabalho de cimentação com nitrogênio".

Eis a arma fumegante e explosiva: a Central Azeri explodiu porque a BP usou uma mistura de cimento ultra-arriscada que seca mais rápido.

Você já ouviu a frase *tão empolgante quanto ver cimento secar*. É porque é lento para caralho. Plataformas custam uma fortuna por dia pelo arrendamento ou operação — chega a meio milhão de dólares por dia. Tempo é dinheiro. Então, para acelerar o método próprio de Deus de secar cimento (evaporação), a BP junta o cimento com nitrogênio. Há um risco, claro, mas não para os caras que pedem a união rapidinha e astuta do cimento com o nitrogênio.

Quem se importa? As viúvas da Deepwater Horizon devem se importar: essa foi a mesma mistura de cimento que falhou no poço do Golfo, fazendo com que aquela plataforma se enchesse de metano e queimasse no inferno.

Sinto o cheiro de "omissão material". Talvez você possa "omitir" em Londres ou em Baku e o governo não vai estar nem aí, mas nos Estados Unidos, onde a regra da lei ainda se segura (apenas pelas pontas dos dedos), não se pode simplesmente deixar os podres importantes de lado.

A BP não mencionou o nitrogênio no cimento nem a prova de seu fracasso. Tampouco a BP mencionou que a plataforma da Central Azeri se encheu de metano, e que a equipe de mais de 200 almas estavam a um Lucky Strike de distância do completo esquecimento.

Isso é omissão "material"? Se for, poderia fazer com que a BP respondesse por acusações de negligência criminosa — ou pelo menos que recebesse umas boas e velhas chibatadas. Sem dúvida, se as agências reguladoras soubessem dessa quase explosão mortal, que utilizou cimento infundido com nitrogênio, esse material, provavelmente, seria banido ou controlado. E a própria BP seria banida ou controlada.

Um advogado pode chamar isso de "omissão homicida". Mas eu não sou advogado, então deixarei essa conclusão aos processos. Talvez 11 cadáveres não sejam o suficiente; a lei pode exigir uma dúzia completa para ser "material".

O HOTEL RIVIERA, BAKU

Posso ver que você já se apressou ao julgamento: o silêncio da BP, o acobertamento do estouro no Mar Cáspio, da falha da porcaria barata de cimento, fazem a empresa ser *culpada, culpada, culpada*. Mas a BP só será culpada *se o estouro tiver realmente acontecido*.

Sim, o Homem do Cáspio me disse. Uma testemunha e eu tinha que mantê-la debaixo dos panos. Mas qual é a *prova*? E como diabos se acoberta um estouro que estava a um palito de fósforo da incineração de 211 trabalhadores da plataforma *sem que ele saia?*

Então o Homem do Cáspio estava me contando uma história moderna de monstros marinhos? Ou descrevendo um acobertamento monstruoso?

Como meu amigo pastor Jesse Jackson diz, *"preciso de uma testemunha!"*. De preferência, duas ou mais.

Por favor Deus, me dá um, só *um* daqueles 211 que evacuaram da plataforma da Central Azeri da BP que concorde falar com as câmeras ligadas. Achamos um trabalhador da plataforma muito falante, mas ele... desapareceu. *Puf.* Não há formas de contatá-lo. Os telefones não atendem. Os amigos não sabem onde ele está. *Algo está acontecendo aqui, Sr. Jones.* Algo avisou o Ministério e a BP para que colocassem um cadeado na boca dos trabalhadores da plataforma em alto-mar.

E algo mais: nós contatamos Fatima para contatar alguém que pudesse contatar Zulfie, que poderia contatar alguém que pudesse contatar Natasha, a conexão de Leslie. Mas nosso contato nos disse que o contato de Zulfie disse que ele teve que deixar o país às pressas a trabalho, e ninguém sabia quando ele retornava.

Ninguém no Azerbaijão deixa o país "às pressas". É necessária uma permissão especial. Você não vai embora até que o Baba diga que você vai embora. Alguém havia levado os policiais do Baba e a BP à nossa história. Algum merdinha de Wiki Leaker. Um informante poderia explicar a aparição do homem Número Dois do Ministério da Segurança como convidado especial no restaurante do posto.

Como diabos eles sabiam... ?

Então fizemos a única coisa que podíamos fazer. Carregamos nossas malas de apetrechos de surfe e fomos à praia.

Tive a ideia depois que nossos contatos encontraram um segundo trabalhador da plataforma que confirmou ter escapado da nuvem de metano. Nosso Querido Diretor James primeiramente enviou uma mensagem ao trabalhador nervoso para que nos encontrasse no *nosso hotel...* para quê? Para ser escoltado pelas escadas por Larry, Moe e Curly? Por que não simplesmente jogar um laço no pescoço dele?

Foi quando pensei em surfe. Vi um pequeno hotel chamado The Riviera bem de frente para o mar quando voltávamos do deserto. Sugeri que nosso contato alugasse um quarto para "seus amigos da Europa que precisavam de um lugar para jogar seus apetrechos" e talvez ficar por uma noite. O contato então voltaria em duas horas conosco, os "surfistas", e nosso motorista — o Trabalhador da Plataforma nº 2. Nosso "motorista" nos ajudaria a subir com nossos apetrechos de surfe — luzes e câmeras — para que nós o filmássemos nas sombras, cingido pela luz clara do mar poluído.

Mas nosso "motorista" nunca apareceu. Ligações, e depois sondagens por outros contatos em sua casa, resultaram em nada. Então, alguém atendeu o celular do Trabalhador da Plataforma nº 2 por ele: "Ele pediu à empresa dele permissão para dar essa entrevista e está esperando pela resposta". Em outras palavras, ele nos entregou.

O Querido Diretor ficou furioso: "Ele nos manipulou, o filho da puta!". Sim, ele nos manipulou. E eu também o faria, James. Obviamente, eles estavam por dentro da história *antes* de ele nos entregar. O Trabalhador da Plataforma nº 2 estava morrendo de medo, e com razão. Nós não estamos no Kansas, Totó.

Então, recebemos uma ligação do nosso Chefe, o cuzão de Londres: "Tomei uma decisão". Eles realmente falam assim: *tomei uma decisão*. Nós devemos ir embora "imediatamente". Estamos "em perigo".

Conversa fiada. Nós somos Sujeitos do Império de Sua Majestade, e a polícia secreta não tocaria em um fio de cabelo meu, mesmo se eu tivesse cabelo. Nós somos imunes e por isso somos retardados descuidados.

Não estamos em perigo, mas somos perigosos para aqueles que estão na linha de fogo pela nossa atitude quem-se-importa frente a um ditador que consideramos um pateta e uma piada, ferramenta e idiota da BP. Podemos contar com a própria BP para nos manter a salvo, apenas para evitar uma propaganda negativa. E então voamos para longe enquanto algum trabalhador em petróleo perde tudo que tem, e seus filhos são expulsos do complexo habitacional dos trabalhadores.

A BP precisa somente colocar duas letrinhas ao lado do nome dele: *NR* - "Não Recomendado" para a plataforma. Nunca, nunca mais. Nem naquela, nem em nenhuma outra plataforma. E Mirvari leva outra surra. Ou coisa pior.

Para nós, garotinhos anglo-americanos com câmeras, isso é tão perigoso quanto a Disneylândia. Mas não é a Disney para os camundongos que são deixados para trás quando a ratoeira se fecha e quebra os ossos e as vidas deles. Sim, Elegante Lorde Cuzão de Londres, o império tem seus privilégios e isso me faz querer vomitar.

AINDA EM BAKU

Mas nós não estamos indo embora.

Foi quando descobrimos que o Ministério da Segurança ligou para nosso hotel e mandou que confiscassem nossos passaportes. Nossos passaportes com os carimbos do visto que nos permitiam entrar e, mais importante, nos permitiam sair.

Nada bom, nada bom.

A polícia do Ministério está a caminho. "Rotina", eles dizem. Aposto que é.

Quem diabos nos entregou? Qual babaquinha perverso disse que estávamos caçando uma explosão da BP? Resposta: *meu próprio jornal, The Guardian*. Foi uma coincidência louca, uma chance em mil, que começou quando eles conseguiram um cabograma secreto, enviado do Departamento de Estado dos EUA:

02/07/2008 SIGILOSO BAKU 000625

O fechamento em 17 de setembro da plataforma Central Azeri (CA), o "botão vermelho" foi acionado depois da detecção de um vazamento de gás na plataforma que levou à evacuação de 211 trabalhadores, foi a maior emergência de evacuação da história da BP. Dado o potencial explosivo, a BP teve bastante sorte por ter conseguido evacuar todos de forma segura e por impedir qualquer inflamação do gás... Devido ao estouro de um poço injetor de gás, havia "muita lama" na plataforma... de onde eles imaginam que um trabalho ruim de cimentação causou o vazamento do gás.

Os cabogramas vazados explicam a honra da presença no café do Assassino, o Número Dois da polícia secreta. Acontece que o *The Guardian* disse à BP que estava prestes a divulgar os cabogramas para obterem uma resposta da empresa. A BP sabia que eu estava no caso, e razoavelmente presumiu que eu tinha uma cópia. Aparentemente, o boato saiu da BP de Londres, e o castigo chegou em Baku. Mas não tínhamos noção dos cabogramas, e acabamos sem filme, sem nenhuma testemunha ocular para as câmeras. Perdi o Prêmio James Bond de novo.

E, só para colocar a cereja no topo, nós tínhamos a Natasha errada na nossa foto. Leslie, o Homem da Maleta, tinha *duas* Natashas.

Estraguei o filme, mas não a história. A história não era somente a respeito de uma plataforma de petróleo que explodiu, apesar de essa história ser suficiente. Em Baku, aprendemos que o dinheiro da BP comprou algo tão valioso quanto o próprio petróleo: o silêncio.

Você só pode esconder uma explosão terrível em um estado policial. O Contrato do Século é aplicado pelas Surras e Prisões e Censura e Terror do Século. O Silêncio do Século.

A conspiração não tem graça sem coconspiradores. Para dividir custos, a BP trouxe a Exxon e a Chevron como parceiras no Mar Cáspio. É por isso que a embaixada estava escrevendo para Washington. Os parceiros norte-americanos da BP estavam chiando por perder milhões, enquanto as plataformas estavam fechadas para retirar o gás explosivo. Eles queriam que o presidente Bush reclamasse com o governo do Reino Unido, mas discretamente. As empresas norte-americanas poderiam ter processado a BP por suas perdas. Mas o clube obviamente achou prudente manter o silêncio. Esse silêncio é cumplicidade.

O cabograma veio da Embaixada dos EUA em Baku. Quem teve a força, a coragem, a nobreza e a intrepidez de divulgá-lo e tornar público aquele cabograma frio?

Não, nenhum dos prisioneiros do Baba. Foi um dos prisioneiros do presidente Obama: Soldado Bradley Manning.

Enquanto procuro em todo o globo por evidências de mortes na indústria petrolífera, também procuro por um conjunto de pistas muito mais difícil: a fonte da coragem humana. A de Manning é imensurável.

O soldado Manning, preso na Base Marinha Quantico, perto de Washington, DC, dorme apenas de cueca. Não porque quer. Ele está sob vigilância contra suicídio, apesar de que nenhum psiquiatra poderia ser persuadido a dizer que Manning quer se matar. Como Jacó, ele foi a Edom. Ele nada teme, e com certeza não teme sua própria mão.

A democracia é mais do que votar; é ter informação para votar.

Mas antes que você comece a marchar em volta do sofá da sua sala, cantando "Deus abençoe a América", considere o seguinte: a Embaixada dos EUA enviou um cabograma em resposta à secretária de Estado dos EUA, Condoleezza Rice, sobre a explosão no Mar Cáspio, sobre a mistura letal de cimento. Ainda assim nossa secretária de Estado nunca nos contou. Contou, Condi?

A BP e seus parceiros norte-americanos ocultaram a perigosa explosão e seu coconspirador poderoso: o governo dos EUA.

Então, talvez, tenhamos que dizer que os Estados Unidos são *quase* uma democracia. E cada vez menos: desde o 11 de setembro de 2001, o país está tratando as informações e os informantes utilizando o sistema do Baba, e não o de Thomas Jefferson.

Bem, pelo menos ainda escolhemos nosso presidente pelas urnas.

Correção: os cabogramas da Embaixada estavam datados de 2008, quando George W. Bush era presidente. Bebê Bush. Ele também não foi eleito. Pelo menos não pelos eleitores.

Mas isso é para outro livro, em outra hora.

Estou passando o tempo nervoso, procurando o preço dos sapatos da Lady Baba. E rezando. Querido Deus: Você fez essa confusão, então me tire dela.

E, quem diria, Ele responde! Uma voz na minha cabeça diz: *se você já fez o check-out do hotel, Palast, ou seja, se o hotel diz isso à polícia do Ministério quando eles chegarem, desculpem, os estrangeiros fizeram as malas e partiram há horas, então os funcionários ficarão livres de perigo.*

Os funcionários pensaram nisso também, então, quando descemos as escadas para solicitar a conta do check-out, havia uma cobrança de $400 adicionais pelo uso de uma sauna e os serviços de uma "massagem". James quer discutir, mas eu digo "PAGUE".

Aquela foi a massagem mais cara de todos os tempos que não teve um final feliz.

James desembolsa dois mil em notas de euro, e agora temos nossos passaportes e fizemos o check-out. Entretanto, não saímos de verdade do hotel.

Durmo por etapas, totalmente vestido, com o passaporte e o visto no bolso da frente da minha calça.

AEROPORTO E SAÍDA

Chegamos ao aeroporto. Ele se chama... nenhum ponto para quem adivinhar... Aeroporto Heydar Aliyev. Baba Internacional.

Saímos daqui! Só mais três máquinas de raio X e pontos de inspeção estão em nosso caminho. Sem problema.

Então surge um problema.

Aceitei a sugestão de James de rapidamente tirar minha "caneta" de uma pilha de canetas reais para o meio da minha bagagem conferida.

O policial do Ponto de Inspeção 1 me chama. Ele me mostra o monitor de raio X. Bem no meio, a grossa câmera-caneta de metal parece um silenciador de arma em meio às minhas cuecas e meias. Tiro ela de lá e mostro que escreve meu nome. Olha!

Ele sussurra para nosso contato em azeri: "*Eu sei exatamente o que é isso. E é ilegal*".

Lá vem. Hanucá com o Baba, ou pelo menos com seu guarda de prisão. A emissora não vai ajudar, a Embaixada dos EUA só vai dizer: tsc tsc, carregando contrabando, Sr. Palast? Sinto muito.

Eu me odeio. Só por causa de um filme de ação fofinho eu vou causar minha prisão.

Depois dessa caminhada egoísta pela Rua do Eu, de repente percebi que *ah não, merda*, as páginas "destruídas" do caderno estão aqui, um prato cheio das nossas fontes. Eu me odeio mais ainda.

Então, o jovem policial *a coloca de volta na minha maleta!* E sussurra para a tradutora: "*Livrem-se disso antes do Ponto de Inspeção 2 porque ele nunca passaria por ele*".

Graças a Deus que nem todos os netos do Baba amam o regime do vovô. Eles podem carregar os cassetetes, mas nem todos querem beijá-los.

Obrigado, obrigado, obrigado.

Agora, no lugar de acrescentar mais uma estupidez à minha estupidez atual, eu *não* me escondo em um canto para retirar a caneta — ações furtivas serão percebidas. Coloco minha bagagem na segunda fila de inspeção... então, abro a maleta freneticamente, jogo todas as minhas roupas no chão, dizendo "Cadê? CADÊ?!".

James conhece o procedimento e diz para nossa tradutora abrir a bolsa e jogá-la no chão. *"Jogar?"*, pergunta K. James diz *"AGORA!"*.

Ela o faz e minhas meias e cuecas e kit de remédios voam, empilhados por cima da bolsa dela. Tiro meu inalador para asma, digo *"GRAÇAS A DEUS!"* e dou uma forte inalada no frasco vazio.

Posso respirar tranquilo agora, e cuidadosamente recoloco minhas coisas na mala.

Bem, não todas. Uma meia suja caiu na bolsa da K, que ela pegou enquanto me ajudava a arrumar a mala. Uma meia suja com uma caneta dentro.

NOVA YORK, CENTRO, 2011

Estou suando: cadê meus filmes da "caneta" com as páginas arrancadas do caderno, a prova da prisão no deserto? E há alguém com a alma mais valiosa do que a minha que está com meu brinquedo do Austin Powers escondido em suas coisas para me acobertar?

Mas está tudo bem. Eu acho. Acabei de receber um bilhete de meu *tovarish* da Ásia Central:

Enviei o vídeo de Natal para James via internet.

Isso vai enganá-los: um muçulmano enviando a um judeu um vídeo de Natal. *Oy vey!*

* * *

Não tirei minha parca da mala.

Eu ainda tinha certeza de que a chave para a explosão no Golfo seria encontrada no Alasca — assim como a chave para a *próxima* explosão que certamente viria.

Era outubro. O eixo da Terra estava se inclinando para seu solstício. Eu precisava chegar ao norte antes que caísse a noite polar. Meu plano era chegar à vila Tatitlek, na Ilha Bligh, e pesquisar os relatos dos nativos. Mas meus planos não significaram muito depois que recebi um comunicado urgente do chefe de inteligência da Agência de Inteligência Universal da República Livre do Ártico solicitando que eu me encontrasse com eles em Kaktovik, uma ilha acima do Círculo Polar Ártico.

Ignorei essa piada estúpida e esperei pelo próximo e-mail de Matty Pass, enviado por um dos duendes do Papai Noel.

Então, o chefe de inteligência enviou um segundo pedido, ainda mais urgente, com cópias das cartas de Phil Dyer da Shell Exploração e Produção de Petróleo. A Shell levou a "Agência de Inteligência" bem a sério. A empresa petrolífera não queria provocar uma declaração de guerra.

O chefe de inteligência, o Esquimó Nativo Harry Lord, quis se encontrar comigo para que eu levasse uma mensagem — um aviso, na verdade — para "sua Rainha". Ainda pensei que era muito idiota para responder, até a Agência dizer que a audiência foi solicitada por Etok, o lendário caçador de baleias e líder dos Inupiat.

Falei para Badpenny achar um voo fretado imediatamente, algo pesado, como um Beaver, que pudesse pousar no gelo. Ela ligou para um operador de táxi aéreo e perguntou: "É possível pousar em Kaktovik nessa época do ano?".

"Não posso dizer até chegarmos lá." Reservamos o voo.

SAN DIEGO, CALIFÓRNIA

Mas eu não pude ir. Ainda não. Enquanto fazia as malas, recebi uma ligação para pegar o primeiro voo a San Diego.

Na hora em que cheguei no hospital, meu pai só conseguia mover a cabeça, murmurando algumas palavras. Mas não deixou dúvidas de que estava feliz em ver que eu e minha irmã estávamos lá, mais feliz ainda por nós não vendermos móveis.

Era aniversário da minha mãe, 89 anos. Meu pai nos disse para sairmos do hospital e fazermos uma super festa. Nós fizemos. Foi uma celebração e tanto.

Qual, então, é minha herança?

Em 1930, quando meu pai era uma criança de oito anos em Chicago, ele perguntou ao irmão mais velho por que as pessoas estavam lá fora, na neve gelada, esperando em uma longa fila. Seu irmão Harold disse: "É a fila do pão. Eles não têm nada para comer. Eles esperam pelo pão".

Meu pai correu para o quarto da mãe dele e pegou um broche de diamante da minha avó, desceu correndo as escadas e o deu a um homem na fila do pão.

O mais importante é que, depois de meu pai dar as joias, ninguém em sua família o castigou. Mais tarde, com o advento da Depressão, meu avô perdeu tudo. Então, Gil Palast foi um fracasso precoce. Permaneceu como um fracasso. Ele assegurou que isso acontecesse.

Já contei o que você precisava saber sobre meu pai: ele odeia móveis. Mas ele vendeu móveis por 35 anos. Ele os vendia em Beverly Hills para as esposas jovens *du jour*.

Quando fiz oito anos, meu pai me deu uma joia importante: suas medalhas da Segunda Guerra Mundial. Ele queria que eu as perdesse, jogasse-as fora, qualquer coisa. Era 8 de março de 1965. Lembro a data exata porque, no dia anterior, a marinha dos EUA desembarcou em Danang, no Vietnã.

Meu pai ganhou as medalhas nas florestas do Pacífico por libertar os oprimidos. Então, naquele dia em 1965, aquele babaca do presidente Johnson ordenou que o exército do meu pai retornasse à floresta para oprimir quem estava livre. Johnson, Nixon e o resto dos bandidos transformaram as medalhas do meu pai em lixo.

Mas a vida não era só lixo, Nixon e móveis. Meus pais dançavam — na verdade, eram campeões; eles ficaram em segundo lugar em um concurso de tango quando tinham seus 70 anos.

E havia um outro tipo de sorte, se você estivesse pronto para ela. Eu tinha 13 anos. Meu pai estava deitado no carpete da sala da nossa casa monótona e enorme, passando o tempo em um sábado à noite, procurando na rádio alguma música do Sinatra e parado do lado esquerdo do rádio.

Ele me chamou e disse: "Quero que você escute isso". Era 1965 e Martin Luther King estava falando sobre os três tipos de amor definidos pelos filósofos gregos. A lição de filosofia de King foi dada em uma igreja cercada por homens brancos furiosos que trocaram seus lençóis brancos por uniformes policiais e estavam preparados para queimar a igreja como já haviam feito antes.

King estava em uma marcha, e foi espancado enquanto marchava, de Selma, Alabama, até Montgomery.

Meu pai me disse: "Você vai fazer isso", querendo dizer que eu iria ao sul, entraria no grupo dos Freedom Riders, seria um advogado de King, um guerreiro da justiça em um mundo injusto.

Mas por que ele mesmo não foi? Por que ele não se juntou à marcha, à luta? Eu sei: filhos, responsabilidade, móveis. Móveis não marcham. Eles ficam lá sentados. Senta-se neles. E os ricos peidavam nos colchões que meu pai vendia para eles. A loja de móveis era trancada por dentro por um medo maligno de deixar a vida ao acaso.

Então ele colocou o peso da jornada dele sobre mim. Que merda é essa? Isso é extremamente cruel.

No quadragésimo aniversário da Marcha de Selma, houve um jantar enorme estilo familiar em Birmingham, Alabama, para os gigantes sobreviventes do movimento dos Direitos Civis. Não resisti em realizar uma reportagem lá. Consegui uma cadeira no fundo.

No fim de seu discurso solene, Martin Luther King III, filho do mártir, disse: "Gostaria de agradecer a presença de um jovem herói entre nós. Levei seu livro ao túmulo do meu pai e mostrei a ele, e sei que ele gostou. Greg Palast, por favor, levante-se". Então os gigantes ao meu redor se levantaram, e eu aceitei com graça uma ovação em pé daqueles que mereciam mais do que eu.

Nem me importei em contar ao meu pai.

Naquela época, ele era um velho caquético filho da puta, amargo, corcunda, incapaz de aceitar o amor até de seus netos.

Acredito que é assim que vou acabar. Não vejo como posso evitar. O rio corre rápido e as paredes do cânion são íngremes.

* * *

Minha mãe é entusiasta de histórias para contar às pessoas na lanchonete. Lembro-me de uma. Há apenas algumas semanas, minha mãe e meu pai decidiram aproveitar um belo dia fora de casa. Ela precisa de oxigênio para respirar, e meu pai, depois de seu derrame, precisa de um andador para se mover. Mamãe vestiu seu traje patriota bobo, vermelho, branco e azul, amarrou nele um frasco de oxigênio, e meu pai, mancando alguns centímetros por vez, chegou à mercearia local — para se juntar à linha de piquete do sindicato.

Ele estava atrasado, ele estava lento. Mas estava marchando.

Com o fim da festa, voltamos ao hospital, e no dia seguinte, como esperávamos, meu pai morreu.

Suas últimas palavras foram para minha mãe. "Feliz aniversário".

No funeral, Badpenny não conseguia parar de rir.

Ela estava pensando no que meu pai fez algumas semanas antes do fim, perto de seu aniversário de 89 anos. Ele estava assistindo a um comercial do Viagra na TV. Terminava com o aviso: "Se uma ereção persistir por mais de quatro horas, consulte seu médico".

Ele ligou para o médico e falou com a enfermeira. Ele disse que tomou um Viagra há mais de quatro horas e sua ereção ainda não havia acabado.

"Sr. Palast, o senhor não devia ter feito isso! O senhor terá de vir à emergência imediatamente".

Ele disse: "Não posso ir. Ainda não mostrei para todos os vizinhos".

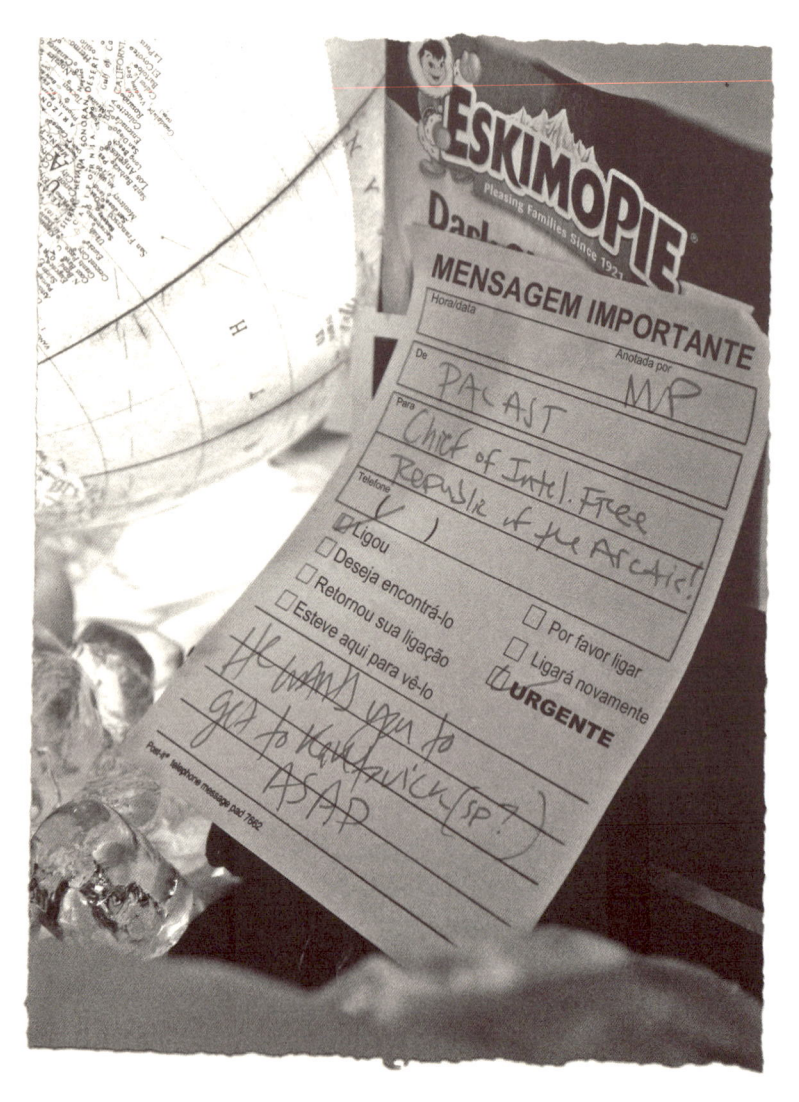

Ele quer que você vá para Kaktovick (PS?) O MAIS RÁPIDO POSSÍVEL.

CAPÍTULO 3
Porco no Oleoduto

REPÚBLICA LIVRE DO ÁRTICO

Há uma lenda contada entre os alasquianos Inupiat, que vivem acima do Círculo Polar Ártico, "*Etok Domestica o Povo Verde*". Ela é assim:

> Nos Dias Antigos, assim como hoje, os povos da beira do Mar Ártico matavam baleias. Era só o que faziam. Era o que comiam. Mas o Povo Verde não gostava daquilo, então ele saiu um dia em seu barco a motor preto fodão para fazer com que o povo do Mar Ártico parasse com aquele negócio de matar baleias.
>
> Foi há muito, muito tempo, em 1979. Os mais velhos nos contam como o Povo Verde apareceu por fora da vila Nativa Inupiat de Kaktovik em seu barco a motor preto e colocou seus estoques de vegetais na praia. O Povo Verde só comia alimentos verdes. Então eles foram embora no barco a motor preto deles, em sua missão de salvamento antigordura, planejando bloquear o caiaque baleeiro dos esquimós. Rápido como um piscar de olhos de um Corvo, eles se perderam em um nevoeiro e ficaram presos em uma camada de gelo. Preparado, comprometido e engenhoso, o Povo Verde armou suas barraquinhas no campo de gelo e dormiu, esperando que a neblina subisse pela manhã.
>
> Mas eles não estavam perdidos. Os Inupiat do Mar Ártico sabiam exatamente onde o Povo Verde estava. Etok, o grande caçador de baleias, disse aos aldeões que aceitassem o presente do Povo Verde e pegassem todos os vegetais. Etok então pediu para seu povo ser paciente e, os mais velhos dizem, acenderam uma maconha de primeira qualidade, ouviram fitas do Bob Dylan, e esperaram.
>
> Durante o verão, o sol nunca se põe na terra Inupiat. Ele só rola pelo céu em um Círculo. E sob o sol giratório, o barco caro dos Verdes, por ser

preto, absorveu o calor radiante, derreteu o gelo em que se segurava e ficou à deriva no Mar infinito.

Às três da manhã, a espera chegou ao fim, e o paciente líder esquimó falou para seu povo ir recuperar o barco preto perdido, chamar a Guarda Costeira e alegar ser aquela uma propriedade abandonada.

Pela manhã, o Povo Verde acordou, ainda na neblina, e não viu seu barco, o barco com o rádio de emergência e comida. O Povo Verde vagueou pelo bloco de gelo, perdido e condenado. Etok disse para seu povo não se mover, pois o Povo Verde deveria "agonizar" e obter a sabedoria que vem com a aceitação de sua morte certa por inanição, hipotermia ou urso polar.

Os Inupiat do Mar Ártico esperaram um dia inteiro. E depois mais um dia, e depois outro.

No quarto dia, Etok imaginou que agora o Povo Verde estava sábio o suficiente, faminto o suficiente e sedento o suficiente. Ele ordenou que seu povo os resgatasse. "Eles são vegetarianos", o sábio Etok explicou ao seu povo, e ordenou que eles levassem vários baldes de mikiaq, carne de baleia fermentada em sangue congelado. O Povo Verde faminto comeu a baleia, sem mais dar a mínima que aquela era alguma maldita espécie em extinção. Os Inupiat disseram a eles que não era recomendável entrar nos barcos dos Nativos. O grupo de resgate levou um navio imundo de petróleo bruto para o gélido Povo Verde navegar.

Os Nativos despejaram o Povo Verde em Dead Horse, onde o Povo Branco pegava petróleo na Baía Prudhoe. O Povo Verde, cuja lição lhe foi ensinada sem que soubesse, agradeceu os Inupiat por salvarem suas vidas. E daquele dia em diante, o Greenpeace protegeu o direito dos Nativos de matar baleias como nos Dias Antigos, e uniu-se ao povo Inupiat para combater seus competidores, os baleeiros comerciais ou, como os Nativos os chamam, "japoneses filhos da puta".

Etok é um esquimó do caralho.

O CLUBE DAS GAROTAS, FAIRBANKS, ALASCA, 2010

Não tive nenhuma dificuldade em identificá-lo, mesmo com as luzes piscantes da casa de striptease de Fairbanks, onde devíamos nos encontrar: o rosto cor de couro escuro, a pele de carcaju costurada no colarinho de sua parca, com suas presas ferozes ainda fixadas e, em volta de seu pescoço, cinco garras enormes do último urso polar morto por seu pai. Bling-bling de esquimó.

Mesmo tendo ouvido que beijos de esquimós são roçando o nariz, o olhar de Etok sugeria que eu não ganharia uma roçadinha no meu.

Ele me contou: "Sr. Palast, nós somos os últimos do povo Pleistoceno. Será uma honra ajudá-lo a foder com a British Petroleum e a foder com a sua rainha também".

Era inteiramente apropriado a Etok, como chefe de estado, dirigir suas preocupações, com meu intermédio, um repórter da televisão do governo britânico, ao seu equivalente diplomático, a Monarca de Windsor; apesar de, como Etok ressaltaria, seu domínio era maior do que o britânico, com mais recursos. E diferente da Inglaterra, o reino dele nunca perdeu uma guerra. Prometi levar a mensagem a Sua Majestade.

No outono de 2010, o petróleo da BP ainda estava vazando pelo Golfo do México. Onde a BP atacaria novamente?

Eu estava cansado de fazer reportagens de desastres depois da contagem de corpos, depois do petróleo chegar à praia, depois dos dutos explodirem e depois das crianças terem câncer. Eu queria filmar o desastre *antes* dele acontecer.

Então, fui com Ricardo, suas câmeras e meu querido diretor James para o Norte. Acima do Círculo Polar Ártico, onde a British Petroleum e a Shell Petróleo estão amolando suas brocas, prontas para abocanhar o gelo em derretimento dos mares de Chukchi e Beaufort. Para petrolíferas internacionais, o aquecimento global é um centro de lucro. O buraco que o hidrocarboneto deles fez na camada de ozônio abriu campos de petróleo e rotas de petroleiros que antes estavam bloqueados pelo gelo.

É uma prosperidade de aquecimento global para a BP se eles conseguirem tirar alguns mamíferos marinhos do caminho. O Mar de Beaufort é a parte do Oceano Ártico que chega até o Refúgio Nacional da Vida Selvagem do Ártico do Alasca. A "Vida Selvagem" do Refúgio inclui os esquimós falantes de Inupiat, os caçadores de baleias. A BP teria de remover os ursos polares, as baleias e os caçadores de baleias. Mas isso significa que o proprietário tem que aprovar. O proprietário é Etok. Pelo menos de acordo com ele.

Etok é às vezes o soberano extraoficial e às vezes o oficial daquele território polar, que é oficialmente uma soberania — exceto quando não é. A confusão é resultado de uma peculiaridade histórica: os esquimós nunca terem se rendido à "América", mas a América fingiu que eles se renderam. Nunca houve uma guerra, então nunca houve paz, tampouco um tratado de paz. Para Etok, o Ártico Inupiat continua sendo uma república livre, sob ocupação — dos britânicos. Para os esquimós da Vertente Norte do Alasca repleta de petróleo, os logos da BP e da Shell são muito mais poderosos do que a bandeira norte-americana.

O primeiro esquimó a ser uma estrela do cinema, Nanook do Norte, morreu de fome depois de vender peles por facas e doces para John Jacob Astor. Este as revenderia na Saks Fifth Avenue por milhares de dólares, mesmo nos anos de 1920. Etok não sente compaixão por Nanook. Ele acha que Nanook usou sua faca nos animais errados.

O chefe da inteligência, Harry Lord, que me enviou o convite para o Ártico, deu a Etok meu último livro. O Líder, para quem preparação significa sobrevivência, tinha destacado e feito notas em praticamente todas as páginas.

Se Etok confiava ou não em mim, eu não sabia. Certamente ele decidiu que poderia me usar para transmitir seu ultimato aos sujeitos ignorantes da BP e da Rainha. Nosso programa de televisão, *Dispatches*, é cuidadosamente examinado pela elite dominante do Reino Unido. Se ele me fizesse entrar naquelas zonas fechadas, e em troca, eu pudesse transmitir sua história, bem, tínhamos um acordo.

O líder Inupiat pediu cerveja sem álcool para nós e nos levou a um canto do balcão vazio virado de costas para o palco. Enquanto uma loira drogada enorme se balançava, Etok explicou seu objetivo e suas regras para nossa viagem no dia seguinte para uma cidade somente de nativos dentro de sua nação acima do Círculo Polar Ártico. A garota grande, sentindo-se ignorada, colocou um casaco de inverno longo e sentou-se com a gente, concordando com a cabeça, tão perplexa quanto nós.

NA PISTA DE ATERRISSAGEM EM KAKTOVIK

Havia banha de baleia por todos os lados, e ossos de baleia, tão grandes quanto táxis, na pista de decolagem inexplicavelmente longa, e blocos enormes de gordura de baleia em pistas de entradas e em quintais entre quadriciclos quebrados e trenós movidos a diesel. Pedaços gigantes de carne de baleia ficavam jogados em frente às casas de palafitas, com um cachorro preso ao lado de cada pilha. Os cachorros ficam amarrados, o dia inteiro do lado de fora, caso um urso polar chegue para fazer um lanchinho com a carne de baleia. Os cães irão latir alto o suficiente, antes de serem devorados, para avisar as famílias dentro das casas.

Enquanto balançava no fundo do quadriciclo que nos levava ao "aeroporto", James avistou uma carcaça de baleia. Estava em um cordão litoral a cerca de um quilômetro e meio do alto-mar. James estava louco para filmá-la. Aquilo com certeza iria impressionar a emissora mesmo se nossos estúdios em Londres acabassem em um piquete de verdinhos não domesticados.

Etok nos deixou no dormitório para visitar o povo branco. Ele aceitou o pedido de James de visitar a carcaça e disse que seríamos escoltados para lá no barco de Akootchook. Ele é o chefe-adjunto do local. Em resposta, ele aceitou nos levar, mas agora estava em uma chamada em conferência com advogados.

Chegamos exatamente no equinócio de outono, quando dias intermináveis viram noites intermináveis, e James preocupou-se em perder a iluminação solar necessária para a filmagem. Eu já sabia o suficiente para tirar um cochilo até o próximo aviso, e Rick discretamente filmou bastante do vazio glacial.

James, vendo morrer a preciosa luz diurna, perguntou a Etok se ele poderia dizer para o Chefe se apressar um pouco.

Ah merda ah Deus não, James.

"ESCUTA, SEU BABAQUINHA INGLÊS MAL EDUCADO E IMPACIENTE. VOCÊ VAI SEGUIR O *PROTOCOLO*, SEU BOQUETEIRO. ESSA NÃO É A PORRA DA SUA COLÔNIA IMPERIAL".

Bem, imaginei que James precisava ser domesticado algum dia, então pelo menos essa estava fora da lista agora. James sentou-se quieto, de cabeça baixa... enquanto eu ouvia com muita atenção o chefe da inteligência Harry Lord e o conto de "*Como Kaktovik Perdeu a Guerra Fria*".

Em 1947, a Força Aérea dos EUA disse aos Inupiat de Kaktovik para darem o fora dali.

Os militares dos EUA precisavam de uma grande pista de pouso, caso os Russos atacassem a América do Norte pela calota de gelo polar.

A ilha Kaktovik era uma escolha interessante. Você pode voar por mais de cem quilômetros em qualquer direção de Kaktovik e não encontrará absolutamente nada. Não obstante, a Força Aérea precisava ter aquele único local, a solitária vila esquimó, dentro de seu extenso vazio. Os nativos, provando ser o local tanto geologicamente estável quanto de clima digno, colocaram uma placa dizendo "roube-me" em suas casas.

O chefe Akootchook, pai do atual chefe Akootchook, entrou com um processo para bloquear a expulsão dos nativos.

Os militares responderam com um pouso na praia, um tipo de mini Dia D no gelo. A Marinha dos Estados Unidos desembarcou na pequena península no fim da ilha. Os invasores trouxeram uma escavadeira. Então, a máquina dos soldados empurrou, uma por uma, toda e qualquer casa dos Inupiat no Mar Ártico. Deve ter levado um bom tempo. Havia mais de cem casas naquela terra.

Kaktovik era mais do que uma vila aos Inupiat. Era a metrópole deles, o mais perto que os esquimós conhecem de um shopping, onde os Inuit do Canadá negociavam com os nativos do Alasca. Eles a chamavam de Ilha Barter. A Força Aérea mandou um abraço para a história dando ao novo aeroporto militar as iniciais identificadoras, BTI.

Akootchook ainda solicitou uma decisão da corte. Ele conseguiu. Infelizmente. O juiz disse que os nativos de Kaktovik tinham que parar de se acomodar na propriedade do governo dos EUA. Não importava que os Inupiat viviam lá por alguns mil anos antes dos Estados Unidos ou de seu governo existirem. Bem, essas são as letrinhas do contrato.

Alguns nativos permaneceram, reconstruíram, apesar de ter sido em praias mais traiçoeiras. Então, em 1954, a Força Aérea disse aos nativos para saírem daquelas terras também. Os EUA estavam construindo a rede de radares mais poderosa do mundo, a DEW Line, para observar ataques de mísseis surpresa dos soviéticos.

A escavadeira foi utilizada novamente e os esquimós mudaram-se para a praia até 1961, quando a Força Aérea disse aos nativos que eles tinham que se mudar de novo. Os nativos, a Força Aérea determinou, eram um "risco à segurança". O grupo disperso de "risco à segurança" pegou suas armas de pesca de baleias e seus brinquedos de osso de baleia e mudou-se novamente, pela última vez, para a diminuta vila que vim visitar.

PARA ALCATRAZ E DE VOLTA

"Os americanos", como Etok nos chamava, não perceberam que a Batalha de Kaktovik estava longe de terminar.

Em 1969, 6.400 quilômetros ao sul, na Baía de São Francisco, o governo federal conseguiu outra ilha, também bela e extraordinariamente valiosa.

Etok, com um grupo de cem Índios dos Estados Unidos Continentais, pousaram, altamente armados, naquela ilha da baía, que um dia abrigou a Penitenciária Alcatraz, e disse ao governo dos EUA para dar o fora da propriedade deles, propriedade dos índios. Os nativos estavam preparados para morrer pela ilha, mas não sozinhos. Eles deixaram claro que qualquer invasor norte-americano iria com eles.

Como o esquimó Etok acabou sendo um orgulhoso, ainda que temporário, proprietário da Ilha de Alcatraz?

Ele me disse que começou quando, ainda criança na cidade de Barrow, na Vertente do Ártico, ele olharia a vista em sua janela. Ele não gostou do que viu: os ossos ainda não enterrados de esquimós que morreram na grande epidemia de gripe de 1918. A gripe matou quase todos os esquimós do Alasca assim como fez com a maioria dos nativos do Alasca, uma limpeza étnica por um vírus.

O garoto Etok cresceu e tornou-se um adolescente briguento, drogado e beberrão, com um cérebro rápido e poderoso como uma locomotiva.

Em seus vinte anos, a locomotiva de sua genialidade e raiva ultrapassou as bebidas e o levou aos Estados Unidos Continentais, onde aprendeu o que pôde daquilo que ele chamava de Ferramentas do Homem Branco de Poder, Crime e Mistificação: pressão legislativa, organização comunitária, leis internacionais, geologia do petróleo, filosofia política. Como o "chefe de inteligência" original de sua insurgência esquimó da República Livre do Ártico, Etok astutamente se infiltra no sistema nervoso do exército invasor, tornando-se amigo da liderança do Comitê de Apropriações do Senado dos EUA para chegar à Universidade de Harvard e ao círculo da família Kennedy.

Etok precisou se retirar temporariamente do exército de ocupação nativa na Ilha de Alcatraz porque tinha que completar uma apresentação de aulas na Universidade da Califórnia em Berkeley. Para um exame final, Etok solicitou que seus estudantes comparecessem em uma determinada doca na Baía de São Francisco. Quando eles chegaram, o professor Etok ordenou que embarcassem em um navio pirata para levá-los ao reforço dos índios na prisão da ilha.

A universidade ficou desconcertada por Etok fazer de uma atividade de sala um crime. O quadro acadêmico também discordou da reprovação de todos os estudantes que se recusaram a embarcar no navio e participar da ocupação. Etok me disse: "Reprovei cada um daqueles imbecis racistas". A universidade o demitiu. A ocupação de Alcatraz acabou em 1970, quando Richard Nixon ordenou sua invasão mais ou menos ao mesmo tempo em que invadiu o Camboja. Mas o grupo de Etok venceu, acabando com a política dos EUA de Exterminação e Realocação que havia destruído Kaktovik.

O ex-professor voltou ao norte para a caçada de baleias de verão e preparou-se para os próximos invasores: os britânicos, que farejaram petróleo na Baía Prudhoe. Naquele mesmo ano, a British Petroleum saiu em missão para tomar o controle do petróleo que estava abaixo dos nativos, e de agarrar a rota do oleoduto que levaria o petróleo da terra dos nativos até Valdez.

Etok se preparou para aquela partida de xadrez internacional valendo trilhões de dólares. Ele pegou o oleoduto para pedir resgate. Seu tio preparou várias armadilhas processuais. Eles contrataram os melhores "advogados judeus" norte-americanos, como os descreviam, incluindo o advogado pessoal do presidente Johnson. Etok ganhou o apoio de senadores poderosos, e lançou seu próprio navio de guerra corporativo, fundando a Corporação Regional da Vertente do Ártico. Ele também tinha conhecimento do conselho da filósofa política Hannah Arendt: não há poder sem o poder estatal. Ele criou uma nova entidade política, o Conselho do Município da Vertente Norte, o maior dos Estados Unidos (e muito maior do que todos da Inglaterra). Não era exatamente uma soberania nacional, mas era um governo reconhecido pelos "americanos" sob a cláusula de cortesia da Constituição dos EUA*, com sua própria bandeira e poder de elaborar leis.

Etok ainda guarda mágoas do que considera ganhos escassos para os esquimós em 1971: uma ação de 44 milhões de acres de terra, vários bilhões de dólares em contratos sem licitação, royalties pelo petróleo e a multiplicação do poder dos esquimós. Uma decepção, mas com certeza foi gratificante para Etok quando os Inupiat de Kaktovik disseram à Força Aérea dos EUA darem o fora de sua propriedade nativa.

Hoje em dia, não se pode encontrar nenhum artefato da ocupação militar norte-americana em Kaktovik. A Força Aérea removeu todos os rastros de sua incursão, exceto pela pista de pouso onde se encontrava a antiga vila. O Chefe Akootchook precisa do campo de aviação para receber presentinhos como motor de popa Honda para barcos baleeiros, internet de alta velocidade e é uma saída e entrada fácil para os esquimós saírem de férias para o Havaí.

Não obstante, uma bugiganga moderna está banida da República do Ártico. Etok rejeitou armas do século XXI para a caça de baleias. Ele me disse que os explosivos e os foguetes usados por aqueles porcos, os baleeiros comerciais japoneses, "destroem boa parte da carne. É preciso tirar todo aquele pó tóxico". Portanto, Etok e os aldeões de toda a Vertente ainda usam armas de ombro do século XIX e arpões. Herman Melville e Queequeg iriam se sentir em casa no barco de caça de Etok.

MAR DE BEAUFORT, OCEANO ÁRTICO

Rick e o agora-domesticado James deixaram o Dormitório do Homem Branco para seguir Etok, o Chefe de Inteligência Harry Lord e eu até a casa

---

* Por favor, não me pergunte o que é "cortesia". Isso é trabalho do Google.

do chefe Akootchook na praia da Mar de Beaufort, um grande apêndice do oceano polar. O chefe é um Damien Hirst do Ártico. Quando chegamos ao pequeno bangalô de palafitas, encontramos sua adega cheia com meia dúzia de caribus e alces, semicongelados, que ele havia serrado no meio. "Se você deixar a pele, ele cozinha bem fresco". Acreditei na palavra dele.

Olhei ao norte para o Nada. Aquela era a última casa antes do fim do mundo, do meu mundo, pelo menos. O vizinho de porta de Akootchook ao norte estava na Noruega, criando renas. Etok fez contato com os noruegueses em seu "quintal", criando uma associação circumpolar de povos indígenas. Quando o governador da Sibéria tentou bloquear a participação dos nativos russos, Etok pagou $25.000 em dinheiro aos políticos daquele país. Aparentemente, Etok fala russo.

Akootchook nos ofereceu uma cerveja sem álcool, e pediu gentilmente em Inupiat, quase inaudível, que a Sra. Akootchook trouxesse para nós. Ele a apresentou como "Daisy", seu nome de Escritório de Assuntos Indígenas, eu presumo. Mas Etok, claro, não a chamaria de "Daisy". Ele a chamava de "Mutti". Mutti tinha aquele ar pequeno e rechonchudo de desenhos de mulheres índias esquimós, e eu sabia que nosso diretor ficaria feliz em encontrar um estereótipo reconhecível (perdoe-nos, Senhor, por escolher o caminho mais fácil).

Daisy me mostrou orgulhosa os artefatos que ela havia juntado na praia, os escombros de casas submersas da antiga vila. Lixos que estavam enchendo armários alagados das casas submersas flutuaram para a praia, alguns deles com idade de cem ou 500 anos: cabos de lanças, braceletes de osso e sinos de latão para renas.

Renas, como as do Papai Noel? Sim, disse Akootchook, três mil cabeças pastavam por aqui até que as explosões de dinamite para o mapeamento sísmico por petróleo levaram-nas a buscar a proteção das manadas maiores e mais fortes de caribus. Os caribus machos cruzaram com todas as renas fêmeas e deram fim à linhagem delicada — o único caso conhecido de mamíferos fodidos até a extinção.

Ninguém iria fornicar com as baleias até a extinção delas, mas um pouco de hidrocarboneto na água poderia espantá-las. Baleias não gostam de nadar em meio ao petróleo bruto, do mesmo jeito que você não gostaria, e elas não aguentariam isso caladas. Caso isso aconteça, se as baleias forem embora, podemos nos despedir de Kaktovik e de praticamente todas as vilas esquimós da Vertente Norte.

No ano passado, a caça de baleias foi uma droga. Kaktovik capturou apenas três. O acordo de Etok com os policiais baleeiros permite a captura de seis baleias por ano na Vertente Norte, e naquele ano eles não chegaram nem perto. Ainda assim, três baleias para Kaktovik é muita carne gosmenta e muito sangue.

Akootchook está nervoso. Para os Inupiat, a caça de baleias não é uma experiência cultural; é uma experiência alimentar. Eles realmente, de verdade, sobrevivem capturando baleias, alguns ursos polares (o chefe me garante que são apenas aqueles com problemas de comportamento), focas, alces e Rudolf, o caribu de nariz vermelho. Eles não estão lutando contra a perfuração em alto-mar para preservar seu estilo de vida, mas sim para preservar suas *vidas*.

Se as baleias, os ursos e os peixes ficarem assustados com as máquinas imundas das petrolíferas internacionais, simplesmente não haverá como o povo de Etok permanecer no Ártico, pelo menos não vivendo como Inupiat. Alguns ficariam para operar as concessões de banheiros químicos para as equipes de operários, ou trabalhar nas próprias plataformas. A maioria teria que abandoar suas casas e ir ao sul, onde trabalhariam com banheiros químicos em climas mais amenos.

Eles não têm vontade nenhuma de vestir os uniformes da BP com os pequenos barris de petróleo no emblema como vi em Baku, para trabalhar na plantação de petróleo. Eles não querem acabar como mão de obra em suas próprias terras. Os Inupiat não precisam ser domesticados.

A mensagem de Etok para a rainha pegar as plataformas da BP e enfiar tem um preço. Os esquimós seriam os únicos a receber pagamentos de royalties, então a escolha deles de bloquear a perfuração facilmente irá custar bilhões de dólares, quase um milhão por família.

Disse a Etok: "Ok, *você* diz à Sua Alteza Real, para as câmeras, o que você acha do plano da BP, mas só se eu ganhar uma bacia de *mikiaq*". Infelizmente, Mutti havia acabado de preparar uma. Seu rosto se iluminou com a oportunidade de trazer um grande balde de plástico com os pedaços de carne de baleia esverdeados e emborrachados. Eles ficavam em um tipo de geleia mucosa e vinham acompanhados de uma frigideira de sangue congelado. O sangue é surpreendentemente doce (vampiros têm razão), mas a baleia — talvez a ideia de comer uma — quase me fez cometer a gafe de vomitar em meus hóspedes.

DENTRO DO LEVIATÃ

Olhem para mim, sou Jonas! Dentro da carcaça de uma fera maior do que a maioria dos apartamentos de Nova York. Nunca andei por dentro do meu almoço antes. Aquela coisa era impressionante. E o mais impressionante é o cheiro. Entretanto, não posso imaginar como é o meu cheiro por dentro.

Akootchook nos levou de esquife à pilha de ossos e banha. E sob as vigas de telhado feitas pela caixa torácica, conectei os fios a Etok para uma entrevista formal com as câmeras ligadas dentro do esqueleto.

Eu temia que, como a maioria das pessoas, uma vez que as câmeras estivessem ligadas, Etok se tornaria um gatinho medroso, um fracote, todo educado, como se estivesse na *National Geographic*.

Iniciei a entrevista com o que eu pensava ser uma pergunta razoável: "Etok, senhor, entendo que você alega que a perfuração de petróleo aqui põe em risco o estilo de vida de sua tribo. Mas parece que seu estilo de vida é, basicamente, apenas matar espécies em extinção e comê-las. Por que os consumidores dos EUA e da Grã-Bretanha devem apoiar isso?".

"ESCUTA, SEU CAIPIRA BOQUETEIRO CHUPA-ROLA, NÃO TÔ NEM AÍ PRA QUE MERDA VOCÊ PENSA DA SUA VIDA".

Ei, calma lá! Ninguém nunca me chamou de "caipira" antes.

Tentei de outra forma.

"Senhor, você alega que os nativos 'possuem' essa propriedade. Falei sobre isso com o Governador do Alasca, Hickel, que diz que '*só porque seus tios-avós caçaram um alce na terra selvagem não significa que vocês possuem...*'".

"NÃO TÔ NEM AÍ PARA O QUE VOCÊ E ESSE BOQUETEIRO DO HICKEL PENSAM DOS MEUS TIOS E QUEM DIABOS DEU AS TERRAS PARA AQUELES BOQUETEIROS DA BP. ELAS NÃO SÃO SUAS. NÃO É O SEU PETRÓLEO, SEUS BRITÂNICOS BOQUETEIROS LADRÕES. BOQUETEIRO".

O Diretor James estava com a cabeça abaixo dos joelhos. Foi uma jornada longa e cara para obtermos um filme completamente inutilizável. Perguntei a Etok se ele poderia repetir a última resposta com um pouco menos de *boqueteiros*.

Comecei de novo: "Hickel disse, só porque seus pais...".

"E NÃO TÔ NEM AÍ PARA O QUE VOCÊ E O BOSTA DO HICKEL E OS MALDITOS BRANCOS ASSASSINOS PENSAM. VOCÊS NUNCA POSSUÍRAM ESSA TERRA".

As mãos de Rick estavam congeladas segurando as lentes. Ele levaria várias camadas para elas, mas não reclamaria. O sol estava ficando vermelho-alaranjado no gelo e a baleia estava com um cheiro ainda pior.

A British Petroleum e a Royal Dutch Shell já compraram a concessão do petróleo sob esses ossos de baleia do Departamento do Interior dos EUA. Como Etok evitaria essa?

"O QUE DIABOS É O DEPARTAMENTO DO INTERIOR DOS EUA? VOCÊS NUNCA NOS CONQUISTARAM, BOQUETEIRO".

Ah, já sim — nos tribunais. O tio de Etok, alegando a posse dos minerais das águas Inupiat, processou o Departamento do Interior em 1969. No entanto, o governo federal acenou com o recibo de vendas do czar russo para todo o Alasca. O juiz jogou o caso dos nativos em seus traseiros. O tio de Etok então comandou um grupo de guerra em um bloqueio da Rodovia Trans-Alasca utilizada na construção do oleoduto. Os caminhoneiros da pista de gelo simplesmente desviaram do pedágio esquimó.

O sangue nos ossos da baleia tornava-se um vermelho mais escuro enquanto a luz diminuía. Etok explicou a relação de Sua Majestade com o Alasca e a British Petroleum. Ele observou que a rainha da Inglaterra havia dado o título de cavaleiro ao governador do Alasca, "aquele boqueteiro do [Tony] Knowles", depois que ele aprovou que a BP obtivesse metade do campo petrolífero da Baía Prudhoe.

Ricardo, filmando à distância enquanto passeava (e eu deslizava) pela banha, estava gesticulando para verificar se tudo estava indo perfeitamente bem. Bem, se o suicídio do nosso diretor é ir bem, então sim. Voltamos no barco de Akootchook.

* * *

O Alasca sempre se sustentou por suas fontes de energia. Óleo de baleia, depois carvão, depois petróleo bruto. Seward, o secretariozinho de Estado maldoso de Abraham Lincoln, não foi bobo em comprar a "Loucura de Seward". Ele reconheceu que o Alasca significava ouro líquido. Para viajar pela rota do Círculo Máximo ao Oriente, os navios de guerra e comerciantes precisariam de reabastecimento no caminho, recarregando lamparinas de óleo de baleia contra a noite do Ártico e, mais tarde, usando o carvão e depois o petróleo bruto para navios de batalha com motores de combustão.

A necessidade do povo branco pelo óleo de baleia viveu muito mais tempo do que Herman Melville. As primeiras caixas de câmbio precisavam de óleo de baleia. Hoje em dia, uma coisa melhor, um líquido retirado do cérebro e das testas das baleias cachalotes, é utilizado para componentes de grandes altitudes que direcionam mísseis balísticos intercontinentais. Baleias são usadas como conservantes para as jovens esposas dos bilionários: banha em maquiagens ultramodernas e âmbar cinza nos perfumes mais caros.

É interessante notar que quando o povo branco precisava do óleo de baleia, ninguém estava nem aí para quantos desses mamíferos cuidadosos eram cortados em pedaços e derretidos.

> *Compaixão alguma havia ali... Ele deveria morrer a morte e ser assassinado, para iluminar as alegres franjas de pipas e outros objetos que fazem a felicidade dos homens, e também para iluminar as igrejas solenes que pregam inofensividade incondicional de todos para todos.*

✳ ✳ ✳

De acordo com o chefe Akootchook, os policiais da vida selvagem estão rastreando por rádio e realocando os ursos porque eles ficaram no caminho da perfuração. Assim como os nativos, os ursos precisavam dar o fora da propriedade da indústria.

Sua fala sobre o rastreamento podia ser mentira, então decidimos dar uma olhada nós mesmos. O barco de Akootchook tinha cinco metros e um motor de 150 cavalos, forte o suficiente para rasgar a camada grossa de gelo até o outro cordão litoral. Dentro do barco, os nativos guardavam um rifle Winchester enferrujado e antigo, daquele tipo bem velho dos filmes de cowboy. Não dá para parar um urso com isso, chefe.

"Não precisamos. Se um urso atacar, eu só preciso parar *você*". O Jay Leno do Ártico.

Rick, James e eu pulamos no cordão litoral com Akootchook para filmar dois ursos polares de bobeira na água, perto da praia, abraçando-se, rolando um nas costas do outro. Um ficou curioso e saiu, passeando em direção à nossa câmera em um tripé, farejando-a. Então ele ficou *muito* curioso. Nosso anfitrião disse enfático: "Fiquem atrás de mim *agora*! — mas andem *devagar*". O urso foi em nossa direção. Ele não parecia ameaçador, mas aquele merda pesava mais do que nós quatro juntos.

Akootchook armou a Winchester, assim como Wyatt Earp, e atirou. Não gosto de armas. Nunca gostei. O urso parou, virou-se e saiu pulando, olhando para nós como se dissesse "ei, caras, vocês deviam relaxar".

Fomos depressa para o barco. O urso também. Ai, mamãe. Aquilo não era a *National Geographic*. Nos jogamos no esquife e Akootchook deu ré enquanto o urso chegava perto e encarava. Então ele disse as palavras mágicas: "Perdi a direção".

Eu tenho um barco pequeno parecido com esse. Então calmamente (na verdade, histérico) gritei: "Soltem os cabos do leme e movam o motor com suas mãos!". Agarrei e abri o acelerador, enquanto o chefe empurrava a popa com força.

Obviamente não naufragamos, desidratamos e morremos no Oceano Ártico; como isso aconteceu, também não importa. Eu saí do incidente com um pensamento feliz: James havia esquecido seu telefone via satélite e seu hospital-na-bolsa. Mas critiquei Ricardo, um homem que segurou firme sua câmera durante um tiroteio no Iraque: "Que merda cara, estou decepcionado com você, abandonando sua câmera. Podemos a qualquer hora arrumar outro cinegrafista, mas não outra cena como aquela".

Rick estava (levemente) triste: "Você não pode estar tão decepcionado quanto eu estou comigo mesmo".

DEAD HORSE

De Kaktovik, voei com Etok para Dead Horse, cujo nome enfeitado, Baía Prudhoe, embeleza o campo da BP/Exxon/Shell, inclusive as plataformas de perfuração instaladas em ilhas falsas e a maquinaria gigante que joga o petróleo bruto no oleoduto que vai até Valdez.

Etok olhou para baixo, sua mandíbula cerrada, e pude ver a história arrancar outro pedaço de seu coração. "Uma cena de crime", ele disse.

Em 1969, um executivo do petróleo e fazendeiro do Novo México, R. O. Anderson, descobriu petróleo aqui e reivindicou sua posse. Sua "descoberta" era novidade aos esquimós da Vertente Norte, que já queimavam petróleo bruto há séculos enquanto os Estados Unidos ainda queimavam baleias. A reivindicação de Anderson, em nome de sua empresa, ARCO, também foi uma surpresa para os nativos, que já possuíam aquela terra.

Agora se fosse ao contrário, se um esquimó "descobrisse" as vacas de R. O. no rancho dele e decidisse mandar a carne para o Ártico, chamaríamos isso de roubo de gado, assalto. E chamaríamos a propriedade dele de cena do crime.

O povo "Pleistoceno" de Etok já escavava petróleo há milênios, e desde 1873, já perfurava para encontrá-lo. O pai de Etok, de quem ele herdou a maior experiência com o arpão do Ártico, era um engenheiro no campo de petróleo durante a Segunda Guerra Mundial, ajudando a retirar o petróleo bruto dos nativos para a Marinha dos EUA abastecer sua defesa contra a invasão esperada do Japão. A Marinha nunca pagou os $84 milhões que deve pelo petróleo (Etok, sem me surpreender, promete receber essa dívida).

Em 1970, não muito tempo depois da ARCO de R. O. abocanhar os direitos de perfuração da Vertente Norte, o embargo árabe de petróleo jogou os preços no céu e fez de R. O. Anderson, "proprietário" da Baía Prudhoe, mais rico do que Deus, de acordo com minhas estimativas. Não era o suficiente. A "descoberta" de Anderson em Dead Horse seria muito mais válida se ele conseguisse chegar ao Japão.

Japão?

Precisamos de uma aula de geografia aqui.

Na turma da sexta série da sra. Gordon, o Alasca era aquele quadradão no lado superior esquerdo do mapa suspenso dos Estados Unidos pendurado acima do quadro negro. O Alasca tinha uma linha de pontos à esquerda do quadrado, as Ilhas Aleutas, o trampolim da Era do Gelo que os caçadores Pleistocenos utilizaram para ir à Rússia. E havia um negócio longo pendurado, uma península que parecia uma mangueira regando os Estados Unidos Continentais. Quase era possível ver os recursos suculentos do Alasca escoando em nossos estadinhos insignificantes abaixo do Canadá.

Esse é o combinado, não é? Compramos o Alasca dos russos e agora podemos sugar aquela gordura, beber o petróleo bruto como um universitário se embriagando em uma mangueira de barril de cerveja.

Mas olhe para o globo, não para um mapa plano. Vire-o para que o Ártico, e não a linha do Equador, aponte para você. Pense no Polo Norte como o mamilo, e no Alasca como qualquer coisa. Você verá que Nagasaki, escassa em petróleo, está a apenas 3200 quilômetros do Alasca (por isso, o imperador escolheu essa como rota da invasão), 1600 quilômetros mais perto do que as refinarias da Califórnia.

Você tem que ser um completo imbecil para pensar que Anderson e seus parceiros irão enviar o petróleo para qualquer outro lugar que não a Terra do Sol Nascente.

Agora vire o globo um pouco para cima e você verá que o modo mais barato de transportar o petróleo para o Japão seria via oleoduto no extremo sul até Valdez, levando-o depois com um navio petroleiro pelo Pacífico.

Mas 1970 também marcou o primeiro Dia da Terra. O dia para a Mãe Natureza foi comemorado apenas três semanas antes da maior manifestação em massa da história dos EUA: a forte marcha de dois milhões contra a guerra de Nixon no Vietnã.

O Dia da Terra era um protesto que Nixon poderia participar como uma distração da loucura nacional sobre o "projeto", a loteria da morte do Vietnã. Como um programa de televisão, 365 dias do calendário eram tirados de um recipiente. Se o seu aniversário fosse entre 1 e 100, você iria (a não ser que seu nome fosse Bush). Mil norte-americanos morriam a cada semana, junto com vinte mil nativos vietnamitas.

Nixon se pintou de verde como um posto de gasolina da BP, com a mesma sinceridade. Mal sabia o presidente louco, anticomunista, que o movimento ambiental, apesar de sua frente hippie abraçadora de árvores, foi cuidadosamente elaborado e lançado pelos melhores organizadores de mobilizações em massa esquerdistas dos Estados Unidos. O movimento foi centrado nos biólogos brilhantes Paul Ehrlich e Barry Commoner, um dos meus mentores, que foram treinados pelo Partido Comunista.

Os caras de pijamas pretos dando uma surra nas forças dos EUA no Sudeste da Ásia deram aos fundadores taticamente habilidosos do movimento ecológico a oportunidade de ampliar seus protestos antiguerra para incluir uma porrada nos poluidores corporativos.

Os biólogos militantes aliaram-se a um jovem advogado, Victor Yannacone, que inventou algo que chamou de "lei ambiental". Copiando as táticas da luta pelos Direitos Civis, Yannacone militarizou politicamente os ornitólogos da Audubon Society e criou uma equipe de ataque legal para eles, chamada de Fundo de Defesa do Meio Ambiente (*Environmental Defense Fund* — EDF). Seu primeiro processo contra um poluidor foi feito em defesa de sua "cliente", a autora "Natureza". A Senhorita Natureza ganhou (levaria pelo menos uma década antes de os poderes corporativos comprarem a afeição da EDF e destruírem Yannacone. Chegaremos lá).

Os milhões que marchavam pela paz agora estavam prontos para marchar contra os poluidores. Era confusão para R. O. Anderson, para a ARCO e para a British Petroleum. A rota aquática até o Japão era intrinsecamente perigosa. Poderia haver um derramamento de milhões de litros. O Oleoduto do Alasca e a rota aquática seriam difíceis de engolir em um Congresso Democrático. O Fundo de Defesa do Meio Ambiente de Yannacone apoiou uma rota menos arriscada e completamente terrestre, um oleoduto de 4800 quilômetros pelo Canadá.

Mas R. O. não deixaria os amantes de caribus atrapalharem seu sonho de vender ao Japão. Então ele foi a Washington, assoviou, e o presidente Nixon foi direto ao escritório de Anderson no complexo Watergate.

(Enquanto Nixon e R. O. se encontravam, eu estava servindo ao meu país em Washington, DC — na cadeia.*)

O Plano A de R. O. seria cobrir o oleoduto menor de Prudhoe-a-Valdez em vermelho, branco e azul. Os Estados Unidos devem se tornar Independentes em Energia! Petróleo dos EUA para os EUA!

Nixon e R. O. devem ter dado uma risadinha enquanto o oleoduto a Valdez levaria o petróleo *para fora* dos Estados Unidos. Sem mencionar que a ARCO e seus parceiros tinham um esquema silencioso de vender o Oleoduto do Alasca e seus campos de petróleo para os ingleses. A BP assinou um pacto com a Sohio, parceira da ARCO, para comprar os ativos no Alasca da Sohio. Mas a BP sabia que precisava esconder sua cabeça gringa enquanto o oleoduto até Valdez era enrolado com a bandeira norte-americana. O esquema da BP era um tanto quanto brilhante, admito: os ingleses tomariam a propriedade formal só depois de 450.000 barris de petróleo saírem pelo oleoduto.

Apostadores esperam melhorar sua sorte quando uma mulher bonita assopra os dados antes de eles os jogarem. Da mesma forma, R. O. e Nixon precisavam que Henry Kissinger assoprasse o oleoduto deles. Eles sabiam que Kissinger não acreditava em sorte. O jogo precisava ser corrigido, e os dados adulterados. A solução de Kissinger foi usar o poder do

---

* Fui preso sob acusações caluniosas. Algum policial, fingindo fazer um relatório de prisão, perguntou: "Diga-me o que estava fazendo quando foi preso". Nada. "Então por que você está aqui em Washington, Gil?". "Para derrubar o governo". Meu pai ficou feliz por eu ter usado o nome dele. A União Americana pelas Liberdades Civis (*American Civil Liberties Union* — ACLU) retirou as queixas contra "Gil Palast".

movimento ambiental do Canadá para levantar objeções a um oleoduto por suas terras imaculadas.

Funcionou. Os canadenses recusaram o oleoduto do Alasca. Então, enquanto o Congresso se preparava para uma votação angustiante sobre a autorização do oleoduto, a rota terrestre do Canadá, com o apoio dos ambientalistas, estava simplesmente fechada, pelo menos publicamente.

Na verdade, após suas reservas iniciais, o governo canadense enviou uma carta diplomática ao Departamento de Estado, dizendo que o Canadá retiraria sua objeção ao oleoduto. Kissinger não incomodou o Congresso com essa informação.

Em março de 1973, o Senado dos Estados Unidos votou pela rota aquática de Valdez. Foi um empate mortal. Algo quase nunca visto na história dos EUA. Poucos norte-americanos sabem que a Constituição dos EUA dá ao vice-presidente do país o direito de desempatar uma votação. Nessa rara manobra constitucional, o vice-presidente Spiro Agnew votou a favor de R. O. Era o dedo do meio de despedida de Agnew aos Estados Unidos antes de sua renúncia e indiciamento sob acusações de suborno.

R.O. ganhou seu pequeno e barato oleoduto de Prudhoe a Valdez, mas perdeu a batalha pelo Japão. Ele não contava com Yvonne Brathwaite-Burke, a deputada de Compton.

Compton é mais conhecida como o local onde o competitivo blues falado dos ex-escravos africanos, chamado de *signifying monkey*, foi transformado no menos símio *rap*, depois no *hip-hop*. Compton, enfiada no sovaco de Los Angeles, é a Baku da Califórnia. O distrito de Brathwaite-Burke é o lar de refinarias imundas e muitas pessoas pobres. Imundas ou não, o petróleo para Compton significava empregos para o distrito da deputada.

Nos últimos momentos antes da votação do oleoduto na Câmara, aquela mulher afro-americana, geralmente ignorada pelos governantes, inseriu uma emenda na lei do oleoduto exigindo que todos os barris do petróleo do Alasca que passassem pelo oleoduto deveriam ser enviados e refinados nos Estados Unidos. Ou seja, em Compton. Ela percebeu o blefe: se aquele petróleo era para os EUA, então ele tinha que ficar nos EUA. Os brancos idiotas ficaram mais indecisos que camaleão em frente a arco-íris. A emenda dela foi aprovada.

Com ou sem Japão, R. O. tinha agora seu campo e seu oleoduto, que agora ele poderia vender para a BP pelo preço de um resgate da rainha.

A rainha estava disposta a pagar uma grana preta para dar à BP aqueles mágicos 50,1% de propriedade pelo petróleo do Alasca.

✳ ✳ ✳

Etok nos deixou em Dead Horse, depois de mostrar outra cena de crime, a "Ilha" da Liberdade da BP.

Logo depois da explosão da Deepwater Horizon, o presidente Obama interrompeu todas as perfurações em alto-mar. A BP do Alasca apenas sorriu. Ao invés de perfurar de uma plataforma, eles criaram uma ilha falsa, então perfuraram *lateralmente* por 12,8 quilômetros abaixo do fundo do Oceano Ártico. A Liberdade é uma operação Deepwater Horizon, mas de lado (esses caras acham que os norte-americanos são estúpidos; mas por que é necessário comprovar isso?).

Será que a BP está funcionando com mais segurança aqui do que no Golfo? Quando chegamos, a Corporação Regional da Vertente do Ártico (aquela fundada por Etok) ainda estava limpando o enorme vazamento da BP de 2006, de quatro anos antes. A petroleira declarou-se culpada por violações criminais do Ato da Água Limpa (*Clean Water Act*) e foi condenada a três anos de condicional.

A empresa ainda estava sob condicional quando explodiu o poço de Macondo, no Golfo. Agora, se você roubar uma bicicleta e violar a condicional, você vai para a cadeia. Se uma corporação viola a condicional, eles vão... o quê? A BP nem mesmo perdeu seu arrendamento do Golfo ou seu direito de operar o Oleoduto. Aparentemente, o Poder e a Mistificação superam o Crime.

A empresa pagou uma multa de $20 milhões por deixar de inspecionar a corrosão do Oleoduto do Alasca. Pense nesses $20 milhões como uma permissão barata para atrasar uma substituição de dutos que custava meio bilhão de dólares.

O que são $20 milhões? O consórcio BP Alyeska movimentou o valor de meio *trilhão* de dólares em líquido por aqueles dutos. Mas não fui a Dead Horse para visitar uma ilha falsa. Estou procurando por um "velho amigo" que nunca conheci.

Há uns dois anos, recebi um recado extraordinário de um cara que não poderia estar em um lugar melhor. O recado era como um maná divino, ou, se eu fosse Inupiat, uma baleia caindo do céu.

> De: ~~~~~~~~~~~~~~~~
> Assunto: Informante assustado.
> Data: 20 de outubro 2010 09:57:09 EDT
> Para: Greg Palast ~~~~~~~~@~~~~~~~.com
>
> Como posso contatar Greg Palast em segredo? Sou um ex-funcionário da BP e posso contar tudo sobre os problemas de segurança do Oleoduto.

"Ex-funcionário" é jeito de falar. Confirmei quem ele era. Chamar-se de ex-funcionário é como chamar um tubarão de "ex-peixinho". Ele foi um peixe grande na BP-Alasca, BP-Azerbaijão, BP-Colômbia. Esperava encontrá-lo ainda em Prudhoe, e conversar cara a cara.

Mas seu e-mail mudou. Não gostei. Gostei ainda menos quando, após procurar a noite toda, Badpenny localizou seu novo número comercial — em Houston. Liguei para ele na central telefônica de seu escritório e ouvi sua fala pausada e amigável sulista:

"Nunca, nunca, NUNCA me ligue aqui. Ou me ligue de qualquer outro lugar. Nunca, NUNCA.
Trabalho dentro desse... bem, não posso falar, não posso falar."

Entendi que ele não queria falar.
Trabalho dentro desse... desse Leviatã. Engolido inteiro.

DELTA JUNCTION

Rick e eu nos esquivamos pelas partes proibidas do acampamento de Prudhoe em Dead Horse, com os amigos de Etok da segurança piscando para nós. Eu não sabia o que estava procurando, mas achei mesmo assim: um grande prédio do tamanho de um hangar de aviões assinalado como *PIG* (porco). Não era o antigo escritório do lorde Browne da BP. Era outra cena de crime. O oleoduto BP/Alyeska estava gotejando e se rompendo. Em cinco anos, eles jogaram quase 950 mil litros de petróleo bruto na tundra. O oleoduto da BP é uma *Exxon Valdez* em câmera lenta.

Baseado nos cânceres que vi no Equador, eu sabia o que aconteceria se o vazamento continuasse. Mas esses são os Estados Unidos, não o Equador, e nós não deixamos essas coisas acontecerem. Então como está acontecendo?

Só confiava em um homem para me dizer a verdade: inspetor Dan Lawn.

Quando encontramos o inspetor, ele me disse que eu não conseguiria entender nada se não fosse imediatamente à Estação de Bombeamento nº 9 em Delta Junction, que, de acordo com o mapa, era a uns 300 quilômetros de distância do nada. Ele se ofereceu para nos levar de Jipe. Incluindo sua viagem de Anchorage, aquilo significava para ele uma viagem de 1600 quilômetros sem dormir.

Devo dizer " inspetor Lawn, aposentado". Agora que ele não precisa mais passar seus dias monitorando o transporte de petróleo, ele passa seus dias monitorando o transporte de petróleo. Ele é uma Wikipédia ambulante de tubos e petróleo; e eu adoro ficar sob sua chuva entusiasmada de fatos, imagens e documentos. Para mim, os 1600 quilômetros de jipe ao lado do oleoduto foram um treinamento em tecnologia.

Apenas alguns meses antes, em 24 de maio de 2010, a Estação de Bombeamento nº 9 rachou e vomitou 380.000 litros de petróleo bruto. Um vazamento desses costumava ser novidade. Mas você não leu sobre ele porque o buraco de Macondo, no Golfo, estava expelindo essa quantidade em quatro horas. Acrescente 380.000 litros aos 760.000 litros em Prudhoe. Aqueles foram vazamentos de aviso do próximo desastre da BP.

Por que o oleoduto está indo para o inferno? Perguntei ao inspetor apenas pelos fatos.

"Eles ainda não utilizaram o PIG". Ou seja, eles não utilizaram a Inspeção de Dutos (*Pipeline Inspection Gauge* — PIG), o robô que corre pelo duto. Se eles o tivessem feito, o *Smart PIG* (um robô com sensores nas antenas) teria grunhido a cada rachadura e pedaço enferrujado do tubo.

Com certeza, as gravações mostram que 400 milhas do duto não viram um PIG em oito anos. Por quê? Custa até um milhão de dólares a cada milha para que ele opere. Quatrocentas milhas, $400 milhões. A BP deve ter percebido que é mais barato pagar uma multa.

Depois de intermináveis reprimendas do governo, a empresa meramente jogou moedas no chão para as multas e gargalhou enquanto a Estação de Bombeamento nº 9 pegava fogo e expelia petróleo, depois gargalhou um pouco mais. O inspetor me guarneceu com outra informação de um livro digna de assombro, então nos deixou em Fairbanks e iniciou sua segunda noite sem dormir dirigindo. Badpenny, preocupada, ficou acordada até depois do amanhecer conversando com ele pelo celular a cada hora, para mantê-lo acordado e em segurança. Se você precisa de um anjo da guarda, poderia ser pior.

Mas eis o que me incomodava. Havia um tempo em que o *Smart PIG* guinchava *de verdade*. E sua sincronia era brilhante.

Em 2006, o Oleoduto Trans-Alasca da BP sofreu um acidente notavelmente planejado. Eles utilizaram os PIGs e descobriram que os dutos que convergiam a Prudhoe estavam rachando, devorados pela corrosão. O consórcio da BP, pensando na segurança em primeiro lugar, fechou o oleoduto. Era uma *emergência*. E era em agosto.

Como eles podiam descobrir de repente uma corrosão maciça que estava lá há anos? O inspetor Lawn escreveu imensas lamentações sobre a corrosão *dezessete anos antes*. E seu enésimo aviso foi publicado exatamente cinco meses antes do fechamento em pânico.

Além disso, a BP devia saber do problema há anos, apenas porque eles haviam grampeado o telefone de casa do inspetor (a empresa foi pega espiando o inspetor, teve que pagar a ele uma nota, e ele usou tudo para criar uma fundação para o transporte seguro de petróleo. Em outras palavras, o homem é a representação da Paixão de Cristo em uma parca).

Eles deixaram de ver uma corrosão por 17 anos até agosto de *2006*. Então por que um PIG grunhiu de repente?

Aquele foi um porco esperto. A parte de negócios do *Washington Post* de 8 de agosto talvez nos dê alguma ideia:

FECHAMENTO DE OLEODUTO AUMENTA O PREÇO DO PETRÓLEO

A BP PARA A PRODUÇÃO DE 400.000 BARRIS POR DIA NO ALASCA

As notícias de que a BP teria suspendido uma produção igual a 8% da produção de petróleo dos EUA por um período indefinido contribuiu para o aumento do petróleo bruto em até 3% ontem, para $76,98 por barril no *New York Mercantile Exchange*. O salto do preço enfatiza a fragilidade dos mercados mundiais de petróleo, já ansiosos pelo minguado alívio entre a oferta e a procura global e as ameaças potências a fluxos do Irã, da Nigéria, do Iraque e do Golfo do México, propenso a furacões.

A BP vendeu oito milhões de barris por dia. Em apenas alguns dias, a sorte inesperada mais do que pagaria a multa de $20 milhões.

Estou dizendo que a BP *escolheu* fechar o oleoduto naquele momento exato em que poderiam espremer o mercado mundial? Será que a BP mentiria e manipularia o mercado desse jeito? *Não estou dizendo nada.* Devo, entretanto, notar que, seis semanas antes do fechamento, um executivo da BP declarou-se culpado por manipulação criminosa do mercado de gás propano dos EUA.

Ok, temos motivos. Mas e a oportunidade? Algo estava muito estranho nos PIGs da BP. O Inspetor disse que eles não foram utilizados. Mas agora sabíamos que quando eles foram utilizados, eles não viram nada por anos. Então, de repente, viram.

Acho que esses porquinhos não são exatamente kosher.[*]

Primeira pista: quando a BP fechou o oleoduto, a National Public Radio transmitiu uma reportagem entusiasmada sobre os brilhantes PIGs utili-

---

[*] Sim, escrevi este capítulo inteiro só para usar esse trocadilho péssimo.

zados pela indústria. Mas os PIGs não são perfeitos, disse um consultor de oleoduto à NPR. O repórter concordou, acrescentando: "Houve casos em que um PIG disse que um duto estava bom, e depois ele se rompeu". Depois, um cara da indústria disse: "Alguém pode interpretar a informação do PIG de maneira errada".
O QUÊ!!??!!

PERGUNTA Nº 1: Os repórteres dos EUA precisam se submeter a hipnose antes das entrevistas? Lobotomia? Ou estão apenas drogados pelo carreirismo e pela preguiça fodida?

PERGUNTA Nº 2: E se esses PIGs não fossem burros e, ao contrário, fossem incrivelmente espertos? E se a informação de um PIG foi *deliberadamente* mal interpretada, ou *deliberadamente controlada* para deixar de ver problemas?

Fechar um duto por corrosão e substituí-lo custa milhões e milhões. Se o PIG puder ser calibrado para ser menos sensível, milhões podem ser economizados. Até bilhões.

Então me perguntei: as empresas petrolíferas usam *Smart PIGs*, pelos quais pagam milhões, mas aí os PIGs acabam sendo meio que idiotas. Eles não veem as coisas. Dutos explodem. Pessoas são cozinhadas. Não obstante, as empresas *não processam o fabricante do PIG?*

Um humano silencia-se com ameaças. Um robô silencia-se com códigos de computadores.

Badpenny voltou a um recado que nos deu o mais próximo de um orgasmo jornalístico: era de alguém que *sabia* que o programa havia sido larapiado, fraudado, falsificado. O software utilizado para analisar os dados fez dos PIGs perigosos, intencionalmente estúpidos. Como esse cara sabia? Ele *fez* o programa.

Agora vinha a parte difícil: trazê-lo à luz e corroborar essa informação. O "Homem Porco nº 1" disse: "Esqueçam". Sua carreira seria destruída. Ele poderia ser processado, ostracizado.

Então, de repente, o Homem Porco nº 1, depois de uma sucessão extraordinária de eventos, mudou de ideia. Ele não ficaria em silêncio. Sua decisão não era fácil.

ALGUM LUGAR, EUA

"*Eles me ameaçaram. Na noite passada recebi uma ligação e eles me ameaçaram. Se eu falasse.*"

Ah merda! ah não! ah meu Deus! *como eles descobriram?* porra, mas *por favor, por favor, me diga que você ainda vai pegar o avião.*
"Mas eu ainda vou pegar o avião."
Querido Deus, retiro tudo o que disse sobre o Senhor essa semana.
Era o Homem Porco nº 1. Nos encontramos em algum lugar dos EUA. Esqueci onde foi.

Em uma sala escurecida — não em um hotel, sem recibos para rastrear — Rick arrumou os cabos para ele, colocou uma luz forte por trás, para deixar seu rosto apenas como uma sombra falante com mãos nervosas.

O Homem Porco disse: "Uau. Me sinto na CIA". Rick disse, sem pensar: "O último cara que filmei era da CIA. No Afeganistão".

O Homem Porco perguntou: "O que aconteceu com ele?".

Mudamos de assunto para a iluminação.

Ele queria tirar uma foto de lembrança minha de seu próprio celular, nada que fosse transmitido via computador. O Diretor James disse: "Absolutamente não!". Fingimos estar ultrassecretos, apesar da empresa saber quem ele é, saber quem eu sou e nós sabemos que eles sabem. Mas não gostávamos de pensar nisso.

O Homem Porco me contou novamente sobre a máquina maravilhosa, a *Pipeline Inspection Gauge*, o som que ela podia emitir pelo oleoduto, ligada a um GPS, enviando seus tique-taques. Um software elaborado e caro traduzia o PIGuês em gráficos coloridos, que marcavam pontos em corrosões perigosas, rachaduras graves ou outros perigos. A lei exige, então a BP comprou o software e o utiliza.

Ou *talvez* a BP o utiliza. Mas se a BP de fato utilizou o PIG no Oleoduto do Alasca, ele não deveria ter detectado a corrosão que causou a explosão de 2006, e o desastre do vazamento da Baía Prudhoe? Sim, ele disse, com certeza. O PIG teria detectado esses problemas com antecedência.

Mas somente, ele acrescentou, se os erros do programa fossem consertados.

Foram consertados?

"Minha equipe consertou. Eu era parte de uma equipe, consertamos o erro."

A equipe dele até o fez ao seu próprio tempo. Eles estavam muito orgulhosos por terem encontrado o problema e fazerem a difícil reprogramação para adequar o software ao nível de sensibilidade exigido pela lei federal. Sei que os norte-americanos amam odiar a burocracia, com seus livros de regras volumosos, mas quando se vive no topo de um oleoduto (e vários milhões vivem), tudo que posso dizer é *quanto mais volumoso, melhor*.

Até a correção da equipe, os robôs PIG da BP eram fugitivos da lei. Agora ele podia transformá-los em porcos seguidores das leis, adequados às regras. Os geeks mostraram orgulhosos as correções aos supervisores.

Foram demitidos.

No entanto, não imediatamente. Primeiro, o supervisor tentou explicar as dificuldades do conserto: "A frase exata que ele usou foi: 'Isso não vai fazer muita gente ficar feliz'".

Por quê?

"Ele disse que se liberássemos o software com o conserto, poderíamos perder vendas em potenciais."

A empresa perderia vendas se seus clientes descobrissem que o software funciona de verdade?

Exatamente.

As empresas de petróleo e gás, entre elas a BP, prefeririam que o erro permanecesse no programa, em violação à lei?

"A consequência do conserto do software seria que o cliente que o utilizasse agora teria custos adicionais... Aquele operador de oleoduto precisaria aplicar consertos a um número maior de segmentos do duto, eles teriam que fazer mais rotas diferentes, que são caras".

Caras é eufemismo. Cada rota diferente com dez milhas poderia chegar fácil a $100 milhões, $200 milhões.

A empresa disse à equipe do Homem Porco: "As pessoas para quem estamos vendendo o software, operadores de oleodutos, a BP, se eles vissem que, da noite para o dia, têm mais problemas para lidar, que têm maiores segmentos para consertar, que têm segmentos que agora são considerados de alto risco, eles não ficariam tão inclinados a comprar o software. Então tomaram uma decisão corporativa".

O conserto do software nunca deixaria o escritório. E os caras que realizaram o conserto, apenas em três meses de um contrato de um ano, foram mandados embora.

Foi solicitado a vocês que não tornassem a história pública?
"Sim".
Ele estava um pouco nervoso até então, agora ele estava *muito* nervoso.
"Tivemos que assinar acordos de não divulgação."
Foi solicitado a eles que escondessem "qualquer problema do tipo ou a natureza do software com que trabalhávamos". Aquilo não poderia "tornar-se público de maneira alguma. Sob ameaça de processo". Legal.
Mas talvez a empresa só estivesse brincando, e o acordo de não divulgação era só uma formalidade. Talvez ele não tivesse nada a temer.
Não. Ele recebeu uma ligação.
"As pessoas que trabalhavam na empresa me informaram que se eu falasse publicamente sobre isso, eu seria processado."
A pergunta era, como eles sabiam que ele estava falando comigo? Obtive a resposta: era minha culpa.
Como bom reporterzinho que sou, simplesmente não pude acreditar na palavra do Homem Porco sem comprovação. Havia literalmente milhões de dólares na balança e, logo aprendemos, alguns cadáveres carbonizados para considerar.
Então me aproximei de um de seus colegas de trabalho, que confirmou tudo e até concordou em falar às câmeras. Mas umas duas semanas antes, o Homem Porco nº 2 entrou em pânico e fugiu. Foi logo depois de 9 de setembro de 2010, quando um oleoduto explodiu na Califórnia; oito mortos. Alguns explodiram na hora, outros queimaram devagar. Eu sei: estive lá, há anos, quando era investigador. Descobri que a grande empresa energética Peoples Gas, que removeu gás natural do Golfo do México para Chicago, foi avisada por engenheiros para que consertasse um projeto perigoso de um oleoduto. A empresa decidiu que era mais barato esperar e pagar pelos caixões. Depois de 18 pessoas morrerem queimadas, eles se desculparam. Pagaram algumas indenizações, inclusive para mim.
A explosão do oleoduto de 9 de setembro significava que as apostas estavam ficando mais altas. Para proteger a si mesmo e sua própria carreira, o Homem Porco nº 2 entregou o Homem Porco nº 1.
O Homem Porco nº 1 repetiu na gravação, falando calmamente agora, com uma resignação às consequências: "Fui ameaçado. Uma pessoa pode ser — pode ser silenciada, podem levá-la à falência por esse poder que eles detêm. Qualquer pessoa que fale contra as empresas de oleodutos está em grande risco, está em grande...".

Sua voz foi sumindo quando falava sobre o que poderia acontecer a "qualquer pessoa". Desnecessário dizer que "qualquer pessoa" era ele mesmo.

Minha única justificativa de publicar e filmar essa história, e mais tarde colocar em risco aquele bom homem, além do débil pretexto do "interesse público", é que posso oferecer ao Homem Porco um pouco de proteção. *Caro empregador do Homem Porco: tenho um arquivo muito maior do que este que estou jogando aqui. Qualquer empresa que se atreva a ir atrás do Homem Porco nº 1 terá muito a perder. Capisce? Se tocarem no Homem Porco: sei quem vocês são, sei onde trabalham, e sei o que fizeram.*

Vocês notaram que não nomeei o fornecedor de software da BP — porque não é sobre uma maçã podre, é sobre uma indústria apodrecida do galho até a raiz.

E a própria BP? Eles têm uma possibilidade de negação plausível. A gigante petroleira poderia dizer, como o sr. Gambino: "Eu não sabia que o Big Louie apagou o Jimmy the Skunk".

Mas a possibilidade de negação não é plausível — porque, como Sherlock Holmes diria, "o cachorro não latiu". Quando o duto explodiu em 2006, por que a BP não latiu, mordeu e processou seus designers de software? Afinal, a falha em encontrar o problema de corrosão custou à empresa dezenas de milhões.

Eis o motivo: porque a empresa do software poderia dar meia-volta, "descobrir" seu erro "acidental" e entregá-lo à BP: o custo total de reparos e rotas diferentes para a indústria seria de *dezenas de bilhões* de dólares.

Ou o fabricante do software poderia perguntar à BP quando o PIG foi utilizado. Ele foi mesmo utilizado? Onde estão os dados? Custa um milhão de dólares por milha para realizar um diagnóstico do PIG. Mais barato é mantê-los trancados no grande chiqueiro de metal em Prudhoe, não é, BP?

Código de Silêncio, então, é a escolha sábia, tanto para a Máfia quanto para a Indústria do Petróleo.

Mas agora eu estava curioso: por que o Homem Porco nº 1? Por que agora? Como ele não saiu correndo, grunhindo de medo, como o Homem Porco nº 2?

Ele enviou a mensagem que nos deixou excitados depois que leu minha história sobre a explosão do duto da BP Prudhoe. Antes disso, ele pensou no episódio da codificação como uma discordância profissional, os caras das últimas linhas de produção pisando nos especialistas. Mas ao ler a história de Prudhoe, ele percebeu que "aquelas coisas tinham consequências para o mundo real".

Antes disso, o Homem Porco nº 1 ficou *caladinho* por anos. Ainda assim, quando me aproximei dele pela primeira vez, ele disse que não filmaria "de jeito nenhum", mesmo em sombras. Algo então mudou sua cabeça, fez com que ele voluntariamente colocasse o dele na reta. Foi a explosão do oleoduto da Califórnia. Os oito mortos. Finalmente ele percebeu: "Pessoas morrem".

> "Eu estava bem desconectado do impacto real que aquele trabalho tem no público em geral e nas pessoas. E então ao ver a explosão... fiz uma ligação direta entre as inconsistências no software que *resultaram em mortes*...".

Sua máscara corporativa caiu quando a foto das casas queimadas foi parar nas primeiras páginas.

Falhas de solda encontradas em explosão de tubulação

Acontece que a empresa da Califórnia, dona dos dutos que explodiram, a PG&E, tinha soldas ruins que seguravam um duto de 75 cm de diâmetro que nunca deveria ser soldado. Um PIG, programado honestamente, poderia ter detectado essa facilmente.

O Homem Porco nº 2 viu as mesmas fotos, e elas fizeram com que ele saísse correndo. Então, o que incentivou o nº 1 a ser um tolo pela coragem?

Tentei adivinhar e perguntei para ele sobre a gênese de sua alma: "Conte-me sobre seu pai".

Seu pai, ele disse, foi um dos primeiros na indústria a usar computadores para analisar o fluxo e as condições no oleoduto. Seu pai foi um dos homens que *inventaram* o *Smart PIG*.

"Falei com meu pai antes de vir para cá". É claro que ele falou.

"Ele achou que estou fazendo a coisa certa".

É claro que ele achou.

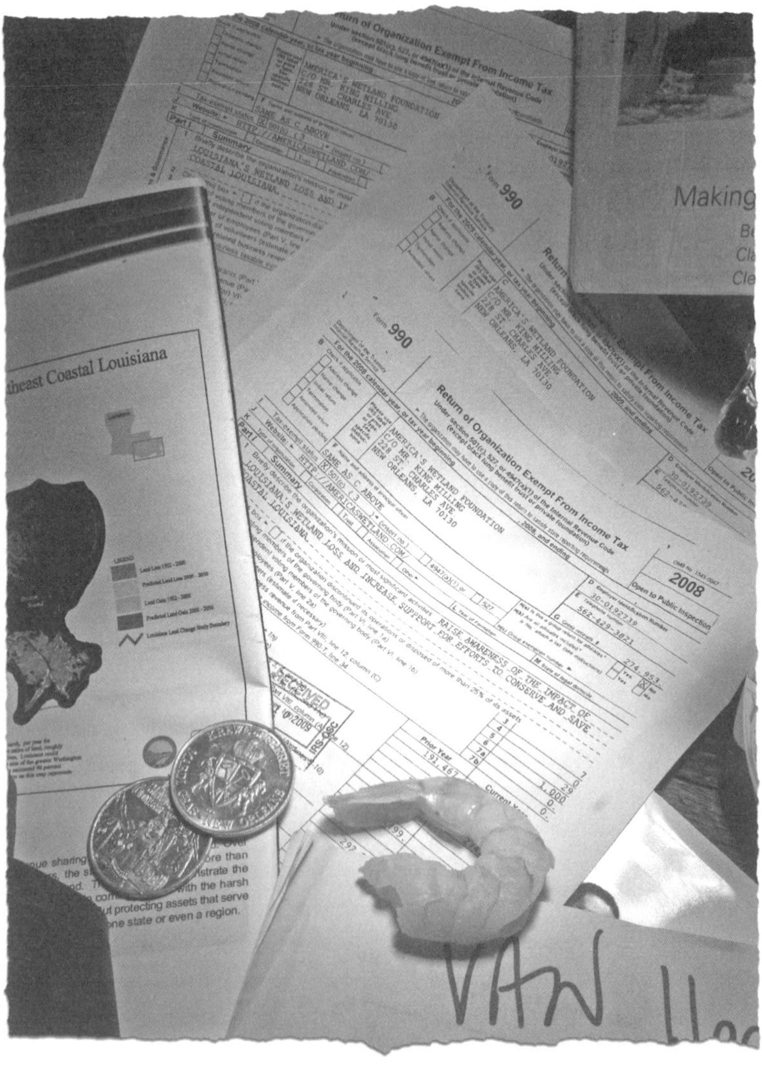

CAPÍTULO 4

A Riviera Cajun

UM BOTE DE PLÁSTICO SAINDO DA COSTA DO GOLFO, MISSISSIPPI, OUTUBRO DE 2010

Aquela era minha primeira investigação de homicídio de peixes, então imaginei que Rick e eu precisávamos de um barco, porque o submarino do professor Steiner havia acabado de cruzar o Canal do Panamá e não chegaria a tempo para nossa filmagem.

No entanto, Badpenny não conseguiu nem uma canoa, quanto mais um esquife, pois a BP colocou cada capitão Cajun em sua folha de pagamento para a limpeza do petróleo, o que basicamente envolvia navegar com ar de ocupado quando a CNN aparecesse. A BP teria que concordar em pegarmos um de seus barcos contratados, e a empresa nunca concordaria, a não ser que controlasse a história dos peixes.

Mas por minha experiência com o bicho homem, sei que dinheiro vivo pode fazer as pessoas esquecerem seus contratos (e seus votos de casamento, os Dez Mandamentos, e todo o senso de respeito próprio). Ainda assim, o barqueiro disse para Badpenny: *"Non, cheri"*. A BP tem muito mais dinheiro do que eu e isso não mudará tão cedo.

O dr. Steiner nos disse para encontrá-lo em uma doca particular, atrás de um hotel cassino em Biloxi. Então, fomos de avião para Nova Orleans e de carro até a cidade costeira cuja única fama é ser 480 quilômetros ao sul da cidade natal de Elvis Presley.

Logo após o nascer do sol, e sem café o suficiente, Ricky Ricardo Rowley e eu fomos pelo cassino, passando pelos apostadores exaustos e desorganizados que se recusavam a ir embora até que seus últimos centavos lhe fossem tomados.

Por trás dos caça-níqueis, uma porta levava a uma doca, onde o engenhoso professor Steiner e sua equipe estavam esperando por nós em um bote redondo com casco de plástico equipado com dois motores barulhentos de 150 cavalos, que poderiam nos levar à cena do crime como um foguete.

O biólogo foi em direção a uma ilha barreira a 1,6 quilômetro em alto-mar, e depois, a 90 metros da praia, desligou o motor e disse para eu e o Rick pularmos. Quem era eu para questionar o cara? Pulei, de roupa, com água até o meu saco, e fui em direção à merda da praia, como MacArthur voltando para Baatan.

Rick me seguiu, com seu bebê, sua preciosa câmera acima da cabeça, ainda filmando, seguido por Steiner, que chegou à praia e começou uma invocação religiosa: "*Jesus Cristo! Sintam esse cheiro!*". Eu realmente não precisava carregar um PhD pra me dizer que eu estava a ponto de vomitar meu café da manhã.

Petróleo bruto, negro e nojento. O olhar congelado do professor, entretanto, me surpreendeu. Aquele homem havia visto de tudo: cachorros afogados em marés negras na China, a fossa do Mar Cáspio em Baku, as praias mortas do Alasca (onde ele mora e literalmente respirou o vazamento do *Exxon Valdez*) e a mancha de petróleo na África conhecida como o Delta do Níger, onde Steiner esteve apenas dois dias antes em uma missão da ONU.

Ele já viu de tudo, mas não aquilo. Ele não esperava tapetes viscosos de alcatrão do tamanho de sofás e marés negras endurecidas como pistas para lugar nenhum, seis meses depois da explosão e a centenas de quilômetros de distância da boca do poço.

Steiner pegou o que parecia um grande intestino bovino e jogou nas minhas mãos. Ele explicou que era uma gororoba da espuma da BP com "sulfeto de hidrogênio, metais pesados, mas, também, com hidrocarbonetos aromáticos policíclicos...".

Meus preferidos!

"... E, você sabe, coisas como benzopireno, benzofluoranteno, e como...".

Peixes odeiam essa coisa porque mata seus filhotes e os filhotes de seus filhotes.

"... Extremamente tóxico, são cancerígenos...".

Mas os humanos *adoram* a coisa, se você for ver nas imagens das notícias. Logo após a explosão da Deepwater Horizon, 50 mil voluntários sorridentes chegaram às praias da Costa do Golfo e — *Deus Abençoe a*

América! — pegaram a coisa com as mãos, ou escavavam com baldes de cerveja, ancinhos de jardim, isopores de picnic, o que fosse.

"... Ele não mata imediatamente, mas persiste, você sabe, coisas como danos nervosos, prejuízos fisiológicos, mudanças comportamentais, mudanças no sistema reprodutor...".

Larguei a bola de alcatrão.

"... leucemia".

✶ ✶ ✶

Mas isso *não pode ser!* Exatamente dois meses antes, em agosto de 2010, o dr. Terry Hazen do prestigiado Laboratório Nacional de Lawrence Livermore da Universidade da Califórnia anunciou no The Washington Post:

> Nós fomos aos locais, e não encontramos petróleo.

Não encontraram? Nenhuma nuvem de petróleo na água? Como não ver um excremento de petróleo flutuante maior que um cavalo quarto de milha? Se os pôneis de alcatrão estão cavalgando pela praia, eles tinham que estar nadando nas colunas de água. Como o biólogo Yogi Berra disse uma vez: "É impressionante o que podemos ver quando estamos olhando".

Dois meses antes de chegarmos lá, Zach Roberts (nosso homem que estava trabalhando com o nome "Ronald" Roberts, especialista em peixes) disse que aquela gosma estava por toda parte. Então, como aqueles biólogos não viram isso?

Badpenny e eu descobrimos o problema: em fevereiro de 2007, houve um vazamento de petróleo no laboratório do dr. Hazen: a British Petroleum jogou meio bilhão de dólares em seu laboratório para financiar estudos sobre a biologia dos vazamentos de petróleo.

Eu disse bilhão, com *b*.

Hazen não pôde ficar com tudo. Ele foi incumbido de espalhar a doação da BP pela comunidade acadêmica. Como resultado, à época da explosão da Deepwater Horizon, quase todos os biólogos da China até Chattanooga estavam com suas bolas em um frasco na velha mesa do Lorde Browne, em Londres.

O estudo de Hazen, que não viu nenhuma nuvem de petróleo foi assinado por 32 cientistas e impresso na revista *Science*. Aprofundando-se nas notas de rodapé (como nós fizemos), você descobrirá que 31 dos 32 coautores estavam mamando nas tetas do dinheiro da BP para o laboratório. Aí está o problema de vocês, professores. Não precisam entrar em pânico, vocês não estão cegos! Vocês tem dólares da BP tapando seus olhos.

Aquilo me lembrou a capa do CD *Nevermind*, do Nirvana: um bebê embaixo d'água tentando alcançar uma nota de dólar.

Mas como ninguém gargalhou dos cientistas alugados nos jornais? Resposta: biólogos independentes foram trancados do lado de fora.

Enquanto andava pela praia maculada, o dr. Steiner me disse que pediu para ir nos barcos da BP pegar amostras com seus cientistas e observar os dados brutos. Em outras palavras, para manter a ciência honesta.

Esqueça. De jeito nenhum. Eles não deixariam Steiner e seu material de recolhimento de amostras chegar *perto* dos locais de testes. Cientistas independentes, sem falar em repórteres, ficaram banidos dessas praias, supostamente para nossa própria segurança. Está fechada como a Área 51. Agora entendi por que Steiner nos fez invadir a região pelo mar, não anunciados, e caminhar na prancha dos piratas.

Se os cientistas da BP não encontraram nuvens de petróleo, o que eles encontraram? "Não encontramos petróleo nenhum, mas encontramos bactérias", disse Hazen. Encontraram germes. Germes mágicos.

Do estudo da *Science*:

> Nossos resultados mostram a existência potencial de biorremediação intrínseca da nuvem de petróleo na coluna de águas profundas, sem rebaixamento substancial de oxigênio.

"Biorremediação intrínseca" significa que vazamentos de petróleo podem limpar a si mesmos. As bactérias no oceano simplesmente irão comer o petróleo. Hum. E assim, praticamente todo o petróleo que foi expelido pelo poço irá simplesmente... desaparecer!

A revista *Discover* se extasiou: "Os resultados de Hazen sugerem que as profundezas do oceano possuem sua própria zeladoria que está esperando para limpar a ameaça de contaminação do petróleo".

Desse modo, a ciência da BP é a seguinte: não há problema em perfurar bastante nas águas profundas do Golfo. Se um poço explodir, é só deixar as bactérias do Bom Deus devorarem o petróleo. Não é verdade, mas olha, é verdade suficiente para os repórteres dos EUA. Encontrei as histórias dos micróbios que amam vazamentos de petróleo na CBS, NBC, CNN e, claro, na National Petroleum Radio.

A NPR transmitiu uma longa entrevista com Hazen em um programa chamado *Science Friday* (Sexta-feira da Ciência). Deveria ser *Pagamento da Ciência*, um colchão de segurança para professores corporativos alugados. Nenhum pesquisador com um béquer verdadeiro da gosma foi convidado para dar uma réplica, e o financiamento da BP para Hazen não foi mencionado (tampouco o financiamento para a NPR, a propósito).

No tempo que fiquei no Alasca, aprendi tudo sobre bichos que se alimentam de petróleo. Há duas décadas, equipes jornalísticas da Exxon filmaram o despejo de carregamentos de bolas de germes cerosos, do tamanho de bolas de gude, milagrosos, por toda a praia. Não funcionou, mas à época em que o fracasso estava evidente — e criancinhas Nativas começaram a comer as bolas — as câmeras já haviam partido há muito tempo.

Agora, sem constrangimento, a BP e o Departamento do Interior estão usando a mesma jogada dos "Bichos que Comem Petróleo" no Golfo. Eles adicionaram uma nova manobra. Talvez não tenha funcionado perfeitamente no gélido Alasca, mas as bactérias amam o Mississippi.

A ilha de Mississippi estava incrivelmente oleosa, mas não fiquei impressionado. Estava faltando algo.

Habeus corpus piscis? Cadê os cadáveres dos peixes, professor?

Na água, Steiner explicou. Enquanto veríamos algumas carcaças de peixes cobertas por petróleo na praia, a grande matança estava acontecendo na verdade bem longe dali, nas áreas de pesca e adiante.

O assassino: a BP, ou seja, a Bactéria Predadora.

Steiner me contou que as bactérias estavam de fato se alimentando de um pouco do hidrocarboneto da explosão, "mas basicamente de metano, não do petróleo bruto". As bactérias certamente engoliam um pouco daquilo (bom), o que as encoraja a fazer bebês bactérias aos trilhões (ruim). Steiner disse que, na festa das bactérias, elas respiram, como todas as criaturas. Resultado: não sobrou muito oxigênio na água para os peixes. Os peixes não conseguem respirar e morrem asfixiados.

Na terceira série, minha professora de ciências, sra. Schneider, disse que o petróleo flutua na água. Os cientistas da indústria petrolífera ainda precisam de graduação para além das meias verdades da terceira série. Na verdade, gotículas microscópicas ficam no fundo ao invés de ficarem na superfície. As nuvens de bactérias frenéticas, altas como o Empire State Building e largas como Manhattan, ficam rondando a superfície, um holocausto de peixes itinerante.

Depois que os 32 cientistas da BP disseram que não encontraram essas nuvens de petróleo e de bactérias, o submarino de Steiner chegou. A BP não esperava por isso. Ele encontrou as nuvens predadoras em uma distância de até 480 quilômetros da boca do poço.

* * *

Lá longe, na extremidade da ilha, as lentes teleobjetivas de Ricardo capturaram homens negros, cerca de duas dúzia deles, surgindo e desaparecendo, surgindo e desaparecendo. Andamos na água para entrar bote, nos aproximamos, e saímos novamente.

O sol estava a pino e violento. Só não queimou meu coco careca graças ao chefe da emissora em Londres, que *pessoalmente* me autorizou a usar meu chapéu (e vocês pensaram que executivos de TV não tinham razão de existir).

Andamos pela água.

Os homens negros iam para cima e para baixo. Para cima e para baixo.

Agora estava claro que havíamos encontrado uma equipe de limpeza da BP. Ritmados, eles mergulhavam para enterrar suas longas ferramentas de limpeza na areia e levantavam a coisa para jogá-la em baldes. Eles iam adiante devagar no sol escaldante, ombro a ombro. Curvar, escavar, levantar; curvar, escavar, levantar.

A qualquer momento, eu esperava que eles começariam a cantar uma versão de *Chain Gang*, do Sam Cooke:

> "*Despedaçando bolas de alcatrão no trabalho da prisão, HA!*
> *Despedaçando bolas de alcatrão e cumprindo minha pena, YAH!*"

Na praia, encontramos os supervisores do trabalho prisional na sombra de uma tenda verde: três caras brancos, com idade universitária, sentados em cadeiras dobráveis. Os jovens caucasianos da BP, na sombra, nos deram botinhas amarelas para que andássemos em segurança pelo alcatrão venenoso, observando os afro-americanos trabalharem.

Os nativos do Alasca aprenderam há muito tempo que nunca se lida com petróleo em decomposição sem vestir trajes de astronauta que vão da cabeça aos pés com respiradores no capuz. Aqui, os afro-americanos estavam vestidos para colher algodão: sem camisa ou vestidos com trapos sob o sol brutal. A BP não permitiu o uso dos trajes de segurança amarelos — eles não ficam bem na TV.

Curvar, escavar, levantar.

O grupo de trabalho empunhava um novo equipamento que eu não tinha visto na limpeza do Alasca. Quando chegamos perto, vimos que os instrumentos especializados eram pazinhas de lixo — daquelas que você compra no mercado para limpar a caixa de areia do seu gatinho — amarradas com fita adesiva a cabos de vassoura.

Me aproximei de um dos trabalhadores, que disse que seu nome era Raphael Gill.

Qual é a profundidade que vocês atingem com esse "equipamento"?

"*Seis* milímetros. Eles querem que façamos assim. Limpando a superfície".* Gill e seus colegas de trabalho me mostraram a delicadeza necessária para o trabalho. Enquanto isso, Steiner caminhou, fora da vista dos supervisores relaxados, fez um sinal com a cabeça para mim, pegou um estilete, e cavou a mais ou menos 20 cm antes de atingir uma camada de petróleo bruto gotejante. Steiner disse que aquela camada percorre "cerca de 960 quilômetros". Essa é a estimativa, por baixo, oficial.

---

* Para ver o sr. Gill fazendo o "curvar, escavar, levantar" e o autor brincando com bolas de alcatrão, visite GregPalast.com/VulturesPicnic.

Gill disse: "Quanto mais profundo você cava, mais você acha". Mas ele não ousava cavar. Ele disse que se o pegarem cavando, ele perderá o emprego. E não há outros empregos.

"Eles *realmente* não querem escavações."

Não querem? Tudo bem, Steiner, se eles não estão escavando o petróleo, então o que exatamente a equipe das pazinhas *está fazendo*?

O professor disse: "O termo é Teatro da Limpeza". Políticos e equipes jornalísticas sobrevoam ou navegam em excursões de mídia da BP e parece bem impressionante.

A equipe da BP havia completado cerca de 180 metros da praia. A ilha tem 6,5 quilômetros de extensão. Eles estavam limpando aqueles mesmos 180 metros por "mais ou menos uma semana", disseram os supervisores na tenda. Gill disse: "Por mais ou menos um mês". Cada tempestade repavimentava os 180 metros, então eles tinham que começar de novo.

Cento e oitenta metros por mês. Vamos fazer os cálculos. Novecentos e sessenta quilômetros de tapete de petróleo bruto por todo o caminho até Steinhatchee, na Flórida. São 960 mil metros a 180 metros por mês ou tarefa completa em setembro de 2450, ou seja, em pouco mais de quatro séculos. Até lá, os biotécnicos da BP terão criado formas de vida que gostam de se bronzear nas praias manchadas por petróleo bruto.

Curvar, limpar, levantar. Curvar, limpar, levantar.

Nos 147 anos desde a Proclamação de Emancipação, a população negra de Mississippi passou da colheita de bolas de algodão para a colheita de bolas de alcatrão.

Observando aquela cena, sabia que meu antigo professor de ciências, dr. Bruce, com sua experiência de mergulhar em esgotos, estaria aqui na fila se não tivesse de alguma forma emancipado a si mesmo.

A BP aprendeu muito com o vazamento da Exxon há 20 anos. O que aprenderam foi que não precisam pagar $26 por hora como fizeram no Alasca. Aqueles homens recebiam $14.

Por $14 a hora, eram instruídos a não falar, nem mesmo uns com os outros. Mas Gill me falou a verdade nua e crua de qualquer modo, enquanto continuava o curvar-limpar-levantar. Ele não daria aos supervisores nenhuma desculpa para demiti-lo.

"Não me importo se me demitirem por falar a verdade, porque quero trabalhar por sete dias e eles não deixam. Perdi tudo por causa do vazamento de petróleo".

Ele trabalhava em um cassino, mas foi dispensado quando o turismo da Costa afundou no petróleo da BP. Para Gill, foi a explosão nº 2, depois do furacão Katrina.

"Não tenho mais como ficar aqui. Sem carro, eles não querem me pagar, isso me ajuda a não ter carro. Não sei o que fazer. Desisto. Foi o que me trouxe até aqui. Tenho meu pão e minha mortadela na geladeira. É isso. E umas duas salsichas."

E seus filhos? Ele disse que tinha três.

"Bem, eles — eu fico sem comer algumas vezes. Tudo bem".

O presidente Obama ofereceu uma compensação de desemprego para o Mississippi, completamente financiada pelo Tesouro Nacional. Mas o governador republicano Haley Barbour a recusou, assim como o governador de Louisiana, Bobby Jindal. Queriam demonstrar sua masculinidade anti-Obama para os amigos republicanos.

Por que aqui só há empregos de sanduíches de mortadela, mesa de dados ou pazinhas? Há décadas, quando eu estava aqui em uma investigação de assassinato-e-contabilidade, as opções de Gill não seriam tão limitadas. A Costa do Golfo, de Louisiana a Biloxi, era uma faixa de cabanas de pescadores, docas quebradas, habitações muito ruins, barracas de comidas fritas muito ruins servidas em jornais, Igrejas Episcopais Metodistas Africanas em péssimo estado de conservação e lanchonetes Waffle House. A frente da praia, daquele modo, era o lar de cidadãos típicos expulsos da boa fazenda Delta: pessoas negras, Cajuns, e aqueles que os gentis membros da sociedade do Mississippi chamavam de "Lixo Branco". Mas o lixo — branco, negro, francês — pelo menos tinha suas casas, seus barquinhos e lojinhas. Eles tinham *algo*.

Então, em 2005, cassinos gigantes caíram sobre suas casas e as destruíram. É sério. Deixe-me explicar: Mississippi, um estado extremamente Cristão, não permitia apostas. Mas permitia cassinos, contanto que eles não estivessem de fato nas terras do Mississippi propriamente, mas em alto-mar, flutuando no Golfo em enormes pontões.

Em 2005, o Furacão Katrina levantou aqueles enormes e flutuantes hotéis-cassinos e jogou-os bem em cima das barracas de frango frito, cabanas de barcos, casas e igrejas locais.

O povo religioso do Mississippi chamou aquilo de Ação Divina. Deus claramente queria cassinos, não casas e igrejas, na frente da praia, que agora era o setor imobiliário principal, e, dali em diante, o Mississippi permitiu cassinos em terra firme. O governador Barbour obteve mais de meio bilhão de dólares em ajuda federal para recuperação dos efeitos do furacão, para consertar o dano às casas e lojas. De alguma forma, o dinheiro acabou sendo utilizado para reconstruir os hotéis cassino nos lugares das casinhas que foram esmagadas ou levadas pela água.

Os pobres da Costa atingidos pela inundação foram exilados, entrando na categoria dos refugiados norte-americanos do Katrina, espalhados pelo Texas e pela Flórida. Os poucos que sobraram foram colocados para trabalhar operando mesas de dados, manobrando carros, usando fio dental e vigiando as máquinas caça-níqueis na nova Plantação do Feltro Verde.

Cinco anos depois, quando o poço explodiu, as praias em frente a esses cassinos foram colocadas no topo da lista da BP para limpeza. O trabalho de limpeza parece ser bom, mas ninguém gostaria de nadar naquelas águas. Isso não importa: não existem apostadores que nadam, e suas esposas entediadas se bronzeiam na piscina.

As 30 lanchonetes Waffle House espalhadas ao longo da costa, feitas de tijolo e firmes como fortes militares, resistiram ao furacão. Como consequência, Biloxi é hoje uma cidade reluzente de catedrais de apostas quase vazias, de 20 andares, separadas por lanchonetes Waffle House. Na lanchonete perto do hotel Hyatt, conheci a garçonete Poodle Rosa. Ela pinta o cabelo de rosa e o enrola para ficar parecido com um poodle toy. Ela me disse que trabalha lá há 30 anos. Melhor emprego da cidade, ela disse.

Acredito.

* * *

Há razões boas para caramba para a BP ter agarrado a ciência pelas bolas e manter especialistas independentes como Steiner fora daquela praia, afastado da cena do crime.

Depois do desastre da *Exxon Valdez*, o governo colocou o professor Steiner e um monte de outros PhDs em uma equipe para investigar o perigo do petróleo ao ecossistema do Alasca. A pesquisa deles lançou um arpão nas desculpas esfarrapadas e corações de pedra das empresas petrolíferas. Custou muito para o consórcio BP-Alyeska implantar as melhorias em segurança na rota petrolífera do Alasca, sugeridas pela equipe de Steiner: cascos duplos, escoltas, tudo isso. Em outras palavras, a Ciência não era amiguinha das petrolíferas internacionais, quer dizer, a ciência não domesticada não era.

No caso de 1989 da Exxon, o governo escolheu os cientistas para a investigação oficial. Dessa vez, os federais deixaram a BP escolher metade dos especialistas para investigar a empresa. Dr. Steiner disse: "É como a Máfia ter metade dos assentos da diretoria do FBI".

Antes do pôr do sol, ele nos apressou à doca do cassino para que pudesse pegar o avião de volta para casa em Anchorage; presumi que seria para começar o semestre da Universidade do Alasca.

Presumi errado. Perguntei quando as aulas começavam. Ele disse: "Não estou mais dando aulas. Fui demitido".

O quê?

Steiner dava aulas lá há *três décadas*. Ele tinha *vitaliciedade*. É uma estrela internacional. Como demitir um professor estável? Ele foi pego com uma estudante debaixo dos bicos de Bunsen?

Pior. Ele testemunhou perante o Congresso contra a perfuração em alto-mar. Ele disse aos membros para não confiarem na BP. Nem na Shell, nem na Chevron, nem na Exxon.

Ele não devia ter feito isso. Um memorando revelou que o Departamento de Comércio de George Bush demonstrou descontentamento com o ato tolo do professor de honestidade inconsequente. A universidade acusou Steiner de "defesa" não acadêmica, por usar as palavras *tragédia* e *desastre* para descrever o desastre trágico da *Exxon Valdez*.

Os políticos pensaram em uma forma de se livrarem de Steiner: não se pode demitir um professor vitalício, mas não é necessário *pagá-lo*. Os federais cortaram seus financiamentos, a universidade apenas sorriu, e Steiner e seu material de recolhimento de amostras foram forçados a ir embora.

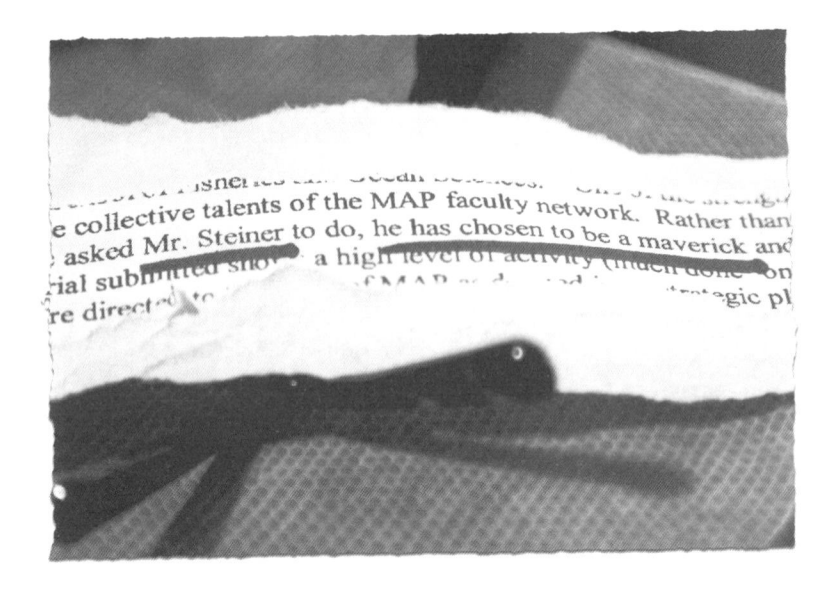

"Ao invés de trabalhar com a rede [dessa Administração], como solicitei ao sr. Steiner que o fizesse, ele escolheu ser um dissidente".

Não houve apelo à governadora do Alasca a respeito da santidade do pensamento científico independente na universidade. Por quê? Porque a governadora Sarah Palin sabia que Steiner estava indo para o inferno. Palin, uma cristã fundamentalista, insiste que a Terra foi criada há cinco mil anos, e qualquer um que não acredita nisso queimará no inferno por toda a eternidade.

Além disso, a ideia de "extinção das espécies" simplesmente não combina com Deus ter criado todos os animais no Quinto Dia da Semana da Criação, ou seja, na quinta-feira. Somente Deus pode apagar suas crias.

Para Palin e os criacionistas, o "Ambientalismo" e o "Satanismo" só estão separados por cinco letras. A Terra, no Mundo de Palin, é um modelo descartável. Aos cinco mil anos de idade, ela está praticamente nova e pode ser refeita do zero (ou do caos) em apenas seis dias. E, além disso, a Terra e todas as suas criaturas serão aniquiladas de qualquer jeito no Apocalipse, que está logo ali, bem antes do dia do juízo final do aquecimento global de 2050. O Apocalipse vem em seguida do Arrebatamento, quando republicanos antiaborto subirão ao paradisíaco hotel cassino de Deus, nos céus.

Porém, Deus não ficou irado com Steiner; em vez disso, o professor havia irritado a Shell e a BP e, portanto, a governadora Palin.

Steiner percebeu que "políticos do Alasca não se elegem a não ser que jurem tomar uma xícara de petróleo bruto a cada café da manhã". Um mês depois da demissão de Steiner, Palin devorou o petróleo no chão da Conferência Republicana, onde aceitou a nomeação do partido para vice-presidente. O partido cantava fielmente: "Perfure, querida, Perfure!". Palin prometeu que, se eleita, deixaria a Exxon, a BP e a Shell perfurar mais buracos no Alasca e no Golfo do México.

Sarah diz que é Cristã, mas pratica a religião da loja Saks Fifth Avenue, e não é barata. A governadora e seu maridão, Todd, e o resto dos bichos do mato de Wasilla fez a festa na loja com um cartão de crédito do Partido Republicano quando ela comprou aquelas botas cano alto da Jimmy Choo com os saltos de 10 cm, *de morrer*: $1.195. A conta do cartão de crédito foi paga por doadores do partido. A nova doadora corporativa nº 1 do partido é a Koch Industries, que recentemente juntou-se ao consórcio BP-Alyeska. Agora, bem calçada como um puro-sangue, Palin correu sua corrida como a Queridinha das Perfurações das Petrolíferas Internacionais.

O dr. Steiner tinha uma segunda fonte de renda. No Alasca, o peixe arenque sempre foi mais valioso do que a educação, então o biólogo e alguns amigos compraram um barco pesqueiro comercial por $370.000. Isso foi em 1988, um ano antes da *Exxon Valdez* atingir o recife. Desde então, por duas décadas, ninguém pescou um arenque na Enseada do Príncipe Guilherme. A parceria de Steiner morreu junto com os peixes.

Então, lá estou na praia imunda de Mississippi com o professor demitido e pescador falido, que se veste como se um catálogo da Eddie Bauer tivesse caído em cima dele (com botas Timberland de bico reforçado, revestimento Gore-tex e solado Vibram). Steiner estava condenado. Nesse mundo *e* no próximo.

Mas o professor caiu sabendo de uma coisa: ele estava certo. Quando avisou sobre a perfuração da BP no Mar Ártico do Alasca e no Golfo do México, ele foi um profeta condenado. E por ele estar certo, odiaram-no ainda mais.

Gosto de Steiner e garanti a ele que ficaria honrado em ter sua companhia no Inferno. Além do mais, já que Palin vai para o Céu, prefiro não ir.

✳ ✳ ✳

Nota bene. Não, não sou um fetichista de sapatos, sou um jornalista. Um repórter tem que chegar por trás das máscaras. Você pode dar um sorriso falso, mas não pode usar sapatos falsos. Não obstante, há um limite para essa linha de investigação. Agora, Badpenny está furiosa.

"*CANSEI. CANSEI DESSE NEGÓCIO. Não vou mais procurar outra merda de par de sapato de salto com fivela da Versace!*" ($750 na loja Neiman Marcus). Ela está a apenas dois metros de distância, mas enviou um e-mail: "TUDO ISSO É UMA GRANDE MERDA! UM JEITO MUITO DESESPERADO DE CHEGAR À SARAH PALIN".

Desesperado, sim. Mas sou um homem desesperado. São tempos desesperados. Acho que ela quis escrever com seu sotaque inglês. Não é um bom sinal.

WASHINGTON, DC

Enquanto isso, a mídia estava toda alvoroçada com a notícia de que o Golfo seria salvo pelo próprio JFK, ou pelo menos o homem que o interpretou nos filmes, Kevin Costner.

Costner havia viajado no *Exxon Valdez* (no filme *Waterworld — O Segredo das Águas*, pelo menos) e pôde limpar o Golfo, sem problemas.

Alguns espertinhos convenceram o ator envelhecido, portanto passando da lista de celebridades A para a B, a investir $20 milhões para aperfeiçoar uma caixa, tipo um daqueles aspiradores Oreck que vendem de madrugada na TV, mas maior, que poderia sugar cerca de 795.000 litros de água poluída por dia e devolvê-la limpa. Uau!

Membros do Congresso promoveram audiências, bajulando o ator; repórteres, procurando por algo mais sexy do que pelicanos engraxados, realizaram o furo jornalístico.

Beleza, vamos fazer os cálculos. Se a máquina do Costner purifica 795.000 litros de água por dia, são 795 metros cúbicos de H2O de água poluída. Um quilômetro cúbico demoraria 4762 dias (ou seja, um pouco mais de 13 anos). Isso significa que a máquina de Costner completaria o trabalho em pouco menos de 25.000 anos.

Não obstante, a BP e as petrolíferas internacionais *amaram* a ideia. Se o público pudesse ser convencido de que os vazamentos de petróleo podem ir embora em uma máquina mágica do Kevin Costner, as coisas seriam muito melhores para os planos de perfuração em alto-mar da indústria. Bem, ninguém nunca foi à falência por subestimar as habilidades matemáticas do público norte-americano.

A BP comprou 32 máquinas de sucção de Costner. Usando várias de uma vez, a BP reduziu o tempo necessário para limpar o Golfo para menos de oito séculos.

WAFFLE HOUSE, GULFPORT, MISSISSIPPI

Olhei para o petróleo da BP espalhado pela praia e pensei na minha praia secreta preferida na Ilha St. George, e no Flora-Bama Bar e Grill na fronteira. O estabelecimento tem uma placa enorme no telhado, do tamanho do bar: CAFÉ DA MANHÃ ÀS 6H CERVEJA BISCOITOS E MOLHO DE CARNE. Eles servem essa fina iguaria, que parece uma grande bolha de muco, aos tarrafeiros que querem ficar um pouco ligados antes de sair. O prato especial do jantar no Flora-Bama era sempre garganta de garoupa frita.

Depois dos derramamentos de petróleo, essa cultura de fritura sulista, pelo menos como era conhecida, não existe mais. É claro, um estudo poderia ser feito para dizer que isso não seria tão ruim. Pesquisei: um terço dos adultos do extremo sul são obesos. Bem, um terço dos novaiorquinos fazem terapia. Qual você escolhe?

Ricardo e eu descolamos alojamentos confortáveis e baratos em um hotel cassino quase deserto e, depois da meia-noite, Rick deixou sua câmera e decidiu tentar a sorte no blackjack. Foi sozinho: não tenho sorte nenhuma para tentar. Mais tarde, Rick me disse que jogou uma rodada sentado ao lado de um jovem em um coletinho de vinil, camisa preta e gravata de clipe, um membro da equipe de manobristas. O garoto do estacionamento estava gastando sua folga perdendo as gorjetas que ganhou desde sua folga anterior.

Ricardo recuou e foi embora. Ele olhou para o rapaz do estacionamento e não pôde imaginar nada mais trágico, ou seja, mais trágico do que deixar sua câmera no quarto quando se tem a chance de filmar uma desilusão pura.

Fui ver a Sra. Poodle.

* * *

Está tarde. A Sra. Poodle me dá a quarta caneca. Se Matty Pass estivesse aqui, ele pediria waffles de amêndoa, aquele vegano louco. Gosto dessas caneca da Waffle House. A Poodle me diz para levar uma comigo quando eu sair para "fumar" e não trazê-la de volta. Ela sabe que eu vou deixar uma boa gorjeta.

Enquanto eu estava sentado tomando meu café, organizei os fatos: a costa do Delta está envenenada e morrendo e a culpa é da BP.

Todos sabem disso. Todos podem *ver* isso, na TV. Aqui estão os corpos — a Costa do Golfo, a pesca, as zonas úmidas. E logo ali estava a arma fumegante e *explosiva:* a plataforma Deepwater Horizon da BP.

Duzentas equipes jornalísticas vieram para a praia em Grande Isle, Louisiana, e filmaram o petróleo bruto negro e oleoso espalhado na frente da praia e a gosma fétida que se infiltrava nos pântanos, vomitada do poço Macondo da BP. Eles registraram histórias sobre a preciosa Costa, suas zonas úmidas repletas de pelicanos e Cajuns, maculados e atingidos pelo poço descontrolado da BP.

Mas eu tinha um problema com aquilo. Sempre que a NPR e o *The Washington Post* concordam, eu imagino que não pode ser verdade. Todos acompanham a história oficial. A BP, daqueles britânicos malditos, assassinou a Costa do Golfo: era a "teoria do atirador solitário, da única bala" que todos aceitaram. Eu não caí nessa, mas minha única prova era minha memória. E o que eu lembrava era o seguinte: Grande Isle *sempre* foi uma bosta.

Eu sei. Eu estava lá muito antes do petróleo da BP sujar tudo. Há 25 anos, quando estava em outra investigação suja para a cidade de Nova Orleans, trouxe minha esposa para um fim de semana aqui na Riviera Cajun, como os Cajuns locais chamam essa praia da Costa do Golfo no fim do Delta.

Paguei 20 dólares a um cara que falava um inglês que eu não entendia para alugar um velho bangalô caiado entre a praia e o pântano. Ele fedia a barata e mofo. Já era noite. Não sei por que, mas no silêncio, na noite iluminada, fiquei repentina e brutalmente feliz. Até quis fazer amor com minha mulher. Mas para ela, a ideia de ficar nua sobre os lençóis úmidos e amarelados lhe dava arrepios. Ela desmaiou exausta, totalmente vestida.

Fui andar na praia, que era um monte de lixo de frascos vazios de lubrificantes, com uma espuma marrom esquisita na superfície da água. No horizonte, as chamas das torres inflamavam gás, queimando como velas de um bolo de aniversário no inferno.

E eu adorei aquilo.

"O petróleo é um animal selvagem", ensinou um de meus professores de direito, que nenhuma fronteira, nem marcação de propriedade, nem logomarca corporativa podia conter. E naquela noite, sob a lua Crioula, escura o suficiente para esconder os destroços e o lixo, pensei em uma civilização que levou milhares de anos para avançar da caça de animais selvagens à caça de alcatrão negro selvagem. A besta líquida com certeza estava mais feroz, e aqui, em Grande Isle, a besta ficaria louca, em intervalos premeditáveis.

* * *

A história oficial não fazia sentido. Quando o *Exxon Valdez* atingiu Bligh Reef, todos culparam a Exxon, enquanto a verdadeira culpada, a BP, escondia-se intacta. E lá vamos nós de novo. Agora era a vez da BP levar a culpa por um crime que não cometeu? Quem me diria a verdade, sem conversa fiada?

O armário do arquivo na minha cabeça se abriu em um memorando confidencial da minha investigação do Furacão Katrina:

"Cadê minha pílula de cianeto?"

O cianeto era — de brincadeira, eu presumo — para o homem conhecido como "Professor Furacão". Não havia dúvidas, alguns cavalheiros poderosos precisavam silenciar o Professor Furacão, de algum modo.

Há anos, o Professor Ivor "Furacão" van Heerden, da Universidade Estadual de Louisiana, como Steiner, apostou tudo na verdade — e perdeu. Nos Estados Unidos, perdedores são suspeitos. O governo, caras da indústria, ambientalistas, todos me disseram para ficar longe; então imaginei que era melhor eu alcançá-lo logo antes que ele navegasse para longe, literalmente.

Um cara que preferia engolir cianeto no lugar de mentiras: imaginei que aquilo fez dele um especialista em quem eu poderia confiar para não me enrolar ao responder uma pergunta difícil: *A BP fez isso?*

460 METROS ACIMA DO DELTA DO MISSISSIPPI

Encontrei o Professor Furacão trabalhando no Delta. Nós o buscamos na pista de pouso de Houma, o centro imundo do país do petróleo, Louisiana.

Ricardo pediu para removerem as portas do Cessna. O piloto disse não. Gostei daquele piloto.

Disse ao Rick que ele fizesse um filme legal enquanto voávamos pelo estrago causado pelo petróleo.

Não vimos nada. Do momento em que subimos em direção ao sol nascente, vimos apenas uma natureza estontante em todo o horizonte, tufos impressionantes de ilhas verdes esculpidas por canais e marcadas por pântanos, um mundo maravilhoso de águas.

Merda. Precisávamos filmar a *feiura*. Gritei e gesticulei, frustrado: "ENTÃO CADÊ O ESTRAGO??".

Se a ignorância é uma bênção, com certeza fui o homem mais feliz nos ares daquela manhã. Aumentando o volume do meu fone de ouvido para o nível de dor intensa, pude ter uma aula do professor van Heerden por cima do barulho do motor.

Estrago? Eu estava olhando para ele.

Até poucas décadas atrás, aquele era um dos maiores pastos de gado dos Estados Unidos, a Pradaria Costal, onde os caubóis nunca ouviram uma palavra de desencorajamento. "Há 50 anos, as zonas úmidas seriam só um lençol. Na verdade, eles as chamavam de pradaria dos pântanos porque se parecia com uma pradaria. Você sabe, eles faziam o gado pastar ali".

Então, por azar, o petróleo foi descoberto em quase todos os lugares da pradaria onde era possível fazer um buraco. E fizeram vários buracos. O modo mais fácil de retirar o petróleo era arrastar plataformas de perfuração pelos pântanos naturais, depois fazer grandes cortes na pastagem, que flutua em um substrato suave do delta. Diferente das Montanhas Rochosas, onde é possível ver as cicatrizes feias marcadas por grandes equipamentos, as trilhas das plataformas em Louisiana simplesmente se encheram da água do mar vinda do Golfo. A água salgada contribuiu para o fim da grama.

É muito bonito.

Para levar o ouro negro da refinaria da Exxon até Baton Rouge e qualquer outro lugar, o petróleo bruto e o gás precisavam ser sugados com 16.000 quilômetros de dutos. E depois via navio. "Fizemos com que esse belo carpete definhasse até a morte, depois o cortamos; o dissecamos com 16.000 quilômetros de canais".

Cada quilômetro do canal e do duto era um pedaço a menos da terra. E então a pradaria desfaleceu e afundou por milhões de cortes e transformou-se em um pântano ("zonas úmidas", se você for um membro do Sierra Club). Pelo menos há camarões — eles comem qualquer coisa —, jacarés e peixes que não servem para a pesca.

Mas estes também estavam indo embora, e rápido. As ondas de água salgada destruíram a terra remanescente e o Golfo do México marcha *400 metros por ano* em direção a Nova Orleans. Louisiana está simplesmente desaparecendo 500 acres quadrados por *semana*. Então a pesca de camarões e de peixes está afundando para sua ruína também. Depois do Furacão Katrina, o resto dos Estados Unidos ficou imaginando por que o povo idiota de Nova Orleans fez uma cidade abaixo do nível do mar, e tão perto dele. Bem, quando a cidade foi fundada, ela não era nem um pouco perto do Golfo.

Sugar o petróleo por debaixo das terras macias também acelera o afundamento. E assim o Golfo se aproxima lentamente de Nova Orleans.

Mas às vezes ele acelera. Bosques de ciprestes, agora envenenados pelo sal, estripados pelos canais, já forneceram um emaranhado impenetrável de hastes que tornavam muito dolorosa a passagem de qualquer furacão. "Um bosque de ciprestes pode reduzir a maré em 1,8 metro em um quilômetro". Agora os ciprestes já estão quase desaparecidos, um convite aberto para Nova Orleans receber qualquer tempestade maldosa. Essa é a Regra da Ecologia nº 1: quando você caga na Mãe Natureza, Ela caga em você de volta.

Então o que eu admirava era, na verdade, uma terra envenenada, adoecida, moribunda. Eu estava curtindo a beleza das cicatrizes da lepra crônica. O que parecia uma Veneza natural era apenas a doença intermediária em uma terra que logo seria inundada e desapareceria no mar. Tudo por seu petróleo.

O dr. van Heerden me disse: "Os cortes, a exploração e a mineração de petróleo e gás criaram a maior parte da perda das zonas úmidas". Eles rasgaram e perderam 40 quilômetros de zona úmida.

Bem, a catástrofe de um homem é o centro de lucro de outro homem. Voamos sobre antigos galpões de vaqueiros convertidos pela indústria petrolífera em acomodações inundadas para trabalhadores das plataformas.

Então o professor quis me mostrar as notícias *ruins*. O piloto presumiu que queríamos fazer um sobrevoo pelo poço Macondo da BP, túmulo da Deepwater Horizon. A CNN ia e voltava de lá. Todos iam e voltavam.

Desaprovei o piloto. A pedido do professor, ele deu uma guinada para o leste e baixou 90 metros. Demos um rasante no topo das plataformas autoelevatórias e em suas chamas flamejantes e deslizamos por uma plataforma cercada por aquele florescimento brilhante delator: um vazamento de petróleo que nenhuma emissora dos EUA se incomodaria em mostrar, bem no coração do Delta.

Estava em toda parte, o líquido brilhante cor de chocolate vazando perto das marcas brancas onde mais de três mil poços foram abandonados. A BP cobriu com segurança 600 deles, pelo menos é o que alegam, mas os hidrocarbonetos que foram encontrados agora flutuando nas áreas mais sensíveis não têm o rótulo químico da Deepwater Horizon. A Shell e a Chevron abandonaram ainda mais do que a BP. Os piores vazamentos foram em poços de proprietários desconhecidos ou mortos, perdidos, esquecidos, disse van Heerden. Há anos, eles venderam seu petróleo bruto para a Standard Oil, hoje Exxon, mas a empresa lavou suas mãos da responsabilidade pelo fluxo de restos de toxinas.

A prova do crime é o petróleo, claro. O petróleo está matando a Costa do Golfo, mas é um trabalho interno: poços e dutos e canais e venenos assassinos e corte dos ciprestes e a merda que esses caras despejam das plataformas. Quando a perfuração e o bombeamento terminam, eles afundam as plataformas oleosas (chamam isso de "recife caipira") ou apenas as deixam lá para defecarem dentro do próprio Delta.

Então *quem fez isso*? Os assassinos deixaram suas digitais por todos os registros do estado. O número de acres das zonas úmidas que foi simplesmente apagado por cada empresa é:

ConocoPhillips	3,3 milhões de acres
ChevronTexaco	2,7 milhões
ExxonMobil	2,1 milhões
Shell Oil	1,3 milhões

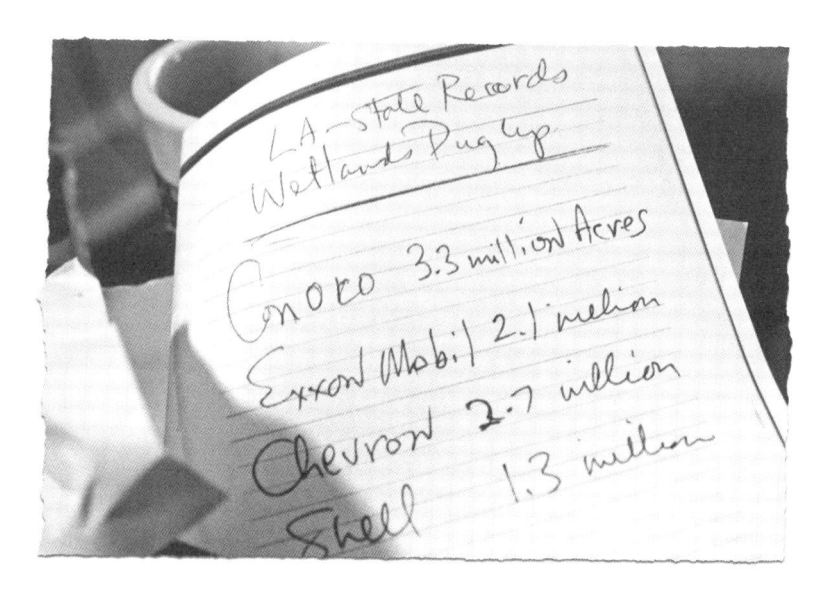

E quanto à Malvada BP? Meros 234.000 acres, 0,2 milhões, um número tão baixo que eles quase se qualificam como membros do Sierra Club.

Esses números são insanos, ainda assim essa é apenas a superfície das zonas úmidas *removidas com permissão do estado*. Os cortes estreitos autorizados por uma burocracia enlouquecida pelo petróleo tornam-se, quando as ondas os escavam, cicatrizes enormes. Eventualmente, os pequenos pedaços remanescentes de terra cedem e vão para o mar.

Resultado, professor?

"Bem, o total de perda de terras em Louisiana é, em média, 25 mil acres por ano."

Se, como eu, você não tem uma fazenda, 25 mil acres significam *104 quilômetros quadrados* de Louisiana desaparecendo por ano. E o derramamento da BP? "Acabamos ficando com petróleo em cerca de 550 acres de pântano".

Cálculo frio: se você medir o desastre pela morte das zonas úmidas do Delta, há uma Deepwater Horizon *por semana*. Mas isso não está na TV. Não é fotogênico.

Comparado com essa taxa de mortalidade das zonas úmidas, o pouco de petróleo que veio da erupção em águas profundas da BP é uma herpes perto de um câncer, "a maioria detido em segurança pelos juncos costais", diz van Heerden.

A BP é *inocente*? Não consigo acreditar nisso. Os porcos de Londres que mataram a costa do Alasca e depois se esconderam ilesos agora estão levando a culpa, jogando seus executivos em vulcões, assinando cheques para o governador Jindal e confessando um crime *que não cometeram*? O tabuleiro de xadrez do petróleo, girando agora em sete dimensões, está ficando cada vez mais curioso. E a excursão com van Heerden mal começou.

Agora, do alto, podíamos ver dragas gigantescas. Elas pareciam aquelas máquinas de guerra colossais dos Ewoks em Star Wars. Estavam empilhando areia no que parecia ser a maior caixa de areia para gatos do mundo. Era mais ou menos isso.

O professor apontou para a pilha crescente de areia e gritou mais alto que o motor: "UMA BARREIRA", seja lá o que isso for.

Os Ewoks escavaram algo em torno de um milhão de toneladas do fundo do Delta e fizeram uma grande pilha.

A pilha, a "barreira", já estava com 64 quilômetros de extensão, gritou van Heerden. Ela deteria o petróleo da BP flutuando nas zonas úmidas.

Estou pensando, *não vai não*.

"ELA NÃO CONSEGUE. NÃO CONSEGUE DETER O PETRÓLEO", disse van Heerden.

Areia? Muros na água feitos de areia?
"ELA É FEITA PARA SER LEVADA PELA ÁGUA".
"???"
Custo?
"TREZENTOS E SESSENTA MILHÕES".
Shaw? É a Shaw?
"VOCÊ PRECISARÁ VER O CONTRATO".

Não, não precisei. Era o Grupo Shaw. Tinha que ser. Mas van Heerden não repetiria esse nome. Seria como um personagem do Harry Potter gritando "Voldemort".

Boa comparação. Enquanto havia malditos mais conhecidos no mundo dos negócios da construção — Bechtel, Halliburton, por exemplo —, o Grupo Shaw era o Lorde das Trevas dos metais pesados, escondido nas sombras.

Às vezes, uma centelha de luz os ilumina. Um de seus Assassinos da Economia contratado, depois de muita meditação e cogumelos nos Andes, escreveu uma *Confissão*. O dr. John Perkins abriu seu coração sobre golpes de estado, ameaças e enganações de altas finanças que fizeram a Shaw e seus parceiros deslancharem. Perkins, uma vez um economista que usava mocassins da Gucci e uma pasta cheia de conversa fiada em forma de números, era meu arqui-inimigo. Eu estava investigando economistas para grupos ambientais que tentavam impedir que sua cliente, aquela empresa de engenharia assustadoramente inábil, construísse usinas nucleares. Me acostumei a ser o chiclete na sola dos mocassins dele.

Porém, desde que Perkins se libertou com suas *Confissões de um Assassino da Economia*, ele é meu melhor amigo. Sou eternamente grato por ele ter exposto a unidade Stone & Webster da Shaw. Essa é a empresa pela qual responsabilizei o governo por atividade civil criminosa, a empresa que perdeu o controle de um projeto de reator nuclear, deixando os preços subirem 1000%, depois acobertando os fatos com fraudes.

Agora, voando baixo no litoral, eu estava olhando para a caixa de areia multimilionária de sua empresa mãe, que com certeza seria levada pela água.

Rabisquei: *CAIXA DE AREIA>SHAW?*

Depois de voar por mais uma hora no litoral, o professor disse ao piloto: "Aqui!", e demos uma guinada para o norte, direto para Nova Orleans, entrando no que parecia ser um atalho secreto pelo Delta para a cidade, um tipo de Mississippi artificial. Exatamente o que aquilo era. E a carreira de van Heerden afogou ali.

O declínio da carreira do professor começou com algo que ele disse em julho de 2005 em um documentário televisivo britânico sobre Nova Orleans:

"Em um mês essa cidade poderá ficar embaixo d'água".

E ficou. Trinta dias após seu aviso, todos os moradores foram alertados para darem o fora da cidade, de carro ou de jegue. Pelo menos dois mil foram embora do jeito difícil — boiando de barriga para baixo, uma visão que me deixa doente e furioso até hoje.

Você poderia pensar que o professor ganharia uma medalha por estar certo, tragicamente certo. Mas o estado de Louisiana achou que jogar veneno no seu cereal seria mais adequado.

Van Heerden não é um esquisitão clarividente. Ao invés disso, ele era chefe adjunto do Centro de Furacões da Universidade Estadual de Louisiana, um dos maiores especialistas em furacões dos Estados Unidos, um cientista de fala suave, atencioso, que pode ser uma verdadeira encheção de saco. E quando ele não enche o saco, é uma ameaça séria para o Estabelecimento.

O professor não apenas previu que Nova Orleans inundaria, como também indicou o culpado. E não era o Katrina. O furacão *nunca chegou* a Nova Orleans. Van Heerden me disse: "O Katrina moveu-se ao leste da cidade. Ele passou a 56 quilômetros de distância de Nova Orleans". Então não culpem a Moça.

O assassino atende pelo nome de "Mr. Go" e estava logo abaixo de nós enquanto voávamos para o norte em direção a Nova Orleans.

MR-GO, o *Mississippi River-Gulf Outlet*, é sem dúvidas o projeto mais boçal, extremamente insano já construído pelo Corpo de Engenharia do Exército dos EUA. É um canal de 121 quilômetros de extensão, reto como o cano de uma arma, que vai direto do Golfo do México para o coração de Nova Orleans. Fiz um mapinha para vocês.

O MR-GO era o tapete de boas-vindas da cidade para o Katrina. Van Heerden o chama de "a Estrada do Furacão".

Até o Corpo de Engenharia do Exército fazer esse talho maluco no Delta do Mississippi há 50 anos, o arranjo de ciprestes e manguezais protegiam Nova Orleans. O MR-GO foi feito para permitir que os petroleiros evitassem as curvas e voltas do Rio Mississippi e chegassem direto na cidade, saindo do Golfo. Ele também permitiu que ondas de furacões disparassem nessa direção.

Van Heerden explicou que se o Corpo de Engenharia do Exército e a indústria tivessem deixado uma barreira natural de ciprestes de apenas cinco quilômetros em volta da cidade, a maré causada pelo Katrina teria se perdido em meio às árvores, reduzida a quase nada. "O Katrina teria sido uma tempestade sem destaque".

Nova Orleans teria permanecido enxuta e viva.

Após voarmos cerca de 24 quilômetros até o canal, van Heerden disse: "Lá embaixo, à frente, é a admissão de culpa do governo". Era um tampão gigante que fechava o canal. O presidente Obama solicitou meio milhão de tonelada de pedras jogadas lá para impedir outro Katrina. Era a confissão do governo escrita em pedras.

Então van Heerden pediu que o piloto fizesse um círculo estreito e vertiginoso onde o MR-GO encontra-se com o Canal Intracostal do Golfo. Os dois canais formam um funil perfeito apontado para a cidade. Era repugnante, porque dava para visualizar o que aconteceu. Duas marés de tempestade se espremeram em um canal em direção à Nona Região de Nova Orleans. Então as duas marés de 2,5 metros se uniram em uma onda de 5 metros. A parede de água moveu-se mais rápido que uma locomotiva. Mas dessa vez o tsunami foi causado pelo homem.

E o governo federal (Grande Pá) e as petrolíferas internacionais (Grande Óleo) sabiam disso, e sabiam antes de acontecer. Van Heerden disse que seu departamento inteiro, "o Centro de Furacões da Universidade Estadual de Louisiana, estava avisando-os por muitos anos sobre esse Funil, a Estrada do Furacão", o fabricante de tsunamis, onde o MR-GO e o Canal Intracostal se encontravam, e que os diques eram muito curtos para segurá-los. Entre os "avisados" estavam praticamente todas as agências do governo com telefones disponíveis, desde a prefeitura até o governador, chegando até a equipe de cargos superiores de George W. Bush na Casa Branca, cujo conselho falou diretamente com van Herdeen, depois o ignorou.

Os cortes realizados pelo MR-GO no Delta fizeram com que os próprios hidrólogos do governo levantassem alertas desde o primeiro dia de construção. Um relatório interno que vi do Corpo de Engenharia do Exército avisava da "possibilidade de dano catastrófico a áreas urbanas por uma maré de furacão vinda deste canal".

No entanto, os engenheiros do Corpo foram impedidos de desafiar o discurso de vendas para o Congresso do conchavo Grande Óleo/Grande Pá.

"Então, basicamente, a indústria portuária, as grandes empresas de petróleo, gás e construção e as empresas de engenharia civil que se beneficiavam de todos os projetos do Corpo de Engenharia do Exército" venderam o MR-GO, explicou van Heerden.

Porém, mais uma vez, a Mãe Natureza levou a culpa por destruir Nova Orleans quando o verdadeiro culpado era a maré do MR-GO e a falta das marismas. A inundação em Nova Orleans não foi uma Ação Divina. Foi uma Ação Lobista. Uma Ação de Empreiteiros de Engenharia. Uma Ação da Chevron. Uma Ação da Exxon.

PARTE DE BAIXO DA NONA REGIÃO, NOVA ORLEANS

Chegamos em um pequeno campo de pouso no fim do caminho reto como o cano de uma arma do MR-GO para que van Heerden pudesse nos mostrar onde foi que o Golfo explodiu na cidade. A parte de baixo da Nona Região já teve a maior concentração em propriedade afro-americana de casas dos Estados Unidos. Agora tem a maior concentração em propriedade afro-americana de escombros.

Já se passaram cinco anos da inundação e a região ainda lembra a Berlim de 1946. Metade das casas foram destruídas e metade das restantes estavam vazias, cada uma com um grande X e um código escrito nelas.

Caminhei com van Heerden para uma dessas casas vazias, que estava pintada com spray 1 CACHORRO MORTO, e perto do sinal do X estava pintado 1 GATO, o número 2 e 9/6 parcialmente coberto por uma placa de execução hipotecária de um banco. O Professor decifrou o código para mim. A casa continha um cachorro morto, um gato vivo e dois cadáveres.

O 9/6 significava que o resgate não pôde chegar lá em uma semana, então os corpos deviam estar bem inchados por gás, flutuando pela sala sobre a água do Rio Mississippi. O casal deve ter boiado com os animais domésticos até a água empurrá-los para o teto e sufocá-los.

Van Heerden tentou impedir essa tragédia. Eu sabia disso desde nosso primeiro encontro, no Centro de Furacões em 2006.

Foi um ano após o furacão e eu estava em Baton Rouge, capital de Louisiana, investigando uma empresa, a Innovative Emergency Management (IEM), que tinha o contrato de planejamento da evacuação de Nova Orleans. Belo planejamento. Cheguei na sede da empresa para pegar uma cópia dele. Eles disseram que não tinham um plano. Bem, eles tinham sim: entre no seu carro e dirija o mais rápido que puder. Mas nem todos têm carro. Por outro lado, a Innovative não tinha muita experiência em planejamento de evacuação de emergência. A experiência deles era em financiamento para o Partido Republicano. Eles sabiam disso. Eu sabia disso. E, ao invés de explicar como conseguiram o contrato, eles acharam melhor agarrar nossa câmera e chamar a polícia antiterrorismo (Bush colocou o planejamento de evacuação nas mãos da Segurança Interna).

Nós saímos correndo, pulamos na van que Matty Pass estava rodando pelo estacionamento e fomos voando para a Universidade Estadual de Louisiana para descobrir o que diabos estava acontecendo.

O dr. van Heerden, à época chefe adjunto do Centro de Furacões, fez uma revelação que me deixou chocado. Seu departamento, sabendo do plano estúpido da IEM, desenvolveu um plano real de graça. Bush e o Estado o rejeitaram.

Boa história. Mas dava para ver que tinha algo perturbando sua cabeça, e continuei filmando. Van Heerden nos mostrou em seu monitor um filme gráfico colorido que recriava a enchente: os diques cedendo, com 80% da cidade embaixo d'água. Só que não era uma recriação: foi feito anos *antes* do Katrina.

(O chefe de evacuação de emergência da cidade escreveu em um mapa de seu plano: *PIPSC* — "Pode Ir Preparando Sua Cova".)

Em seguida, as ligações para a Casa Branca. Mas os professores, como Noés da modernidade, foram ignorados pelas autoridades, especialmente porque sugeriram que a indústria do petróleo e gás deveria parar de atacar as zonas úmidas de proteção.

Colocamos a história no ar, o que não exatamente aumentou o apoio de van Heerden pela Universidade. A resposta da instituição às revelações do professor foi tomar dele seu computador. Depois lhe tomaram o giz, impedindo-o de lecionar, pois poderia infectar os estudantes com a curiosidade.

Quando os sobreviventes desabrigados pelo Katrina processaram o Corpo de Engenharia do Exército por causa do MR-GO, van Heerden ofereceu seu testemunho de especialista. A universidade disse que, se ele testemunhasse, seria demitido. Ele deu as informações aos advogados mesmo assim e, em novembro de 2009, o Juiz Federal Stanwood Duval decretou que o fato do Corpo de Engenharia do Exército tapar seus ouvidos para os avisos não era nada menos que

"negligência, imprudência, miopia e visão de curto alcance [que] resultaram em perda catastrófica de vida humana e de propriedades em proporções sem precedentes".

O juiz ordenou que o governo federal compensasse as vítimas e reconstruísse suas casas, a maioria sendo bangalôs baratos.

Quando os diques falharam em Westhampton Dunes, Long Island, em 1992, o Congresso votou em financiamentos para reconstruir todas as mansões destruídas (valor médio de $3,4 milhões), indo até o ponto de transportar centenas de caminhões de areia para assegurar que os abutres da Wall Street não perdessem um minuto de bronzeamento em suas praias privativas. Mas aquela era a Nona Região, Nova Orleans. O Congresso teria que autorizar o pagamento ordenado pelo juiz. Isso não aconteceria.

Nova Orleans chama a si mesma de "A Cidade Esquecida pela Cautela". Na verdade, é a cidade esquecida por *todos*.

Chegou um memorando de Washington, encontrado nos arquivos da universidade, querendo saber por que "o comportamento irresponsável de van Heerden é tolerado". Foi quando Robert Twilley, da Universidade, fez sua piadinha do cianeto. Como um especialista em furacões consagrado e respeitado, a universidade não podia simplesmente demiti-lo. Em vez disso, "Steinerzaram-no": retiraram o financiamento de seu cargo. No entanto, como escreveu o professor Twilley, todo o Centro de Furacões era um ninho de especialistas frenéticos. Van Heerden era só um dos "malucos". Então "Steinerzaram" todo o Centro: fecharam-no.

Deixe-me repetir: Louisiana fechou seu centro de furacões. Após o Katrina.

FRENCH QUARTER, NOVA ORLEANS

Quando voltamos para nosso hotel da excursão deprimente com o Professor Furacão, Ricardo foi ao French Quarter para "fazer uma tomada alternativa". Ele trouxe um filme de garotas brancas bêbadas mostrando os peitos para as câmeras, prostitutas, travestis cambaleando em saltos altos e alguns turistas fingindo se divertir cobertos com colares de Mardi Gras, apesar de não ser Mardi Gras. O desfile de toda a decadência dos Estados Unidos.

Eu não precisava ver nada daquilo. Voltei para o meu quarto, com minhas anotações para me fazer companhia.

O Centro de Furacões da Universidade foi fechado por causa de "restrições orçamentárias". Sério? Uma rápida pesquisa mostrou que apenas três meses após van Heerden ser cortado, de repente não havia nenhuma restrição orçamentária.

A universidade havia recebido um cheque gigante de $300.000, mas ao invés de financiar o centro de furacões, o dinheiro foi destinado para um novo "Centro de Zonas Úmidas". Quando digo "cheque gigante", digo literalmente; foi um daqueles cheques estilo pôster, do tamanho de uma mesa, usados para tirarem fotos para jornais, assim o doador ganha imensa publicidade.

Eis a foto:

O cara de barba, segurando o cheque, é o diretor do novo centro, Robert Twilley — o Dr. Cianeto. Com ele está a líder da caridade cívica cujo nome está no cheque, uma organização ambiental, a America's Wetland.

Quem?

Eu sou uma pessoa horrível. Suponho que qualquer caridade que combina um patriota *America* com um verde *Wetland* deve ser testa de ferro. Mas de quem?

A America's Wetland (AW) promovia a "sustentabilidade climática". Uma rápida pesquisa revelou que seu Patrocinador da Sustentabilidade Climática é a Chevron. Seu Patrocinador Mundial é a Shell Oil, e seus financiadores são a American Petroleum Institute, a ExxonMobil, a BP e acima de todos, como tudo mais em Louisiana, o Molho de Pimenta Tabasco.

A AW não diria se recebe dinheiro das petrolíferas internacionais, nem quanto, apesar da Shell não ser tímida e alardear seus $3 milhões em pagamento para sua testa de ferro. Percebi que, além de petróleo e molho de pimenta, a AW tinha outro patrocinador, a Shaw Construções.

Matty Pass ligou para especialistas em impostos que conseguiram os Formulários 990 da AW, o tipo de formulário exigido pelo governo para todas as caridades registradas. O pagamento de $300.000 não foi identificado. Confira você mesmo.

Apesar do nome America's Wetland no cheque para a foto-exibição, a universidade teve que admitir para mim que, sim, o dinheiro veio da Chevron, 100%. A AW era a cobertura verde. Trezentos mil da Chevron parece uma forma bacana da empresa petrolífera dizer "obrigado" à universidade por cortar a cabeça de van Heerden e seus amigos.

Isso me leva de volta para minha anotação: *CAIXA DE AREIA>SHAW?*

A camada de cima era fácil de escavar. Qualquer um poderia fazê-lo com uma pazinha: a Grande Caixa de Areia era um presente especial do governador Bobby Jindal. Com Anderson Cooper e a CNN dando voz a ele, o governador bateu o pé e esbravejou que o Delta do Mississippi precisava de "proteção *agora mesmo*" — a CNN o filmou segurando um aspirador de pó, Jindal, o Ajudante da Limpeza — e declarou que estava recolhendo o financiamento da BP para vítimas do vazamento, e...

> ... merda, vou construir uma parede de areia para proteger as preciosas zonas úmidas, agora mesmo, seja como for, custe o que custar. E para isso eu, Bobby Jindal, não deixarei nenhum burocrata ambientalista intelectualoide maldito de algum escritório inútil maldito em Washington, e nenhum presidente Obama enrolão e metrossexual dizer para os bons cidadãos de Louisiana esperarem por uma "declaração de impacto ambiental" maldita feita por algum ecologistazinho que defende o casamento gay no exército, não deixarei que eles me impeçam, eu, o governador Bobby Jindal, de salvar essas Preciosas Zonas Úmidas da onda de petróleo que ameaça nosso Estilo de Vida.

Ou algo do tipo.

[.] Para ver uma cópia desses documentos e meu voo pelo MR-GO com o Professor Furacão, clique nas imagens (na versão melhorada), ou visite GregPalast.com/VulturesPicnic/.

O público de caipiras, puxa-sacos e fodam-se-os-burocratas-amantes-
-de-árvores-de-Washington, a Fox e a CNN simplesmente *amaram*, apesar
da verdade desconfortável com a qual todos os especialistas, sem exceção,
desde a Agência de Proteção Ambiental até o Greenpeace e professores
idiotas, concordavam: Jindal era doido, e sua caixa de areia solúvel era
uma pegadinha ou uma aberração.

O que a Grande Caixa de Areia das petrolíferas internacionais iria
deter? Mil barris. *Só isso?* Peguei minha calculadora: 1000 barris são
1/5 de 1% de 1% de 1% do petróleo derramado. Por um terço de um
bilhão de dólares.

Pensei: Jindal é um *gênio*. Um hindu que encontrou Jesus a tempo de
concorrer a um cargo público. O republicano renascido pode soar como
Baton Rouge, mas há mais esperteza de Bangalore naquele bom e velho
rapaz do que ele admitiria.

Ali estava um cara que tinha *zero, nada, nenhum plano* para preparar
seu estado petrolífero para uma grande explosão de petróleo. Compare
a Louisiana de Jindal com o estado do Alasca. Após a *Exxon Valdez*, o
Alasca forçou a indústria petrolífera a gastar bilhões pelas consequências
do vazamento, mas o estado de Jindal, movimentando mais que *dez vezes*
a quantidade de petróleo do Alasca, não exigiu nada. E ainda não exige.

Entretanto, com sua caixa de areia como Grande Barreira, o Sr. Faz
Nada era agora o Sr. Tomando a Frente, Sr. Tire Os Ecologistas Do Caminho. E com Anderson Cooper no barco com ele, recolhendo animais sujos
de petróleo (nem eu inventaria algo assim), os números de reconhecimento de Jindal fizeram dele um candidato à presidência.

(Como eles fazem isso? Os eleitores deviam ter alguma responsabilidade. Peguei minha calculadora de novo e, assim como suspeitei, se Lincoln
tivesse simplesmente deixado a Louisiana e o Mississippi se separarem do
resto do país, o QI médio dos norte-americanos subiria em 0,3%*.)

Mas por que uma caixa de areia? Por $360 milhões?

A pergunta não é *por que*, mas sim *quem*. O Grupo Shaw era a pá. Eram
mesmo deles as máquinas dos Ewoks que cavavam areia do fundo do Delta
e faziam uma pilha. Mas nós adivinhamos isso. E quem era o maior con-

---

* Mississippi tem a menor média de Quociente de Inteligência dos Estados Unidos. Com 85, bem abaixo da curva do sino, ninguém chega perto, exceto Louisiana, com 90.

tribuidor para a campanha de governador de Jindal? A Shaw Construções. Podíamos adivinhar essa também.

Há vários outros projetos extravagantes que Jindal e a Shaw poderiam utilizar para brincar entre si. Por que aquele estúpido elefante branco em particular? Por que aquela falsa afeição para salvar as zonas úmidas que Jindal destruiria feliz com plataformas de perfuração? Por que grandes barreiras?

Resposta: America's Wetland. Esse era o único grupo ambiental no estado a apoiar as barreiras. De volta a Nova York, Badpenny fuçou e descobriu que a America's Wetland estava fazendo muita pressão para a construção das grandes pirâmides de areia muito *antes* do derramamento. Em outras palavras, todos aqueles gastos malucos não tinham nada — *nada* — a ver com impedir que o petróleo da BP flutuasse no Delta. Não são muitos os grupos ambientais que gostam de grandes pás; e, mesmo se gostassem, eles não teriam cacife de movimentar o estado de Louisiana para torrar um terço de bilhão na afirmação arbitrária deles. Algo estava faltando, e não era o Molho Tabasco. Sim, as empresas petrolíferas utilizavam testas de ferro ecológicas, mas a America's Wetland era a chave para algo maior. Voltei à lição básica: não siga o petróleo, siga o *dinheiro*.

E o dinheiro me levou ao Banco Whitney, o JP Morgan da Costa do Golfo.

O Banco Whitney não era um tiro no escuro, porque segurando o cheque com o Dr. Cianeto estava um homem magro, alto, de porte real, um típico estereótipo do banqueiro grisalho, R. King Milling, ex-presidente do Banco Whitney.

R. King Milling, Dirigente do Banco de Reserva Federal de Atlanta.

R. King Milling do Milling, Benson e Woodward, o grande escritório jurídico da indústria do petróleo fundado pelo avô de R. King no século XIX.

R. King Milling, presidente da Autoridade de Proteção e Restauração Costal do governador Jindal. Essa é a equipe que escreveu uma solicitação oficial para que o presidente Obama construísse a barreira.

Não era surpreendente ser King Milling: eu sabia que tinha que ser um gato bem gordo que precisava de uma caixa de areia de um terço de bilhão de dólares.

King e a America's Wetland estavam em uma expedição: conseguir que o governo federal arrumasse as zonas úmidas devastadas, um objetivo louvável, não?

Não. Se você incendiar minha casa, e for pego, você paga. Não peço para que os contribuintes paguem sua conta. A America's Wetland queria que os EUA, e não as petrolíferas internacionais, pagassem para limpar a bagunça das indústrias.

A indústria petrolífera estava em modo pânico total. A Suprema Corte de Louisiana, por apenas um voto, quatro a três, absolveu as empresas petroleiras de pagarem o estrago que causaram na zona úmida. É uma proteção muito tênue contra uma responsabilidade de vários bilhões de dólares. Com a explosão da Deepwater Horizon, um público furioso de Louisiana poderia facilmente forçar uma revisão da lei.

A America's Wetland não dirá de onde vem seu dinheiro, mas a Shell Oil não é tão retraída, alardeando que doou $3 milhões ao grupo "ambiental".

Com os $3 milhões da Shell por trás e mais, a America's Wetland lançou uma campanha exaltada para obter 100% da parte de royalties em petróleo dos impostos pagos pelos contribuintes dos EUA devolvida às empresas petrolíferas ou aos seus empreiteiros — como a Shaw — para o trabalho de "restauração" e salvamento do Delta. Mesmo o governo do Azerbaijão não aceitaria esse acordo, não importando quantos sapatos seriam comprados para a Lady Baba.

As petrolíferas internacionais enfrentaram novas ameaças depois da Deepwater Horizon. Grupos ecológicos não patrocinados pela Shell, como a Rede de Restauração do Golfo, queriam a proibição das perfurações em alto-mar e uma regulamentação mais rígida para a indústria, começando pelo fim dos retalhos na costa. Para começar a salvar as zonas úmidas, poderiam parar de escavá-las.

Mas isso não funcionaria. De acordo com uma poderosa defensora das indústrias do Golfo chamada America's Energy Coast (cujo presidente é R. King Milling), todas essas regulamentações estão simplesmente estrangulando a economia do Golfo e dos Estados Unidos da América.

O grupo ambiental de Milling concorda com o grupo energético de Milling. Ao invés de regulamentar a indústria, os grupos "ambientais" de Milling pedem que o governo "desbloqueie as barreiras para aumentar a resiliência da indústria — por exemplo, serviços de eletricidade e setores de petróleo e gás".

E o banco de Milling concorda. O Banco Whitney estava roendo suas unhas corporativas até a cutícula por causa da nova regulamentação de perfuração que ameaçava seu negócio central. E Eddie, a Águia, concorda com o banco de Milling. Eddie é o personagem dos desenhos e quadrinhos criado pela America's Wetland para as crianças (utilizando um presente generoso da Chevron).

Além do mais, como sabemos que as empresas petrolíferas causaram o prejuízo para as zonas úmidas? Qualquer um que tenha olhos pode ver que a parte culpada era aquela monstra destrutiva, a Mãe Natureza.

Quer dizer, qualquer um que tenha olhos que assistem a televisão. A programação local estava cheia de propagandas daquela que é facilmente a organização cívica mais poderosa do estado, as Mulheres da Tempestade, formada imediatamente após a enchente de Nova Orleans.

Aquelas não eram mulheres *na* tempestade; em vez disso, o grupo das Mulheres da Tempestade consiste naquele círculo de gentis senhoras ricas e brancas que, após a enchente, saíram de suas casas de campo para dar uma ajudinha aos negros em fuga. As Mulheres ganharam prêmios e louvores do Congresso, mas nunca passaram uma noite dormindo em um trailer da Agência Federal de Gestão de Emergências.

Estou sendo cruel sem necessidade com as senhoras que fazem o que podem para serem úteis? Talvez seja porque o *Stephen* da Tempestade nunca ganhou um prêmio do Congresso. Stephen Smith, um jovem negro que conheci, não sabe nadar, mas remou em um colchão inflável de janela em janela dos sótãos das casas e resgatou meia dúzia de pessoas. Então levou-as para uma ponte na Rodovia 10 e viu helicópteros passando por quatro dias. Um senhor que estava com ele, que deu sua última garrafa de água potável para seus netos, morreu desidratado, esperando. Ele fechou as pálpebras do cadáver. Após serem finalmente resgatados, Stephen foi jogado em um ônibus que rodou por quilômetros para um destino desconhecido, e depois despejado. Era Houston. Seus filhos foram despejados em Baton Rouge. O Hotel French Quarter Marriott o demitiu e ele continua no Texas, trabalhando por um salário mínimo, incapaz de pagar para trazer sua família.

Mas estou fugindo do assunto.

As Mulheres da Tempestade transmitem essas propagandas espertinhas, espertinhas, espertinhas. Quero que você veja uma.

Litoral em Erosão

Começa com a Mãe Natureza, aquela predadora, rasgando o litoral. Os ventos uivam. As árvores se dobram e as ondas quebram enquanto uma voz diz: "Tempestades devastadoras... furacões...".

A propaganda continua: Essas tempestades e furacões não estão ameaçando pássaros ou peixes, mas sim... "*nossa segurança de energia*". É aquele monstro da Natureza contra a indefesa... indústria petrolífera. Uma mensagem estranha para uma caridade. Mas é transmitida de forma tão espertinha que você realmente tem que assistir duas vezes, e devagar, para saber que está sendo sacaneado. A atriz Sandra Bullock até emprestou sua voz para uma das propagandas.

A campanha "a-Natureza-nos-causou-isso" se expandiu. As Mulheres da Tempestade gabam-se de um novo acordo que colocará seus "anúncios de utilidade pública" em mais de seis mil salas de cinema. As patrulheiras da tempestade estão pedindo que 80% das multas impostas à BP sejam para a "restauração".

Era uma campanha de um milhão de dólares, fácil. Mas quem pagava por esses espaços?

O caminho das pistas não leva à BP Londres, como eu esperava, mas sim a um escritório na cobertura do prédio do Banco Whitney, na Poydras Street, em Nova Orleans.

Eu conseguia ver a teia, conseguia ver a aranha. Que tipo de mágica Crioula deu oito longas pernas para R. King Milling?

Fiquei intrigado com isso enquanto eu e Ricardo estávamos na margem do rio, tentando decifrar as vibrações do *gris-gris*, o amuleto de sangue de pombo e seiva usado aqui por aqueles que têm um rancor e um inimigo. E todos têm um rancor e pelo menos um inimigo.

Meu celular tocou e eu presumi que era a Badpenny, esperava que ela tivesse encontrado um jeito de entrarmos na cobertura de Poydras. Mas a voz na linha tinha uma pronúncia lenta e achocolatada da Nona Região.

"Palast, agora escute. Isso é tudo que você precisa saber sobre King Milling. *Milling é o Rex*".

CAFÉ DU MONDE, NO MISSISSIPPI

Trabalho com investigações em Nova Orleans há duas décadas e ainda não consigo decifrar o código. Mas pelo preço de um café de chicória e um bolinho frito coberto de açúcar, eu sempre conseguia uma orientação inacreditável do poeta, advogado e deputado por uma única vez, Brod Bagert. Não há ninguém do Quarter até Bayou LaFourche que não conhece o Sapo Boi do Café du Monde.

Eis um panorama:

A queda da Confederação em 1865 deu origem à ascensão da Ordem Mística dos Cavaleiros da Ku Klux Klan, cujo massacre sob lençóis brancos contra a população negra libertada efetivamente desfez a emancipação e restaurou a Ordem Antiga. Em Louisiana, o alvo eram os católicos, os "franceses".

Então, a elite de Nova Orleans, incluindo os franceses, teve que criar suas próprias ordens. Em 1872, as sociedades secretas, as Mystic Krewes of Comus and Rex, iniciadas antes da Guerra Civil, tinham uma nova missão: designar a regência exclusiva da cidade e nomear seu Rei.

Por mais de um século, as associações permaneceram em segredo, mantidas atrás de máscaras durante o Carnaval, exceto pelo Rex dos Rex, o Rei do Carnaval, que era anunciado e, ao chegar de barco, o prefeito lhe dava a chave da cidade. Em 1993, a coroa e a chave foram entregues a R.

King Milling. O irmão de sua esposa foi nomeado como o outro honrado Rex da Krewe Comus.

Os turistas ficam encantados com o Rex flutuando, boquiabertos com o baile de máscaras exclusivo do Krewe, realizado com trajes de Louis XIV, e com os robes verdadeiramente reais e as joias do rei e de sua rainha debutante. O que os turistas não conseguem ver é que a nomeação do Rex é um ritual extremamente sério por aqui. É o reconhecimento de uma autoridade que alcança discreta e profundamente a sociedade de Louisiana.

"Então a Sra. Milling é a rainha e a rainha cunhada?".

"A esposa de King, Anne, é a mulher mais importante da sociedade de Nova Orleans, fundadora do Mulheres da Tempestade".

Nenhum empreendedor, nem investidor, nem padre e com certeza nenhum político enfrentariam um casal tão coroado.

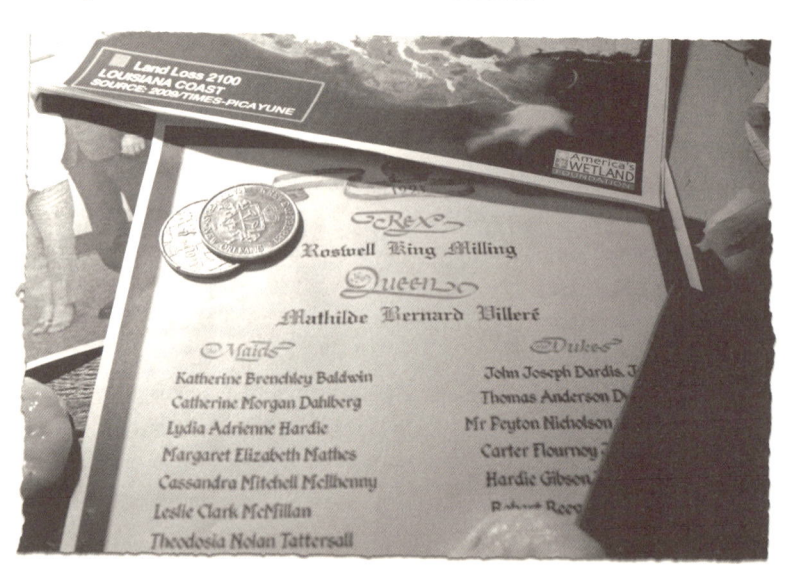

PRÉDIO DO BANCO WHITNEY, ÚLTIMO ANDAR

King Milling tinha uma mesa de conferências mais comprida do que a minha cozinha e meu Honda vermelho juntos. Imagine uma pista de mogno para um pequeno avião em uma sala de jantar de madeira de lei escura, com janelas estilo vitral, que dão para Milling as visões das ruínas da cidade inundada.

Peguei uma cadeira rica, profunda e de couro, muito parecida com a que Leslie Abrahams estava sentado no Oriental Club. Eu mal acreditava que estava pedindo à realeza, ao King Rex Milling, se ele podia me dar uma xícara de café. Milling também não acreditava.

Não são muitos os norte-americanos que me conhecem, mas ele me conhecia muito bem. Ele é pago para conhecer. E eu gostei de seu olhar abrupto para o imbecil de Relações Públicas que foi ludibriado para garantir a entrevista.

(*"Bom trabalho, Penny!"*, James exaltou-se. O sotaque elegante "de Londres" dela conseguiu esse trabalho no banco, além de um bilhete lisonjeiro escrito por Matty Pass, que não citou meu nome.)

O Rex foi ao trabalho. Não solicitado, Milling começou com o já conhecido Conto Terrível do Delta em Desaparecimento. Era deslumbrante. O rei flutuando, mas ao invés dos cobiçados dobrões de ouro que ele joga na terça-feira gorda do Mardi Gras, ele me jogou moedas de sabedoria, poesia e verdade — ele jogou os "45% das marismas de água salgada do país... a terra linear onde vivemos... falha de engenharia... Katrina...". E a Mãe Natureza, sem coração, implacável, devorando o Delta insaciável, "continua a diminuir sob seu próprio peso".

Então, veio a última fala: "... 90% da produção em alto-mar desse país. Ponto final".

Perguntei: "Então quanto do prejuízo é atribuível às empresas petrolíferas?".

Milling parou. Senti como se eu tivesse acabado de peidar em um baile de debutante.

Ele se recuperou e recorreu à Ciência.

"Os cientistas com quem conversei... e esses são aqueles que o estado utiliza e que trouxemos de todo o país... acreditam que a origem desse problema é esse, é esse *rio. E esse rio não podemos consertar*".

A-há! O culpado foi o Rio Mississippi.

Mas por que ele precisou trazer cientistas para o estado de Louisiana se a Universidade Estadual de Louisiana tem os especialistas mais renomados dessa área?

Ele afirmou: "Ninguém pode se sentar e entender quem fez o que para quem".

Ah, mas eles entenderam.

Não achei que seria educado mencionar que a Pesquisa Geológica dos EUA oficial chamada *Classificação de Processo de Perda de Terras Costais no Delta do Mississippi* tinha, na verdade, realizado o cálculo. Se você é curioso: perfuração de petróleo e gás, 36,06% da perda; somado à infraestrutura e indústria, 70,74%. O encharcamento do rio Mississippi e as ondas são responsáveis por 29,26%.

E quanto aos cálculos do dr. van Heerden, Sr. Milling?

Um sorriso. "Conheço Ivor muito bem!".

Mas depois, um olhar desolado. "Não tenho certeza de qual é a posição científica dele..." (ele foi demitido. Está nos registros).

E Milling me avisou, prestativo: "Para ser bem sincero, você teria que checar quais são as qualificações dele".

Então, me senti obrigado a perguntar: *"A indústria petrolífera deve reparar o dano que causou?"*.

O rei ficou impressionado com a ideia, como se nunca tivesse pensado nisso: "Não conheço nenhuma razão para tal".

Quem pode, como pode, então, acabar com os ferimentos que estão retalhando o Delta e jogando-o para o mar?

Eis quando a genialidade da America's Wetland, da America's Energy Coast, de Eddie, a Águia, de King Milling e de vários formatos nos quais ele se transforma brilhou de seu trono: todos nós somos os culpados! Todos nós *pecamos*. As escavadeiras da Chevron, claro, mas os *barcos pesqueiros* causaram dano quando navegaram pelos canais.

> "Sabemos que cada lugre pesqueiro e cada doca e cada barco que navegam ali causam um grau de deterioração".

Malditos pescadores de camarão.

Agora sua fala pausada sulista ficando intensa:

> "É uma questão HOLÍSTICA. É preciso ter TODOS NA MESA porque TODOS serão impactados e TODOS perderão tudo se não REUNIRMOS TODOS NA MESA para tentarmos RESOLVER O PROBLEMA. As organizações sem fins lucrativos [caridade, como as Mulheres da Tempestade] e os GRUPOS AMBIENTAIS como o Fundo de Defesa Ambiental, a Nature Conservancy...".

As empresas petrolíferas não devem pagar pelo estrago?

"Fale com o Fundo de Defesa Ambiental. Fale com aqueles que colaboramos. Eles estão todos conosco!".

Tudo aquilo tratava-se de companheirismo. Seu coração queria acabar com o conflito e trabalhar pesado e em equipe e ir além da culpa e tudo isso. Seus grupos foram formados a pedido do governador. Os senadores do estado petroleiro estavam à mesa também. "Todos os ambientalistas" no recinto com a indústria e o governo focados no Bem Comum, nos salvando, salvando nossas crianças, da perda da Preciosa Zona Úmida.

Claro que o Fundo de Defesa Ambiental e a Nature Conservancy aproximaram-se da mesa de Milling, oferecendo-se. Essas duas entendem o valor da cooperação. Elas até amarram colchões em suas costas para que seus "parceiros" da indústria possam se divertir onde e quando precisarem.

Miles não se arrisca. Ele gastou um monte em discussões de grupo por todo o país para escolher as frases exatas que seriam expressivas, que venderiam. *Pântano* e *Cajun* estão fora. Assim como *petróleo*. O petróleo tóxico tornou-se a otimista *"energia!"*.

E palavras inibidoras — como *regulamentação* ou *regras* ou *multas* ou *limites* — foram banidas do vocabulário.

No centro dessa apoteose: o Mito de Milling cuidadosamente construído. O banqueiro que se tornou um guerreiro pelo meio ambiente! Até aquele norte-americano liberal da PBS, Bill Moyers, fez um perfil exaltado de Milling. O novo empreendedor progressista! O jornal *The Times-Picayune* premiou King com a "Taça do Amor" da cidade.

O amor está no ar.

A cliente da Shell e de King, a Chevron, entrou na onda e fundou a religião verde. E pagam o dízimo.

Tem tudo a ver com *soluções*, com *a salvação de nossa Costa Energética*. A BP pintou seus postos de verde, mas Milling foi mais longe, transformando a Chevron, com *vudu e gris-gris*, em uma guerreira pelo meio ambiente! A Patrocinadora da Sustentabilidade Climática.

Todos estavam à mesa. À mesa *de Milling*.

O homem é o maestro. Ele descobriu como controlar completamente os termos do debate.

O que os "cientistas" pensam? Pergunte aos cientistas de Milling. Pergunte ao Dr. Cianeto em seu Centro de Zonas Úmidas.

O governo? Pergunte a Milling, presidente da Autoridade de Proteção e Restauração Costal.

Negócios? Pergunta ao Milling da America's Energy Coast.

Finanças e seguros, sociedade de Nova Orleans? Tudo à mesa de Milling.

Qualquer um que não esteja na equipe da America's Wetland/Mulheres da Tempestade/Energy Coast/Autoridade de Proteção e Restauração Costal/Quadro Reserva Federal simplesmente está fora. Desaparecido. Todo o oxigênio foi sugado da água; não há mais espaço no debate. O debate acabou. Os 46 grupos afiliados à Rede de Ação no Golfo, desde o Greenpeace até o Sierra Club, bem, eles não têm imprensa, nem taça do amor, nem entrada para criadores de políticas, nem reuniões com o governo, nem cátedras — são peixes asfixiados na água. Os moradores de trailers da Agência Federal de Gestão de Emergências, os negros com as pazinhas? Não têm modos à mesa. Ou seja, não têm modos à *mesa de conferências*. Não são convidados.

Mas a BP e o Bush e o Obama e o Jindal e o Fundo de Defesa Ambiental e a Shaw com sua Pá e as ricas Senhoras da Tempestade e o Corpo de Engenharia do Exército e a Universidade Estadual de Louisiana estão todos juntos, de rostinho colado, em trajes completos, no baile do Rex.

E os dobrões são jogados para todos, $360 milhões para a caixa de areia do gatinho, bilhões por esse projeto e bilhões saindo do tesouro dos EUA como o petróleo bruto de uma explosão nos pântanos.

Uma foderagem energética/financeira em uma caixa de areia.

NA POYDRAS STREET

Então estávamos na rua. Culpa minha.

Eu precisava perguntar de onde a America's Wetland tira dinheiro.

Será que Leslie não me ensinou nada? Cavalheiros não perguntam essas coisas para cavalheiros.

King recusou-se, com arrogância, dizendo para eu "procurar" em seus formulários de impostos.

Bem, na verdade, acontece que eu tenho os arquivos de impostos do Serviço de Renda Interna comigo. Mas tinha algo faltando nos arquivos: a Tabela B, a lista dos doadores. Ele poderia fornecê-la para mim?

Sua Majestade não estava acostumada com tanta impertinência.

"NÃO NÃO MERDA NÃO NÃO VOU FORNECÊ-LA *PORQUE CANSEI DE VOCÊ*."

King tem algo em comum com meu produtor-executivo.

Será que ele deixaria eu dar só uma olhadinha?

"*PARE! MERDA! PARE! PEGUE ISSO*" — imediatamente, ele amassou nosso microfone em sua mesa de conferências indefesa — "*E DÊ O FORA DAQUI*".

Presumi que a entrevista havia acabado.

ANTIGO LOCAL DAS CASAS LAFITTE

Em 2006, um ano após a grande enchente, Patricia Thomas me levou para sua bela casa.

Ajudei-a a arrombar a casa passando pelas barras de metal. Conheci Patricia quando vi o vizinho, seu primo, parado com os dois filhos dela em frente à casa, chorando. A noite estava chegando e a polícia disse que se ela tentasse levar os filhos de volta para casa, eles seriam presos.

Suas casas estavam marcadas para serem demolidas com seus pertences ainda lá dentro.

Ela me perguntou: "Pra onde eu vou, senhor? É o que eu gostaria de saber; pra onde eu vou?".

Nós arrombamos a casa, mas tínhamos pouco tempo antes que os policiais viessem nos prender. Na cozinha, a mulher em pele e osso, desdentada, negra, começou a gritar: "*O Katrina não fez isso! O Homem fez isso! O Katrina não tomou minha casa! O Homem! O Homem fez isso!*".

Verdade. Um informante da Autoridade em Habitação de Nova Orleans (AHNO) me disse que eles estavam tentando tirar aquelas pessoas pobres de lá há décadas. Aquele era um nobre setor imobiliário entre o French Quarter e o distrito financeiro.

Eu era o informante. A AHNO era minha cliente.

"Essa propriedade maravilhosa entre o Quarter e o distrito comercial", diz um folheto do grupo que demoliu a casa de Patricia, será reconstruída com o uso de fundos de restauração de furacões, créditos fiscais de baixa renda e financiamento da JP Morgan e do Banco Whitney.

A parte de baixo da Nona Região continua em ruínas, mas a Secretaria de Habitação de Obama veio prestigiar esse plano para o renascimento de Nova Orleans, a demolição das casas de LaFitte, elaborada pelo grupo sem fins lucrativos Serviços de Habitação em Bairros de Nova Orleans, R. King Milling, presidente.

NATAL

Os capachos e os patetas do Rex, o Dr. Cianeto e outras marionetes da indústria, deviam ter feito o dever de casa antes de decidirem pressionar o Dr. van Heerden.

Silenciar aquele professor da Universidade Estadual de Louisiana, com voz calma e estranho sotaque africano, deve ter parecido mais fácil do que atropelar uma garotinha escoteira com um ônibus.

Eles deviam ter checado como van Heerden chegou na Universidade, vindo da África do Sul: com um barco que ele mesmo construiu, o *Ex--Natalia*.

Eles deviam ter feito a pergunta de coragem: *Quem é o seu pai?* O pai de Milling era outro conselheiro da indústria petrolífera. Os membros da família de van Heerden foram presos por lutar contra a ditadura do apartheid.

Ivor construiu seu barco e navegou por meio mundo de Natal, na África do Sul, para escapar da polícia secreta mortal do antigo regime. Após enfrentar os criminosos e assassinos da África do Sul, era bastante improvável que van Heerden se ajoelhasse para as empresas petrolíferas e seu banqueiro.

Perguntei ao profeta se a cidade estava pronta para outro Katrina.

O professor disse calmamente: "Não. Definitivamente não. Está pior do que quando o Katrina chegou. Uma porção da própria barreira afundou cerca de 23 cm". O homicídio que está prestes a acontecer.

Não há nada de novo sob o sol.

וַיַּרְא יְהוָה, כִּי רַבָּה רָעַת הָאָדָם בָּאָרֶץ, וְכָל-
יֵצֶר מַחְשְׁבֹת לִבּוֹ, רַק רַע כָּל-הַיּוֹם.

"O Homem é corrupto na Terra", Deus disse a Noé.

Nada mudou desde o Gênesis 6. É a ganância e a arrogância e o engano, e não a água, o que nos afunda.

E van Heerden? Sua arca está em seu quintal. Ele nunca desmontou o *Ex--Natalia*. Os sul-africanos venceram o apartheid, então agora ele diz que irá navegar de volta para casa, para a Terra dos Libertos, escapando dessa colônia petrolífera ignorante, a Louisiana, EUA.

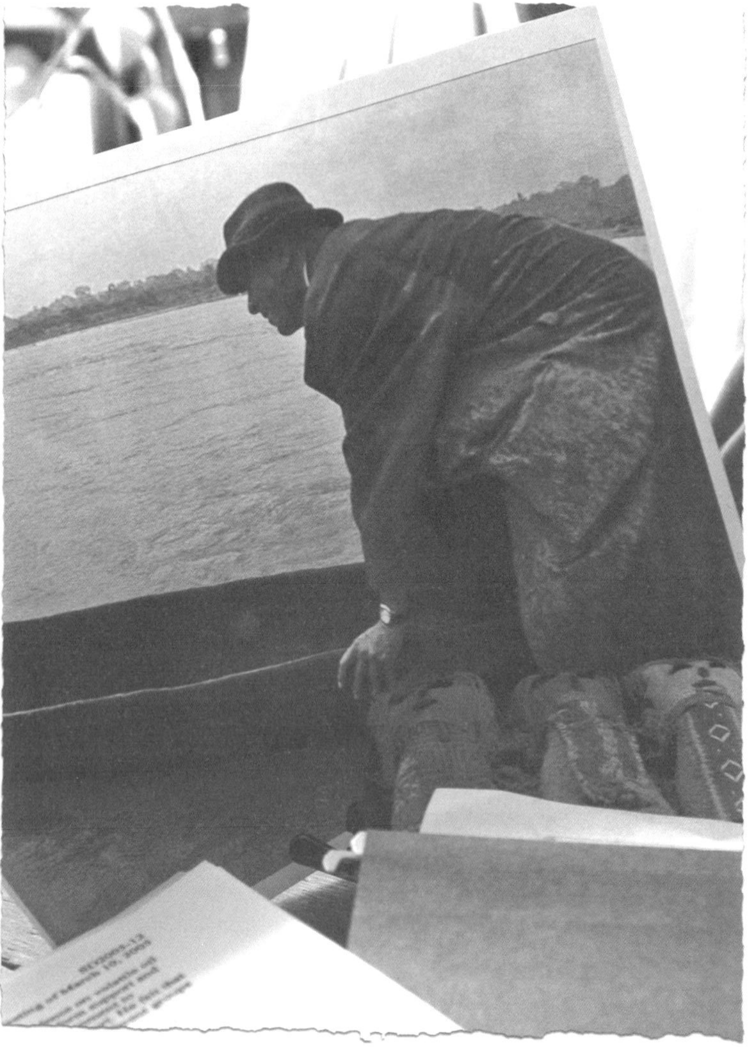

CAPÍTULO 5
O Queijo Tinha um Cheiro Estranho Então o Jogamos na Floresta

Quando o poço da BP no Golfo explodiu, a Chevron morreu de medo, enquanto observava suas ações caírem 10%. O mercado de ações temeu uma proibição da perfuração em alto-mar, porque a Chevron, e não a BP, é a poderosa das águas profundas do Golfo.

Então, o dirigente da Chevron tomou uma atitude honrosa: apunhalou a BP pelas costas, difamou os executivos britânicos, culpou-os por serem incompetentes desordeiros que não sabem qual extremidade de uma máquina de perfuração fica para cima. O presidente-executivo da Chevron, John Watson, disse ao *Wall Street Journal*: "Era possível prevenir esse incidente". Além disso, a Chevron, diferente da BP, possui um "robusto" sistema de reação a vazamentos de petróleo.

Bem, espere um pouco aí, meu caro Watson. Seu plano *é* o plano da BP. Todas as empresas possuem *um* plano juntas para uma explosão no Golfo. O mesmo plano, os mesmos equipamentos, compartilhados igualmente.

Então não foi o plano da BP que falhou. Foi o plano da BP-Chevron-Shell-Exxon-Conoco que desmoronou. E *você*, Sr. Watson, como perfurador líder, estava no comando, amigo, e não a BP.

Ao assistir aquela TV em Las Vegas, não acreditei que aqueles caras não tinham um "boom" de borracha, nem barcos sugadores, nem equipes, nem nada. Era um Filho da *Exxon Valdez*. Na minha carreira, já vi porcos corporativos bufando e chafurdando, mas aquela era uma performance de retorno especial.

Com toda justiça, devo observar que a Chevron, a Shell e a Exxon responderam rapidamente à explosão no Golfo com propagandas em páginas inteiras onde prometiam gastar bilhões de dólares em equipamentos de reação a vazamentos de petróleo. Do comunicado de imprensa da Chevron:

> "O novo sistema será designado para ser utilizado em profundidades em alto-mar de até 3050 metros. (...) Equipes dedicadas irão garantir a manutenção regular, a inspeção e a prontidão. (...)"

Valeu! Mas, Sr. Watson, essas coisas eram exigidas *antes* da explosão da BP. Bem, é apenas uma pequena "omissão" (gostei especialmente da parte sobre as "equipes dedicadas", tirada diretamente do plano de 1969 do Alasca).

Como não sabemos que a Chevron e a Exxon e todo o grupo era tão responsável quanto a BP pelo desastre no Golfo? Deixe-me colocar de outra forma: Por que a BP levaria a culpa no Golfo e deixaria seus parceiros de consórcio livres de acusação? Resposta: pelo mesmo motivo que a Exxon levou a culpa pela BP e pelo consórcio no Alasca.

O motivo é que a indústria mantém os olhos no prêmio: o direito de continuar perfurando, de instalar novas plataformas em alto-mar, de escapar de novas regulamentações caras, e evitar qualquer proibição de perfuração.

O consórcio compreende: não se trata de quem ganha esse jogo em particular, mas sim de manter o jogo.

Quando algo dá errado, a indústria oferece alguém para o público espancar. BP, sua vez.

Imagino os garotos do petróleo passando uma batata quente — a Exxon dizendo: "Sua vez, BP!" — e rindo.

O presidente-executivo da Exxon falou para a imprensa, sem sinal de riso: "Não concordo que esse seja um problema de toda a indústria".

Para vender essa lorota, os garotos precisavam de um slogan que colocaria a culpa em apenas uma empresa e que limitaria até isso a fraquezas humanas, assim como fizeram com a *Exxon Valdez*, culpando o pobre Capitão Hazelwood, o bebum. Então a indústria escolheu o slogan *Cultura da BP*. Cultura ruim: como deixar de usar luvas em uma ópera, ou misturar o garfo da salada com a faca do patê.

O Capitão Bebum de 1989 tornou-se a Cultura Ruim de 2010. Novo século, mesma dança.

Mas quem acreditaria nesse golpe da "Cultura da BP"? Bem, isso depende de quem eles poderiam financiar para pregá-lo.

UM CHALÉ NA FLORESTA, FORA DE NOVA YORK, OUTUBRO DE 2010

Pluto e eu não assistimos TV, então aquilo era algo realmente especial. A Public Broadcasting System iria transmitir *O Vazamento*, sua investigação sobre a BP.

Nós assistimos.

A PBS, após trabalhar na história por mais de seis meses desde a explosão, revelou que... A BP negligenciou a segurança!

Cacete, Sherlock.

Pluto rolou no tapete e olhou para mim como se dissesse: *nós já não sabíamos disso?*

Os retrievers são cínicos por natureza. Disse para ele adiar o julgamento e assistir mais.

A paciência valeu a pena. A PBS revelou então que... *a BP negligenciou avisos de segurança por anos!*

É verdade. Entretanto, a PBS também é negligente. A Petróleo Broadcast System fez vista grossa para a perfídia da BP por décadas.

Se o programa sobre a BP tivesse sido transmitido seis meses *antes* da explosão do Golfo, ou se tivesse exposto a BP pelos seus crimes no vazamento da Exxon; ou, em qualquer tempo durante esses anos, pelas violações de segurança da BP que alertavam PERIGO-PERIGO, eu diria: "Nossa, essa PBS com certeza é corajosa". Mas seis meses *depois* da explosão, a PBS nos mostrou que só tem coragem de atirar nos feridos.

Mas olha, pelo menos agora a PBS está no caso.

Está mesmo? Apesar do comunicado de imprensa alvoroçado dizendo que essa investigação *Frontline* da PBS daria notícias de primeira mão por meio de um inquérito minucioso, o que vimos foi uma "Investigação do Google", coisas velhas de jornais velhos que a PBS se esqueceu de informar da primeira vez. Bom, está tudo bem. Não é como se eu esperasse um Edward R. Murrow.

Bem, alguma coisa é melhor do que coisa nenhuma, certo?

Não, não nesse caso. Por uma hora inteira, a PBS nos disse de novo de novo e de novo que o problema era só a BP e só a *cultura* da BP. A cultura da BP é diferente da cultura da Chevron e da Shell, que transformaram o Equador e a Nigéria em latrinas tóxicas, diferente da cultura da ExxonMobil de subornar o presidente do Cazaquistão.

Como a PBS pôde ter perdido essas histórias?

Lembre-se da Regra de Naipaul: eles não mentem; eles omitem.

E eis aqui a Grande Omissão:

Se conseguir, tente ver o topo do site da PBS *NewsHour*, a versão antiga, agora escondida. Você encontrará isso:

Observe a logomarca da principal patrocinadora corporativa da PBS: Chevron Petróleo. A Chevron (na época) ainda era a maior patrocinadora corporativa, mas sua logomarca parecia ter sumido, do mesmo modo que a Exxon removeu seu nome do petroleiro da Valdez.

Disse para o Pluto continuar assistindo. E, como esperado...

A reportagem "investigativa" da PBS mostrou, espantosamente, comentários de Rex Tillerson, presidente-executivo da ExxonMobil, de Marvin Odum, presidente da Shell e, claro, de John Watson, presidente-executivo da Chevron.

Aqueles cavalheiros apoiaram a conclusão da PBS de que, como o narrador entoou, "a BP não operou nos padrões da indústria".

Sério? Será que a PBS investigou essas alegações dos presidentes ou apenas transmitiu as afirmações de seus patrocinadores?

Talvez os executivos do petróleo estejam certos: os "padrões" da indústria petrolífera envolvem intoxicação maciça, suborno excessivo e o uso de tropas mortais de mercenários para silenciar a mídia e os ativistas.

———

Então para que tudo isso? Bem, Pluto, é mais ou menos assim:

Como o petróleo do poço da BP foi vomitado no Golfo do México, as petrolíferas internacionais entenderam que precisavam controlar a mensagem.

Essa é a mensagem deles: cultura da Chevron, *boa!* Cultura da ExxonMobil, *boa!* Cultura da Shell, *boa! Cultura da BP, ruim ruim ruim!*

A PBS repetiu o que disseram para ela. Ao invés de fazer perguntas, a emissora pediu dinheiro. Mas, ah.

Mais cedo, naquela noite, a Chevron/PBS *NewsHour* transmitiu um "comercial" da reportagem *Frontline* e trabalhou no teatro da "cultura" da BP por duas vezes em seis minutos.

A BP é "do mal" e assim a indústria está livre de acusações e, consequentemente, não há pressão para acabar com a perfuração desembestada em águas profundas. A máquina de destruição das petrolíferas internacionais pode continuar a todo vapor.

Até a BP adora ouvir esse conto de fadas da cultura corrompida. É o caminho deles para a tranquila redenção. Observe: a empresa logo encontrará a salvação ao adotar uma nova "cultura" sob novos dirigentes e, presumo, irão restaurar o patrocínio à PBS que, tolos, haviam retirado.

Por que estou implicando com a coitadinha da PBS? Sou o primeiro a dizer a você que ela é a melhor coisa que tem nas telinhas dos EUA.

Mas a Public Broadcast System recolhe nosso imposto. Ela nos deve algo, não? Se não pudermos saber da história verdadeira sobre as petrolíferas internacionais, pelo menos merecemos um pedido de desculpas.

Eu esperava que o repórter da *Frontline* da PBS dissesse: "A BP manteve a verdade trancada em seus arquivos por anos — assim como nós da PBS. *E NÓS ESTAMOS ENVERGONHADOS.* Nos enviem de volta os DVDs do Ken Burns para reembolso".

Mas não, eles não se desculparam; eles pediram dinheiro! E nós vamos dar, engrossando o jabá da Chevron e da ExxonMobil.

Como P. T. Barnum disse uma vez, a cada minuto nasce um doador da PBS.

* * *

Em 1998, um produtor genial e a BBC TV no Reino Unido decidiram filmar uma investigação sobre a BP e expuseram os registros de imprudência da empresa, centrado em seu trabalho defeituoso no Alasca.

Mas o Alasca é longe de Londres e é muito caro filmar lá, então a BBC implorou para que a PBS e a *Frontline* lhes doassem alguma grana. De jeito nenhum. Então a investigação da BBC morreu por falta de um parceiro norte-americano. Por outro lado, o produtor da *Frontline*, o canal de TV WGBH, gastou vários milhões de dólares com o documentário *The Commanding Heights* (As Alturas do Comando), um louvor de seis horas às maravilhas da privatização da indústria energética. O consultor de empresas petrolíferas Daniel Yergin parou de sugar os cofres da indústria em tempo suficiente para escrever o livro que deu origem ao documentário. Quando o presidente-executivo da patrocinadora do programa, a Enron, foi preso, mais dinheiro foi fornecido pela nova comandante das alturas privatizada, a British Petroleum.

SIM, ESTOU COM INVEJA.

As uvas verdes que a raposa não alcançou estão escorrendo pelo meu queixo até minha camiseta da Suicide Girls. *Por que não sou eu trabalhando na PBS, fingindo relatar uma história, com uma voz profunda, séria, recebendo o prêmio Enxerido ou seja lá como eles chamam? Sim, foi a minha investigação sobre a BP que a PBS recusou há 12 anos porque, depois de eu fechar meu escritório de detetive, pensei que talvez, TALVEZ algum repórter dos EUA gostaria de dar uma olhada nos meus arquivos; e a resposta das TVs norte-americanas foi me chutar para o outro lado do Atlântico, para a Inglaterra, onde tenho sido um repórter exilado desde então, com um orçamento em Baku suficiente apenas para uma cerveja e um pretzel, porque a British Broadcasting Company não pode aceitar dinheiro da British Petroleum. NÃO HÁ JUSTIÇA? NÃO HÁ DEUS?*

Aparentemente, há, e Ele tem uma daquelas xícaras de café da PBS.*

---

* Para equilibrar as coisas, a PBS aceitou transmitir um filme brilhante, de uma hora de duração, dos renomados jornalistas de documentários Danny Schechter e Charlayne Hunter-Gault, sobre as desventuras da globalização. O programa divergente foi financiado por vendas de biscoitos, e a PBS transmitiu-o concorrendo com a transmissão do Oscar.

Já que a PBS estava de quatro pelo patrocínio da Chevron e, consequentemente, sem condições de investigar a empresa, eu fiz isso para eles.

AMAZÔNIA, EQUADOR, 2009

Ricardo e eu fomos despejados no fim de uma trilha de jipe em uma margem de rio sob uma chuva forte para esperar por nosso barco, que eu presumi que seria algo como o barco a vapor pilotado por Humphrey Bogart pelo Rio Ulanga no filme *Uma Aventura na África*. No dia anterior, recebi uma mensagem dizendo que os nativos Cofán, da Floresta Amazônica, teriam um barco esperando para nos levar à tribo por um afluente do Rio Amazonas.

Nosso motorista apontou para uma canoa, um tronco perfurado com remos esculpidos à mão, no meio da lama, amarrado a uma árvore. *"Su barco"*, ele disse.

Rick permaneceu calmo — odeio isso nele — quando afundamos na sujeira para desamarrar o barco. Andei como um palhaço na corda bamba até a parte de trás da canoa. Consegui, mas o microfone de $500 de Rick não conseguiu: deixei cair no rio cinza de forte correnteza. Rick permaneceu calmo.

E eu continuava pensando, Anderson Cooper não faria isso. Como eles levariam o maquiador dele na canoa?

Demos sorte. Um Cofán veio da floresta e, tendo piedade daqueles brancos imbecis, desamarrou a canoa feita de tronco e remou sozinho nas corredeiras para a tribo, voltando meia hora depois em outra canoa, maior, com um pequeno motor.

Eu estava à caça de Emergildo Criollo, um golpista, um malandro, perpetrador "da maior fraude da história". Foi assim que um advogado da Corporação Petrolífera Chevron o descreveu para mim.

Como um investigador de fraudes, não pude resistir em conhecer aquele artista e mestre enganador, o chefe dos Índios Cofán. Mesmo no século XXI, encontrá-lo não era tão simples. Os Cofáns estão no inferno do meio da floresta tropical do Equador.

Outra vez em terra, ou em lama, fomos guiados pelo meio das árvores gotejantes e trepadeiras para umas duas dúzias de casas em palafitas baixas. Eu simplesmente meio que me enfiei em meio a algumas pessoas. Em uma das casas de palafita, um homem mais ou menos da minha idade estava fazendo um colar de sementes para me dar. Não gravei o nome dele, não que eu conseguisse pronunciá-lo de qualquer forma.

Como diabos vocês vivem aqui? Ele respondeu em espanhol: "Iúca, milho, pequenos animais que caçamos". Vários moradores da tribo falam espanhol, não apenas seu dialeto nativo. Ele disse: "Nos dias antigos, caçávamos com zarabatanas". Ele apontou com a cabeça para uma que estava pendurada em sua parede. Mas agora, ele disse, usam espingardas. Ele gargalhou e sorriu, talvez porque soubesse o que nós sabíamos, que as espingardas foram utilizadas por alguns Cofáns contra perfuradores de petróleo. Nada fatal, apenas educacional.

Ao nos convidarmos para participar da refeição comunitária de iúca e frango, ficamos na fila com os anciãos da tribo e alguns macacos curiosos. Há até poucos anos, eles estariam *no* menu.

Então o Chefe apareceu, Criollo, o grande fraudador, vestindo as mesmas roupas surradas de fazenda que todos usavam.

Eu disse: "*Señor*, precisamos conversar. A sós". Caminhamos até a grande casa do chefe. Parecia muito com todas as outras. Algo estava faltando. *Tudo* estava faltando. Talvez fosse o golpe perfeito.

O chefe alegava há anos que seu povo estava ficando doente, morrendo por causa do petróleo da Chevron. A empresa rotulou Criollo como um ator chantagista. Os nativos podem ser "primitivos", mas até homens das cavernas sabem que as empresas petrolíferas têm bolsos cheios.

Fui direto ao assunto: alguém morreu por aqui?

Ele me apresentou a uma mulher enrugada, pequena como um rato, Cecilia Q'nama. Ela só falava o dialeto Cofán, e o chefe traduzia. Ela me contou sobre parentes dela que adquiriram doenças estranhas. Abortos, crianças deformadas, crianças mortas, apenas depois do início das perfurações.

Talvez fosse conversa fiada. Talvez ela estivesse participando da chantagem com o chefe Criollo. Eu tinha o relatório de epidemiologistas no meu hotel. Eles disseram que houve uma epidemia repentina de leucemia infantil na área de produção do petróleo. Talvez os epidemiologistas estivessem no golpe também. A empresa petrolífera disse que estavam.

Ao nosso redor havia poças e depressões de floresta tropical, formando aquele arco-íris revelador com brilho de petróleo, resíduos de perfuração bombeados e despejados em poças que escorrem para a água. Os quilômetros de contaminação rastejante aqui na Amazônia faziam a Costa do Golfo parecer os Jardins de Kew.

Acabei parando aqui na floresta tropical meio que por acidente. Havia alguns papéis confidenciais do Banco Mundial que eu pretendia entregar ao presidente do Equador, Correa. Contudo, ao vasculhar os documentos confidenciais, ficou claro que não havia como entender o Equador, que tinha acabado de se juntar novamente à OPEP, sem antes seguir o petróleo. E seguir o petróleo até a ChevronTexaco (a Chevron comprou a Texaco em 2001) significava ir para os campos de petróleo na floresta e inquirir os nativos a respeito de suas alegações de doenças e mortes.

Talvez tudo fosse um boato espalhado pelos índios e advogados gananciosos. Não se engane, essas coisas acontecem. Eu precisava ver com meus próprios olhos.

Criollo nos deu uma carona em outro tronco motorizado para uma fazenda. Ou, mais precisamente, uma fazenda de alcatrão. Em uma pequena fazenda, os resíduos do petróleo estavam vazando por baixo da casa. Por toda parte onde caminhávamos. *Plof. Plof.* O fazendeiro Manuel Salinas, sua esposa e seus filhos estavam cobertos de pústulas supuradas. Mas não podiam ir embora. Não havia outro lugar para ir, e nem dinheiro para ir a lugar nenhum.

Por que diabos todos aqui estavam tão fodidos?

Perguntei a Criollo sobre o acordo dos Cofáns com a Texaco, há três décadas.

"Eles vieram em helicópteros. Nos deram queijo, diesel e facas. O queijo tinha um cheiro estranho, então o jogamos na floresta".

Perguntei ao Chefe se os homens da empresa petrolífera explicaram que pegariam o petróleo dos nativos.

"Não conseguimos entender. Eles falavam em espanhol". Naquela época, os Cofáns falavam apenas o dialeto Cofán. Era 1973, o mesmo ano em que a BP e seus parceiros, a 14400 quilômetros ao norte, obtiveram os direitos em Valdez dos nativos Chugach. De qualquer modo, os Cofáns ganharam o queijo e a Texaco ganhou o petróleo.

Quatro bilhões de barris.

Após sugar o petróleo bruto, a unidade Texaco da Chevron deu o fora, sem deixar nenhum lucro no Equador. Nem um elástico, nem um bilhete de agradecimento. Muito esperta, muito inteligente. Se um tribunal for para cima da empresa, a Chevron pode dar língua e dizer: "Na na ni na não", porque não haveria nada para aprender no país, para pagar por qualquer julgamento, serviços médicos ou limpeza.

Claro, aquela família da fazenda, aquele Salinas, deviam estar no golpe junto com o chefe e os epidemiologistas. Apesar da alegação da Chevron de que tudo era uma imensa fraude, eu simplesmente não consegui arranhar uma das feridas cheias de pus dos Salinas para ver se elas eram reais ou apenas fantasias de Halloween usadas quando os brancos chegavam com uma câmera.

Os Cofáns sabiam que, para sobreviver na selva, era necessário advogados. Um jovem fazendeiro local, Pablo Fajardo, foi aprendiz de um advogado da cidade especializado em petróleo e obteve um certificado apenas para que pudesse abrir um processo. Junto com os Cofáns, os fazendeiros processaram a Texaco por conta das mortes infantis e pústulas na pele.

No dia seguinte que chegamos à Amazônia, Ricardo e eu seguimos o chefe Criollo até a cidade, onde ele anunciou que abriria outro processo contra a Chevron. Aquilo era coisa séria. No lugar de suas roupas largas de fazenda, o chefe estava adornado em estolas ritualísticas e um tipo de capa. Ele pintou o rosto com marcas de guerra e conduziu um pequeno grupo de sua tribo de barco, depois de jipe, depois a pé, para a cidadezinha de Lago Agrio (azedo). O lugar parece um cenário de filme de Velho Oeste.

Nessa cidadezinha no meio da floresta, seguimos o chefe enquanto ele marchava para o tribunal, depois subindo as escadas, sempre olhando para frente, sem se dar conta dos sorrisinhos tolos dos burocratas. No último andar, com um movimento devagar e régio, ele entregou ao funcionário sua última ação no valor de $27 bilhões contra a Chevron.

Com as plumagens e a pintura de guerra, aquilo poderia ser uma comédia de Peter Sellers, só que ninguém estava rindo. O olhar do chefe era tão determinado e régio quanto eu imaginava que era o olhar de Henrique V antes da batalha de Agincourt. Ali não havia nenhum carnaval, nenhum vudu impostor.

Mas no final, aquela era a floresta e ele era um cara com tinta no rosto, entregando uma petição digitada para ele por um advogado fazendeiro, dizendo que uma empresa petrolífera multinacional deveria assinar um cheque de vários bilhões de dólares. Boa sorte.

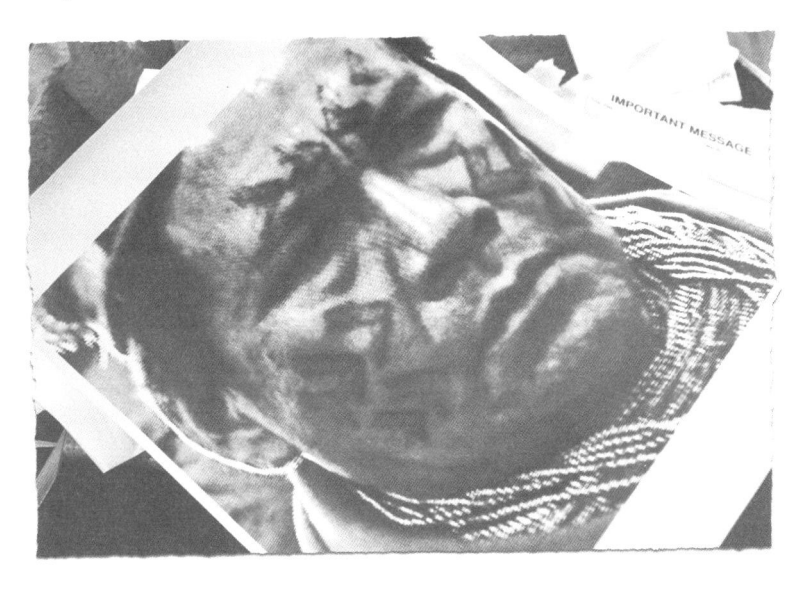

Pela minha experiência, vejo que artistas enganadores não conseguem parar de sorrir. Criollo não sorri. Talvez o chefe fosse o melhor de todos. Os olhos de Criollo eram austeros, mas profundamente tristes.

Eu ainda tinha trabalho pela frente. Perguntei se ele mesmo tinha alguma experiência com as intoxicações por petróleo ou se ele defendia apenas os problemas alheios.

Ele iniciou em espanhol: "Meu filho de três anos foi nadar e começou a vomitar sangue". A criança morreu rapidamente. Seu outro filho morreu lentamente, de câncer.

QUITO, A CAPITAL

"E esse é o único caso de câncer no mundo? Quantos casos de crianças com câncer temos aqui nos EUA?".

O advogado da Texaco, Rodrigo Perez, estava rindo quieto e bufando.

"Cientificamente, ninguém provou que o petróleo bruto causa câncer".

Certo, então. Mas e quanto ao estudo epidemiológico sobre as crianças com câncer na Amazônia atribuído a hidrocarbonetos?

Ele disse que os pais das crianças mortas teriam grandes obstáculos no tribunal: *"Se há alguém com câncer ali, eles têm que provar que foi causado pelo petróleo bruto ou pela indústria petrolífera. E, depois, eles têm que provar que é o NOSSO petróleo bruto".*

Perez inclinou-se com um grande sorriso.

"O que é absolutamente impossível".

Ele sorriu ainda mais.

Talvez algum cara que coma macacos na floresta não possa provar. E talvez seja porque a prova do despejo de petróleo tenha sido destruída.

Deliberadamente, pela Chevron.

Passei à dupla de advogados da ChevronTexaco um documento de seus arquivos etiquetado como "Pessoal e Confidencial". Eles leram em silêncio. Permaneceram em silêncio por um bom tempo.

Jaime Varela, o advogado da Chevron, estava usando sua calça de golfe parda e sapatos brancos, uma camisa aberta e um blazer azul feito sob medida. Ele tinha um topete feito com secador, um penteado muito utilizado

---

* Eu não conseguiria inventar esses caras. Sugiro — *insisto* — que você leia e assista ao filme da defesa da empresa petrolífera, visitando GregPalast.com/VulturesPicnic/. Lá, você também poderá ler o memorando "destruidor" da Texaco na íntegra, em inglês e em espanhol.

pela elite dominante da América Latina, e uma pele mais branca do que a minha, uma cor também preferida pela elite.

Jaime também estava sorrindo. Ele leu o memorando. E parou de sorrir. A parte principal dizia:

> gulatorias, o a aquellos que usted juzgue
>
> dado, y todos los informes previos
> las del campo, y ser destruidos.

"Todos los informes previos deben ser sacados de las oficinas principales y las del campo, y ser destruidos".

"Todos os relatórios anteriores devem ser retirados dos escritórios de divisão e de campo e devem ser destruídos".

O documento veio do chefe da empresa nos Estados Unidos, "R. C. Shields, Presidente de la Junta".

Retirados e destruídos. Isso cheira muito a uma ordem para destruir provas, que nesse caso significa provas de buracos abandonados contendo o resíduo mortal das perfurações. Destruir provas que são parte de um processo constitui uma fraude.

Nos Estados Unidos, isso seria um crime, um crime que dá cadeia. Certo, cavalheiros, vocês querem me explicar o que é esse documento?

"Podemos tirar uma cópia disso?", perguntou Varela, fingindo nunca ter visto o documento antes em sua vida.

Fingi com ele, se era o que precisava para obter informações: "Claro. Você nunca viu esse memorando?".

O ritual de inocência continuou enquanto eles pediam para uma secretária tirar cópias. Varela disse: "Temos certeza de que há uma explicação". Tenho certeza que há. "Voltaremos a entrar em contato com você assim que descobrirmos qual é".

Ainda estou esperando.

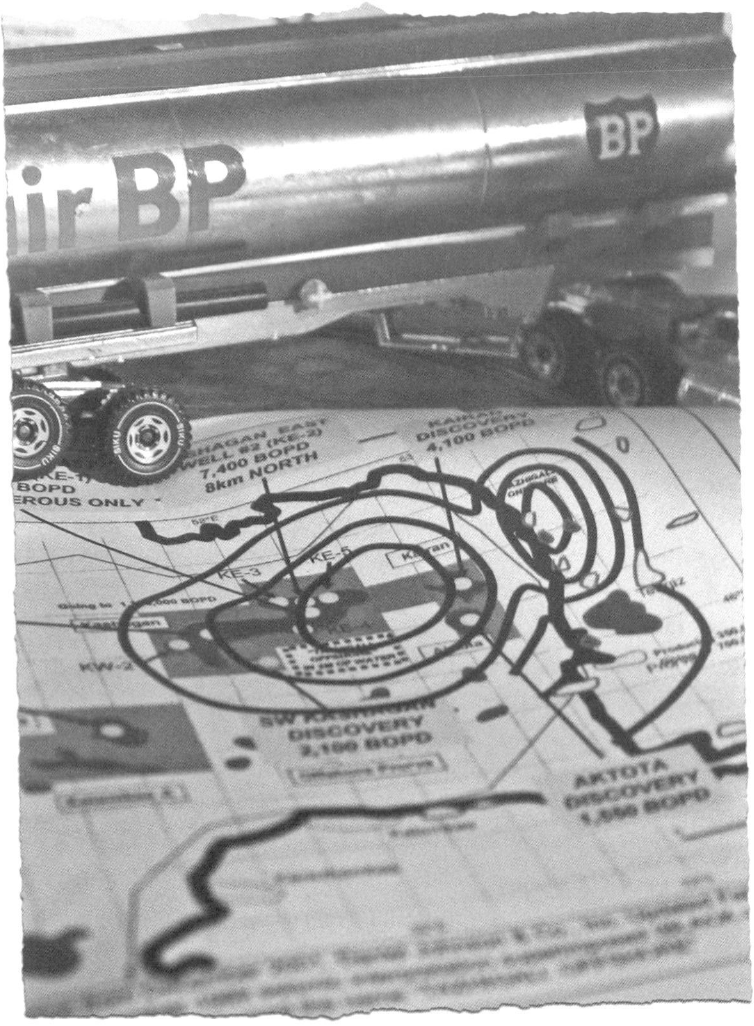

BP
ir BP
WELL #2 (KE-2)
7,400 BOPD
8km NORTH
DISCOVERY
4,100 BOPD
KE-3
KE-5
KW-2
DISCOVERY
AKTOTA
DISCOVERY

CAPÍTULO 6
O Mágico de gOZma

ESTAÇÃO DE HELSINQUE

Jack Grynberg disse: *Como você me encontrou?*
Procurei em G na lista telefônica.
O velho espião era um caçador, não estava acostumado a ser caçado.
Não sou o Sam Spade: Grynberg só é encontrado quando *quer* ser encontrado.
Além do mais, a pergunta não era *como*, mas sim *por quê*.
Se quiséssemos saber a história real de como a BP escapou encobrindo o show de horrores da explosão da plataforma, eu teria que seguir o dinheiro, não as ilusões.
Lorde Browne elevou a BP do posto de irmãzinha da indústria petrolífera à Gigante Petroleira nº 1 ao encontrar campos novos enormes nas antigas repúblicas islâmicas soviéticas. A grande pergunta é: será que o milorde Browne tem um nariz mágico que pode farejar petróleo, ou só um focinho bom em farejar coisas prováveis de gerar uma recompensa?
Eu contava com o parceiro rejeitado de Browne, Jack Grynberg, para me mostrar como Browne retirou coelhos de petróleo da cartola, explicar o "querubim" e me levar para os bastidores, para eu ver como se puxam as alavancas.

* * *

Matty Pass recebeu a ligação. Um endereço no sul do Central Park. Ricardo e eu fomos de táxi para a área residencial, mostramos nossas identidades ao porteiro e viajamos para conhecer o magnata em um pequeno apartamento que ele pegou emprestado, um estúdio claustrofóbico repleto dos lixos de alguém. Grynberg disse que não havia hotéis disponíveis em Nova York, o que era conversa fiada (eu verifiquei), mas o que eu sabia sobre os hábitos excêntricos dos ultrarricos? Pelo menos havia vistas incríveis do Central Park até que Jack fechou as venezianas de metal. Mas realizei meu desejo: o Mágico de Oz do petróleo me convidou para o lado de dentro das cortinas.

Nos apertamos e vimos, deitado em uma cama *queen size*, um mapa sísmico muito bonito, gigantesco, desdobrado e caindo em um tapete oriental. Estava coberto por um zilhão de linhas recortadas. Parecia que a copiadora tinha tido um ataque cardíaco, a frenologia do petróleo e do gás por baixo do crânio da Terra. Por trás da linhas, eu podia ver as delineações do Chipre, Líbano, Israel e do Nilo egípcio. Era o mapa do campo de batalha do General Grynberg, e Jack deixou que eu ficasse com ele.

Grynberg se acomodou em uma antiga cadeira acolchoada, e eu me desacomodei em um banco. Comecei com o óbvio.

Pergunta: *Como algum professor de geologia (a identidade favorita de Grynberg) consegue uma porção do Mar Cáspio que vale um ou três bilhões?*

Ele me disse que começou em 1989, exatamente quando a União Soviética estava desmoronando. O secretário geral do Partido Comunista da República Socialista Soviética do Cazaquistão, da URSS, Nursultan Nazarbayev, visitou o Canadá e, de acordo com o conto de Grynberg, solicitou ao Departamento de Estado dos EUA, no calor do momento, visitar um criador de gado bem-sucedido que falava russo. Grynberg, como um negócio paralelo ao petróleo, criava 30.000 cabeças de gado. Nazarbayev gostava de vacas. Enquanto observava o rebanho, o cacique comunista perguntou a Grynberg, um geólogo, se ele gostaria de dar uma olhada em alguns mapas sísmicos que Nazarbayev tinha no Cazaquistão. Jack foi para lá, observou, viu muito petróleo, ligou para lorde Browne em Londres, que imediatamente concordou em fechar com a Grynberg Energy para perfurarem o maior achado de petróleo do mundo naquela década.

Jack, Jack, nunca sacaneie um sacana. Não obstante, deixei que ele me enchesse com sua historinha pra boi dormir.

Agora, deixe-me contar novamente essa história com fatos um pouco mais plausíveis. Durante a Guerra Fria, Grynberg chefiou a unidade de inteligência do Departamento de Defesa que analisava as informações sobre recursos soviéticos roubadas por "nossa rede de espiões muito habilidosos". A unidade operava na Embaixada dos Estados Unidos na Finlândia, na Estação de Helsinque da CIA.

O geólogo Jack interpretou a inteligência para a CIA, para o Departamento de Defesa — e para ele mesmo. Sem dúvida, Grynberg teria visto pistas a respeito do perfil sismológico do Mar Cáspio e, no fundo de sua mente, deve ter guardado uma cópia mental daquilo, o mapa secreto do tesouro mais valioso dos tempos modernos.

Agora, não sei se Grynberg é um homem religioso, mas qualquer dúvida filosófica ou geológica que ele tivesse teria ficado de lado depois de ele ler trechos de uma cena do terceiro livro do Torá, do Êxodo. Era 1985. Os russos estavam tentando por as mãos na perfuração nas águas do Mar Cáspio e rapidamente acharam petróleo — até demais dele. Eles perturbaram um gigante que liberou metano em uma pressão inacreditável. Talvez um russo tenha acendido um cigarro, não sei. Mas sei que a bola de fogo subiu a uma altura de 70 andares e, *mirabile dictu*, a coluna de chamas de 215 metros queimou durante um ano inteiro.

Grynberg, como Moisés, deve ter ouvido a torre de labaredas chamá-lo: "Jack, Jack, *aqui* é a Terra Prometida".

(Suspeito que Moisés confundiu o Mar Cáspio com Canaã, que são, afinal, na mesma direção ao norte apontada pelo Poderoso Braço Estendido de Deus. Eu duvido seriamente que o Ser Supremo, Louvado Seja, teria escolhido Israel para Seu Escolhido, que não possui nada embaixo, a não ser areia. Ele deve ter desejado apontar o Azerbaijão, que está acima do depósito de petróleo bruto mais doce do planeta.)

De qualquer forma, os tolos faraós soviéticos, tendo sido literalmente queimados pela tentativa, praticamente abandonaram seu principal filão no Mar Cáspio.

Jack, com os mapas sísmicos do Mar Cáspio na cabeça, tinha muito para sonhar e, enquanto a Guerra Fria persistia, muito tempo para sonhar.

Então, em 1989, seus sonhos tornaram-se realidade. O Muro de Berlim caiu, o premiê soviético Gorbachev perdeu o controle do Pacto de Varsóvia e, com a percepção de poucos, os soviéticos perderam o controle de seu império interno, os "Stãos" (Uzbequistão, Quirguistão, Turcomenistão, Azerbaijão e Cazaquistão).

Mas James Baker III percebeu. James, o secretário de Estado de George H. W. Bush, foi advogado da Exxon e de quase todos os outros membros do cartel de petróleo de Houston, antes e depois de seu trabalho com Bush.

Foi a equipe de Baker no governo que contatou Grynberg para receber uma visita "inesperada" de Nazarbayev aos Estados Unidos para conversar sobre "gado". Naqueles dias, Nazarbayev e Baker precisavam ser cautelosos com suas conversas. Em 1989, a União Soviética e a KGB ainda existiam e monitorariam de perto o homem do Cazaquistão. A inteligência soviética não confiava nos seus, mesmo em Naz, especialmente naquele ano, quando os soldados russos corriam por suas vidas, fugindo do Afeganistão. Moscou estava começando a perder seu domínio sobre o Cazaquistão e os outros Estados islâmicos soviéticos. Logo, Gorbachev não seria capaz nem de pedir uma pizza no Cazaquistão, imagine dar ordens a Nazarbayev.

Nazarbayev, ansiando ser libertado dos planejadores centrais soviéticos, não estava sonhando com vacas, estava sonhando em se tornar o xeique do petróleo da Ásia Central, *insh'Allah*.

O secretário de Estado Baker compartilhava desse sonho. Ele viu uma chance única no século para o Oeste finalmente ganhar o Grande Jogo, agarrando os recursos dos Istãos das mãos da Rússia. Os garotos de Baker chamaram Grynberg. Nazarbayev, ex-chefe da KGB Cazaque, sabia tudo sobre Jack, que era seu correspondente dos EUA da Estação de Helsinque, ou rapidamente aprendeu o seguinte: geólogo, executivo do petróleo, espião. Seu tipo de cara. *Sim!* Nazarbayev disse ao Estado que ficaria contente em fazer uma viagem para brincar de caubói no Colorado.

Uma vez no rancho, Nazarbayev tocou no assunto: "Eu tenho mapas. No Cazaquistão. Quer dar uma olhada neles?". Ele poderia ter dito: "Quanto ouro você consegue carregar nos braços?".

Após o encontro, Jack foi ao Cazaquistão, e seus olhos brilhavam por estar segurando em suas mãos os mapas do tesouro que havia guardado em segredo em seu baú de memórias por décadas. Grynberg prontamente fez com que Nazarbayev assinasse um acordo dando a ele os direitos exclusivos de reunir um consórcio de perfuração que forneceria os bilhões necessários para sugarem o ouro líquido.

Jack mal podia esperar para ligar para seu amigo John Browne, então chefe de exploração da BP. Anos antes, Jack e John tornaram-se um só, em termos de negócios, quando Browne concordou em apoiar o projeto peculiar de perfuração em alto-mar de Grynberg no Delta do Nilo, próximo de Israel. No entanto, a sincronia deles foi horrível. Era 1973. Em outubro, no Yom Kippur, o Egito atacou Israel (isso não incomodou muito a Grã-Bretanha) e confiscou as duas margens do Canal de Suez (isso *sim* incomodou muito a Grã-Bretanha). Resultado: a Margem da Inglaterra afundou o acordo entre a BP e Grynberg.

Em 1991, Browne, ouvindo a voz de Grynberg vinda do Cazaquistão, insistiu para que Jack fosse à sede da BP em Londres imediatamente. Grynberg apressou-se para lá e foi direto para o escritório do presidente-executivo. Browne trancou a porta e não a abriria até que dividissem o Mar Cáspio entre eles.

Então deu merda. Grynberg levou seu novo melhor amigo, o presidente Naz, para a Venezuela, para conhecer o clube dos garotos do petróleo. Pedi uma foto desse evento improvável, e Jack me mostrou uma do presidente Cazaque com ele em Caracas, jogando tênis (Grynberg ganhou o jogo, claro, apesar de debater muito com si mesmo antes). Nazarbayev "se apaixonou" por um par de sapatos e Jack comprou-os para ele.

"*Quanto Nazarbayev calça?*", perguntei.

"*Quarenta e um*".

Os hábitos inteligentes de Grynberg continuam afiados.

Então, seguiu-se uma viagem ao Ártico do Alasca para admirarem o truque furtivo de perfuração em alto-mar da BP. Foi lá que outro convidado de Jack, o primeiro-ministro Cazaque Nurlan Balgimbayev, mencionou que a empresa petrolífera francesa Total "emitiu um cheque administrativo de $5 milhões". Grynberg continuou: "E ele disse: '*Jack, por que você não faz o mesmo?*'". Para Grynberg, $5 milhões era o dinheiro do almoço; mas ele escolheu falar à autoridade cazaque sobre o Ato de Práticas Corruptas Estrangeiras dos EUA.

Os cazaques acharam que Jack simplesmente não havia entendido. Então, o presidente Nazarbayev convidou Grynberg para sua *dacha* de férias, onde o presidente agradeceu Jack pelos sapatos, depois indicou que algo um pouco mais substancial poderia ajudá-lo a ganhar o jogo. No caso de Jack não entender o que ele queria dizer, Nazarbayev mostrou a Grynberg algumas informações sísmicas inúteis que havia recebido de um cara chamado James Giffen. Grynberg conhecia Giffen como um vendedor insignificante de dutos para petróleo, mas claramente Giffen estava se metendo no acordo assinado de Grynberg, ansioso para molhar a mão de Nazarbayev.

Jack disse ao presidente: "*Eu não ofereço suborno*". Bom pra você, Jack! Muito admirável, mas custou caro. Nazarbayev entregou o contrato a Giffen, o vendedor de dutos, para a criação do consórcio dos campos de petróleo em alto-mar de Kachaganarak e Kashagan. E assim, James Giffen arrancou os direitos de bilhões de dólares dos braços de Grynberg.

* * *

Você poderá ler as informações seguintes por si mesmo em *United States of America v. James H. Giffen*, apresentado em 2003, após Giffen ser preso no Aeroporto JFK de Nova York.

Apenas um trecho:

> Em 28 de julho de 1995, pelo KO-1 [*Kazakhstan Official-1* — Oficial Cazaque-1], a Mobil aceitou pagar à Mercator [firma de Giffen], em nome do Cazaquistão, a taxa da firma por serviços de consultoria ao Cazaquistão. (...) Por volta do dia 3 de maio de 1996, a Mobil fechou sua negociação com 25% de juros no campo de petróleo Tengiz por aproximadamente $1,05 bilhão. (...) Nessas circunstâncias a Mobil, em 17 de maio de 1996, transferiu o valor da taxa da Mercator, $41 milhões, para a conta da firma no Citibank, em Nova York.

Os $41 milhões pelos "serviços de consultoria" parecem não ter exigido mais do que localizar a Mobil Oil. Pessoalmente, se eu fosse Nazarbayev, preferiria utilizar uma lista telefônica. Ele tinha razões para não fazer isso.

Então, a acusação afirma que, após uma longa jornada dos financiamentos por...

> (...) uma conta na Suíça em nome da Havelon Trading S.A., uma corporação das Ilhas Virgens Britânicas (...) em 6 de fevereiro de 1997, JAMES A. GIFFEN, o acusado, fez com que a Havelon transferisse $20,5 milhões para a conta em Orel do KO-2.

Você seguiu o dinheiro? Da Mobil Oil para a empresa laranja Mercator para o KO-2. Um suborno claro, do tamanho de uma baleia.

Todo mundo e mais um pouco sabem que o "KO-2" é o presidente Nazarbayev. O KO-1, a propósito, é o primeiro-ministro escorregadio, aquele que chegou em Jack pelos $5 milhões.

No momento em que todo o dinheiro sujo das empresas petrolíferas chegou nas contas bancárias da Suíça, o esquema fácil chegou a ultrapassar os $100 milhões. Para comemorar a bolada, o primeiro-ministro KO-1 disse para Giffen mandar uma lancha Donzi para o presidente KO-2, além de duas motos de neve e depois um casaco de pele para a Sra. KO-2.

Mas alguém fez uma denúncia sobre Giffen. Então esse jogador multimilionário foi arrastado para uma cela de cadeia, uma imagem não muito comum nos Estados Unidos. Sua firma de consultoria foi acusada de suborno, de acordo com o Ato de Práticas Corruptas Estrangeiras, e sonegação de impostos (ele não declarou os subornos em seus formulários de imposto. Por *vergonha*).

Com Giffen preso, seus parceiros de conspiração da indústria petrolífera foram forçados a escolher um bode expiatório, alguém para jogar no vulcão junto com Giffen. J. Brian Williams, o chefe da Mobil no Mar Cáspio, acabou ficando com a difícil missão. Ele se declarou culpado e foi sentenciado a cumprir três anos. Giffen se deparou com 20 anos ou mais de prisão.

Caras maus no xadrez. Justiça feita.

Ainda não.

A parceira da Mobil, a AMOCO, prestes a ser absorvida pela BP, também depositou dinheiro nas contas bancárias suíças de Giffen. Assim com a Texaco (anterior à ChevronTexaco). Assim como a Phillips Petroleum.

Ainda assim, os executivos da AMOCO, da Phillips e da Texaco ganharam bônus, e não prisão.

Giffin barganhou por um apelo e ofereceu desistir de sua conta bancária na Suíça com $84 milhões.

É uma pena e tanto, à primeira vista. Mas os números não fazem sentido. Literalmente. A operação de subornos de Giffen coletou, pelos meus cálculos da acusação, nada menos do que $105 milhões. Mas $84 milhões não são $105 milhões. Desde quando um condenado pode ficar com $21 milhões de dinheiro roubado?

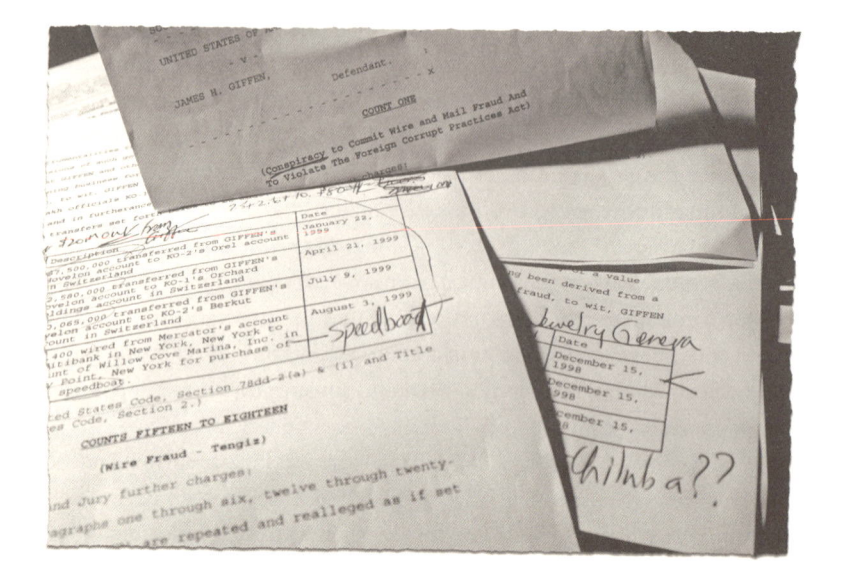

E por que Giffen foi acusado apenas por corrupção nos acordos do campo Tengiz, em terra? E quanto aos campos em alto-mar, os grandes da BP, Kashagan e Karachaganak, obtidos com Grynberg?

E isso é muito estranho: acordos de apelação nesses casos geralmente exigem que o acusado diga a verdade, toda a verdade, e nada mais que a verdade a respeito de seus crimes: nomes, datas, locais, tudo. Mas Giffen não; não foi exigido que ele denunciasse ninguém. O Departamento de Justiça não solicitou que ele nomeasse uma única empresa petrolífera, uma única fonte de seus $84 milhões, tampouco dos $105 milhões e, principalmente, nenhum presidente cazaque.

A verdade pode ter libertado o Cazaquistão. A conversa de que o colapso da União Soviética libertou os cidadãos não soa verdadeira para os jornalistas nas masmorras cazaques. Nazarbayev, que já foi um chefe brutal da KGB soviética, encontrou a religião e tornou-se um chefe islâmico brutal. Seus gendarmes prendiam qualquer um que sussurrasse qualquer coisa a respeito do presidente ter ganho milhões em subornos de executivos do petróleo ocidentais. Por causa do truque fofinho de chamar Nazarbayev de KO-2, não há nenhuma "prova" de que o presidente se empanturrou com os subornos de Giffen.

Relatar a identidade do KO-1 e do KO-2 implica em prisão por difamar o Grande Líder. Claro, a prisão é para os sortudos. Os azarados acabam em acidentes de trânsito fatais ou "cometem suicídio". Se o Departamento de Justiça forçasse Giffen a tornar público os nomes do KO-1 e 2, a apontar esses caras que venderam o petróleo de seu país por algumas moedas de prata e uma lancha, os KOs poderiam ser derrubados do poder e o jogo estaria acabado.

Então, o que parecia ser a justiça triunfante no caso Giffen-Mobil era na verdade um julgamento caótico, uma enganação, uma camuflagem, com um executivo jogado aos leões, um contato jogado aos gatinhos e as petrolíferas internacionais rindo por todo o caminho até chegar no Mar Cáspio.

Aquilo me lembrou o ministro de finanças da Zâmbia que fez um feitiço de vudu para ficar invisível para a polícia. Será que a BP, a Exxon, a ChevronTexaco e a Phillips (agora ConocoPhillips) possuem algum tipo de pó mágico de fadas que as deixava invisíveis para o Departamento de Justiça?

Parecia que sim. E acho que eu sei os nomes de algumas das fadas.

A maioria estava no "grupo do P", um lamaçal de políticos do alto escalão, um time do poder do lobby chefiado pelo antigo chefe de equipe de Ronald Reagan, Michael Denver, pelo antigo advogado-geral Dick Thornburgh e pelo ex-advogado do Departamento de Justiça Reid Weingarten. Reid disse aos sucessores de Thornburgh na administração de Bush Filho que nomear Nazarbayev na acusação significaria o fim das empresas petrolíferas dos EUA, uma defesa legal incomum, mas extraordinariamente eficaz.

Havia pó de fadas por toda a parte. Em 6 de setembro de 2005, enquanto a justiça ponderava a respeito de acusar Nazarbayev e seus financiadores, o financista Frank Giustra foi para Almaty, no Cazaquistão, em seu jatinho particular. Sua carga: o ex-presidente Bill Clinton. No bolso de Giustra estava um pedação de urânio cazaque (não há indícios de que Clinton tenha apertado Naz para entregar o minério a Giustra. Não é assim que cavalheiros fazem). Após a descoberta do urânio cazaque, Giustra fez uma doação secreta de $31 milhões para a fundação de seu amigo ex-presidente.

Outra fada-querubim rechonchudo, o antigo secretário de energia de Clinton, Bill Richardson, escreveu um artigo sentimental efusivo aos cleptocratas cazaques chamado "*Loucos pelo Cazaquistão!*" no *The Wa-*

shington Times. Por quê? Não tenho nem ideia, exceto que um mês antes de escrever o artigo, o louco Richardson associou-se à Kissinger & Associates, cujos clientes estavam até o pescoço nas maquinações do Cazaquistão e do Mar Cáspio.

Fiz a mim mesmo uma pergunta importante: todas as empresas petrolíferas são pelo menos *mencionadas* na ação criminal do Departamento de Justiça, mesmo se não foram acusadas, exceto por uma: a BP. *Então, como a BP, no meio de seu bacanal de propina, acaba sendo a grande vencedora do Mar Cáspio sem participar da festa de pagamentos de Giffen?*

Eu precisava de alguém que pudesse me dizer se a BP era inocente como a Branca de Neve ou se era o astuto Poderoso Chefão nesse ringue de chantagistas. Eu precisava de um informante na conspiração que pudesse me contar seus contos. Eu precisava de um membro da gangue que estivesse brigado com o resto, cansado daquilo, que não pudesse ser intimidado — e que tivesse bolas de aço. Foi por isso que procurei Jack Grynberg.

Mas, primeiro, eu tinha que me fazer uma pergunta que Jack não faria: *quem enviou Giffen?* Ele era um nada, um vendedor ambulante de dutos para petróleo, um fornecedor de encanamento, e de repente estava negociando com os garotões de Houston, Londres e do Mar Cáspio. Quem deu o telefone de Nursultan para ele?

Lembre-se: foi o Departamento de Estado de James Baker que arranjou o encontro entre Jack e Nazarbayev. A recusa puritana de Grynberg a pagar e jogar ameaçou explodir todo o golpe geopolítico que o Departamento de Estado e as gigantes petroleiras cobiçavam. Jack foi excêntrico com eles, jogando de acordo com as regras. O governo dos EUA precisaria de um cretino, alguém que precisasse do dinheiro e que deixaria o livro das regras em casa.

Tenho uma pergunta: será que Giffen poderia se unir a Nazarbayev sem o encorajamento ou a aprovação da diplomacia e da inteligência dos EUA, sem a conivência de Baker, Bush Pai e Bill Clinton?

De fato, Giffen, na cadeia, afirmou sob juramento que pagou os subornos *como um agente do governo dos EUA, como um agente da CIA, da Agência de Segurança Nacional e do Departamento de Estado.*

Grynberg afastou tudo aquilo. Giffen não era agente nenhum. Ele, Grynberg, era um profissional da inteligência; Giffen era um animalzinho, um impostor maluco com um álibi idiota.

Talvez. Eu mesmo vou checar tudo isso, Jack.

Para um animalzinho insignificante, Giffen parecia ter algum charme especial muito forte. Em 1992, o Departamento de Estado de Baker usou Giffen, não os diplomatas cazaques, como o intermediário entre eles e Nazarbayev nos preparativos da reunião da alta cúpula com o presidente Bush Pai. A reunião Bush-Nazarbayev, a propósito, ocorreu após sete eventos principais:

1. Em 20 de dezembro de 1991, o secretário de Estado dos EUA, Baker, reúne-se com Nazarbayev em sua sauna na *dacha* perto da capital cazaque, onde discutem petróleo e gás.
2. Cinco dias depois, os Estados Unidos se tornam o primeiro país a reconhecer a secessão do Cazaquistão da União Soviética, e glorifica seu novo presidente, Nazarbayev.
3. A Chevron, que comprou o campo de petróleo Tengiz dos soviéticos pouco antes da secessão, quer que Nazarbayev reconheça seus direitos.
4. Giffen é nomeado o "Conselheiro" de Nazarbayev e o presidente da Chevron, Dick Matzke, reclama para Jack sobre ter sido solicitado a pagar $20 milhões por meio de Giffen para jogar em Tengiz. A Chevron recusa.
5. A cliente da firma de advocacia de Baker, Mobil, contrata Giffen como consultor e paga $50 milhões. A Mobil consegue uma fatia do campo Tengiz da Chevron.
6. A Chevron capta a mensagem e concorda em pagar 75 centavos por barril à empresa petrolífera estatal via contas bancárias na Suíça.
7. A Texaco, a Phillips e outras contratam Giffen. Ele fazia uma publicidade incrível, supostamente tendo dito a um executivo relutante: "Há muitas armas no Cazaquistão e coisas ruins podem acontecer".

Apesar de Jack ter se recusado a pagar o suborno, a BP (e portanto o parceiro camuflado da BP, Grynberg) ficou com a maior parte dos campos de Karachaganak e Kashagan do governo Cazaque; e Jack começou a imaginar como a BP foi tão sortuda — e começa a olhar os dentes de seu cavalo dado —, mais especificamente depois da empresa e seu suposto amigo, lorde Browne, diminuírem um pouco da parte de Jack.

Jack estava me levando a perguntar sobre outro problema, os $84 milhões na conta suíça de Giffen. Eles não vieram dos $105 milhões dados a ele pela Mobil e seus parceiros. Eles não se encaixam em um único número da acusação pelos pagamentos de Tengiz. Então perguntei, de onde vieram os $84 milhões de Giffen?

Jack disse que era o dinheiro *dele*; pelo menos o que a BP pagou pela sua parte. Era por Kashagan. Jack estava furioso pela BP ter realizado o pagamento, apesar de que, francamente, ele estava muito mais rico depois disso.

Kashagan? O campo em alto-mar de $100 bilhões nem foi mencionado na acusação de Giffen.

Quem mais estava com a BP nos pagamentos? Jack me pegou pela matemática: "O que é interessante sobre os $84 milhões é que o consórcio em Kashagan tinha sete parceiros, e $84 milhões é facilmente dividido por sete, que daria $12 milhões para cada".

Como ele sabia que a BP usou Giffen como um coletor do dinheiro sujo desse acordo?

"A BP me cobrou por isso". Ele pegou as contas dos arquivos da BP. Era um detalhe que a BP escondeu de Grynberg enterrando-o na fatura dos custos compartilhados. Era por aquilo que eu tinha ido lá, por aquele pedaço de papel, aquela prova irrefutável do pagamento ao coletor do dinheiro sujo, que nem a BP nem Giffen poderiam negar e que Jack me daria apenas em mão, e não por e-mail.

Lá estava: no final, uma lista de pagamentos incluindo $500.000 para Giffen sob o título de "custos administrativos".*

---

* O interesse público exige a divulgação desse documento restrito. Ofereci à BP mantê-lo confidencial se a empresa ou lorde Browne pudessem explicar de forma crível o propósito legítimo. Eles declinaram a proposta.

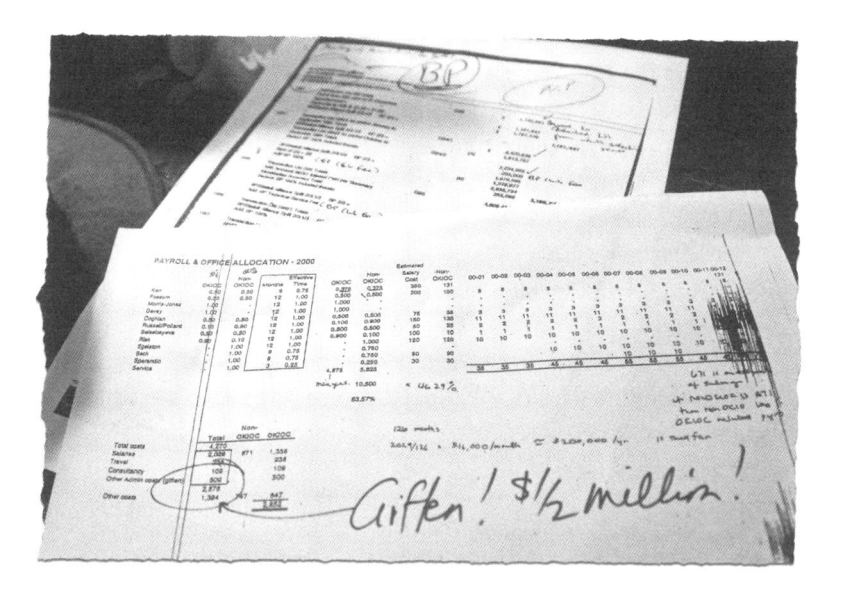

Mas, Jack, como você sabe que é um suborno?

"Porque nunca está escrito 'suborno'".

Por diversão, Jack me disse que perguntou à BP o que Giffen estava "administrando". Ao invés de responderem, eles devolveram o dinheiro a Grynberg.

Mas aquilo não era apenas *administração* do suborno. E quanto aos próprios subornos? Ele me disse que o preço por uma fatia do Cazaquistão era $40 milhões. A BP pagou Jack por sua porcentagem no pagamento de $26,4 milhões da empresa (esse valor equivale a dois terços de $40 milhões. A BP possui dois terços da localização no Mar Cáspio).

Como é a conta de um suborno multimilionário? Jack auditou as contas de parceria da BP e descobriu os $26,4 milhões sob o título de royalties de "compartilhamento de produção".

Ah, "compartilhamento de produção". Foi assim que Leslie, o Homem da Maleta, descreveu os $30 milhões pagos para Baku.

Francamente, Jack, "compartilhamento de produção" parece legítimo para mim.

Jack sorriu.

"NÃO HAVIA NENHUMA PRODUÇÃO".

A luz começou a brilhar no conteúdo da maleta marrom que lorde Browne entregou a Abrahams em Baku. O Homem da Maleta me contou que aquele dinheiro era, também, pelo "compartilhamento de produção". E, mais uma vez, não havia nenhuma produção.

Grynberg explicou que o compartilhamento de produção não começa no contrato cazaque até 2014. "Então não poderia haver compartilhamento de produção, portanto foi uma forma estúpida do contador da BP de esconder um suborno. Lá estava: dois terços de $40 milhões".

Não tão estúpida, na verdade. Enquanto aquele executivo da Mobil estava atrás das grades na Penitenciária Joliet, sendo "servido" por um cara de 135 kg que respira de boca aberta e que chama a si mesmo de Christine, lorde Browne estava recebendo seu título de cavaleiro da Rainha.

Enquanto Rick fazia o melhor que podia para fotografar os documentos confidenciais no apartamento sombrio, eu fiquei tentado a perguntar: "*Então, Jack, alguma ideia de quem pode ter denunciado a conta de $84 milhões de Giffen às autoridades suíças?*".

Eu sabia a resposta, então pra que perguntar? Ao invés disso, perguntei para Jack por que ele era tão pé no saco. Afinal, como um julgador observou, os subornos da BP *fizeram dele um homem rico* (ou mais rico).

"Acho que o suborno é absolutamente a pior coisa que já aconteceu no Mundo Livre".

Qual é, Jack, *você* passou pela pior coisa que já aconteceu, o Holocausto.

"*Aquele é um dinheiro que pertence ao povo!*", quer dizer, ao povo do Cazaquistão, ou do Azerbaijão, ou de Louisiana, que se deu mal pelos pagamentos. A Mobil pagou $50 milhões ao KO-1 e ao KO-2 e pegou o Tengiz, apenas $1,05 bilhão por juros de 25% em sete bilhões de barris de petróleo e de gás natural liquefeito. Faça as contas: a Mobil pagou adiantado apenas *60 centavos por barril (ou um centavo e meio por aproximadamente 4 litros). Enche o tanque!* Além disso, a Mobil pegou um quarto da reserva de gás de 390 bilhões de metros quadrados, que valia, ah, alguns bilhões a mais, vendida a preço de banana. Um preço justo para o povo cazaque seria várias vezes o que a Mobil (hoje ExxonMobil) pagou por ela.

O crime compensa. Mas Jack estava cansado disso. Grynberg sabia muito bem o que acontece quando os caras que têm armas se juntam com os caras que têm dinheiro. Em 1995, enquanto a Mobil estava enchendo as contas suíças de Nazarbayev, o salário médio no Cazaquistão era de $61 por mês. Depois, os salários caíram ainda mais e, no meio de um crescimento do petróleo, a fome em massa bateu na porta do país.

∗ ∗ ∗

Sem dúvidas, Jack era incrivelmente altruísta. Mas não *completamente* altruísta.

Agora os traços no mapa faziam sentido.

Ele explicou como a BP abateu quatro países com uma única pancada. Acompanhe:

Em julho de 2002, a BP vendeu sua parte de juros em Kashagan para a empresa francesa Total por $612 milhões.

Dois dias depois, a Total vendeu à BP metade de seu campo no Delta do Nilo no Egito a preço de banana, por ridículos $10 milhões.

O fedor de enxofre subiu da combinação desses dois negócios. Logo após a BP vender sua parte em Kashagan por $612 milhões, a British Gas vendeu uma parte do mesmo tamanho e recebeu três vezes mais, $1,8 bilhão. A BP é burra?

E os $10 milhões pelo Nilo? Lorde Browne devia se lembrar que Grynberg, seu antigo parceiro na empreitada falida no Egito em 1973, *ainda tinha as informações sísmicas* e sabia que o Delta do Nilo valia bilhões, não $10 milhões, uma piada. A Total também é burra?

Então a BP é burra e a Total é burra — mas dois burros formam um fraude brilhante. Ao cortar os preços de tabela do que era efetivamente um negócio, Grynberg explicou:

"— [A BP] enganou o Cazaquistão porque pagou impostos sobre $612 milhões, não sobre $1,8 bilhão."

"— A Total enganou o Egito e o povo egípcio a respeito dos juros porque vendeu uma propriedade que valia bilhões por $10 milhões."

Os tesouros britânicos e franceses seriam cortados por juros também. Então por que o parceiro da BP, Grynberg, está me contando isso? Porque a BP pagou à família de Grynberg a parte deles (registrada como 15%) sobre o preço falso de $612 milhões, e não sobre o valor real de $1,8 bilhão. "ELES ENGANARAM A FAMÍLIA GRYNBERG".

Fiz uns cálculos rápidos no canto das folhas do meu caderno. De $612 milhões, a BP entregou a Jack meros $92 milhões e o sacaneou em $184 milhões! Pessoalmente, não sei como é ser roubado em $184 milhões, especialmente quando se tem apenas um cheque de $92 milhões.

Os Grynberg processaram a BP. Foi em 2008, após Jack descobrir o jogo de troca de reservas da BP-Total. Grynberg não precisa dos $184 milhões a mais (não são muitas as pessoas que podem dizer isso), mas até parece que ele deixaria Browne pavonear-se como o cavaleiro genial do mundo do petróleo quando foi Jack quem ganhou o Mar Cáspio ao encontrá-lo e agarrá-lo, enquanto Browne ganhou roubando-o de Jack.

"Browne suborna", Grynberg me disse, com uma voz enojada com um método desprezível de fazer "negócios" onde a ladroagem exibe-se como empreendedorismo.

Jack insiste que uma justiça maior seja feita, com uma pitada de vingança. Grynberg utiliza alguns de seus milhões para perseguir Browne e a BP em qualquer lugar do mundo onde eles tentem enganar os habitantes locais que não possuem recursos para se defenderem do Golias do petróleo. Grynberg pagou as despesas jurídicas dos índios Ute que processaram a BP após a empresa ser pega removendo gás dos poços da Reserva Ute. O próprio Grynberg conduziu as investigações, vasculhando os registros de perfuração da BP.

Além disso, Jack gastou $20 milhões para entrar com processos contra a BP em nome dos contribuintes dos EUA. A lei norte-americana tem uma previsão estranha e maravilhosa permitindo que qualquer um processe uma empresa que engane o Tesouro Nacional dos EUA. Ele diz que a BP está manipulando as somas de royalties devidos aos Estados Unidos (até agora, os tribunais estão dizendo que não).

Na batalha por reputação, dinheiro e controle, apenas Grynberg ou Browne podem sobreviver. O dinheiro da esperteza deveria ser dado a Grynberg. Browne está manchado e quebrado, depois de ser pego mentindo em um tribunal sobre o aluguel de um namorado no site de acompanhantes gays Boots & Suits, o fornecedor não oficial da Câmara dos Lordes. Então agora Jack se refere ao milorde Browne como "o criminoso", apesar de nenhuma acusação ser feita contra o lorde.

Nossa informação é a de que alguém próximo a Browne acredita que Grynberg estava por trás da abertura do armário onde estavam o lorde e seu namorado, expondo-os. Será que Grynberg fez isso? Cavalheiros não perguntam. Não sou um cavalheiro, mas não perguntei.

✱ ✱ ✱

O que dizer da publicidade relatada de Giffen àqueles que não entravam no seu time, sobre armas e "coisas ruins acontecem". E encontrar-se com Nazarbayev pode fazer seu seguro de vida ser cancelado. Grynberg não era um amador inconsequente. Recentemente, ele usou um colete à prova de balas em Paris quando testemunhou contra o presidente facínora da República da África Central e seu pedido de jabá. Mas Grynberg simplesmente menosprezou Giffen como um linguarudo, um sanguessuga, um empregadinho que assistiu muitos filmes ruins de gângster.

Mas havia mesmo muitas armas no Cazaquistão e coisas ruins acontecem *mesmo*. Um repórter cazaque começa a investigar seu presidente por suborno e "comete suicídio", atirando contra a própria cabeça e três vezes no estômago. Alguns repórteres ainda não entendem o recado. E, de repente, são acidentalmente atropelados por ônibus, e seus filhos são encontrados enforcados. Algo estava levando Jack a um perigo real e não era o dinheiro. As poucas centenas de milhões não valiam a pena.

✱ ✱ ✱

Imagino que Grynberg originalmente confiou em John Browne no acordo do Mar Cáspio por causa de suas vidas paralelas. Como Grynberg, John Browne é judeu, o que é raro em uma indústria de caubóis de Houston e suas botas invocadas, e de nobres reais do Império em Londres.

Dividindo a semelhança de serem os não confiáveis, Grynberg e Browne se ajudariam em seus caminhos paralelos. Mas o caminho, apesar de próximo, foi separado por abismo intransponível.

Na Polônia, durante a guerra, Jack participou da resistência antinazista, um pequeno guerrilheiro, de 12 anos, sobrevivendo à base de batatas roubadas e carregamento de explosivos caseiros. Jack recusou-se a falar sobre isso, mas eu sabia.

Aos 12 anos, o pequeno John Browne ganhava honrarias na escola Ely, que já tinha 600 anos quando Henrique VIII renomeou-a de King's School. A mãe de John sobreviveu ao campo de concentração de Auschwitz, mas depois da guerra se casou com uma realeza da Anglo-Persian Oil Company.

O futuro lorde Browne viveu com sua mãe até a morte dela, chegando até a levar a mamãe para sessões de estratégia de gerenciamento e reuniões do conselho. Paula Wesz, a Sra. Browne, passou sua vida protegendo John contra um mundo cruel, encorajando-o a tornar-se o mais poderoso, rico e não-judeu possível, para que ninguém pudesse machucá-lo como ela foi machucada. Lição assimilada. Aprovado. Esconder. Esconder seu *pintinho* circuncidado e sua luxúria sórdida por outros garotinhos. No casulo protetor que ela construiu, a mãe do lorde criou um fracote dominador e monstruoso, um deficiente emocional e moral, um autoritário manipulador. Uma fraude endeusada, porém assustada.

Grynberg, tornado órfão e perseguido pelos nazistas, era um soldado criança que se criou desprotegido mas armado, faminto e perigoso desde a tenra idade. Jack nunca largou e nunca largará suas armas, sempre um guerrilheiro, sempre enfrentando um tanque usando um coquetel Molotov, ou o equivalente em advogados.

✳ ✳ ✳

As pedras e a Rússia deixaram Grynberg rico. Não precisei perguntar como ele aprendeu a falar russo. Falei com um de seus compatriotas da Resistência Judaica na fronteira entre a Polônia e a Bielorrússia, Chaim Ajzen da *shtetl* de Hrubieszów. Ajzen disse que os jovens guerreiros da resistência eram levados para o Exército Vermelho regular enquanto os soviéticos iam ao oeste para o ataque a Berlim. Com a guerra vencida, os russos imediatamente prenderam os guerrilheiros poloneses e judeus, arrastando-os para o fundo dos campos gulags, com a base razoável de que, no novo paraíso dos trabalhadores soviéticos, não era uma boa ideia deixar livres um monte de caras cuja forma de discordar era ir até as montanhas e explodir pontes.

Escapar dos campos e sobreviver em uma Rússia abalada pela guerra exigia aprender um pouco de russo.

Mas Grynberg, como quase todos os sobreviventes da Resistência, não falaria sobre sua época dolorosa. Ao fugir para as montanhas para salvarem-se, o pequeno Jack, o pequeno Chaim Ajzen, devem ter deixado a mãe, o pai e suas irmãs e irmãos morrerem, provavelmente alvejados no porão da casa da família, um ou dois arrastados para as câmaras de gás. Os próprios pais de Ajzen, ouvindo os nazistas chegarem, disseram para ele: "Não é certo que um filho veja seus pais serem assassinados", e mandaram-no correr para a floresta.

E os outros?, perguntei a Ajzen. Seu tio Solomon, "Sollie", era um caso à parte. Como era o fazendeiro que guarnecia a cavalaria polonesa com os cavalos que atacaram os tanques Panzer alemães, Sollie foi levado para a praça da cidade, quando ordenaram que todos os moradores assistissem àquilo. Os alemães deram um tiro na cabeça de Sollie, para o horror de alguns, para a alegria de outros. Um senhor que quando era garoto cuidava dos cavalos de Sollie, e o reverenciava, fez um desenho de Sollie para mim, de sua memória.

E os outros? "Hitler matou todos. Hitler matou todos", minha avó Anna repetia várias vezes. Ela escapou em segurança de Hrubieszów em 1921. Chaim Ajzen, que em ídiche significa "Vida de Aço", seu primo, é meu tio-avô.

☆ ☆ ☆

Caminhei por uma chuva terrível de Nova York. Esqueci de perguntar a Grynberg: *E aí, Jack, o que aconteceu com a história de "Vacas para o Cazaquistão"?*

Então me manquei: sou um imbecil! Um amador, um babaca! O ar-condicionado!

Jack escolheu um prédio discreto que não era muito chique, mas era bem fechado, diferente de um hotel, onde é possível alugar um quarto ao lado, subornar os funcionários ou enganar os camareiros. O prédio não era chamativo e era seguro, longe da vista dos curiosos. A BP não poderia colocar um de seus carrinhos de controle remoto com microfones pela ventilação como fizeram com Hamel, ou invadir um quarto como fizeram com o Inspetor Lawn, ou fazer qualquer coisa a mais do que fazem atualmente. Um espião veterano e sabotador clandestino que ganhou dezenas de milhões de dólares no tanque de tubarões dos assassinocratas do KGB, Grynberg era um dos poucos executivos do petróleo que sabiam o que significava uma "casa segura" e que tinha cérebro para possuir uma.

Obviamente, Grynberg joga em um tabuleiro de xadrez que eu nem posso ver, imagine saber onde estão as peças que se movem. E não tenho dúvidas que agora sou uma das peças de Jack. Foi ele quem me alertou sobre o Homem da Maleta Sem Endereço. E agora ele me enviou a Londres para fazer perguntas, porque ele mesmo não pode chegar perto o suficiente da BP e do homem de confiança deles, o lorde de Madingly.

Bem, por que não? Não há nenhum Deus, mas há Grynberg. Eu fico com o que posso ter.

CULLODEN BAY, TRINIDAD E TOBAGO

O Natal está chegando, para alguns. Outra mensagem urgente chegou do chefe de inteligência da República Livre do Ártico. Precisavam de nós lá mais uma vez. A temperatura em Kaktovik: -28 ºC. Essa é a temperatura *alta* durante a única hora de luz do sol do dia.

Então, Badpenny reserva um voo para o novo local de perfuração da BP... em Culloden Bay, Tobago (31 ºC, temperatura da água: 28 ºC). Ela não trouxe nada além de um iPad e um pano curto para usar por cima do biquíni de morangos. Percebi que quando aqueles morangos balançavam, os homens enlouqueciam, o sangue descia de seus cérebros para suas bermudas, eles ficavam idiotas.

Eu não. Não como da carne onde ganho o pão.

A parada em Porto de Espanha é inevitável. PdE, a capital de Trinidad, é meio encardida. E eu tenho um grande respeito por isso, os prédios detonados do governo, sua sujeira de Terceiro Mundo. Nem todas as capitais do petróleo precisam ser uma Baku, um bacanal subornado em imitação a Dubai, uma economia que se equilibra nos saltos agulha da primeira-dama.

Os montes enormes de ganhos ilícitos vindos do petróleo e do gás firmados entre Trinidad e a Venezuela estão sendo distribuídos entre os cidadãos de Trinidad.

Em alto-mar, além do horizonte, as plataformas da BP estão sugando os hidrocarbonetos de Tobago, então estou conduzindo uma extensa investigação do ambiente. De snorkel. Estou observando os peixes acará e eles me observam. Diferente de Baku, diferente de Biloxi, nada que eu possa queimar com um isqueiro está flutuando.

Comparada com Baku central, a cidade era um saco: nenhum Bentley, nenhuma Lamborghini, e a maior loja é uma de $1,99 onde era possível comprar sandálias de plástico. Os sapatos aqui são uma piada. Ferragamo cometeria suicídio em um lugar desses.

Agora chegamos na parte crítica da investigação. Debaixo de uma palmeira, Badpenny está fazendo palavras cruzadas em inglês no seu iPhone. Krishna, apesar de meus firmes protestos, está me servindo uma segunda dose de El Dorado 15, ainda mais delicioso do que o conhaque Angostura. Tenho um novo amor.

Krishna Persad é o Grynberg de Trinidad. Imaginei que o dr. P, como todos o chamavam, pode preencher os números para minha investigação sobre a BP.

Eis os números

	Azerbaijão	Trinidad e Tobago
Porção estatal do petróleo	10%	55%
Mínimo de perfuração exigida	Nenhum	Muito
Petróleo de "lucro" para o governo	Após 5 anos	Desde o Primeiro Dia

Em Trinidad, a BP tem uma fatia. No Azerbaijão, a BP tem a torta inteira. E nos EUA, fomos "Bakuados".

SALA 11, TRIBUNAL FEDERAL MOYNIHAN DISTRITO SUL DE NOVA YORK, MANHATTAN

Jim Giffen está com uma ótima aparência. Está bronzeado, em forma. Parece que jogou golfe naquela manhã antes de sua sentença. Giffen vive exatamente no *fairway* do famoso Winged Foot Golf Club. Bela casa — filmei-a acidentalmente enquanto procurava por seu vizinho, Hermann, o Abutre.

E presumi que, no fim do jogo, Giffen, o cara cujo lema era "as pessoas aqui têm armas", quebrava algumas bolas apenas para manter a prática.

A Sala 11 parecia-se um pouco com um clube exclusivo de cavalheiros, o que realmente é, com mármore, couros ricos e mogno. Aqui, os cavalheiros são condenados pelos crimes dos cavalheiros. Não há "trombadinhas" do Bronx aqui. Agora, a sala está lotada de velhos brancos de Winged Foot, todos com a mesma cara bronzeada e cabelos brancos e grossos cortados na navalha, com sapatos da Brooks Brothers, além de algumas de suas esposas jovens enfeitadas com pérolas.

O juiz está atrasado, e Giffen e seus advogados (contei oito, em uma média de, digamos, $600 por hora) estavam brincando entre si, rindo e relembrando os velhos tempos. Lá está o *consigliere* mandachuva Bill Schwartz e um garoto loiro de rosto rechonchudo segurando sua pasta e sua correspondente feminina loira, para segurar a pasta *dele*. Debaixo de seu terninho cinza, era possível ver as curvas de suas coxas esculpidas por horas na esteira do New York Health and Racquet Club (obviamente eu tinha tempo para perder).

"*Todos em pé!*"

O juiz William Pauley III sentou-se, nós sentamos em seguida, e Sua Excelência perguntou ao seu amigo Schwartz se ele tinha algo a dizer sobre Giffen antes de conduzir a sentença.

O processo de Giffen é chamado de "o pai dos casos de suborno", por causa da quantia, mais de $100 milhões, de seus destinatários, "KO-1 e KO-2", e a lista de clientes de Giffen, que parece uma festa de aniversário no Clube de Petróleo de Houston: ExxonMobil, ConocoPhillips e a (ainda desconhecida do governo) BP.

Por todos os milhões que passaram pelas mãos dele, e pelos milhões que lá ficaram, Giffen era apenas um menino de recados enaltecido, um coletor, uma mula. Mas diferente de um pobretão do Equador que leva pacotes de cocaína no estômago, Giffen levava números de contas bancárias suíças em seu BlackBerry.

Pego enquanto segurava a maleta para a Mobil e companhia, Giffen finalmente iria se dar mal.

Na noite anterior, consegui o número do celular de um informante de alto nível do Departamento de Justiça, que concordou conversar comigo sobre *"um panorama muito, muito profundo"* (o álbum de fotografias desta investigação seria esquisito: nenhum nome, nenhum rosto, exceto por aqueles poucos excêntricos com mais coragem do que bom senso). O sr. Profundo disse: *"A justiça desmoronou. Simplesmente desmoronou. Eles tinham os documentos, são todos documentos, provas concretas. Giffen foi autorizado a pleitear violações ao código fiscal, nenhuma admissão pessoal de suborno"*. Era uma humilhação doentia, mas ainda assim, o sr. Profundo diz que Giffen aceitou um ano de xilindró, acusado pelo crime, mais liberdade condicional, e multas de milhões. Um tapinha na mão. Mas com uma leve ferroada.

O Pai dos casos de suborno ficou paralisado por todos os anos de Bush. A defesa de Giffen de que ele era um agente secreto do governo dos EUA, uma grande piada, atrasou o caso por seis anos enquanto George Bush defendia os novos poderes da CIA de dizer foda-se para qualquer inquérito judicial investigativo.

Com Obama no caso, Giffen finalmente encararia a Justiça. Mas o KO-2, Naz, presidente Nazarbayev, não faria o mesmo. Outra fonte da Rússia me disse que a Hillary Clinton enviou o secretário de estado adjunto para o Cazaquistão, logo antes da Justiça oferecer uma apelação a Giffen, para tranquilizar o subornado KO-2 dizendo que nem ele e nem seu apavorante primeiro-ministro, o KO-1, seriam indiciados pelo tribunal dos EUA.

Aquele era um acordo adorável para Giffen: não foi exigido do coletor que revelasse algum pagamento da BP, nem que soltasse as fontes, nem os sete nomes que dividiram tão facilmente os $84 milhões. O governo não perguntou por nomes — e reza todas as noites para que Giffen nunca os diga. Ele tem o governo como refém: se os esconderijos suíços fossem rastreados até as Sete Irmãs do Petróleo, as empresas petrolíferas teriam que ser indiciadas com ele. Então, pela lei internacional, *aqueles contratos poderiam ser anulados.*

Contratos que são frutos de crime não podem ser executados. A BP, a Total da França, a ConocoPhillips, a Texaco, a ENI da Itália e o resto da gangue, se indiciados, estariam fora do Cáspio com um chute em seus *bumbuns*. A China, rindo nos bastidores, acabaria ficando com a coisa inteira.

Uma enorme aglomeração de repórteres está no fim do corredor, fazendo a cobertura de uma loira no julgamento de Bernie Madoff. Sou o único repórter cobrindo o Caso de Suborno do Século. Que sorte a minha.

Agora, Schwartz se levanta. Os defensores de Giffen estão prestes a ganhar seus $600 por hora. Em um púlpito de madeira escura, alto e dramático, o advogado diz que seu cliente meramente "deixou de marcar uma opção em um formulário de imposto" — esse era seu único crime, o qual agora ele confessava. Ele abriu mão de uma conta bancária de $84 milhões. Giffen, de fato, já havia sofrido como se estivesse sentenciado a anos de prisão, um prisioneiro virtual em sua própria casa! (Sua casa nos campos de golfe, a Alcatraz dos Opulentos, a Rikers dos Ricos.)

O juiz está perguntando se "o governo gostaria de fazer um comentário". Há dois caras com ternos baratos que eu não tinha visto antes, parecendo desconfortáveis, como se o professor tivesse acabado de chamá-los e eles não tivessem feito o dever de casa. Mal dando para ouvir, um deles disse: "Ah, não".

Há uma pausa. Suspense. Imaginei que eles iriam abaixar as calças, pôr as mãos nos próprios tornozelos e dizer: "Tudo seu, Sr. Giffen!".

O juiz diz gentilmente: "Que o acusado se levante para a sentença".

Sua Excelência, da máquina republicana de Nassau County, tinha um olhar suave. Ele diz que Giffen é um "grande patriota" que agiu "para o melhor interesse dos Estados Unidos".

Ahn?

Espero estar entendendo direito:

"Li uma quantidade extraordinária de materiais sigilosos". O juiz não podia revelar os detalhes — ele sorriu — mas, *"basta dizer que o sr. Giffen era uma fonte significante de informações para o governo dos EUA e um canal de informações secretas da União Soviética durante a Guerra Fria".*

Puta merda, Giffen era mesmo um agente.

"Por anos, o Sr. Giffen foi uma fonte apta a chegar no mais alto nível do governo soviético, um canal indispensável para nossas agências e interesses. Ele foi fundamental para a soltura e liberdade de judeus soviéticos".

Meu Deus, é a *Lista de Schindler* parte 2! Lembrei de todos os nazistas que pegaram um judeu faminto após a guerra e alegaram salvá-los.

"E então, após o fim da União Soviética, o sr. Giffen utilizou seus contatos com o presidente do Cazaquistão para trabalhar com o governo dos EUA adiantando interesses estratégicos e corporativos para nossas nações".

Então é verdade. Pobre Jack Grynberg. Giffen não era "um vendedor de dutos", como ele pensou. O Departamento de Estado designou Jack para persuadir Nazarbayev, pagar a ele o que fosse necessário e manter o petróleo longe dos russos e chineses. Mas Jack foi velhaco e começou sua guerra santa de um homem só contra o suborno. As agências enviaram um substituto, Giffen, para cuidar do KO-1 e do KO-2 e dispensar Jack. Bem, Jack, "coisas ruins podem acontecer".

O juiz está se esforçando em uma conversa fiada patriota. Giffen "era um dos únicos norte-americanos com acesso constante" aos cleptocratas cazaques. "Esses relacionamentos, construídos ao longo de uma vida" — o juiz olhou severo os dois de ternos baratos — "foram perdidos no dia de sua prisão".

Em outras palavras, vocês, caras da Justiça, com seu FBI retardado, estragaram tudo isso, queimando um recurso de inteligência. Babacas.

Estou ouvindo o juiz se desculpar pelo FBI interromper as transferências de dinheiro de Giffen.

Ele concorda com os defensores de Giffen. *"Esse suplício tem que acabar!"*

Suplício? No Winged Foot Country Club? Talvez eu esteja no serviço errado.

"Como o sr. Giffen recupera seu nome limpo? Este tribunal inicia tal processo reconhecendo seus serviços. Todos nós devemos ao sr. Giffen nossa gratidão".

Oh meu deus, será que o juiz vai mandar todo mundo ficar em pé e dizer *Obrigado, sr. Giffen?*

Agora a sentença é proferida. Giffen declarou-se culpado, mas em seu registro irá constar que ele apenas cometeu um erro na papelada dos impostos, uma infração muito menos severa do que dirigir embriagado, por exemplo.

Como o suborno foi confessado, o crime será atribuído à empresa de Giffen, que, até onde eu sei, existe principalmente no papel. *Pedaço de papel mau, muito mau!* Até o pedaço de papel se saiu bem: o único "suborno" que o juiz irá registrar é *"duas motos de neve como um presente de Natal,* *apenas $16.000, presentes que são uma parte comum da cultura local"* (não lembro de ter visto motos de neve na Cidade Terminal. Galinhas, sim). A lei exige que o juiz cobre do pedaço de papel uma multa de $32.000, uma quantia que Giffen tem em trocado entre as almofadas do sofá.

E o próprio Giffen? O juiz *se desculpou* pela sua prisão e pela única noite no xadrez. Aquela seria sua sentença de prisão, "tempo cumprido", aquela única noite. O Departamento de Justiça? Eles solicitaram que Giffen tivesse, pelo menos, a liberdade condicional.

O juiz ordenou: "Não haverá *nenhuma* condicional". Giffen sofreu o suficiente. No entanto, como ele se declarou culpado, deveria haver uma punição, uma multa.

"Devo multar o Sr. Giffen pelos exigidos $25".

* * *

Cheguei até o elevador com a festa das risadas, tapinhas nas costas, no caminho para os drinques. Nas escadas do tribunal, apertei a mão de Giffen e lhe dei os parabéns. Mas não soltei. Um truque barato, esse. Sorrindo para ele enquanto eu puxava sutilmente seu pulso, levei Giffen para o alcance das lentes teleobjetivas de Rick. Matty Pass, que deslizou para dentro do amontoado da plateia em deleite, me entregou um microfone por debaixo de minhas pernas. Coloquei-o na cara de Giffen.

"A BP-Cazaquistão pagou a você meio milhão. Para que foi *aquilo*?".

Giffen, que havia virado a cabeça para receber mais congratulações, virou-se de repente para mim: "Nunca fui pago pela BP. Não há nenhum documento que prove isso". Matty me entregou o documento. A fatura enviada pela BP para Grynberg.

No momento em que mostrei o documento para ele, Giffen gritou na minha cara: "Calúnia!". E assim que perguntei "Quanto você pagou a Nazarbayev pela BP?", recebi um empurrão vindo do meu ponto cego, quase me jogando das escadas do tribunal. Do time em volta de Giffen, a loira musculosa trocou olhares comigo. Se foi ela quem fez aquilo, ela ganhou seus $600.

Eu mereço isso, esse empurrão, esse golpe final a qualquer esperançazinha de menino bobo que um tiquinho de justiça ainda exista no sistema. Senti como se eu devesse me oferecer para pagar a multa de $25 de Giffen, o agente da CIA. Lá estava uma educação que valia a pena ser paga.

G. PALAST

Quoth the Raven: safer than before

CAPÍTULO 7
Meu Lar Agora é Um Lugar Estranho

ALASCA, ANTES DO INÍCIO

O Corvo, aquele maldito mentiroso, chegou à Ilha Chenega, onde as pessoas dormiam e dormiam porque havia apenas escuridão. De Seu caiaque, o Corvo deu a eles uma caixa cheia de Luz do Dia, e em troca, Ele pediu e o povo deu a Ele uma esposa, Qaleratalik, "A Doninha com um Vestido de Verão". Ele alimentava Qaleratalik apenas com o musgo de Seu bico, que ela não conseguia comer.

Um dia, quando o Corvo estava com fome, Ele disse aos Seus netos: "Eu capturei uma foca enorme perto do cabo". E quando Seus netos deixaram o fogo para procurá-la, o Corvo comeu toda a comida deles. Eles voltaram, e o Corvo, gargalhando, perguntou se eles haviam encontrado a foca, apesar de saber que não havia foca nenhuma. E, então, Seus netos morreram de decepção.

Incontáveis milênios depois, os russos chegaram à Ilha Chenega. Eles falaram ao Chefe Axuna sobre um Velho Enganador, Satanás, que vivia nessa Terra; e Axuna, cujo nome significava "Ânus Covarde de Lontra", foi batizado e renomeado de Makarichemovitsky, que significa "Passarinho". Então eles levaram as peles de animais e o óleo de baleia de Passarinho.

Os padres Ortodoxos de túnicas escuras batizaram outra família, nomeando-os de Totemoff por causa dos bastões sofisticados que eles idolatravam, os quais os russos queimaram. Depois, na Ilha Nuciiq, os padres batizaram seus primos de Kvasnikoff ("Crianças-Whisky"), sequestraram-nos e abandonaram-nos no fim isolado de uma geleira impenetrável cercada pelo Golfo do Alasca. Se as Crianças-Whisky não morressem, a Rússia ganharia um depósito de suprimentos e um posto baleeiro localizado de modo conveniente à entrada da Enseada do Príncipe Guilherme.

Axuna já sabia tudo sobre o Velho Enganador; e Axuna sabia que o Corvo, o maldito mentiroso, não era o que fingia ser, que o Corvo usava carvão e feitiçaria para parecer belo e negro. Por mil anos, os Chugachmiut alertaram cada geração que, por dentro, o Corvo é branco, feio como o gelo.

Mudqnò. Isso é tudo. Não há nada mais.

Em 1867, o sórdido secretariozinho de Estado de Abraham Lincoln, William Seward, comprou o Alasca do Czar Imperial a dois centavos e meio por acre. Obviamente, o Czar nunca de fato possuiu aquela terra. Nossa jovem e conturbada nação e o sucessor de Lincoln, que desprezou Seward e principalmente seu "jardim de ursos polares", estavam felizes por esquecerem da vila Chenega e dos nativos Chugachmiut até a Sexta-feira da Paixão de 1964, dois dias depois de estar muito tarde para avisá-los...

VILA CHENEGA, ENSEADA DO PRÍNCIPE GUILHERME

Os nativos de Chenega contam a história de como os picos de gelo da Ilha Montague pulam duas vezes a altura de um homem e apenas minutos depois caem de volta.

Sexta-feira da Paixão, 27 de março de 1964. Às 17h36min, as máquinas de sismologia do mundo todo registraram um terremoto monstruoso, 9.2 na escala Richter, que balançou a costa do Alasca. Tsunamis enormes como navios de guerra chegariam com certeza. Foram enviados alertas desde as cidades costais de Anchorage até Malibu. Mas nenhuma mensagem foi enviada para a rádio de ondas curtas da vila nativa Chugach de Chenega na Enseada do Príncipe Guilherme, perto do epicentro do tremor.

O caçador de focas Nicholas Kompkoff, chefe de Chenega, viu o oceano simplesmente desaparecer em frente a sua casa de palafitas. Ele logo entendeu que a água estava sendo sugada por uma onda além do horizonte e que ela voltaria para se vingar.

Kompkoff conduziu suas quatro filhas para a encosta de cascalho em direção à igreja no nível mais alto, empurrando-as para que corressem o mais rápido possível com suas perninhas. Mas não foi rápido o suficiente. Assim que a onda chegou, Nicholas esticou os braços, agarrou as duas garotas que estavam mais perto dele e correu com uma embaixo de cada braço. As duas outras foram levadas pela água e arrastadas para a Enseada congelada. Uma delas voltou. Dias depois, Nicholas encontrou seu corpo preso no alto dos galhos de um pinheiro.

A telemetria satelital indica que os nativos subestimaram demais o salto da montanha. Os picos de neve da Ilha Montague subiram dez metros, depois caíram, formando uma onda de 27 metros e 17 centímetros sobre a vila Chenega.

O irmão mais novo de Nicholas, Don, me contou que foi levantado pela onda, mas conseguiu agarrar a cruz no topo do campanário da igreja, segurando-se por sua vida, o único caso comprovado em que Jesus salvou.

Dois dias após o tremor, um avião postal voava para jogar a correspondência da vila pela janela, mas não encontrou Chenega — porque ela não estava lá. Todas as dúzias de casas de palafitas foram varridas — com um terço dos moradores ainda nelas ou em fuga. O piloto, Jimmy Firth, com um pressentimento e um segundo voo, localizou alguns pedaços do teto azul da igreja.

Nicholas e alguns de seu povo que sobreviveram subiram em um barco de resgate, dividiram-se e foram despejados em Anchorage, na Ilha Tatitlek, em uma vila Eyak em Cordova.

Pelos anos seguintes, Nicholas tornou-se um alcoólatra e um padre Ortodoxo. Em 1968, o Padre Nicholas colocou uma arma no queixo e puxou o gatilho. A bala arrebentou sua mandíbula, mas não acertou o cérebro. Os bispos envergonhados da igreja excomungaram Nicholas.

Ainda assim, todos os anos, na Sexta-feira da Paixão, Nicholas e alguns obstinados de Chenega fariam a difícil peregrinação de barco até a antiga vila, para recolher os ossos em decomposição, deixar uma cruz na praia e repetir uma promessa cada vez mais patética de retornar à Enseada e reconstruir suas casas.

Milagres acontecem? Gosto de pensar que sim.

Em março de 1969, um helicóptero desceu dos céus sobre Cordova, e um homem da empresa Humble Oil chegou procurando pelo Padre Nick com uma oferta para resolver os problemas de Chenega. O maior problema de todos era que o Corvo deu a eles o sol e a lua, mas não deu uma escritura assinada da propriedade. Ninguém na vila tinha um pedaço de papel escrito "Nossa propriedade". Até que eles conseguissem esse pedaço de papel, eles não podiam voltar.

O homem da Humble consertaria isso, utilizando os poderes de sua empresa em Washington para dar a eles a propriedade de sua ilha natal. A empresa com o nome gentil Humble (humilde) era a subsidiária do Alasca de uma empresa muito menos humilde, a Standard Oil Company, que três anos depois mudaria seu nome para Exxon Corporation.

O "Sr. Humilde" só queria uma coisa em troca de Nicholas: que ele vendesse para a Humble e seus parceiros a antiga vila chugach de Valdez.

Valdez é um lugar sagrado para a indústria petrolífera. A geologia trêmula do Alasca ("placas continentais de subducção propensa a tsunamis") fez de Valdez o único ponto em toda a extensão costal de 70.840 km do estado que poderia suportar um porto petroleiro gigantesco. Por essa razão, a propriedade de Valdez valia, digamos, uns dois bilhões ou algo em torno disso.

Quanto as gigantes do petróleo pagariam aos nativos por Valdez? Elas ofereceram ao Padre Nicholas um dólar.

* * *

Talvez Nicholas Kompkoff fosse um "pele vermelha tonto e bêbado". Talvez não. Escrevo isso no túmulo dele na Ilha Evans, na nova vila Chenega. Daqui, é possível ver a Clínica e centro de reabilitação Arcipreste Nicholas Kompkoff e a pequena igreja de cúpula azul terminada a tempo para Nicholas conduzir suas últimas orações, e as duas dúzias de pequenos bangalôs dos nativos que retornaram, quase todos milionários.

Vamos fazer uma pausa e fingir que esse é o final feliz. Não faz sentido pular para a conclusão trágica ainda.

* * *

A Humble Oil e sua mãe menos humilde, a Exxon, chegaram, influenciando o Congresso para dar ao povo de Chenega a propriedade tanto da antiga vila quanto da nova na Ilha Evans, escolhida por geólogos por ser livre de tsunamis. No vigésimo quinto aniversário do Grande Terremoto, as famílias de Nova Chenega velejaram até a antiga vila para deixar cruzes sobre as ruínas. Depois, velejaram de volta para abençoar suas novas casas. Era a Sexta-feira da Paixão de 1989.

Naquela noite, às 0h04min, o *Exxon Valdez* encalhou e derramou mais de 41 milhões de litros de petróleo. A onda negra logo tragou a antiga vila, e depois a nova, e depois seus pesqueiros, cegando e queimando todas as focas em seus ninhos, sufocando todos os crustáceos, matando um milhão de pássaros, espalhando poluentes em 1600 km na beira do mar, e deixando a Nova Chenega isolada em um mar envenenado. Os três mil anos de vida Chugachmiut que subsistia nas águas da Enseada chegaram ao fim.

Mudqnò. Isso é tudo. Não há nada mais.

WORLD TRADE CENTER, NOVA YORK

Até o dia 24 de março de 1989, na manhã do vazamento, ninguém se preocupava se um nativo Chugach morresse de repente, o que acontecia, com frequência e entre os jovens.

Contudo, a partir das 0h04min, aqueles nativos, para os advogados sortudos que conseguissem encontrar um, tornaram-se uma casa de veraneio nos Hamptons, um Mercedes com todos os adicionais, Rod Stewart cantando "Feliz Aniversário", uma amante jovem *e* uma nova esposa para exibir.

Um Chugach valia — não quero exagerar — talvez um quinto de seu peso em taxas legais de ouro. Cada nativo valia uma troca, como cupons, por todas essas coisas, inclusive o Rod Stewart, se você conseguisse encontrar um Chugach para você.

O advogado grisalho Melvin Belli foi abordado por uma passageira no primeiro voo de São Francisco a Anchorage: "Vejo, Sr. Belli, que o senhor está atrás de ambulâncias novamente". Belli respondeu: "Madame, eu chego lá *antes* das ambulâncias".

Essa seria uma grande oportunidade legal para advogados de defesa. Em questão de dias após o encalhe do petroleiro, a Exxon disse que pagaria por todo o estrago. O homem da Exxon disse isso na TV. Que a Exxon faria "o que fosse preciso para mantê-los inteiros".

Então, nenhum risco: encontre um nativo para você, entre com um processo e pegue sua parte. Rápido, fácil, lucrativo. Do outro lado da mesa, os advogados da empresa petrolífera não sonhavam apenas com o Mercedes. Eles o compraram no dia em que o petroleiro encalhou: nos quatro minutos depois da meia-noite, eles começaram a avaliar uma casa de praia em Malibu por semana — e conseguiriam ganhá-la, perdendo ou ganhando.

Eu estava tentando acordar o cara que dormiu em uma caixa em frente à porta do meu escritório na 2nd Avenue. Minha vizinha ainda não tinha recolhido os tubinhos de crack (ela os transformava em objetos de arte). Eu segurava o café em uma mão, uma rosquinha com *cream cheese* de cebolinha na outra, e pude ouvir meu telefone tocar e tocar no topo das escadas. Paguei o pedágio do cara na caixa (50 centavos), corri no lance da escada *(Será que ninguém varre esses degraus?)* e recebi a mensagem para ir ao World Trade Center: *"agora, Palast".*

A Hill, Betts & Nash é uma daquelas empresas tradicionais cautelosas, que fornecem representação discreta para Sua Majestade e são o Lloyd's List* em assuntos de Direito Marítimo. Eles deixaram claro que a Britânia dominava os mares, inclusive ao tomar conta da última confusãozinha que a BP fez no colapso do petroleiro *Torrey Canyon*. Aqueles cavalheiros não correriam para a Enseada do Príncipe Guilherme para agarrarem um índio para si mesmos. Mas a Hill, Betts & Nash podia contar com os advogados sequestradores de nativos para chamarem a empresa, que de fato lidaria com os assuntos de direito do mar.

Advogados precisam de fatos (de vez em quando) para argumentar o caso e calcular os prejuízos e, dessa forma, suas taxas. Então, quando eu vi o petroleiro da Exxon nas primeiras páginas daquela manhã, imaginei que receberia uma ligação. Como detetive, me especializei no trabalho que a maioria das pessoas sóbrias consideraria estupidamente maçante, que requeria a criação (ou a destruição) de algoritmos de computadores proprietários, mas basicamente, pesquisas profundas em dezenas de milhares de páginas de documentos corporativos e livros de contabilidade, que existiam há décadas e estavam cobertos de poeira e conversa fiada. Informações que valiam milhões, até bilhões, para meus clientes e, em troca, eles pagavam as minhas rosquinhas.

Recebi a mensagem, corri as escadas, pulei a caixa (só paguei para entrar, não para sair) e peguei um táxi para o World Trade Torre Um, onde a Hill, Betts & Nash comandava todo o 52º andar. Passei pelos olhares na recepção (eu estava todo desleixado) até um corredor discreto, carpeteado, forrado com modelos de veleiros, barcos a vapor, navios de cruzeiro e fotografias dos fundadores bigodudos da firma, até o escritório do Parceiro Sênior. Aquilo sempre mexia comigo: a vista da Estátua da Liberdade quando eu trabalhava lá à noite e, quando eu me preocupava em olhar para baixo, as belas luzes do congestionamento na Rodovia West Side.

---

* N.E.: *Lloyd's List* é um jornal britânico especializado em indústria marítima, com publicações que datam desde 1734.

"Você vai *amar* essa, Palast. Lá tem tudo para você: uma empresa petrolífera grande e má, árvores e pássaros cobertos de petróleo — e os índios pobrezinhos". Greg O'Neill gostava de caçoar de liberais de coração mole como eu.

Na mesa da recepção, peguei um envelope com uma passagem da Delta Airlines para Anchorage.

O'Neill riu ainda mais: "Palast, estou te dizendo: esse será seu Vietnã". Bem, pelo menos a passagem era de primeira classe.

* * *

A primeira coisa que nossos novos clientes Chugach ordenaram que nossa equipe legal banhada a ouro fizesse foi abrir um processo para impedir que o *Exxon Valdez* retornasse às suas águas alasquianas. Nenhum outro petroleiro, apenas o *Exxon Valdez*.

Os nativos esperavam repelir a volta do Petroleiro da Morte, o navio do Enganador, o Corvo, aquele que matou seus netos com promessas furadas.

Você pode achar bobo, pode achar supersticioso. Mas o Congresso dos EUA não achou que a demanda dos nativos de barrar o Navio do Diabo fosse tão insana como você pode estar achando. Em 1990, o Congresso transformou a proibição em lei. Mas pensando bem, insanidade nunca dissuadiu o Congresso.

No final, a Exxon realmente consertou o petroleiro gigante, rebatizando-o com um nome sugerido pelos atenciosos consultores de RP: VLCC *SeaRiver Mediterranean*. Mas os nativos não foram enganados. Eles foram sábios o suficiente para exigir o banimento dos navios no Alasca, não importando qual nome a Exxon pintaria na proa.

Vencendo a aprovação da lei do "Petroleiro da Morte", os nativos foram bem sucedidos em manter o amaldiçoado *Exxon Valdez/SeaRiver* longe do Alasca. O problema é que o deus satânico em forma de pássaro negro dos nativos é malandro, nunca usa a mesma máscara duas vezes. Meu amigo Eyak, Águia Risonha, já falecido, me disse: "Cuidado. O Satanás é uma bela mulher, a mais bela mulher". O Diabo nunca aparece da forma como se espera.

Em maio de 1996, após a proibição sobre o navio diabólico entrar em vigor, a unidade da Exxon Mobil lançou um novo petroleiro para a corrida do Alasca. Liguei para a empresa, mas ninguém sabia me dizer por que chamaram o novo petroleiro de VLCC *Corvo*.

* * *

Foi o lançamento de petroleiro mais caro de todos os tempos. Nunca na história da construção naval um comprador gastou tantos milhões em propaganda de um novo navio que não levava passageiros.

A gigante petrolífera publicou anúncios de duas páginas pelos Estados Unidos alardeando o navio que eles chamavam astutamente de *"dois dos navios mais seguros já construídos"*, significando que havia um petroleiro dentro do outro, um navio de "casco duplo". Se o casco externo colidisse com um recife, o petróleo permaneceria a salvo dentro do segundo, do casco interno. Isso evitaria "a maioria dos vazamentos da história causados por colisão", o anúncio nos dizia.

Os anúncios enormes da empresa diziam no título: "E O CORVO DISSE: NUNCA MAIS". Contudo, isso é o que o Corvo *sempre* diz. Mais uma vez, nos deparamos com o axioma de V. S. Naipaul sobre os chefes imperiais: eles não mentem, eles *omitem*.

Eis o que os omissores do petróleo deixaram de fora:

Em 1971, 18 anos antes do *Exxon Valdez* bater em Bligh Reef, a Legislatura do Estado do Alasca aprovou uma lei bastante não insana exigindo o uso de petroleiros de casco duplo na rota de petróleo de Valdez. Mas a Chevron, a Exxon e a Mobil entraram com um processo para bloquear a lei do casco duplo. Venceram. Em outras palavras, se as empresas não tivessem acabado com a lei, o *Exxon Valdez* teria dois cascos e o vazamento nunca teria acontecido.

A Mobil construiu um petroleiro bastante sensacionalista de dois cascos em 1996 simplesmente porque a empresa não tinha escolha. Os cascos duplos estavam na lei federal logo após o desastre do *Exxon Valdez*.

De volta a 1971, a British Petroleum ainda era a irmãzinha das gigantes petrolíferas. Nova no cenário, a BP construiu, obediente, três petroleiros de casco duplo para operarem em Valdez de acordo com a lei do Alasca. Mas quando suas empresas irmãs processaram e ganharam o direito à nudez de um só casco, a BP gastou vários milhões de dólares para reencaminhar os dutos dos navios para preencher o espaço de segurança entre os dois cascos. Essa foi a primeira vez na história em que uma empresa petrolífera fez um investimento enorme para deliberadamente deixar seus navios menos seguros.

ENSEADA DO PRÍNCIPE GUILHERME, ALASCA, 1989

O inspetor de Estado, Dan Lawn, em uma lancha veloz de Valdez, foi o primeiro a chegar no petroleiro naufragado, arriscando-se no caminho entre a fumaça nauseante e os chafarizes de petróleo bruto que poderiam explodir com o riscar de um fósforo. Na torre, o capitão Joseph Hazelwood, mamado, saudou o inspetor. Todos conheciam O Inspetor. "Que bela maneira de encerrar a carreira, hein Dan? O que eu faço?".

O inspetor Lawn disse: "Joe, eu começaria apagando esse cigarro".

∗ ∗ ∗

É isso? Um bêbado no leme de um petroleiro vai em direção a um recife e acaba com milhares de quilômetros de litoral? Apenas um daqueles momentos *ops...* desculpe! Falha humana.

Os jornais, os canais de TV, o governo, todos caíram nessa história de falha humana. A Exxon merecia culpa, mas apenas porque deixou um bebum conhecido na direção do leme.

Eu não caí nessa. Era muito fácil, muito perfeito.

A prova do crime foi simplesmente deixada lá, ao lado do corpo, as impressões digitais oleosas por toda parte: "CAPITÃO BÊBADO BATE EM RECIFE".

Tínhamos o meliante (o capitão Hazelwood) e a arma (o VLCC *Exxon Valdez*). Hazelwood estava bêbado e o condutor bêbado levou o navio para os rochedos assim como seu primo idiota, Louie, que matou 12 latinhas e bateu sua picape no portão da garagem. Simples. Muito simples.

E algo mais era suspeito. A Exxon *não negou aquilo*. Eles pareciam realmente gostar da história: é, tínhamos um bêbado no leme; ele detonou o navio; não foi nossa culpa que ele estava bêbado, mas cara, sentimos muito; e pagaremos pelo estrago que causamos. Caso encerrado.

Por que a maior empresa do planeta estava tão disposta a levar a culpa pelo seu capitão? Por que eles estavam tão dispostos a dizer: "Nós fizemos isso — quer dizer, nosso homem fez isso — e iremos pagar"?

Será que a Exxon tinha um coração? Uma alma? Um senso de culpa e honra?

E eu era só um filho da puta cínico que só pensa o pior do animal corporativo?

Hazelwood foi indiciado e culpado por operar um barco quando estava sob o efeito de tóxicos (uma condenação que mais tarde foi revogada por conta de um detalhe). Ele pagou uma multa, perdeu sua licença e pagou sua penitência em um restaurante comunitário. Seu empregador foi declarado culpado por deixar um condutor bêbado no comando e pagou uma multa de quase um bilhão de dólares, sem reclamar. Por que eu não conseguia deixar assim?

Se a Exxon tinha um coração, eu não sei, não tive o prazer de realizar uma autópsia. Mas eu sabia que eles tinham um *plano*. E, nas sombras, outra empresa na minha própria lista de suspeitos, a British Petroleum, tinha, com certeza, um plano ainda mais *planejado*.

CORDOVA, ENSEADA DO PRÍNCIPE GUILHERME, 1989

Quatro mudanças de avião em vinte horas me levaram ao Bar Alasca em Cordova. Não para beber — eu mesmo ainda não era um bebum (eu odiava álcool, exceto pelo vinho de cereja na Páscoa judaica). Comecei por lá porque era onde a maioria das coisas começavam no Alasca, em uma taverna, sejam naufrágios de navios ou de casas.

Nesse bar em frente às docas, encontrei Cliff Olsen, um nativo Eyak, um dos meus clientes, ficando um pouquinho mais empolgado. Um mapa de navegação que mostrava o canal do petroleiro estava pregado perto do fim do balcão de madeira. Cliff passou o dedo no mapa, de Valdez até o mar. "Porra, eu pego barcos pelos rochedos estreitos, bêbado, e nunca acertei a merda de um recife".

Sério?

Depois de deixar o bar, liguei para o World Trade Center e falei com Gordon Arnott, um navegador que tornou-se advogado. Muitos advogados da firma marítima tinham experiência na água salgada, e Arnott havia conduzido petroleiros pela Enseada. Ele disse: "É verdade. Nós *sempre* íamos embora de Valdez após algumas 'doses'".

E algo mais: Hazelwood não estava conduzindo o *Exxon Valdez* bêbado. *Porque ele não estava conduzindo.* Ele não estava nem perto do leme. Estava desmaiado debaixo do convés, dormindo bêbado.

Agora estamos chegando lá.

VELHA CHENEGA, ILHA KNIGHT

A Exxon e seus parceiros da indústria pagaram ao Padre Nicholas um dólar por Valdez, inestimavelmente valiosa. Mas somente a assinatura de Nick não era o suficiente. Para o conchavo do petróleo conseguir trancar Valdez, Nicholas teria que dividir seu dólar com os outros chefes da vila Chugach e conseguir suas assinaturas também.

O primeiro alvo: o chefe de Tatitlek, George Gordaoff. Em 1989, encontrei-o em seu bangalô de madeira na Antiga Vila dos nativos Eyak, localizada na floresta densa, a quilômetros de Cordova. George, envelhecendo, estava no sofá, não se sentindo bem. Sua esposa, Mary, que assumiu como Chefe, guardou os papéis daquelas reuniões com os executivos do petróleo há décadas. Ela ficava mais e mais nervosa na medida em que desdobrava cada documento e cada mapa.

Em 1969, Gordaoff, então um pescador comercial, sabia que qualquer petroleiro que estivesse deixando Valdez teria que ficar longe de Bligh Reef, um perigo logo depois da ilha da vila. Gordaoff preocupou-se pensando que se o petróleo atingisse Bligh ou os locais de pesca, seria o fim.

Então, quando os chefões das empresas petrolíferas chegaram para a assinatura dele, Gordaoff disse a eles que antes de pagarem o dólar, eles teriam que concordar em utilizar os radares mais modernos, ou podiam esquecer. Os advogados da Humble Oil disseram para ele escrever seu plano do radar. Isso deve ter rendido boas risadas. Eles sabiam que Gordaoff era analfabeto.

Porém, Mary o encorajou a ditar seus planos detalhados, inclusive o que ele sabia sobre o radar Loran-C e a localização da torre de rádio. Então as empresas petrolíferas estavam presas, e o pedido do radar estava escrito no acordo por Valdez. Era a Promessa nº 1: o radar.

Gordaoff também solicitou escoltas. Ele disse que não haveria acordo, a não ser que os petroleiros tivessem barcos de escolta para guiá-los pelo recife. Os nativos o conheciam como a palma da mão, então se ofereceram para pilotar os barcos rebocadores. As empresas adicionaram a Promessa nº 2: escolta com pilotos experientes.

Logo, os advogados das empresas correram com as assinaturas dos nativos e levaram-nas até um Congresso controlado pelos Democratas, que estavam a ponto de votar o projeto do Oleoduto. Eles eram a favor de uma rota totalmente terrestre para o petróleo da Vertente Norte, mais segura do que os petroleiros de Valdez, mas bem mais cara para construir. Mas agora que os nativos, os antigos administradores das terras, estavam perfeitamente de acordo com o método de transporte do petróleo — salpicado de radares e outras coisas —, quem diabos era o Sierra Club para dizer que não era seguro?

As empresas petrolíferas que ganhariam o Oleoduto, um consórcio que incluía Exxon, ARCO, Shell e Sohio (o disfarce norte-americano da British Petroleum), colocaram as promessas dos radares, dos equipamentos e dos pilotos em seu depoimento no Congresso e em juramentos solenes ao Departamento do Interior. Isso deu força de lei às promessas das empresas aos nativos. Os executivos juraram em seus formulários de concessão:

"Equipamentos de navegação sofisticados e pessoal de bordo altamente capacitado devem eliminar qualquer possibilidade de encalhes na Enseada do Príncipe Guilherme".

Na noite de 24 de março de 1989, o *Exxon Valdez* de fato tinha o radar mais sofisticado que se poderia comprar, o sistema Raycas Fairways, o primeiro GPS. Hoje em dia você pode comprá-lo talvez por duzentos dólares, mas na época, ele custava milhões para ser instalado e requeria treinamento especial para ser operado. Então a Exxon o desligou.

Outro navegador que se tornou advogado, Terry Gargan da Hill, Betts & Nash, descobriu essa. O radar estava desativado desde a viagem de estreia do navio há dois anos. A empresa decidiu que, ah, para que torrar grana com um sistema que a equipe não sabia como usar mesmo. O "pessoal de bordo altamente capacitado" não tinha noção de como trabalhar com o sistema Raycas.

Com o equipamento de radares fora dos negócios, o navio não estava legalmente adaptado para viajar. A Exxon sabia disso, mas o navio viajou mesmo assim. A indústria petrolífera realmente cumpriu sua promessa de navegar pela Enseada com a escolta de rebocadores de emergência — 20 anos após fazerem a promessa, *após* o vazamento do *Exxon* e, mesmo assim, sob ameaça de sanções legais.

✶ ✶ ✶

Com os documentos que a chefe Mary e George me entregaram, soubemos que as empresas prometeram por escrito. Mas e daí?

Uma promessa feita por uma empresa petrolífera a outra empresa petrolífera é um contrato. Uma promessa feita a um nativo é *o quê*? Um pacto? Uma declaração de boa vontade que serve para limpar a bunda?

Eu sabia o que era aquilo: *um crime*. O crime era extorsão. RICO: o crime federal nomeado em homenagem a Johnny Rico, o criminoso cinematográfico interpretado por Edward G. Robinson, o *Racketeer Influenced and Corrupt Organizations Act* (Ato das Influências da Extorsão e das Organizações Corruptas). Eu precisava convencer um juiz e um júri, assim como nossos próprios advogados, que a Exxon e seus parceiros eram um bando equivalente à Cosa Nostra, à Máfia, contra as quais a lei RICO lutava.

Há uma diferença, claro. Diferente da Máfia, a Exxon e parceiros tinham um orçamento enorme para propagandas e um executivo do petróleo do Texas chamado Herbert Walker Bush na Casa Branca.

Mas eu tinha o seguinte: a Exxon e parceiros ludibriaram os nativos para darem algo de valor em troca de uma mentira. Isso cheirava muito a "indução fraudulenta", o primeiro "ato declarado" necessário para a aplicação da RICO a um caso.

Eu tinha pedaços de papel de uma mulher nativa da floresta. Para indiciar as maiores empresas do mundo como gângsteres, eu precisaria de muito mais: era necessário revisar milhares de páginas de documentos de comprovação que precisaríamos encontrar de alguma forma. E isso exigiria meus melhores e mais sóbrios anos.

STEINHATCHEE, FLÓRIDA

Também precisaríamos de testemunhas. Eu precisava de infiltrados que revelariam informações aos não infiltrados. Para encontrá-los, eu precisava de um cão de caça. Precisava de uma loira.

Precisava de Lenora Stewart.

Lenora é uma bela mulher do sul, muito loira, com um sotaque leve e cantado e o requinte de um jacaré com indigestão, a detetive particular mais ousada que você encontrará. Se eu pedisse a Lenora para caçar um cervo, ela voltaria apenas com uma perna sangrando, arrotando de satisfação.

Ela cresceu no lado ruim de Steinhatchee, na Flórida (não tenho certeza de que lá há um lado bom), onde os rachas entre carros ainda acontecem na dura areia da praia.

Eu precisava que Lenora usasse suas garras adoráveis para escavar. Sua nova missão seria convencer as pessoas a colocar suas carreiras, reputações e fortunas na linha de fogo.

SEATTLE, WASHINGTON

Mas antes de ir em direção ao extremo norte, Lenora parou no estado de Washington para se encontrar com um homem que não poderia arriscar colocar os pés no Alasca, o capitão James Woodle, que já foi superintendente da Marinha de Alyeska pelo Porto de Valdez.

Anos antes do desastre do *Exxon Valdez*, em memorandos sem conversa fiada, o capitão Woodle avisou os chefes da Alyeska que os equipamentos de contenção de vazamentos estavam incompletos, estragados, inadequados, uma piada assustadora. Ele foi ordenado a calar a boca. Não calou.

A Alyeska esperou e assistiu. Então, num dia gélido de fevereiro de 1984, ele foi ao escritório da colega Henrietta Fuller para usar a máquina de xérox, e fechou a porta para afastar o frio. Ele ficou no escritório "de 08h20min até 08h40min", alguém observou com precisão militar. Essa informação, inclusive uma anotação de que Fuller mais tarde pediu emprestado o casaco do capitão, foi enviada para George Nelson, o presidente da BP no consórcio petrolífero do Alasca. E a ordem foi: a Alyeska poderia agora demitir Woodle sem temer que ele abrisse a boca.

O supervisor imediato do capitão na empresa mostrou os papéis para ele: a prova absurda de seu "caso" de 20 minutos e a ameaça de que Woodle, um homem casado, poderia ser maculado por aquilo. O capitão não recuou: ele insistiu que a BP e a Exxon não estavam preparadas para um derramamento de petróleo. Então, ele foi destituído de suas chaves, de seu crachá, demitido por "insubordinação" e escoltado até as docas.

Woodle contou para sua esposa sobre o arquivo do "caso" forjado. Mas a Alyeska tinha outra carta na manga: foi dito ao capitão que, se ele não mantivesse seus memorandos longe dos olhos do público e das agências reguladoras, ele perderia os benefícios de indenização. Além disso, o capitão teria que concordar, por escrito, em deixar Valdez, onde ele foi membro da Câmara Municipal, para sempre. Sob ameaça de falência financeira, ele assinou.

Contudo, após a colisão do petroleiro, o capitão decidiu que era hora de falar conosco sobre os disfarces e as ameaças.

Então, estava faltando equipamento crucial. Isso é estupidez, falta de cuidado, negligência. Mas saber disso e omitir as informações é fraude, o segundo "ato declarado" necessário para a aplicação da lei de extorsão RICO a um caso.

Como saberíamos que aquela omissão era deliberada? Conversamos com aqueles que foram ordenados a omitir.

PORTO PETROLEIRO, VALDEZ

Ocorreram vários vazamentos de petróleo nas águas do Alasca antes do desastre do *Exxon Valdez*. Menores, é verdade, mas eles sinalizariam que o sistema estava no inferno. As amostras de água da BP Alyeska teriam identificado traços de petróleo derramado. Lenora encontrou Erlene Blake, uma técnica do laboratório de testes da Alyeska. Ela nos disse que a empresa guardava um balde de água do mar sem petróleo no laboratório. Se encontrassem evidências de hidrocarbonetos nas águas da Enseada, eles eram orientados a jogar a amostra na pia e encher os frascos com a água limpa do balde. Eles o chamavam de Barril do Milagre.

O que mais?

O acordo Chugach para a entrega de Valdez impôs uma exigência às empresas:

> "FICA RESOLVIDO AINDA que as várias empresas petrolíferas utilizarão os produtos químicos mais modernos e outros métodos antipoluição para a proteção dos locais de pesca, da vida selvagem e dos pássaros migratórios em todas as épocas".

As leis estaduais exigiam isso de qualquer forma, então os executivos concordaram. Vocês querem equipamentos? *Ei, nós temos!* As peças fundamentais do equipamento seriam as "barcaças de contenção" de última geração carregadas com os melhores e mais novos Vikoma Ocean Packs, quilômetros de extensão de borracha para conter o petróleo e barcos removedores que sugam o petróleo capturado pelo curral de borracha.

Em maio de 1977, quando os primeiros petroleiros saíram de Valdez, os chefões do consórcio tranquilizaram os oficiais de meio ambiente preocupados do Estado do Alasca, prometendo duas barcaças de contenção, uma delas

> "a ser alocada perto da Ilha Bligh, que pode ser similar a uma estação de pilotos".

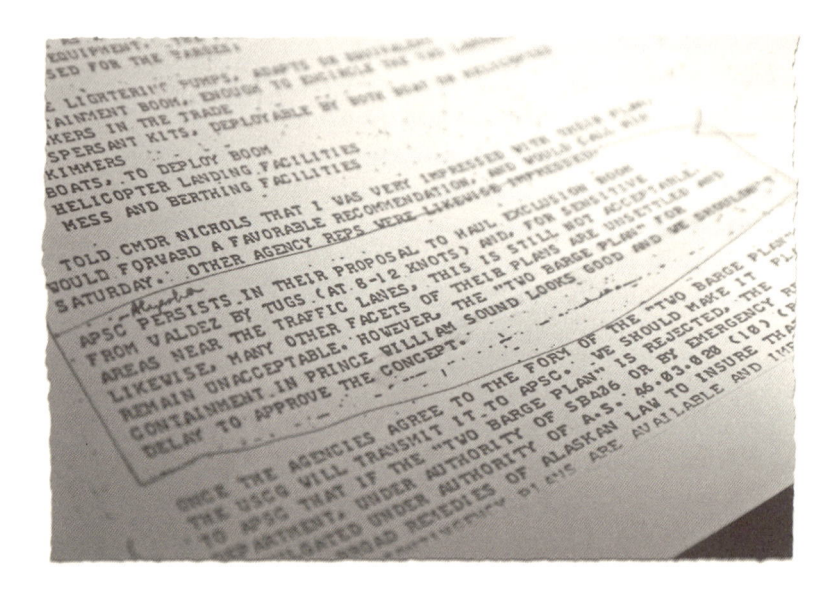

Com esses navios de contenção e remoção em "posições estratégicas ao longo da costa", eles garantiram ao estado que poderiam recolher tudo, exceto uma fração do maior vazamento. O plano da BP-Alyeska era, admito, muito bonito. No papel. Mas não dá para recolher muito petróleo com folhas de papel.

O *Exxon Valdez* colidiu exatamente em Bligh.

Pense nisso. Em primeiro lugar, se eles tivessem colocado a estação de pilotos, não haveria como, no planeta Terra, o petroleiro ir logo naquela direção. Até um piloto podre de bêbado perceberia um superpetroleiro se aproximando de sua cozinha. O navio seria avisado para manter a distância. E se o equipamento estivesse lá, como eu disse a vocês, ninguém se lembraria do *Exxon Valdez* hoje. A borracha e os barcos removedores e de sucção poderiam ser preparados em minutos, não em dias como aconteceu. Seria como um incêndio em frente ao corpo de bombeiros.

Então, onde estavam os maravilhosos navios de contenção? Um deles *simplesmente não existia*. O outro estava inativo para reparos, trancado em uma doca em Valdez, com seus equipamentos guardados em armazéns ou em gelo (aqui *é* o Alasca).

Você poderia dizer que era burrice os navios não estarem lá. Mas burrice não é fraude. Mentiras intencionais são.

Para conseguir os indiciamentos por extorsão, coloquei Lenora para caçar os arquivos do estado, procurando por algo que não estava lá, "o cão que não ladrava". Ela confirmou: não havia nenhum registro de Notificação de Não Prontidão pela regra 18 do Código Administrativo do Alasca nº 75.340 *e* 75.350.

Nós devíamos odiar todos esses regulamentozinhos safados com sequências de números e pontos. Mas nós os temos porque não se pode confiar nos poderes corporativos, a não ser que eles estejam completamente amarrados pela burocracia. Infelizmente, a lei presume que as empresas petrolíferas são tão honestas quanto freiras e confessariam não possuir o equipamento de trabalho e voluntariamente preencheriam uma Notificação de Não Prontidão e depois fechariam todo o sistema do oleoduto.

Nenhum petroleiro pode sair de Valdez, se os navios de contenção estiverem inativos, "Não Prontidão". Isso é meramente bom senso — e é a lei. Mas também é caro. Um petroleiro típico carrega $50 milhões em petróleo bruto. Dez navios de apoio significam meio bilhão de dólares sentados com seus bundões e esperando. A BP e sua gangue não poderiam deixar isso acontecer. Então eles mentiram. Quer dizer, omitiram. Não preencheram o formulário de Não Prontidão e deixaram o *Exxon Valdez* navegar.

Mesmo quando o navio estava sangrando petróleo, a Alyeska manteve o golpe. Do navio, o inspetor Lawn se comunicou via rádio com a empresa, querendo saber quando diabos o navio de contenção chegaria. Bill Shier, da Alyeska, respondeu a mensagem: "Está a caminho, Dan. A caminho".

A verdade era que o navio não havia deixado a doca. Ele finalmente apareceu 14 horas depois do encalhe. Naquela hora, a gordura estava espalhada por mais de 260 quilômetros quadrados de água e avançando. Não havia borracha "boom" o suficiente no planeta para encurralar aquele petróleo.

ENSEADA DO PRÍNCIPE GUILHERME, ALASCA

Não se pode navegar superpetroleiros em zonas de perigo sem uma equipe de primeiros socorros pronta para agir se algo acontecer. É como um corpo de bombeiros para a navegação petroleira. O congresso solicitou, as agências reguladoras exigiram e as empresas prometeram. A Humble, Exxon e ARCO, para ludibriar os nativos e expulsá-los de sua propriedade, prometeram aos Chugach todos os trabalhos da equipe de primeiros socorros como uma "boa consideração" no contrato de compra de Valdez, onde o preço está como "um dólar e outra boa consideração".

A Alyeska da BP cumpriu essa promessa. Eles treinaram os nativos para saltar de helicópteros, colocar o "boom" de proteção, dirigir barcos de remoção e estarem prontos para agir 24 horas por dia, sete dias por semana.

Não era caça às focas, mas era dinheiro.

E depois a BP demitiu todos. Depois de sete anos, após os nativos ajudarem a empresa a vencer o sindicato trabalhista Teamsters Union, eles foram descartados, e por mais de uma década as equipes de tempo integral de socorro a vazamentos exigidas pelo contrato e pela lei foram operadas por fantasmas. A Alyeska só pegou alguns nomes de sua folha de pagamento e nomeou-os como a equipe de "socorro a vazamentos de petróleo". Para poucos foram oferecidos treinamento suficiente e o mínimo de equipamentos para a "hora do show" — as inspeções.

Acobertar a eliminação das equipes de nativos para socorro de emergência não era fácil. Como fazer os nativos simplesmente desaparecerem? Como fechar o corpo de bombeiros sem alguém perceber? Alguém realmente percebeu: o inspetor Lawn. Aquele homem é movido a suspeita, uma máquina ambulante de acusações — e sempre corretas. Sempre. Baseado em seu olfato de detetive, o inspetor escreveu um memorando datado de 1º de maio de 1984, imaginando se o consórcio da BP eliminou secretamente sua "força dedicada" para vazamentos. Era necessária uma inspeção surpresa.

Mas a Alyeska não gosta de surpresas. O grupo petrolífero da BP insistiu para que fosse avisado das revisões "surpresa". Em 4 de novembro de 1986, a Alyeska informou ao governo:

> "Viemos por meio desta fornecer informações úteis para o plano do treinamento não anunciado de vazamento... O dia 19 de novembro seria a melhor data..."

A BP gentilmente sugeriu uns dois outros dias e horários em que, com um aviso satisfatório, eles permitiriam uma inspeção surpresa.

Mas o inspetor Lawn, por conta própria, apareceu de surpresa para uma inspeção surpresa. A BP, pega de calças curtas, gritou para seus amigos políticos do governo. Lawn foi rebaixado de cargo, não era mais inspetor, preso atrás de uma mesa e pendurado na janela pelos calcanhares como um aviso aos outros inspetores que sonhavam com surpresas.

Uma reclamação do sindicato recuperou o distintivo de Lawn. Mas a Alyeska não havia terminado com ele. Grampearam seu telefone. O chefe da British Petroleum nos Estados Unidos contratou a empresa Wackenhut Corporation para ouvir as conversas do inspetor apenas fazendo seu trabalho (investiguei esses caras da Wackenhut, agora operando sob o codinome "Geo", em casos de homicídio culposo, abuso sexual infantil e espionagem.˙ Caras legais). Eles estavam tentando achar algo contra o inspetor para impedir que ele falasse ao Congresso. Não encontraram nada. Brutal não significa competente. E, por sorte, eles foram incompetentes o bastante para serem pegos. Não acho que a BP se importou: boatos diziam que aqueles ingleses não seguravam suas xícaras com os dedinhos para cima.

Outro inspetor do estado escreveu um memorando reclamando que a empresa "gostaria de receber um treinamento surpresa de vazamento marcado para, digamos, às 22h do dia 2 de janeiro".

Mas ele não se arriscou, com receio de que recebesse o mesmo tratamento que a BP ofereceu ao inspetor Lawn.

˙ Para mais informações sobre a Wackenhut, espionagem, abuso sexual infantil e homicídio, visite GregPalast.com/VulturesPicnic.

> Bob Martin
> Deputy Director
> EQO, Anchorage
>
> Thru: Bill Lamoreaux
> District Office Coordinator
> ~~XXX~~SCRO
>
> From: Dan Lawn
> District Office Supervisor
> PWSDO, Valdez
>
> Over the past several months, there has taken the Alyeska Valdez Marine Terminal operational
>
> Not only have there been severe personnel cut tine maintenance have been reduced drasticall

---

Na noite em que o *Exxon Valdez* colidiu com o recife, a equipe de socorro para vazamento de petróleo da vila de Gary Kompkoff, desprovida de seus empregos, autoridade e equipamentos, apenas assistiu à hemorragia de petróleo bruto fluir, desamparados.

Agora eu lidava com quatro fraudes cometidas contra os nativos, sem mencionar o golpe nas agências reguladoras:

> **PROMESSA Nº 1:** Radares de última geração. Não tinham, e o não funcionamento foi ocultado.
>
> **PROMESSA Nº 2:** Equipamento para vazamento de petróleo. Não tinham, e a ausência foi ocultada.
>
> **PROMESSA Nº 3:** Barcaças de contenção de vazamentos. Não operantes, não carregadas, condições ocultadas.
>
> **PROMESSA Nº 4:** Trabalho das equipes de socorro a vazamentos. Os trabalhos foram exterminados, e o perigo foi ocultado.

Então, ao abrirem mão de Valdez, os nativos, como meu pai diria, foram "fodidos e mal pagos". Assim como o Congresso, as agências reguladoras e o povo.

No entanto, foder com o povo não é crime. Mas extorsão é. Para a acusação por extorsão ter fundamento, eu precisava de uma conspiração.

Deixe-me parar por aqui e falar sobre conspirações. A palavra "conspiração" tem recebido uma crítica ruim ultimamente. Quando estou na TV norte-americana, posso presumir que serei chamado de "louco da conspiração". Isso sempre provoca uma risada — nos conspiradores.

Não sou um louco da conspiração, mas sim um *especialista* em conspiração. A "conspiração" como eu a descreveria em um tribunal, nada mais é do que um acordo entre duas ou mais partes, agindo em segredo, agindo em conjunto, sabendo que seu esquema irá prejudicar alguém.

Para preencher as condições de uma lei RICO, eu precisaria de uma conspiração. Com esses caras, era como pegar um doce de uma cesta enorme repleta deles.

Aquele serviria...

PHOENIX, ARIZONA

Agosto de 1988. Sete meses antes do vazamento.
Os Garotos estão em reunião, com as portas fechadas. Os caciques da British Petroleum, Exxon, Mobil, ARCO, Hess, Unocal e Phillips Petroleum se reuniram para discutir o oleoduto.

Até onde sabem os executivos do petróleo naquela sala, Theo Polasek, aquele pé no saco, e seus outros administradores de Valdez, foram ao Alasca e "viraram nativos", reclamando e lamentando por equipamentos em caso de encalhe de um petroleiro. Será que eles pensam que o consórcio da Alyeska é feito de dinheiro? (Ele é, mas isso é só um detalhe.)

Nos dias antigos, quando as pessoas influentes de corporações competidoras se encontravam, isso se chamava cartel ilegal, combinação de preços, monopólio:

> "Pessoas do mesmo ramo raramente se encontram, mesmo para festas e divertimentos, pois as conversas acabam em uma conspiração contra o público, ou em algum artifício para aumentar preços".

Esse é Adam Smith, outro louco da conspiração. Mas ninguém perguntou a opinião dele. Adam Smith usava óleo de *baleia*, então o que diabos ele sabia sobre retirar petróleo bruto abaixo dos caribus?

De qualquer forma, não era um cartel, era um *"consórcio"*, uma entidade perfeitamente legal. E tinha um nome bem bacana: Al-*YES!*-ka.

Os Garotos da Alyeska (e eles são sempre garotos) possuíam o oleoduto juntos, mas a líder era a recém-chegada no grupo do petróleo, a British Petroleum. O oleoduto, as vias de navegação e a contenção e limpeza de um derramamento cabiam à BP. Os britânicos possuíam a maior fatia, então a Alyeska era filha deles e era responsabilidade deles, somente da BP-Alyeska, garantir duas coisas: sem explosões, sem vazamentos.

Houve explosões e houve vazamentos. Isso deveria ter ensinado inúmeras lições para suas operações futuras no Golfo do México. Mas qual foi a lição?

A BP estava no comando, mas não podia gastar um centavo sem o OK da maioria dos membros do consórcio, e isso significava pegar moedas dos bolsos apertados dos texanos da Exxon. Para eles, um administrador equivocado da BP em Valdez queria gastar milhões e milhões em um vazamento de petróleo que não aconteceu.

O superintendente do Porto, Theo Polasek, reclamou para eles que, com o equipamento escasso que possuía no Alasca, conter um vazamento "no ponto médio da Enseada do Príncipe Guilherme não é possível" no caso do encalhe de um petroleiro ali. As empresas prometeram duas vezes, por escrito, ao estado, que colocariam os equipamentos na Ilha Bligh. Mas esses equipamentos não estavam lá. Não possuí-los naquele local significava extorquir as agências reguladoras.

Então, o que aconteceu? Quando a BP sugeriu gastar pelo menos alguns trocados para cumprir o acordo escrito do consórcio, uma conformidade com o limite imposto pela lei, o representante da Exxon cuspiu. Sua empresa não pretendia dar uma boa quantia de dólares norte-americanos para uns frescos da Inglaterra torrarem com proteção às focas e prevenção contra icebergs.

O chefe da ARCO, Stanley Factor, escreveu ao vice-presidente sênior da BP que era melhor ele não gastar um centavo até a ARCO e a Exxon autorizarem — e foi assim. Sem equipamentos para a Ilha Bligh.

Na verdade, se um petroleiro da Exxon colidisse com um iceberg, a empresa cuidaria de si mesma, então ninguém precisava se preocupar. Isso era muito contra a lei — e por uma boa razão. Não é desejável que cada empresa tenha seu próprio sistema de socorro não testado e improvisado.

Sete meses depois, quando o *Exxon Valdez* encalhou, a Exxon dramaticamente assumiu o controle da emergência. O socorro improvisado de vazamentos da empresa mal funcionava no improviso: não tinham equipamentos, não tinham um plano. Enquanto viam o petróleo do *Exxon* tornar-se um escândalo, a BP-Alyeska estava mais do que feliz por escapar de fininho de sua responsabilidade.

Então, lá estava a Fraude nº 5: desaparecimento acobertado do plano de vazamento — e, além disso, uma conta de conspiração.

✶ ✶ ✶

Como eu sei o que aconteceu em reuniões fechadas e conversas entre os chefões? Está escrito. As máquinas de xérox são as preces ouvidas dos investigadores. As pessoas gostam de memorandos e de cópias de memorandos. Produzir papel é o que a maioria dos administradores fazem.

Deus os abençoe. Um paleontologista junta ossos para montar um dinossauro. Da mesma forma, eu tenho que colar cada pedaço de papel em um mapa psicodramático de conspiração.

Na minha investigação sobre a indústria nuclear, um executivo pedia diariamente a sua secretária para rasgar documentos incriminadores. Ela rasgava, e diariamente fazia uma cópia de cada documento para guardar em uma pasta chamada "Documentos Rasgados".

Burra, né? Ou não. Antes que você inclua essa nas suas piadas machistas sobre loiras, pense por um momento: qual seria o salário que uma secretária executiva ganha para que possa a qualquer momento montar uma pasta chamada "documentos rasgados"?

Viva a máquina de xérox! A arma de escolha das Pessoas Pequenas.

(E acendam uma vela em agradecimento à função *cc* dos e-mails).

ENSEADA DO PRÍNCIPE GUILHERME

Março de 1989. O inspetor Lawn, insone, ainda que metódico e calmo, enfrentou o derramamento de petróleo, agora tão grande, implacável e impiedoso quanto a frente russa. A BP, responsável pela emergência de acordo com a lei, não levantou um dedo; mas seus executivos corpulentos tagarelavam, congestionando o canal de emergência do rádio e irrompendo com uma sugestão brilhante: podemos enviar uma onda de bombardeios para jogar toneladas de dispersores químicos, bombeando um caminho no derramamento de petróleo para que os petroleiros da BP possam continuar seu trabalho?

Não precisei perguntar ao inspetor Lawn qual foi sua resposta.

✶ ✶ ✶

Além da investigação de fraude, foi dado a mim um trabalho mais difícil: conversar com nossos próprios clientes, os Chugach.

Em julgamento, eu teria que dar um número ao júri, meus cálculos dos danos "hedonísticos". Qual é o valor de ser um nativo, resistir como os últimos norte-americanos a viverem do que podem caçar, capturar e reunir? E depois — *ca-BUM!* — perder tudo. Qual é o valor disso?

NOVA CHENEGA, ILHA EVANS

Não tive facilidade em tirar os olhos das meia dúzia de marcas de cortes que traçavam um paralelo no torso de Larry Evanoff. Ele me convidou para acompanhá-lo em sua tenda do suor. Eu estava passando o tempo esperando que Chuck, o presidente da Corporação Chenega, que estava em algum lugar fumando seu baseado de café da manhã, aparecesse no trailer quebrado que constituía a Sede da Corporação.

Nem todos dessas vilas ficam animados em receber um forasteiro com um notebook e perguntas — como você se sentiria em relação a alguém com uma prancheta, calculando o valor da sua vida? —, então, quando o hidroavião me deixou, eu peguei leve.

Larry só estava vivo por causa da crueldade do Departamento de Questões Indígenas. Ele foi arrancado de sua casa e enviado aos Estados Unidos Continentais para uma escola indígena. Eles não ensinavam muita coisa, mas não era esse o propósito. Eles foram feitos para arrancar a natividade de seus estudantes. Uma palavra na língua nativa era punida com uma pancada. Habilidades para a caça de focas não podiam ser facilmente transmitidas no Texas ou em Seattle ou em qualquer dos infernos que eles eram enviados. Os estudantes não viam suas casas ou suas famílias por anos. Isso interferiria na tarefa de diluir os índios na grande panela norte-americana.

Mas a Luta Norte-Americana do DQI salvou Larry do tsunami de 64; ou, pelo menos, o departamento o salvou de ver a onda arrastando seus pais, avós e irmã mais nova. Os Evanoff se foram, exceto Larry.

Algum tempo depois do Padre Nicholas tentar se matar, Larry disse a ele que voltaria a Chenega, mesmo que não houvesse nenhuma Chenega para voltar.

Larry provocou os Estados Unidos. Após o serviço militar, ele conseguiu um trabalho na cidade como controlador de voo. Depois, o Papai Reagan demitiu todos os controladores que entraram em greve por causa das condições de trabalho insanas. Reagan esteve no serviço militar também e, como Larry, voou em missões de combate. Mas Reagan não se lembrava que seus voos foram apenas simulações. No entanto, os norte-americanos amavam o presidente porque um guerreiro falso com um sorriso alegre vencia de longe um índio cheio de cicatrizes que não sorri quando as câmeras são ligadas.

Larry já estava cansado do Sonho Americano. Evanoff foi embora para sua ilha em uma barcaça, carregada com um gerador e algumas ferramentas de energia. Bem no meio do nada absoluto, ele construiu uma casa e depois trouxe sua esposa e os dois filhos, de oito e dez anos. O inverno subártico se aproxima. Não havia como sair, como chegar, nenhum rádio de ondas curtas, e nada além da carne que ele havia colocado para cortar e defumar, um cervo abatido que estava na porta da sua casa e uma foca capturada na colônia em frente à Enseada na Ilha Montague. E salmão que se mexia na cabana.

Não me imagino fazendo isso. Minha própria ilha. Uma vida sem supermercados, sem lojas de conveniência com viaturas de polícia em frente, sem os amigos que prometemos encontrar, sem a Disney World e bilhetes de estacionamento e encontros com editores. *Como eu poderia desistir disso?*

Após uns dois invernos, a diáspora Chenega juntou-se a Larry. Era 1984. Eles construíram cerca de duas dúzias de bangalôs e uma igreja com um campanário para Nicholas, a quem ainda chamavam de Padre.

E quanto a essas marcas, Larry? Algum tipo de ritual de sacrifício nativo? Larry disse: "Sim, o Ritual sagrado do Vietnã". Ele me contou que ganhou as marcas pilotando um helicóptero quando um disparo de armas portáteis chegou perto o bastante para queimar sua pele.

Larry encerrou suas atividades para os Estados Unidos dos presidentes repressores de sindicatos e acostumados a enfiar os incapazes em helicópteros para serem atingidos por tiros. Ele escapou para voltar à vida Pleistocênica, isolado da loucura estrangeira. Então, em 1989, a Exxon jogou os

Estados Unidos na casa dele: equipes de filmagem, executivos de empresas petrolíferas e o vice-presidente Dan Quayle em uma prancha de madeira para que seus mocassins com franjas não ficassem manchados. Sem falar num detetive excessivamente cuidadoso de Nova York.

A frente principal do petróleo moveu-se para o sul e precisava ir a algum lugar. Já que a BP não conseguiu fornecer aquele "boom" de borracha para contenção, algo tinha que capturar e segurar o petróleo que se movia rapidamente. Seria Chenega. A Exxon designou os pesqueiros, os abrigos e as colônias de moluscos de Chenega como áreas de "sacrifício". É claro, não era a Exxon que faria o sacrifício.

As colônias de focas eram uma área de morte agora. Ainda havia muito salmão, contaminado por chumbo ou não contaminado, à sua escolha. Os moluscos foram declarados mortalmente envenenados pelo Estado. Chenega vivia sob doações de alimentos agora, jogados de aviões pela Exxon. Refugiados em suas próprias casas.

A igreja do Padre Nicholas, uma vez a estrutura mais alta da ilha, foi logo ultrapassada por uma montanha de latas, caixotes de madeira e outros lixos. Larry não pensou em construir um lixão na ilha porque, antes do vazamento, ele nunca teve que desembrulhar seu almoço de um saco plástico.

Até 24 de março de 1989, poderíamos dizer que Larry, em seu escritório de floresta e oceano, era um empregado de Deus. Agora, mais uma vez, Larry foi demitido. Isso deixou a ele o único trabalho que o petróleo oferecia. Ele voltou ao uniforme: passando seus dias de trabalho dentro de um traje fechado dos pés à cabeça, amarelo-laranja, retirando o petróleo bruto da Exxon das pedras nas praias. Ele voltou a bater ponto.

Oito anos após o vazamento, Gail e Larry me convidaram novamente para ficar com eles na cabana. Pela manhã, pegamos um barco com outros habitantes da ilha para vê-los explodir com pressão o petróleo rançoso que ainda estava na Baía Sleepy. Olhando para os respingos de seus trajes após uma hora, você pensaria que eles atingiram um poço de petróleo.

✻ ✻ ✻

Durante a investigação, eu passei um tempo com o irmão mais novo do padre Nicholas, Paul, à época com 70 e poucos anos. Ele era conhecido por todos como Tio Paul. Suas conversas tinham mais silêncio do que palavras, pensando no que ele havia escutado, e então pensando no que diria. Para um novaiorquino, aquilo doía fisicamente.

Paul olhou para a água de sua janela. No que você está pensando, Tio Paul? "Penso nos ossos deles".

Na velha Chenega, na Ilha Naked, o lixo capturado pela tsunami, vasilhas, panelas e brinquedos seriam trazidos para a praia. Assim como os ossos. Talvez fossem os pais dele. A Ilha Naked também foi "sacrificada" e agora os ossos estavam cobertos com petróleo bruto. O povo de Chenega reclamou e o chefe da Exxon gentilmente concordou em ordenar às equipes de limpeza que parassem de pegar os ossos de "lembrança".

Então, o circo da Exxon chegou na cidade. Com equipes de filmagem a pedido da empresa, o presidente-executivo, Lee Raymond, apareceu em Chenega para mostrar sua preocupação pelas vítimas daquele bêbado degenerado Hazelwood.

Tio Paul me disse: "Sinto fome o tempo todo. Eles trazem para mim a comida das lojas deles. Eu como. Mas ainda sinto fome". Ele também disse isso para o sr. Exxon, que, abracadabra, ordenou um carregamento de caixotes de carne de foca para Chenega. Ela veio em latas que diziam *PRODUTO IMPRÓPRIO PARA O CONSUMO HUMANO*. Comida de zoológico.

Anos mais tarde, quando me encontrei com o presidente da Corporação Chenega em Anchorage, perguntei para ele se, como outros nativos, ele recebia alimento de "subsistência" que apenas os nativos poderiam capturar legalmente, como carne de foca.

Chuck me olhou: "Carne de foca? Você já *cheirou* aquela merda? Me dê um Big Mac a qualquer momento".

Bem, *de gustabis non est disputandum*.

NANWALEK

"Eles jogavam dos aviões pizza congelada, antenas parabólicas, Hondas. Os homens que eram sóbrios bebiam a noite toda, batiam em suas esposas. Quero dizer, todo aquele dinheiro. Cara, as pessoas simplesmente ficaram *desvairadas*".

Sally Ash Kvasnikoff, irmã do chefe Vince, me disse: "Esse lugar foi à *loucura*. Eles nos davam trapos e baldes, a $16 e alguma coisa por hora, para limparmos pedras, para *cuidarmos dos nossos próprios* filhos".

A vila de três dúzias de famílias nativas no fim da Geleira Kenai Fjord sobreviveu no mar e na floresta desde que os russos os abandonaram lá há um século. Agora eles sobreviviam sob a folha de pagamento da Exxon. Mas levou duas semanas para a festa começar. Nanwalek ouviu reportagens a respeito da frente principal do petróleo gorduroso se aproximando e a Exxon não fez nada, apesar dos pedidos da vila. O tio de Sally, Mack Kvasnikoff, estava acorrentando troncos pelos rios de desova de salmão. Suas botas se encheram de cascalho e rasgaram sua pele.

Era a vez de Nanwalek receber uma visita do circo da Exxon com o dinheiro e as promessas. A empresa até concordou em levar Mack de avião para um hospital em Anchorage — mas não antes de ele assinar um termo de renúncia prometendo não processar a Exxon (A BP tomou notas importantes a respeito desse jogo de renúncia, o qual ela utilizou no Golfo do México). O pé de Mack foi amputado.

Então, após uns dois meses, o circo de limpeza da indústria recolheu sua lona. Deixaram Nanwalek com os salmões mortos, uma fábrica falida de alimentos em conserva, e seus alimentos, caracóis Badarki e lingueirões, designados como acesso proibido pela próxima década. O chefe Kvasnikoff perdeu seu barco pesqueiro; cinco dos oito barcos comerciais da ilha foram tomados de volta.

Não fui para lá até 1991, dois anos após o vazamento. Alguns dos caras estavam sentados dentro das casas, assistindo Elvis em *Feitiço Havaiano*, em repetições intermináveis.

A equipe de limpeza da Exxon deixou alguns habitantes da vila viciados em drogas — e deixou dez casos de HIV/AIDS, com uma criança infectada. Para Sally, era o fim. "Senti como se minha pele estivesse descascando. Após o petróleo, pensei *é o fim. Estamos acabados, Sugestun*, estamos exterminados a não ser que algo aconteça".

Algo realmente aconteceu. *Sugestun*, "Pessoas de Verdade", é o nome tradicional da tribo. E naquele idioma Sugestun — que apenas as mulheres sabiam e transmitiam —, Sally e as outras mulheres lideraram uma revolta contra o irmão dela, o chefe Vince, e votaram pela sua saída.

Foi quando a Revolução Cultural começou: *sem* álcool, *sem* comida ruim (a lojinha de Vince foi fechada) e até mesmo os halibutes nos defumadouros seriam ressecados por ventiladores elétricos e não por fumaça e molassas (para mim, *esse* foi um passo muito grande). Quando o tio Mack voltou de uma consulta médica, assim que o avião de quatro lugares pousou na praia, eles o jogaram na cadeia por trazer uma caixa de cerveja. Nem todos apoiavam a Revolução. O nome *Sugestun* de Sally, Aqniaqnaq, significa "Estrela Líder", mas nem todos achavam que ela devia liderar (as mulheres me chamaram com um nome *Sugestun* que significava Garoto do Calendário; elas disseram o nome e riram). De qualquer forma, as armas foram lubrificadas e carregadas, e a Estrela Líder considerou prudente ficar longe da Cerimônia de Máscaras do Natal. Eu fiquei perto do território neutro, tocando bateria no salão de danças.

Nanwalek arrasava. Sua banda era famosa por toda a Enseada. Seu grande hit era "World Upside Down" (Mundo de Cabeça para Baixo). O chefe Vince disse que a banda começou quando uma guitarra surgiu na praia e, de manhã, ele estava tocando "Hound Dog", do Elvis Presley (Don Kompkoff de Chenega comprovou que é possível aprender a tocar qualquer instrumento em um dia, virando suas roupas do avesso para sugerir que um espírito sombrio como o do Corvo lhe ajudaria).

De volta a Chenega, os silêncios do Tio Paul ficavam mais longos à medida em que ele via os aldeões enlouquecerem. Fui com ele e sua esposa, Minnie, até a encosta do limite de uma linha de neve, onde colhemos mirtilos. Ele olhou para a pequena vila a cem quilômetros de distância do nada e disse: "Acho que tenho que procurar outro lugar para viver. Está muito lotado".

Ele ficou em silêncio de novo. Depois acrescentou: "Meu lar agora é um lugar estranho".

VILA TATITLEK, ILHA BLIGH

Gary Kompkoff, chefe e presidente do conselho da vila Tatitlek, disse que me encontraria no campo de pouso, o campo de beisebol da ilha. Os nativos retiraram algumas pedras para que eu pousasse. Gary me disse para procurar por seu caminhão vermelho. Fácil: era o único veículo em toda a ilha.

Isso foi logo depois do aviso dele para mim sobre a vila estar enlouquecendo com o petróleo e o dinheiro do petróleo, e anos antes do assassinato de sua filha.

Gary não disse oi. Não disse nada. Estava tudo bem: os Chugach tendem a não falar, a não ser que precisem. Até assim, talvez eles não falem. Gary me direcionou com um aceno de cabeça até a cabine do caminhão e jogou minha bagagem na cama de trás da picape, perto de um motor compressor enorme.

Ele dirigiu pelo campo interno até o fim da única estrada da vila, cerca de 180 metros, desligou o motor e acenou com a cabeça para que eu saísse. A viagem inteira levou 90 segundos. Ele estacionou perto do cemitério da vila em frente a um trailer, onde eu poderia cozinhar e dormir, enquanto trabalhava na vila. Saí da cabine para o silêncio gélido, apenas o chiado do pneu dianteiro. Agradeci a Gary pela carona e acrescentei: "Acho que o seu pneu furou".

Ele não disse nada e não olhou para o pneu. Ao invés disso, pulou para a parte de trás do caminhão, ligou o compressor, desenrolou um tubo de ar esfarrapado, pulou para baixo e encheu o pneu. O compressor uivou e esganiçou, e parecia que ele iria se soltar do caminhão e estourá-lo.

Eu encarei Gary e ele me encarou. Então ele desligou o compressor e falou: "Você não quer falar com Bear".,

Tentei conter minha Nova York interior. Sorri e mordi minha língua. Então disse: "Gary, eu acabei de viajar *11.200* quilômetros durante *três dias* para vir a essa ilha muito *remota*. Preciso falar com um Ancião. Pretendo falar com o Sr. Gregorieff e *adoraria* que você me dissesse *onde posso encontrá-lo*".

Gary não disse nada. Ele acenou com a cabeça indicando um trailer velho entre alguns barcos enferrujados e motores quebrados perto de uma doca inativa. Parecia abandonada.

Ele esperou, então acrescentou: "Então, você vai ficar?".

Eu não disse nada. Ele jogou as malas pra fora, depois as arrastou para o trailer de "hóspedes" e levou o caminhão de volta para o campo de beisebol. Fui em direção às ervas daninhas, segurando um cantalupo.

Ed Bear Gregorieff não tinha telefone. Ele não tinha ideia de que eu estava chegando, mas, à porta, ele me saudou como se estivesse me esperando. "*Cha-mai!*", em Aluutiq para "bem-vindo".

Me conduzi pelo trailer escuro, com seu carpete úmido e velho, e as paredes de alumínio remendadas com fita adesiva. Andei no labirinto apertado de prateleiras improvisadas lotadas de latas enormes, empoeiradas e sem rótulo, partes de motor, louças e troféus. Ele colocou aquelas prateleiras entulhadas para cobrir as janelas que davam para os bangalôs de palafitas de seus vizinhos na encosta.

Coloquei o cantalupo na mesa de fórmica de Bear. Ele me viu examinar as prateleiras abarrotadas e fotos de casamento antigas em molduras de metal barato. Havia várias de uma noiva.

Ele disse: "Ela faleceu". Ele abriu duas cervejas sem álcool.

Bear estava na casa dos 70 anos. Parecia que ele não fazia a barba branca há uma semana e que usava uma camiseta do Snoopy pelo mesmo tempo.

Ele não sabia quem eu era ou por que eu estava lá, mas podia imaginar. Um homem branco só poderia vir para conversar sobre o petroleiro da Exxon e seu petróleo. Abri um caderno.

"Bear, preciso saber o que aconteceu quando o petróleo atingiu vocês. Você sabe, como as coisas mudaram".

Ele disse: "Eu avisei eles. Eu disse a eles: '*Somos pescadores. Não somos petroleiros*'".

Ele foi deslizando de volta para a venda de Valdez. Tentei trazê-lo de volta para o vazamento: "Ed, preciso saber o que aconteceu *naquela noite*".

Ele disse: "Aconteceu isso:

Havia um homem. Um homem nativo. Um pescador, sabe, um 'tarrafeiro'. Um homem de subsistência. Ele amava uma mulher. Então o marido da mulher morreu. E então ele se casou com ela. Então, esse homem nativo foi à guerra. E quando a guerra acabou, ele voltou para a vila e para sua casa. E seu filho ficou no quarto. E ele não viu o filho o dia inteiro, no dia em que voltou da guerra. Logo, ficou escuro e sua esposa fez o jantar. E seu filho saiu do quarto e estava todo arrumado. E seu filho não disse nada; ele só foi em direção à porta. E o homem nativo disse: 'Onde você vai? Acabei de chegar em casa e sua mãe nos fez o jantar'.

E o filho daquele homem olhou para ele e disse: '*Pai, enquanto você estava na guerra, consegui um emprego na Alyeska e ganhei o dobro de dinheiro que você ganhou em toda a sua vida*'.

E saiu pela porta".

Bear olhou para os barcos enferrujados pela janela suja. Olhou para a luz de aviso girando na torre sobre o recife.

"Onde está seu filho agora?".

Ele disse: "Em Seattle. Engenheiro de oleoduto".

Deixei o cantalupo na mesa da cozinha, fechei a porta devagar, andei em meio às ervas daninhas até o trailer de hóspedes, peguei minhas malas, ainda fechadas, e liguei para um hidroavião pelo rádio de ondas curtas.

* * *

Nem todos os nativos encontram a paz interior em uma vida de pesca com tarrafa ou esfolando leões marinhos. Os advogados da Exxon estavam se dando bem ao detonarem a ideia do "estilo de vida nativo". Para eles, a reivindicação era uma piada. A empresa interrogou o presidente da Corporação de Chenega, Chuck Totemoff, sobre a última vez que ele pescou uma foca. Evanoff disse que Chuck respondeu: "Ah, eu não sei... há anos". Então ele acrescentou, sem pressão: "Sabe, a água É MUITO GELADA".

SAN DIEGO, CALIFÓRNIA

Uma empresa possui várias formas de dizer *Vá se foder*.

Eis uma delas:

Os Chugach da Enseada do Príncipe Guilherme juntaram seu dinheiro, pegaram um tanto emprestado e, com o bom e velho espírito empreendedor norte-americano, montaram uma fábrica de enlatados para os salmões que pescavam.

A colisão do *Exxon Valdez* não era a melhor propaganda para o salmão enlatado. Os consumidores dos Estados Unidos Continentais perderam o apetite pelo "petróleo bruto em lata". Além disso, havia o custo do processo judicial — as discussões com os advogados, os especialistas (e o investigador de Nova York). A Exxon cruzou os braços e observou a Corporação Chugach de salmão falir.

A Enseada era a maior fornecedora de arenques do mundo; ninguém possuía mais desse peixe do que ela. Um ano após o vazamento — sha-ZAMM — os arenques desapareceram. De milhões para zero.

A BP olhou com desprezo para a tragédia que ela mesma causou e viu uma saída barata. Com o empreendimento dos nativos afundando por toda a costa, a BP ofereceu a eles uma salvação: o fundo de seguro.

A BP e a Exxon estavam planejando um jogo bonitinho. A Exxon resistiria, e as vítimas do vazamento, olhando para o abismo da falência, não teriam escolha, a não ser aceitar as migalhas do consórcio da BP. A BP ofereceu aos nativos, aos pescadores, às cidades atingidas pelo petróleo e a todos os prejudicados a quantia já firmada em um fundo de seguro industrial, $125 milhões. Até a Exxon admitiu que os danos seriam de bilhões.

Meus clientes nativos tinham uma escolha: aceitar ou morrer. Era o negócio de um dólar tudo de novo, mas com alguns zeros a mais. Alguns zeros a mais não eram o bastante para impedir a Corporação Chugach do Alasca de ir à falência (lá se foi a conta do investigador).

Em outras palavras, a BP não pagou um centavo do próprio bolso.

Uma vez que a BP estava fora de perigo e de graça, o chefe no Alasca da empresa, Bob Malone, foi enviado para comandar as operações da BP no Golfo do México.

Essa era a Lição nº 1 para a BP ir ao Golfo:

Se o seu petróleo perdido destrói uma economia, volte e termine o trabalho.

A devastação então enfraquece as vítimas da empresa, eles tinham que aceitar qualquer coisa.

E essa era a Lição nº 2:

É mil vezes mais barato indenizar as vítimas do que prevenir vazamentos de petróleo.

Uma operação de socorro a um vazamento de petróleo de acordo com as regras requer mais de um bilhão de dólares em equipamentos para o Alasca, muito mais no Golfo com dez vezes mais trânsito e perfurações.

Podemos resumir as Lições nº 1 e nº 2 como NP-NP: *Não Previna, Não Pague*. A BP não apenas se livrou dessa, como também aplicou as lições no Golfo.

* * *

Ainda há outra forma das empresas dizerem *Dane-se*. Foi essa que a Exxon usou para o Tio Paul.

Tudo que o Tio Paul queria era um barco pesqueiro comercial robusto o suficiente para levar seu filho e ele além da zona mortal atingida pelo petróleo. Eles não estavam muito empolgados com as oportunidades de carreira na limpeza de pedras. Ele me perguntou se eu achava que Chenega e as outras vilas nativas poderiam conseguir financiamento suficiente para barcos e licenças para voltar ao negócio de ser nativo.

Eu sabia que nem todos os advogados gostavam da ideia (o que é 20% de um arenque?). Quando ele me pediu para falar direto com os chefes da Exxon, eu disse que criaríamos confusão.

Tio Paul disse: "Já criamos". Então fui a San Diego para enfrentar O Homem do Talão de Cheques.

Chuck, como presidente da Corporação de Chenega, foi comigo no hidroavião de quatro lugares, junto com a esposa de Larry, Gail. Ela era simplesmente brilhante com as tecnicalidades do caso e, mais importante, era a vida dela em jogo.

Estávamos em uma missão em San Diego, onde poderíamos rastrear Otto Harrison, o gerente geral da Exxon nos EUA, apresentando um simpósio sobre vazamentos de petróleo. Saindo de Seattle, o assento de Chuck estava vazio. Fingimos que não percebemos e seguimos viagem.

Depois de uma espera de três dias, Harrison concordou em nos encontrar, a tempo de Chuck aparecer. Ele ligou do aeroporto, com o orçamento da viagem já estourado e, por isso, não tinha dinheiro para pegar um táxi. Nós buscamos ele e seguimos para um hotel barato perto da Estrada de San Diego, onde o homem da Exxon alugou uma sala de conferência para nossa reunião.

Otto Harrison é um sósia do General Norman Schwartzkopf, que liderou as tropas dos EUA na Guerra do Golfo: a figura grosseira, até o corte de cabelo estilo militar e a papada de buldogue. Harrison se colocou no ponto morto entre 15 cadeiras vazias no seu lado da mesa, emoldurado por cortinas verdes pesadas que bloqueavam o sol da Califórnia. Ele nos enfrentou sozinho, sem o corriqueiro time de advogados, profissionais de relações públicas e consultores sussurrando que outros chefes corporativos tipicamente empregavam como escudo humano nas negociações.

Otto sorriu.

Entreguei a ele uma folha de papel, a lista cuidadosamente melhorada de reparos e ajuda econômica necessários para manter vivas as cinco vilas atingidas. O suficiente para um barco para Paul e para os outros tios na Enseada. Otto sorriu de novo. Ele virou o papel ao contrário, com a frente voltada à mesa de conferência, sem olhar para ele. Ele sorriu mais uma vez. "Então, Gail, você tem algo a dizer?".

Antes de deixarmos a vila, Gail era um leão raivoso, anunciando que "diria a esse Otto Harrison" que viemos para exigir o dinheiro, e *agora mesmo*! Mas agora, uma pequena mulher Esquimó sentava-se ao meu lado, com uma voz quase inaudível. Ela pediu apenas por 60 dias extras de pagamento para o povo de Chenega limpar o petróleo de seus pesqueiros na Ilha Latouche.

Otto aumentou seu sotaque texano de propósito: "Agora, Gail, não posso pagar um monte de Nativos para rodarem atrás de um petróleo que não está lá, posso?".

Eu me meti, sem ser chamado. Bajulei, adulei, disse ao chefe da Exxon que eu podia "ver do seu ponto de vista". Ameacei colocar Paul Kompkoff na TV com uma águia morta, coberta de petróleo. Otto deixou que eu continuasse até ficar sem fôlego.

"Você acabou? Filho, você disse tudo que gostaria de dizer?". Otto virou minha folha, olhou rapidamente, sorriu, ficou em pé e a entregou de volta para mim: "Acho que não vou precisar disso".

Por toda a reunião, Chuck não falou nenhuma palavra. Nem *olá*, nem *adeus*. Em uma cadeira no canto da sala, ele pegou uma caneta e não anotou nada. Dava para ver a ressaca martelando em suas têmporas. Em sua cabeça enorme e redonda, fechando os olhos para leves sonecas, ele observou Gail e eu colidirmos no duro recife de Otto Harrison. Chuck sabia que era uma viagem perdida e, eu inferi, ele achou melhor que nós fôssemos os perdidos.

À porta, Harrison jogou um osso: "Bem, Gail, eu acho que podemos dar 30 dias de trabalho para o *seu povo*".

Ela aceitou. Existe a justiça e existe a sobrevivência, e Gail, mais experiente nesse mundo do que eu, entendia a diferença.

DISNEY WORLD, FLÓRIDA

Nesse meio tempo, a líder nativa Kathryn Anderson decidiu que estava na hora de "vestir a fantasia". Talvez a vergonha misturada com uma boa publicidade domaria o tigre da Exxon. Ela chefiou uma comitiva de nativos do Alasca para a reunião anual de acionistas da corporação em Orlando.

Na reunião da Exxon no Disney World, Kathryn levou A Máscara das Lágrimas. Era uma face turquesa esculpida em madeira, decorada com penas de águia, com lágrimas feitas de algo brilhante que eu não consegui distinguir.

Com o apoio de freiras solidárias que detinham ações na Exxon (não me pergunte), Kathryn enfrentou o conselho da empresa com a máscara: "Trazemos nossa tradicional Máscara das Lágrimas toda vez que nosso povo está em perigo. Estamos chorando por nosso antigo estilo de vida. Vocês precisam nos ajudar".

Os executivos fingiram estar comovidos.

A Máscara das Lágrimas pode ter sido uma tradição Chugach, mas era uma que começou apenas uns meses antes da aparição no Disney World. Ela foi criada por um artista de Cordova inspirado em ideias de um professor visitante vindo de Seattle.

KAKTOVIK 2010; A ANTIGA VILA EM 1969

Enquanto eu ficava em Kaktovik, perguntei a Etok sobre a BP e a Exxon ludibriando os Chugach da Enseada para venderem o porto de Valdez por um dólar.

Etok disse: "Ah é, os Guerreiros de Um Dólar. Os Ahtna também. As empresas petrolíferas compraram-nos por um dólar, os babacas covardes. Eles se venderam por nada; mentirosos corruptos, deviam estar todos presos com os americanos e os britânicos".

O jovem rebelde de Harvard os repreendeu: "Eu disse para eles contratarem um advogado que não estivesse controlado, que não estivesse nos bolsos do petróleo, e não se consegue nenhum no Alasca". O próprio Etok voou para Seattle, onde contratou seus dois judeus: o primeiro, ex-membro da Suprema Corte dos Estados Unidos, Arthur Goldberg (meu primo de segundo grau, na verdade), e depois o possível substituto de Goldberg na Corte, Abe Fortis, do conselho pessoal do presidente dos Estados Unidos.

Etok não tinha solidariedade alguma pelo padre Nicholas e os Guerreiros de Um Dólar. O que será que eu disse para Etok mudar de opinião?

Talvez isso: nenhum Chugach voltou para a terra do gelo porque se cansou de São Francisco e da vida universitária. Os refugiados de Chenega e outros Chugach não tinham onde cair mortos. Quando a "humilde" Humble Oil apareceu, a Associação Nativa tinha exatamente $129 no banco. Vi os registros antigos. Portanto, como aqueles nativos que falavam mais Aluutiq do que inglês deveriam chegar a Seattle? De caiaque? Eles não conseguiam comprar um sanduíche de frango pela metade, imagina uma passagem aérea.

E, além disso, eles tinham assistência jurídica gratuita. Um político influente de Anchorage, sr. Clifford Groh, ofereceu-se para lutar por eles contra as empresas petrolíferas. Como diabos os Chugach saberiam que ele estava prestes a se tornar um advogado muito bem pago por essas mesmas empresas?

Conheci o sr. Groh em 1997. No Alasca, conflitos aparentes de interesses são considerados apenas negócios inteligentes. Em seu escritório de Anchorage havia uma barba de baleia imensa, a "língua" de uma cachalote, pendurada em sua parede. Presumi que era porque não seria apropriado exibir a pele de um Chugach.

Hoje em dia, não é fácil pensar nas quatro décadas antes das casas de palafitas onde, quando a manhã se aproximava, o majestoso ancião Eyak, Cecil Barnes, disse ao padre Nick, a Henry Makarka ("Passarinho") da vila Eyak e aos Kvasnikoffs de Nanwalek que se rendessem. Eles deviam entregar Valdez pelo que conseguissem, a maior parte sendo trabalhos de limpar o lixo do porto.

Por que os nativos aceitaram o acordo das empresas petrolíferas, a conversa fiada de Groh? Eles acreditaram nela? Para desenvolver minha teoria de fraude, visitei Agnes Nichols, a chefe-vitalícia Eyak que, como uma jovem habilidosa para a taquigrafia, guardou anotações das deliberações dos nativos. A cabana era um museu de artefatos nativos e indígenas que ela reuniu em suas viagens, inclusive uma escultura de porcelana da Pocahontas com um abajur saindo dela. A matriarca reproduziu palavra por palavra de suas anotações das falas de Barnes:

> "Você já esteve na foz do rio Ship Creek no verão? Quanto salmão havia nos varais de secagem? Tente a área de Cordova, a vila Eyak, Alganik. Eles mudaram tudo para abrir caminho para a ferrovia. Onde está Alganik agora? Se foi. Onde estão os Eyak? Estamos quase extintos. Quantos de nós viverão até os 40 anos? Quantos de vocês têm energia elétrica? Se formos trabalhar nas fábricas de enlatados, seremos praticamente escravos contratados".

Se eles não entregassem Valdez, ela seria tomada deles — e talvez as outras vilas seriam tomadas e esvaziadas também.

> "Esta tem sido nossa casa desde que todos nós nos lembramos. Devemos ficar aqui até nossa morte".

Para Barnes e os nativos, não era incompreensível o porquê do logo da Exxon ser um tigre que devora seres humanos.
Render-se ou ser devorado.

COBERTURA, HOTEL CAPTAIN COOK, ANCHORAGE, 1997

A última esperança dos nativos seria um apelo à Secretaria do Interior, cujo departamento comanda o Escritório de Assuntos Indígenas e cujo trabalho é proteger os interesses dos nativos. Não havia sentido em se preocupar. Richard Nixon havia acabado de tomar posse e indicado um novo Secretário do Interior: Wally Hickel.

O governador Wally Hickel criou o estado do Alasca. Com a ajuda de seu amigo Richard Nixon, em 1959, o estado ganhou sua estrela na bandeira, a soberania.

Ele me disse: "Aquilo foi um erro. Nós deveríamos ser nossa própria nação". Observei que ele seria o presidente.

Hickel sorriu e me levou a um globo. Enquanto massageava e acariciava o topo do planeta, ele me contou seu plano de criar um cartel de recursos circumpolar ligando a Sibéria, o Alasca, a Escandinávia subpolar e o norte do Japão. Ele já havia começado o trabalho de engenharia em uma ferrovia que daria uma volta no Polo Norte, conectada por um túnel abaixo do Estreito de Bering até a Rússia. Uma Confederação do Norte, um Império Ártico que circulava o topo do planeta, comandado de forma benevolente, ele deixou claro, pelo Imperador Wally. Louco, sim, mas todos os planos de Hickel eram malucos, e geralmente bem-sucedidos.

Quando o conheci em 1997, ele já havia incitado o governador da Ilha Sacalina, a gêmea do Alasca em população e minerais, para declarar sua independência da Rússia (que não durou).

Hickel, eleito governador do Alasca por duas vezes, com duas décadas entre seus dois mandatos, era um republicano estranho. Ele me disse que "o capitalismo é um artefato da zona temperada; ele simplesmente não funciona para a maioria do planeta". Para um homem avesso ao capital e à propriedade privada, ele com certeza tinha muito dos dois.

Ele tinha uma vista e tanto do alto do Hotel Captain Cook. Ele era o proprietário. A vista permanecia limpa porque o Captain Cook, pela lei, deve continuar sendo a maior construção de Anchorage. Era possível ver quase toda a cidade — ele era o proprietário de quase tudo também — e além da Península de Kenai, com mais algumas propriedades de Hickel.

Não era o suficiente. Ele já era o homem mais rico do Alasca e isso, também, não era o suficiente.

Desde que o Alasca adquiriu soberania de estado em 1959, ele sabia que seus sonhos árticos começavam com petróleo, gás, carvão e madeira. Mas a extração e o transporte desses recursos exigiam a retirada de um grande obstáculo: os nativos que já os possuíam.

Mas onde estava a escritura assinada? "Você só pode reivindicar uma propriedade por meio de conquista ou compra. Só porque seu avozinho caçava alces em alguma tundra não significa que você a possui".

Era o fim das reivindicações dos meus clientes nativos caçadores de renas.

Mas as reivindicações dos nativos eram uma arma mais poderosa nas mãos de um governador mais poderoso. Hickel conseguiu entrar na Casa Branca enquanto o secretário do interior de Nixon era encarregado de proteger os recursos naturais e o meio ambiente da nação. Deus nos acuda.

Ele teve uma puta ideia: com um passe de mágica da varinha legislativa, ele transformou as tribos nativas do Alasca em Corporações. Os líderes seriam chefes e presidentes; o Conselho de Anciãos seria o quadro de diretores; e cada nativo seria um acionista da corporação que possuísse as terras.

Muitas terras. Hickel me disse que convenceu Nixon a entregar às corporações nativas 100 milhões de acres. Nixon assinou o Ato de Estabelecimento das Reivindicações de Nativos do Alasca em 1971. Os nativos podiam escolher qualquer terra que quisessem — exceto por Valdez. Valdez era para o grupo BP.

Havia uma outra cláusula notável: os nativos podiam vender suas ações depois de dez anos. Mas quem compraria milhões de acres de terras selvagens?

"Eu mesmo fiz para eles [de Chenega] uma oferta por aquela propriedade; mas eu não pagaria nada parecido com o que eles recebem da Exxon".

Em Chenega, quando eu estava na casa dos Evanoffs, Gail me disse: "Eles armaram para nossa falência, para tomarem tudo de nós. Eles nos deram para que pudessem roubar".

CHENEGA

Hickel pode ter cobiçado Chenega, mas a Exxon pulou à frente na sua reivindicação. No dia que conheci Hickel em seu escritório na cobertura, a Exxon fechou negócio com Chuck Totemoff, de Chenega, para comprar até 90% das terras da corporação nativa.

Eles não podiam chamar aquilo de "venda" porque o sucessor de Hickel na Secretaria do Interior apagou sua cláusula adicional bonitinha do Ato de Estabelecimento das Reivindicações que permitia aos não nativos (ou seja, Hickel) comprar e vender as ações da corporação nativa. Ao invés disso, os direitos de propriedade das terras foram colocados em um "Truste" da Exxon (o Truste da Exxon protegeria aquela terra adorável. A Exxon, a BP e a Shell também disseram que protegeriam o Abrigo de Vida Selvagem do Ártico — perfurando-o atrás de petróleo e gás).

Fui a Chenega e Evanoff me buscou no aeroporto — um aeroporto de verdade, com uma pista de pouso e decolagem que poderia suportar um avião de carga C-17. Em visitas anteriores, eu só conseguia chegar lá de hidroavião. Agora havia comunicação via antena parabólica, uma usina de energia elétrica para lâmpadas de vapor de sódio e uma grande instalação de docas para grandes navios em caso de outro vazamento, tudo isso pago pelo fundo de compensação da Exxon. Em outras palavras, a Exxon instalou toda a infraestrutura necessária para a perfuração de petróleo, utilizando o fundo para a contenção de vazamentos.

A Exxon perfuraria? As vendas de arrendamento de petróleo em alto mar se aproximavam rastejando, agora perto de Nanwalek e indo ao norte em direção a Chenega e Cordova. Eles já tinham o aeroporto; já tinham as docas.

Larry havia acabado de voltar da direção da operação mangueira-e--pano na Baía Sleepy, ainda muito suja de petróleo. Eram oito anos após o vazamento. No dia anterior, o trabalho de limpeza parou para o funeral de Frankie Gursky, de 18 anos, que se matou no aeroporto depois de uma discussão com sua avó.

Perguntei a Larry sobre a venda da terra, e Gail se meteu, com assassinato em seus olhos: "Esse *não é um setor imobiliário*".

Larry falou comigo mais tarde, discretamente: "Eu acredito que não se pode possuir terras. Tudo que podemos fazer é utilizá-las por um tempo. Isso é tudo que nós sempre fizemos, minha família. Apenas passamos por um tempo e as terras continuam aqui".

O chefe do conselho tradicional, Ed Kompkoff, era menos filosófico: "Quem diabos deu ao Chuck o direito de colocar uma placa de 'à venda' nas minhas costas?".

Porém, então, quem é o chefe? É apenas um inquilino na propriedade corporativa. A maioria dos acionistas de Chenega se mudaram: poluição por petróleo, trabalhos com petróleo e a atração iluminada das cidades. Alguns que ainda vivem na vila, como o tarrafeiro John Totemoff, tio de Chuck, não possui uma ação. Tem sorte por deixarem que ele fique, no fim das contas.

Esse é o objetivo da corporação. Não é o Serviço de Parques. Chenega era apenas um setor imobiliário para ser vendido, e com um milhão para cada acionista é possível comprar um puta trailer em Tempe, no Arizona (o maior centro de diáspora Chugach), onde a água gélida não tocará seus pés até que você derrube um isopor de cerveja no quintal. Na verdade, serão os acionistas de Chenega no Arizona que irão *solicitar* que a BP e a Exxon perfurem o local. Dinheiro em espécie vence a história do vovô sobre a foca no espeto, sempre.

A Corporação Eyak foi à falência, então não teve escolha a não ser vender. O ouro da Exxon enfim seduziu Nanwalek e o resto das corporações da vila para venderem ao "Truste". A visão de Wally Hickel estava completa.

ANCHORAGE, ALASCA, 1991

Eu ainda tinha que calcular o valor do estilo de vida deles para que pudessem processar a Exxon e a BP por suas perdas.

Como calcular o valor de seus filhos nunca aprenderem a caçar uma foca; como calcular o desespero que leva ao alcoolismo, e o fim repentino de um estilo de vida de três mil anos?

A resposta é: com um computador. Eu desenvolvi o algoritmo de um software monstruosamente elaborado, aperfeiçoado para mim por professores da *Wharton School of Economics*, que podia calcular o que chamamos no meio econômico de "valor hedônico". Posso lhe dizer com uma precisão surpreendente e horrível o número de suicídios esperados, espancamento de mulheres e mortes precoces causadas por vazamentos de petróleo, fechamentos de defesa de usinas e manifestações antimuçulmanos. Gostamos de dizer que nem tudo tem um preço. Gostamos de dizer isso porque não é verdade.

Quando o prefeito da vila pesqueira de Cordova se suicidou, deixando um bilhete em que culpava a Exxon, as pessoas ficaram chocadas. Eu não. Haveriam mais 35.

Admito, algum prejuízo hedônico venceu minhas habilidades de quantificação. Perguntei ao guitarrista da banda de rock da vila de Nanwalek, com o apelido Sugestun de Kwadl'k, ou Ânus Fétido, se ele sentiu alguma mudança de emoções desde o vazamento. Em uma cadência devagar e pensativa dos nativos, ele disse: "Bem, antes de termos a TV por satélite, não sabíamos que nossas mulheres eram feias".

* * *

Em 23 de março de 1994, o juiz Russell Holland tomou sua decisão. Em compensação aos danos à cultura nativa e ao seu estilo de vida, a Exxon não pagaria nada.

> Todos os alasquianos têm o direito de levar estilos de vida de subsistência, não apenas os nativos. (…) Nem o período de tempo no qual os nativos do Alasca praticaram o estilo de vida de subsistência, tampouco a maneira como o pratica faz desse estilo de vida nativo do Alasca o único. (…) Simplesmente, a escolha de "participar de atividades [de subsistência]" é uma

escolha de estilo de vida. (...) A escolha do estilo de vida foi feita antes do vazamento e não foi causada pelo vazamento.

Apenas uma escolha de "estilo de vida", como escolher sapatos Yves Saint Laurent no lugar de Gucci. Entretanto, havia uma consolação. Na Vila Antiga, Agnes Nichols, a chefe de Vida Eyak, me disse: "Pelo menos aquelas malditas lontras estão mortas".

CORDOVA, 2010

Moose estava puto. Moose Hendricks é o chefe dos Eyak, a tribo que vivia do lado de fora do porto pesqueiro comercial de Cordova, sul de Valdez. "Onde diabos é possível comprar uma propriedade dessas a cem dólares por acre?".

Mas Moose, eu disse a ele, a terra tinha *petróleo*. *Ainda* tinha petróleo lá, 20 anos depois.

Pelo menos admita que a Exxon é brilhante: ela destrói a propriedade com petróleo, depois a compra por um preço barato — *porque está suja de petróleo*.

Quando os salmões foram envenenados e os arenques fugiram, isso simplesmente acabou com Cordova. Não haviam chegadas ou saídas. O único jogo da cidade era a pesca e ele estava destruído. A Exxon culpou a Mãe Natureza por matar os arenques; o prefeito culpou a Exxon em seu bilhete suicida. O único trabalho seguro da cidade era o de confiscar barcos pesqueiros. Um desses barcos era o de Moose.

Quanto ao consórcio da BP ter comprado Valdez por um dólar, não foi só o preço que o incomodou. "Quem era Cecil Barnes para assinar a entrega de posse de Valdez?". Bem, ele assinou pelos Chugach porque ele os inventou. Os nativos viviam lá por milhares de anos, mas amarrá-los em uma bela fitinha escrita "Chugach" era invenção de Barnes. Moose achou que era conversa fiada, e não tradição.

Então, como esse povo indígena foi amontoado e marcado como "Chugach"? A resposta começa com uma outra pergunta, *Qui bono?* Quem se beneficia?

As empresas petrolíferas precisavam que alguém aceitasse o dólar delas e assinasse na linha pontilhada. Eles tinham que dar Valdez para a trupe de Cecil Barnes para que as empresas petrolíferas pudessem legalmente tomá-la de volta. Moose observa que o acordo envolvia apenas cinco vilas. Onde estava a Vila nº 6, Valdez? Nenhum nome de Valdez estava no documento que os destituía de suas casas. É claro que não. Eles nunca abririam espaço aos executivos do petróleo, então esses executivos encontraram aqueles que estavam mais fracos e vulneráveis, como o padre Nicholas, desesperado o suficiente para aceitar nada mais do que ofertas de emprego, um monte de mentiras sobre a proteção do meio ambiente e outras bugigangas brilhantes.

A BP e os gigantes do petróleo jogaram esse mesmo jogo antes. Em 1953, a BP maquinou o golpe contra o presidente eleito do Irã, substituindo-o por um Xá disposto a assinar qualquer coisa que a empresa colocasse na frente dele. Mais tarde, eles jogariam o mesmo jogo no Cáspio para conseguir o "Contrato do Século".

Se Barnes não assinasse, as empresas encontrariam um índio que assinaria. Barnes pegou o que pôde.

✴ ✴ ✴

Essa fábula de não ficção tem uma lição de moral. Etok disse: "Poder, Crime, Mistificação, Sr. Palast. É como eles fazem. Poder, Crime, Mistificação".

Etok me introduziu aos três passos de *"Como Pegar o Petróleo Que Não é Seu"*.

1. **PODER:** A expressão da força do conquistador ou, mais frequente, a fraqueza do conquistado.

   Não é uma grande coincidência que Bob Malone, que chefiou a BP no Alasca e as operações no Golfo, fosse simultaneamente co-presidente da campanha de reeleição de George W. Bush.

2. **CRIME:** Fazer promessas que não se pretende cumprir é indução fraudulenta. Faça isso três vezes e torna-se extorsão.

3. **MISTIFICAÇÃO:** A rede de rituais, geralmente legalistas — inclusive tratados, escrituras de terras e leis — impostas por conquistadores para legitimar seus crimes. Na neblina do legalismo, as vítimas frequentemente aquiescem aos termos impostos.

Na Enseada do Príncipe Guilherme, as empresas petrolíferas escolheram um padre alcoólatra, alguns pragmáticos e outros desesperados e pobres, nomeou-os de "Chugach", deram a eles um dólar, pegaram Valdez e fecharam o negócio com a autoridade mística do "contrato".

Poder, Crime, Mistificação. Vimos isso em Baku. Guerra, pobreza e ditadura imposta pelo Contrato do Século. Esse tratado de submissão econômica é mascarado como um acordo entre partes iguais. "Contrato" meu rabo.

Já que o governo dos EUA sacaneou os nativos com todo esse petróleo, *por que não o possuímos?* Como pode ele pertencer agora à BP, Shell e Exxon? Teddy Roosevelt fez essa mesma pergunta sobre as reservas do Ártico — *esse não é o petróleo público?* — e isso o levou à reeleição para presidente.

O governador Hickel me disse uma vez que sugeriu a propriedade estatal para os campos de petróleo da Vertente Norte. Ele recuou, raro para ele, mas prudente perante o poder das empresas petrolíferas — e à fatia que deixaram para ele (eles ficaram com o petróleo; a empresa de Hickel ficou com os direitos do duto de gás natural).

Mas Nós, as Ovelhas dos Estados Unidos, fomos treinados com tanto sucesso que nunca questionamos por que a BP, a Shell e a Exxon possuem nosso petróleo. Se tivéssemos tomado de volta nosso próprio petróleo como a Venezuela e a Arábia Saudita fizeram, hoje não teríamos que implorar à China por uma xícara de capital.

Outro exemplo? Aqui está. No Iraque, em 2003, antes que a BP pudesse assinar novos contratos para o imenso campo de petróleo Rumaila, perto de Basra, os contratos antigos assinados por Saddam Hussein com os russos precisavam ser modificados. Eles foram, pelo ar, por B-52's.

Poder, Crime, Mistificação. De novo e de novo.

Em 1991, no segundo aniversário do vazamento do petroleiro *Exxon Valdez*, eu estava na casa de Paul Kompkoff, assistindo TV. O petróleo ainda estava por toda a praia de sua ilha, e os Estados Unidos não estavam nem aí. Estávamos distraídos: todos, até o patriarca, estavam grudados na CNN. A Força Aérea dos EUA estava bombardeando Bagdá completamente. O Tio Paul raramente compartilhava seus pensamentos, raramente falava. Mas agora, o Tio Paul falava com os soldados dentro dos veículos militares no deserto árabe, em direção aos campos de petróleo do Iraque: "Acho que todos nós somos um tipo de nativo agora".

* * *

Em 1918, a Ilha Nuciiq, o maior estabelecimento Chugach, foi aniquilada. Comerciantes trouxeram miçangas, facas, doces — e gripe. Todos os Chugach de lá, e quase todos no resto da Enseada, morreram. Quantos? Alguns dizem oito mil. Não posso dizer com certeza; quem contava os índios em 1918? Isso parecia resolver a "Questão Nativa".

Quando a epidemia atacou primeiro, algumas crianças foram afastadas enquanto seus pais morriam. As crianças foram colocadas na Vila Eyak no Rio Copper. Uma delas era a mãe de Moose.

A vila Eyak era a quilômetros de Cordova, a cidade pesqueira comercial. Em 1948, bem doente, ela foi andando ao hospital de lá. Os brancos tinham de ser atendidos primeiro. Disseram para ela esperar. Ela esperou, e morreu esperando, de apendicite.

Moose me contou sobre sua mãe enquanto olhava pela janela do edifício mais alto da cidade de um escritório do último andar, digno de Hickel. Há dois anos, Moose construiu o maior e mais amplo hospital no raio de 160 quilômetros, o prédio mais caro de Cordova. Nativos são atendidos primeiro.

Moose aceitou o dólar da venda de Valdez e o enfiou no escritório de advocacia da empresa. Já havia passado mais de uma década do vazamento. A BP decidiu que era politicamente sábio cumprir o acordo de 40 anos atrás e contratar as empresas dos Eyak para guarnecer a operação de socorro a vazamentos de petróleo. O Chefe e Presidente-executivo Moose solicitou milhões e conseguiu. E ele me disse que vai recuperar aquele barco de pesca de arenques também.

WASHINGTON, DC

Em 1991, a Exxon realmente ofereceu acatar as reivindicações dos nativos com migalhas, provavelmente da mesma sacola da BP. Era uma situação "coma ou morra" mais uma vez. Os pescadores comerciais, que incluíam muitos nativos, estavam cansados de engolir o que quer que fosse que os executivos do petróleo jogavam em suas direções. Eles escolheram lutar em um tribunal. Ganharam. O júri deu a eles mais de $5 bilhões.

Justiça feita. Capítulo encerrado.

Não exatamente. Eles ofereceram ainda mais migalhas agora, mas com um aviso. Como um advogado da Exxon me explicou, eles podiam ganhar alguns trocados miseráveis agora ou esperar 20 anos por um julgamento da corte.

Uma tática de medo, um exagero ridículo.

Em 26 de junho de 2008, *21* anos após o vazamento, a Corte Suprema divulgou seu julgamento final. Em robes pretos, eles pareciam corvos em uma convenção de bruxas.

O magistrado David Souter disse que o comportamento da Exxon foi "sem fins lucrativos". O tribunal cortou o julgamento em 90%.

Eu não sabia se isso era o suficiente para o Tio Paul recuperar seu barco. Não importava. Naquela época Paul estava morto, assim como um terço dos outros reclamantes.

Lição nº 3 para a BP:

Faça-os esperar. Corporações são imortais, humanos morrem.

HIDROAVIÃO PARA A ILHA KNIGHT, 2010

Se você quer ouvir uma risada em uma reunião de conselho da BP ou da Exxon, apenas leia isso para eles, do depoimento de 1969 ao Departamento do Interior para conseguir a autorização para o oleoduto:

"Mais importante, a Alyeska acredita que seu Plano terá um efeito positivo nas condições ambientais únicas das comunidades nativas".

O que fará um executivo do petróleo chorar de rir não é porque o depoimento é uma mentira escrachada, mas sim porque *eles a utilizaram novamente* 40 anos depois, em 2009, 40 anos depois da enganação original. Usaram a mesma fala pacifista para vender a perfuração em águas profundas no Golfo, para o Congresso e o presidente. Essa é do presidente da Shell, Martin Odum:

> "Podemos operar como bons administradores do meio ambiente. Podemos perfurar com segurança e eficiência em todas as grandes profundidades de água".

Peguei um folheto colorido em um posto de gasolina da Exxon, em Nova York. Dois anos depois do desastre do petroleiro.

Nele, uma águia plana sobre a Enseada azul escura, e a Exxon declara: "As águas do Alasca estão imaculadas novamente". Está tudo bem, queridos, voltem a dormir.

Trouxe o folheto comigo para mostrar ao Tio Paul. Ele apontou uma mancha de petróleo de um quilômetro de extensão atrás da águia, a "espuma de sujeira" de petróleo bruto que ficou no ponto da maré alta. Mas isso é um detalhe.

Agora observe essa foto:

Chame-a de "Festa na Praia dos Nativos do Alasca". James McAlpine, da BBC, capturou o momento quando voamos para Chenega. Isso era seis anos *após* o vazamento. Os nativos de Chenega, ornamentados em trajes protetores amarelos, pareciam bombeiros do espaço, empunhando mangueiras de alta pressão e retirando o petróleo bruto do *Exxon Valdez*. Já são seis anos após o vazamento, e ainda dá pra ver esse lixo preto por toda a praia, como se tivessem jogado granadas em uma fossa. E aqui estou na Ilha Knight em 2010, duas *décadas* após o vazamento do petroleiro. Só preciso enfiar minha mão no cascalho e o local de repente irá cheirar como um posto de gasolina do Bronx.

Em junho de 2010, o Departamento do Interior dos EUA disse que o vazamento seria removido até o outono. No outono eles revisaram essa previsão para "dois anos". O que eles queriam dizer era que levaria dois anos para você esquecer tudo isso.

Você se lembra do tsunami de 2007 que matou 250 mil pessoas? Eu não: quer dizer, tive que procurar a data no Google. O massacre de mais de 750 mil pessoas em Ruanda em... quando foi isso, 1996? 1998?

O poeta Wordsworth disse: "Nosso nascimento é meramente um sono e um esquecimento". Exatamente. Em dois anos, você se esquecerá de tudo sobre a Costa do Golfo, e a BP fará propagandas dizendo que a Natureza tomou conta disso. E em dois ou cinco anos, você jogará esse livro na lixeira ou irá excluí-lo da memória do seu iPad.

E nós repetimos a história novamente. Os diques de Nova Orleans romperam-se em 1925, e a nação sentiu repulsa e raiva. Depois dormimos e esquecemos. Os Estados Unidos da Amnésia.

Olho para os meus armários de arquivos de coisas e lixos amarelados, como o folheto do posto da Exxon, e penso: *Por que eu guardo todo esse lixo?* Não sei a resposta.

ANCHORAGE

Em 1997, me encontrei de novo com Chuck Totemoff no escritório corporativo de Chenega. Não era o trailer estragado na doca da ilha. Era um complexo de escritórios modernos onde caberia toda a vila em apenas dois de seus andares.

E Chuck não era Chuck. Conheci Charles Totemoff, chefe e presidente-executivo. Camisa branca, gravata sutil, terno sob medida, com um MBA em administração de empresas e um computador exibindo relatórios de suas subsidiárias multicontinentais. Conversei com ele no estacionamento, quando ele saía de sua BMW prateada. Ele estava totalmente sóbrio, o que é mais do que eu poderia dizer.

A Exxon e a BP trapacearam Chenega em suas reivindicações pelo vazamento mas, Charles explicou, usando o adiantamento da venda das terras, os nativos lançaram uma corporação que se expande mais rápido do que a Microsoft. Se o Clube do Petróleo influenciou o Congresso, ele também poderia. A lei federal dava preferência às empresas dos nativos nos contratos de serviços do governo. Charles entendeu que as empresas dos nativos não precisavam ser necessariamente "operadas" por nativos. Por que não empregar os caras brancos pra variar? As operações de aluguel de um nativo eram bem melhores do que cassinos e charutos. Charles logo se tornou o verdadeiro comandante de sua operação com placas da CHENEGA CORP do Iraque até a Flórida, cujos milhares de empregadores provavelmente não conseguiam apontar a vila no mapa.

A página principal do site da Corporação está dividida em uma foto da Enseada do Príncipe Guilherme e um avião cargueiro enviando helicópteros de ataque, angariando seu "apoio de base" e operações de inteligência militar. Wally Hickel estaria orgulhoso.

Chuck/Charles é um traidor ou um visionário? Ele tem que ficar na vila juntando lingueirões para ser nativo? Com um pouco de sangue romeno em mim, eu insultei minha descendência porque não vivo numa carroça cigana e carrego um pandeiro? Será que os nativos devem colocar as penas dos rituais em um museu?

ILHA GROWLER, 1993

Depois que o juiz destruiu nossas reivindicações nativas, o presidente da Exxon, Lee Raymond, poderia se aposentar agora como um homem feliz. E mais tarde ele se aposentou, com um bônus de aposentadoria de $400 milhões. Por que não estar feliz?

Desisto.

Não apenas do caso. Da coisa toda. Fechei as portas e pendurei minhas chuteiras de investigador. Depois de anos de investigação, eu tinha informações para explodir a Exxon e a BP inteiras. Fui pago para escavar essas informações. Agora fui pago para enterrá-las.

A Exxon, sempre com a isca de uma recompensa gigantesca pelo acordo, deixou claro que se os nativos usassem a "palavra com F", *fraude*, eles tirariam a isca. Eles tiraram de qualquer jeito.

E os advogados dos nativos não precisavam das minhas descobertas. Extorsão, fraude e negligência intencional são caras, complexas, casos difíceis de se lidar. Mas esse não era o trabalho dos advogados, tampouco dos nativos.

Não era o trabalho deles avisar o planeta sobre a fraude sistêmica, a corrupção e a visão de segurança tacanha e pretensiosa da indústria. Não era o papel dos nativos dizer aos brancos que a indústria do petróleo irá sugar seus recursos e deixá-los cobertos de sujeira e devastados.

O trabalho deles era pegar o dinheiro, correr e deixar o resto do mundo ir para o inferno. "CAPITÃO BÊBADO BATE EM RECIFE" serviu para o júri, serviu para o juiz — e serviu para a Exxon. Erro humano. Uma falha única de um alcoólatra infeliz.

Uma semana após o petroleiro da Exxon ter destruído a costa, a empresa demitiu Hazelwood, o bêbado. O mundo agora estava livre... do capitão Hazelwood. Ele pilotou o navio bêbado — existem 238.000 citações no Google como prova. Mas não foi um erro humano, foi uma miséria corporativa desumana, o corte de moedas visando o aumento de lucros e a fraude que o acoberta.

Peguei um caiaque saindo da Ilha Growler para a Geleira Columbia, o bloco de gelo que solta os icebergs que o *Exxon Valdez*, sem radares, afastou-se displicentemente para evitar. Os quatro volumes de provas dariam uma bela fogueira na geleira. A não ser que eu violasse meu contrato e expusesse tudo aos olhos preguiçosos do mundo.

Bem, não fui contratado para salvar o mundo, para ser um Paul Revere avisando o planeta sobre a BP e seus irmãos. "Os Homens de Verde estão chegando! Os Homens de Verde estão chegando!".

Para onde diabos eu estava indo? Não sei.

A mídia de notícias norte-americana entendeu a história do *Exxon Valdez* totalmente errado. Por que não contá-la eu mesmo? Paul Revere era jornalista. Com certeza havia jornais e redes de televisão nos Estados

Unidos que gostariam de saber a história real, as investigações reais. Essa não foi a primeira vez que eu me enganei, e nem a última.

Não percebi, naquela época, que sair do meu trabalho significava sair do meu país. A única forma como eu poderia expor os fatos sobre as Corporações Norte-americanas era através dos feixes eletrônicos da BBC, de uma ilha na costa da Irlanda.

Sylvie
Guillem,
dancing queen
Fax (516) 734-2518
Tel. (516) 734-2519
STRATEGIES & SOLUTIONS
Full Service Marketing and Promotion
PRESS
MAX

CAPÍTULO 8
Descobrimos Quem Matou Jake

BLACKPOOL, INGLATERRA, 1998

Agora, se isto fosse um filme, você ouviria a plateia gritando *NÃO PEGUE A CHAVE! NÃO SUBA ESSAS ESCADAS!*

A parte repórter do meu cérebro gritava *ISSO ESTÁ CHEIRANDO MAL*, mas eu não conseguia ouvir nada, porque enquanto eu buscava a história, a lembrança da mão da srta. Jamaica no meu bolso drenou o sangue do meu cérebro.

Então, peguei a chave que ela deixou na minha mesa, com o recado para eu encontrá-la no quarto dela. Subi as escadas. Toc-toc. Nenhuma resposta.

NÃO ABRA ESSA PORTA!

Abri a porta.

PELO AMOR DE DEUS, NÃO TIRE A ROUPA!

Tirei a roupa. Precisava trocar de camisa e de calça para a festa da revista *New Statesman*, apesar de que se ela chegasse, ei, poderíamos começar a festa mais cedo.

A porta se abriu. Eu sorri... para o funcionário e para o marido da srta. Jamaica.

Marido! Essa puta tem MARIDO? O pobre babaca rechonchudo tinha a cara parecida com o mapa de Liverpool, perdido, patético e ao mesmo tempo combativo.

O funcionário, ficando vermelho, gaguejava: "Eu expliquei as circunstâncias, senhor...". Mas tive a impressão através do olhar do marido de que aquela não era a primeira vez que a srta. Jamaica entregava a chave de seu quarto de hotel para algum cara.

Graças aos céus que Deus me falou para subir minhas calças um segundo antes da porta abrir. Eu balbuciei: *"Como estão as pesquisas de votos de nossa garota?"*. Ela estava concorrendo ao Conselho de Liderança do Partido Trabalhista, candidata escolhida a dedo pelo Príncipe das Trevas, Peter Mandelson. Descobrir as merdas do Príncipe era o motivo de eu estar "disfarçado" (por assim dizer).

Aquele não era um momento bacana. Eu tropeçava em todas as minhas palavras. *"Estava tentando, tentando ligar pra ela. Acho que vou encontrá-la — diga, você vem? — vou conversar com ela na 'festinha' da* New Statesman*. Acho que vou indo".*

Acho que vou.

✷ ✷ ✷

Olha, aquela investigação não foi fácil para mim. Meu rosto já havia estampado as primeiras páginas de todos os jornais da Inglaterra quando desvendei a Parte I da história naquele julho.

Em poucas palavras, eis o que aconteceu. No final dos anos 90, eu ainda estava lidando com minha saída, legal e emocional, da investigação do *Exxon Valdez*. Eu estava farto de ser um investigador, um detetive sofisticado. Estava caçando um novo trabalho, uma nova vida. Ok, vou ser poeta. Tive aulas de poesia com Allen Ginsberg, que estava fatalmente triste porque, naquela época, ele era muito velho para morrer jovem. Se é assim que vou acabar, esqueça a poesia.

Por que não a universidade? Meu lugar: fumando um cachimbo e pregando para estudantes de graduação cheios de hormônios. Palestrei na Universidade de Cambridge, de Oxford, de São Paulo. Me sentia enferrujado.

Ok, de volta às minhas raízes, aos sindicatos trabalhistas, caras que fazem coisas de verdade. À Índia, ao Peru, ao Brasil, para conhecer o Lula, a Londres, formando uma unidade aérea de combate contra os piratas internacionais do poder, visando uma empresa que ninguém tinha ouvido falar, a Enron. Agora eu estava indo no caminho inverso. Choque: tenho 46 anos — *isso só aconteceu com outras pessoas! Pessoas velhas!*

O que eu poderia fazer com meu corpo em decomposição? Por todo o mundo, ouvi pessoas gritando, mas ninguém ouvia. Os norte-americanos apenas ligavam suas TVs. As vítimas podiam gritar com o meu intermédio. Jornalismo. Se Clark Kent conseguia, por que eu não conseguiria?

Enviei um fax ao *The Guardian* em Londres, soltando alguns aperitivos dos meus arquivos de uma operadora chamada Southern Company; e às quatro da manhã seguinte, um editor me ligou para me levar à Grã-Bretanha imediatamente: "Você sabe o quanto isso é explosivo?".

Eu sabia, mas os Estados Unidos não. Eu aprenderia a cruel lição de que para expor as notícias da minha terra natal, eu teria que deixá-la. Então me mudei para a Inglaterra para trabalhar no *The Guardian* e em seu dominical *The Observer*. Rapidamente firmei uma parceria com... o conhaque Felipe II. Nosso relacionamento começou depois de mais do que algumas rodadas no Coach & Horses, o bar perto do *The Guardian*, também conhecido como a segunda redação do jornal.

Enquanto ainda estava quase sóbrio, eu tinha uma tarefa: empresas energéticas norte-americanas — Southern Company, Reliant, CSW, Entergy — estavam comprando sistemas de energia da Grã-Bretanha a torto e a direito, sugando o dinheiro com canudos enormes. Começou com a Maggie Thatcher, mas piorou com o novo primeiro-ministro trabalhista, Tony Blair.

Estranhamente, Blair permitiu que o gigantesco sistema da London Electricity fosse engolido por uma empresa da cidade de Little Rock, no Arkansas. A Entergy International do Arkansas uma vez contratou a esposa do governador para um trabalho jurídico, mas ela não trabalhou com muito afinco. Os registros de faturamento dela, os quais eu revisei, eram tão falsos como uma nota de três reais. A firma realmente achou a mina de ouro quando o governador, Bill Clinton, tornou-se presidente dos Estados Unidos, e a garota da Entergy, Hillary Rodham, tornou-se a primeira-dama.*

Mas isso não era nada. As gigantes energéticas dos Estados Unidos estavam acabando com as leis ambientais britânicas, bagunçando as regula-

---

* A história completa seria um capítulo à parte. Se você quer conhecê-la, clique *aqui* (edição melhorada) ou visite GregPalast.com/VulturesPicnic.

mentações e obtendo isenções estranhas assinadas pelo próprio primeiro-
-ministro Tony Blair.

Esse jogo acabou quando N. Gregory Levy, da Strategies & Solutions, consultor da pouco conhecida Enron, de Houston, abriu o bico. Levy secretamente gravou lobistas ligados ao ministro do comércio Peter Mandelson e ao ministro das finanças Gordon Brown. Nas gravações, os lobistas detalhavam como fixavam as leis, desconsideravam regras e transmitiam informações confidenciais sobre o orçamento do governo para seus clientes, bancos dos EUA, empresas energéticas e outros. Por uma taxa de £5.000 por mês, esses lobistas deixariam você entrar pela porta dos fundos da residência oficial do primeiro-ministro, literalmente ("Levy" recebeu um convite para entrar direto. Sem brincadeira). Perto do que se receberia depois, era muito barato.

N. Gregory, Levy era o repórter Greg Palast. A Strategies & Solutions era uma fachada para o *The Guardian/Observer*.

Resultado? Minha história baixou as calças políticas de Mandelson, Príncipe das Trevas, as garras do primeiro-ministro, o Karl Rove de Tony Blair.

Alguns gigantes energéticos e bancos dos EUA que expus na sujeira do dinheiro em troca de acesso junto com Mandelson não ficaram contentes.

Minha conexão mais extravagante era um lobistinha nojento chamado Derek Draper, conhecido pela maioria como "Dolly". Ele tinha apenas 20 e poucos anos, e o Príncipe Mandelson, com seus 40, gostava de garotos. Meu editor, Will Hutton, queria saber se Mandy e Dolly... "bem, você sabe". Eu não sabia e não queria saber. O que Mandelson compartilhava com Dolly era um senso profundo de amoralidade mefistofélica. Era Rasputin com o Rasputin-aprendiz. Ou Lorde Voldemort e sua cobra, Nagini. O que eles fizeram com outros homens antes de devorá-los, eu não dava a mínima.

Quando minha história "Dinheiro por Acesso — Lobbygate" saiu no *The Observer*, ela ficou nas primeiras páginas de todos os jornais britânicos por uma semana. Assim como eu. Em letras maiores do que a manchete "*Hitler derrotado*", a primeira página do *The Mirror* gritava "*O MENTIROSO*".

A foto não me fazia justiça, sugerindo que, por eu não ter cabelo, eu era careca.

Como se pode imaginar, era difícil, naquele momento, voltar a me disfarçar. Meu rosto era conhecido, e a lista daqueles que queriam me ver morrendo com sofrimento agora era longa o suficiente para atravessar o Atlântico.

Eu só pude realizar meu embuste porque também fiz o papel de um terceiro personagem falso, Greg Palast. Não o jornalista, mas sim o Greg Palast que foi o especialista norte-americano que aconselhou o candidato Tony Blair em 1996 e 1997 sobre a regulamentação das indústrias energéticas e nucleares. Fingi que estava tentando lucrar secretamente com essa conexão, e os babacas que lucravam com suas próprias conexões com Blair acreditaram nisso.

Em 1997, enquanto Blair estava prestes a ser eleito, e eu era seu conselheiro, não seu acusador ainda, apareci na gala da Conferência do Partido Trabalhista com o (futuro) vice-primeiro-ministro, o rotundo e confuso John Prescott, e outros pavões da política. O salão de festas do hotel estava cheio de britânicos pálidos que ficavam vermelhos com as cervejas calóricas. Um cavalheiro desabotoou sua camisa até o peito e acariciava seus próprios mamilos. E eles zombam dos *norte-americanos!*

Do outro lado do salão, sozinha e quieta, uma mulher esbelta. Uma mulher *gostosa*. Como diabos *ela* entrou aqui? E antes que eu pudesse desviar meu olhar embasbacado, ela já havia cortado o salão e me chamado para dançar: "Então de onde você conhece Prescott e Blair?". O poder é afrodisíaco, e em conjunto com celebridades e oportunidades, é um orgasmo engarrafado. Ela *vibrava*. De ambição.

Ela escorregou suas mãos em meus bolsos e perguntou como poderia trilhar seu próprio caminho para a liderança do Partido Trabalhista. Para ela, seria fácil. Descendente negra, jamaicana e mulher. Isso fazia dela um "dois-em-um" que o Príncipe das Trevas poderia com certeza utilizar em alguma eleição de algum lugar. E ele utilizou: no ano seguinte, Mandelson fez com que ela concorresse ao conselho de liderança do Partido Trabalhista contra outra mulher, uma das inimigas de Mandy. Esperto, o príncipe.

A Jamaica me deu suas coordenadas, brincou um pouco mais no meu bolso e pediu que eu ligasse para ela. Meu ego masculino idiota nunca poderia imaginar que aquela gracinha — e seu marido — iriam, em mais ou menos um ano, armar para cima de mim.

Não acredito que ela começou com esse plano de armar para o meu abate. Inferi que a mulher só queria se divertir, uma dancinha, uma provocaçãozinha — e talvez algumas conexões políticas vantajosas. Ela não seria a primeira mulher talentosa a subir primeiro de calcinha pelas escadas políticas.

* * *

Um ano depois, depois de eu pegar Mandelson e Blair, vejo que ela está concorrendo a um cargo como a marionete de Mandelson em outra Conferência do Partido. As galas deles seriam em setembro. Corri atrás do telefone da Jamaica. Deixei uma mensagem e ela me ligou de volta sem fôlego, dizendo que eu era muito mais bonito do que aquelas fotos horríveis do *The Mirror*. ("Roubada, Palast, roubada", uma voz sábia falou antes que eu a sufocasse). Mandy, eu soube, não conseguiu arrumar um convite para sua dois-em-um famosa ir à festa da *New Statesman*, aquela que qualquer um que seja alguém simplesmente *tem* que ir. Liguei para o editor da revista e disse a ele quem eu iria acompanhar: a garotinha do meu Nêmesis.

* * *

De camisa, fui ao baile da *New Statesman*, sem a esposa dele. Ou a minha.

Cheguei à pista de dança, olhei ao redor, mas a srta. Jamaica não estava lá. Bem, foda-se ela, aquela puta traidora (eu não me importava em ser um puto traidor). Não até minha terceira dose de gim-tônica. Foi a primeira vez desde os meus 15 anos que eu decidi ficar bebaço.

Então eu a vi. Não a Jamaica, mas a Suécia. Quer dizer, uma das duas mulheres só-pernas-e-cabelos-loiros-compridos que ficaram ao lado de Dolly em sua recepção no Salão de Banquetes meses antes, murmurando e o acariciando a noite toda. O Salão de Banquetes foi onde o Rei James perdeu sua cabeça.

Eu estava prestes a perder a minha.

Como acabamos dançando, eu não sei. Mas a Suécia estava perto, estava quente, seria uma noite boa, no final. O Filho de Deus era judeu e tudo ia bem, principalmente quando ela colocou as mãos por dentro do meu blazer, acariciando de cima a baixo, e pelas pernas das minhas calças. Céus.

Então as carícias ficaram um pouco, eu diria, *violentas*. Ela me apalpava, rude, com fúria em seus olhos.

"Onde está!? Cadê o gravador! Você tem um gravador! Você só queria que eu falasse com você sobre o Derek. Não acredito que eu estava quase...".

Não, não, não, não, eu queria dizer para ela, mas tive que me esquivar para fugir de um tapão na cabeça. Eu realmente de verdade só queria suas belas coxas esmagando minhas orelhas. Eu só queria ver um anjo de calcinha que me faria esquecer Dolly, esquecer a Srta. Jamaica e esquecer o Príncipe Viadinho Mandy E COMO VOCÊ OUSA BATER EM UM BÊBADO!

Eu não queria ser um repórter naquela noite (claro, eu estava gravando. Isqueiro falso. A loira deveria ter percebido que eu não fumo. Asma).

* * *

Ressacas não são minha praia. Não gosto delas. Não, não gosto. E lá eu estava, enjoado com o carpete imundo no saguão do hotel. O carpete estava pulsando, me ameaçando. Eu não gostava dele. O escritório de imprensa do Partido Trabalhista me acordou num horário criminoso de tão cedo e me disse que eu tinha, *tinha* que ir à Sede do Partido e tinha que ser agora, ou eu perderia minha credencial de imprensa.

Os Novos Trabalhistas nunca ficaram bêbados. Eles tomavam um golinho de vinho branco e não sabiam nada de amores perdidos. Mas eu disse com animação: *"Estarei logo aí, parceiro!"*. Seu chupa saco comedor de merda. Parceiro.

Cheguei lá, esperei na fila, odiando Blackpool e o exílio dos Estados Unidos. Bem, Palast, pare de lamuriar e vamos ao trabalho.

"Greg Palast? Não, senhor, sem credenciais para o senhor".

Olha, Princesa Diana ou qualquer que seja seu nome gringo, eles me disseram para vir agora, nesse minuto, para a credencial de imprensa.

"Foi afastado, senhor. Revogado".

Ahn? Por quê?

"Diz aqui que é por 'violações morais'".

VIOLAÇÕES MORAIS?

"Você deve deixar a área restrita de Blackpool diretamente".

Empurrei a porta da rua, olhando para o meu celular vibrando, quando fui empurrado com força por dois caras que estavam do lado de fora.

Comecei a me desculpar quando os dois me empurraram de novo, mais forte, com os ombros, e me jogaram contra uma parede de pedras.

"Palast, sabemos o que está aprontando".

Então um deles sacou uma câmera e começou a tirar fotos do meu rosto enquanto o outro otário me segurava preso aos tijolos.

Mesmo de ressaca, eu sabia que *não* devia correr. *Nunca, nunca corra quando houver uma câmera*. Toda vez que um alvo meu corria, eles pareciam bastante culpados. Os gêmeos otários ficaram em cima de mim, me apertando dos dois lados. Nós devíamos parecer um trio bem peculiar.

"Nós pegamos você no quarto dela, Palast. Sabemos o que você estava fazendo no quarto dela, mas por que você não nos diz. Invente algo, Palast".

Quem diabos *eram* esses caras? Mais tarde eu descobri seus nomes: Will Woodward e Stephen White. Se você os vir, urine neles, aperte-os contra uma parede e tire uma foto deles.

Graças a Deus eu usava meu fedora. Na Inglaterra, alguns o reconheceriam. Deus me enviou Paul Farrelly, hoje um Membro Honorável do Parlamento. Quase o *único* membro honorável do Parlamento.

"Saiam de perto do Palast ou vou chamar a polícia pra vocês". Paul é um cara pequeno mas parrudo. Ele claramente *não* esperaria pelos policiais para dar um jeito naqueles babacas.

E obviamente Paul os conhecia.

A gim-tônica já tinha evaporado do meu corpo àquela altura e Paul, meu guardião, enquanto eles nos seguiam, disse: "Eles são do *The Mirror*".

Ah merda, merda, merda.

Na manhã seguinte, eu sofria com a minha ressaca e comprei um café e um jornal, com a manchete berrante:

ESCÂNDALO SEXUAL AGITA
A CONFERÊNCIA DO PARTIDO

E: **DO MENTIROSO AO ESPIÃO**

E: **A NOITE SORRATEIRA
DO HOMEM DISFARÇADO
EM UM HOTEL DOS TRABALHISTAS**

Bem, pelo menos não usaram aquela minha foto horrível de novo. Em vez disso, colocaram a própria gata, Srta. Jamaica, e eu, com uma expressão de surpresa e culpa do tipo "vocês me pegaram!" contra a parede da Sede do Partido.˙

Essa era apenas a primeira página. Havia *mais cinco páginas de nada exceto Maníaco Sexual e pobre donzela*, a adorável e inocente protegida do Príncipe Mandelson. Bem, pelo menos eu ofusquei o Tony Blair em sua própria convenção.

O *The Mirror* entregou centenas de exemplares grátis pela convenção para que ninguém perdesse a notícia.

"*Ele invadiu meu quarto! Ele está me perseguindo por dois anos! Sou uma mulher casada!*".

Dois dias depois, o colunista político do *The Guardian*, Simon Hoggart, escreveu que estava ao lado de Alastair Campbell, o assessor de imprensa de Tony Blair e temido pistoleiro político, que "agradeceu" ao editor do *The Mirror* pelo que "ele fez por nós". Por Tony.

O editor do *The Mirror*, o imundo que criou essa manobra, o homem que faz vômito parecer torta de maçã, o inseto que mais tarde seria removido da função de editor de seu tabloidezinho de merda por publicar uma história completamente fabricada *com fotos falsas*, o vermezinho ardiloso é chamado de Piers Moron ("idiota") pela revista satírica *Private Eye*.

Sim, Piers Morgan. Que retornou da cripta como um jurado do *America's Got Talent*! E agora, Pus Moron substituiu Larry King como um grande apresentador de TV da CNN.

Isso confirma a minha teoria de que quando os executivos da televisão norte-americana precisam de uma substituição para um programa de notícias, eles simplesmente esperam o vaso sanitário transbordar.

JACKSON, MISSISSIPPI

Mas isso não tem a ver com o talento norte-americano, merdas famosas do jornalismo, políticos estilo Mata Hari ou as loiras de Dolly.

Isso tem a ver com energia. Energia elétrica nuclear, fóssil, petrolífera. E poder político.

˙ Não, não vou falar o nome dela, vocês podem procurar. Não darei a ela o presente da notoriedade que, em nossos tempos distorcidos, tem algum valor.

A energia elétrica e o poder político são dois lados da mesma moeda. Não há como separar a energia que se obtém por meio de um fio para que você possa tostar sua torrada matinal do poder político necessário para sobretaxar esse serviço.

O Príncipe Mandy, agora Muito Honorável *lorde* Mandelson, Tony Blair, Piers Morgan. Quem são eles, na verdade? Eles são meninos de recados de alto custo, nada mais do que isso. A pergunta é *De quem é a mensagem que eles transmitem?*

Piers não escreveu a manchete de capa O MENTIROSO com sua própria cabecinha. Rastreei o *consiglieri* em uma empresa energética de Nova York, uma operadora de usina nuclear, a Long Island Lighting Company. Venci essa empresa com a acusação de extorsão. Acho que eles não gostaram disso.

Depois há a Southern Company, a maior corporação energética dos Estados Unidos. Mas isso não era o bastante para eles; eles queriam ser os maiores do mundo.

Em 1995, a Southern, que operou no Mississipi, na Geórgia, na Flórida e no Alabama, fez uma manobra que se pensava ser legalmente impossível: comprou outra empresa do outro lado do oceano. Sua primeira incursão além das fronteiras foi na Southwest Electricity Company da Inglaterra. Eu tinha perguntas sobre como eles se desviaram da lei, o Ato das Empresas de Holding de Utilidade Pública dos EUA. Mas antes que eu pudesse obter uma resposta, os lobistas da indústria eliminaram a lei.

Eu tinha perguntas para os executivos da Southern Company. Coloquei essas perguntas naquele artigo que enviei via fax ao *The Guardian*, aquele que desencadeou a ligação deles para mim às 4h da manhã em Nova York. Eles jogaram tudo nas primeiras páginas da Grã-Bretanha, e aquilo me transformou em um repórter no intervalo de 36 horas. Minha indagação à Southern era: *Quem Matou Jake Horton? E onde estão as partes?*

Horton era o vice-presidente sênior da empresa que estava levando a culpa por violar aquela lei das Empresas de Holding. Ele foi pego realizando pagamentos ilegais às agências reguladoras estaduais da Flórida para a Southern. A empresa jogou a merda em cima de Jake, certo, mas Jake tinha mais merda para jogar neles. Eu soube que a empresa estava cobrando seus vários milhões de clientes de eletricidade pelo carvão de suas próprias minas, mas os trens de carvão estavam carregados de *pedras*. Sério. Havia mais, muito mais, e Jake pegou emprestado o avião da empresa para falar tudo a um advogado-geral da União.

Alguns minutos depois de o avião decolar, ele explodiu em mil pedaços.

O presidente do Conselho disse à nossa equipe da BBC: "Pobre Jake, acho que ele não viu outra saída".

E a outra pergunta: *Onde estão as partes?* Não as partes de Jake espalhadas pelo sul, mas as partes sobressalentes da Southern utilizadas na Usina Vogtle, a estação nuclear da empresa em Geórgia, e em suas linhas de transmissão. A Southern cobrou de seus clientes cerca de cem milhões de dólares por utilizarem essas partes. Mas elas não estavam sendo utilizadas. Um grupo de escritórios de advocacia me trouxe de Nova York para a Geórgia e o Mississippi, para tentar desvendar o truque de mágica das partes sobressalentes da Southern, o malabarismo da contabilidade.

Comecei no capitólio de Jackson, Mississippi, na sala de arquivo de documentos das agências reguladoras do estado, um armazém de pastas casuais e cópias velhas de papel-carbono. Me joguei na tarefa desesperada de encontrar os documentos contábeis das partes sobressalentes da unidade de Mississippi da Southern. Enquanto isso, atrás de uma mesa coberta por uma bagunça que parecia não ser tocada há anos, sentava-se um cavalheiro de camisa de manga curta, e toda nossa conversa consistiu nele encolhendo os ombros e dizendo "não sei nada sobre isso".

Estava um calorão como o do Delta, sem ar-condicionado e o ventilador acima só espantava as moscas e a umidade. Eu estava com fome, mas não me rebaixei a comprar os pés de porco em conserva que estavam sendo vendidos em um recipiente enorme, em frente ao escritório do governador.

Então Jackson Ables chegou, direto das páginas de um romance de John Grisham: um advogado rotundo e animado usando um blazer de anarruga branco, esperto como uma raposa. Em um sotaque arrastado, engrossado por xaropes do sul, Ables disse ao manga-curta: "Jasper, esse jovem aqui é um bom garoto". Não era necessário acrescentar que era um *garoto judeu de Nova York.*

O manga-curta falou: "Lá, em cima do armário". E de fato, lá estava: O Profano Graal, cem páginas das contas das partes sobressalentes, e levei-as em minha pasta.

A Southern cobrou por partes nunca utilizadas, um jogo contábil complexo que violava várias seções do grosso livro de regras usado para estabelecer os preços cobrados pelo monopólio da empresa energética. Levei dois meses para decodificá-lo e explicá-lo para Ables. Seu escritório processava em favor do público: fraude, fraude eletrônica, adulteração, conspiração, extorsão.

Nossa acusação de extorsão e fraude alegava que a Southern sobretaxou seus milhões de clientes de eletricidade em dezenas de milhões de dólares por usarem partes sobressalentes que nunca usaram. Tecnicamente, a empresa violou as regulamentações contábeis estabelecidas pela Comissão Federal de Regulamentação de Energia sob lei federal.

A visão da Southern Company era *sem problema*: a indústria simplesmente fez com que o Congresso anulasse a lei e acabasse com as regulamentações. A empresa saiu balançando suas partes para mim.

Portanto, quando você ouvir a palavra *desregulamentação* dita com regozijo, pense na Southern Company e no pobre Jake. Porque, quando eles dizem *desregulamentação*, eles querem dizer *descriminalização*.

O juiz disse: caso encerrado. Mas eu guardei aquela lista de partes da Usina Vogtle.

* * *

Hoje, enquanto escrevo este livro, tirei um tempo para entrar em contato com duas fontes.

FONTE 1: "Eu era um - - da Southern Company. (...) Conheci Jake. (...) Levou um tempo, mas nós descobrimos quem matou Jake, e a arma utilizada (...)"

FONTE 2: "Ele claramente cometeu suicídio e assassinou os dois pilotos no processo (...)"

Sabe, seria legal se os informantes tivessem apenas *uma* história. De qualquer forma, a Southern Company não mencionou Jake em seu requerimento para dominar um pedaço do mercado britânico. Mas eu mencionei, no *The Guardian*. E, do meu armário de arquivos, peguei a lista das partes fantasmas. Eu não estava fazendo amigos na indústria energética.

HOUSTON, AMSTERDÃ

Outras três empresas energéticas dos EUA rapidamente juntaram-se à força de invasão corporativa da Southern oferecendo comprar o restante do sistema elétrico da Inglaterra.

Primeiro, havia os garotos do Arkansas, ex-clientes de Hillary Clinton, a Entergy. Quando o antigo parceiro jurídico da primeira-dama foi indiciado por notas falsas, ele aceitou um curto período na prisão no lugar de denunciá-la. Em seu caminho ao xilindró, o condenado foi contratado pela Entergy como um "consultor". Então a Entergy comprou a London Electricity com a bênção prestativa da Casa Branca. Não estou dizendo que tudo isso está conectado. São apenas pontos, você desenha as linhas.

Havia outras duas empresas, texanos à espreita dos serviços públicos ingleses, a CSW e a Reliant Inc. Juntas, elas possuíam dois reatores nucleares, algo chamado Projeto South Texas. A Reliant faz aquele famoso engenheiro de usina nuclear, o Homer Simpson, parecer-se com Leonardo da Vinci.

Quando a Reliant e seus parceiros propuseram as usinas nucleares da South Texas pela primeira vez, eles foram desafiados pelos custos gigantescos e pela total burrice para construir os reatores gêmeos. Mas as empresas conseguiram que o estado ordenasse aos consumidores que subsidiassem a construção das armas nucleares, prometendo às agências reguladoras que eles conseguiriam construir os reatores em apenas cinco anos por $ 1, 2 bilhões. Essa era a "estimativa de custo definitiva". E eles prometeram isso sob juramento. Demoraram 12 anos. Custo final: $ 5, 8 bilhões.

Em uma tentativa de manter os custos baixos, as empresas perfuraram buracos no vestiário dos funcionários, colocaram câmeras secretas, tentando descobrir qual empregado estava dedurando as empresas à Comissão Reguladora Nuclear sobre seus atalhos de segurança. As empresas foram pegas, mas se livraram apenas com uma multa por sua série de crimes nucleares.

A Reliant e sua empreiteira, a Brown & Root de Halliburton, finalmente acabaram pagando mais de um bilhão de dólares em multas e punições quando a Comissão de Serviço Público do Estado decretou que eles eram administradores "imprudentes" da usina. *Imprudência* é o termo regulatório para incompetência flagrante. Ainda assim, vários bilhões de dólares para cobrir esse excesso de gastos na usina foram colocados nas contas de energia elétrica dos consumidores texanos, graças a um acordo que a Reliant fez com o governador George W. Bush.

E o "*ESCÂNDALO SEXUAL AGITA...*"? O negócio com a srta. Jamaica tornou-se uma bala dundum que os garotos do Texas atiraram contra mim em Amsterdã. Eu denunciei os operadores da desastrosa Usina Nuclear South Texas no *The Guardian* justo quando a Reliant queria a aprovação do governo de Sua Majestade para comprar uma boa parte do sistema energético do Reino Unido. Quando a Reliant, a desastrosa nuclear, tentou se aproximar das usinas da Holanda, foi dado um grande destaque às minhas investigações no jornal *Handelsblad*, o *Wall Street Journal* da Europa. A empresa não gostou disso, então entregou ao *Handelsblad* os arquivos do ESCÂNDALO SEXUAL.

A Reliant era o Bebê de Rosemary da "desregulamentação" do serviço público. Ela já tinha sido Houston Lighting & Power, depois mudou de nome para Houston Industries e modificou seu formato corporativo. A Houston transformou-se em Reliant para o ataque e as fusões transoceânicas, depois usou o pseudônimo NRG Corporation (NRG = E-ner-gia — entendeu?).

Contudo, mais projetos do tipo da South Texas finalmente levaram a NRG/Houston/Reliant/HLP, uma gigante energética mundial, à falência do Capítulo 11 da Lei de Falências norte-americana.

Eu achei que veria o fim deles e eles presumiram que veriam o meu fim. Ambos estavam errados.

A NRG, esse demônio financeiro que já foi à falência, após torrar bilhões na cena do crime conhecida como Projeto Nuclear South Texas, saiu de sua cripta para festejar as novas garantias de empréstimo do governo dos EUA para novas usinas nucleares. A Southern Company, antiga empregadora de Jake, também se agarrou na garantia do Tesouro. A NRG em 2010 e a Southern em 2011 foram designadas as vencedoras do concurso do Departamento de Energia dos EUA pelo nosso dinheiro. Esse é o primeiro investimento de Obama no programa de armas nucleares.

Foram os arquivos internos da NRG que chegaram naquele Tijolo Radioativo enorme. Ou devo dizer, os arquivos internos da "NINA". A NRG, como mencionei, modificou novamente seu formato. A Comissão Reguladora Nuclear considerou retirar a licença da Reliant por falta de "integridade moral"; ainda assim, sua última mutação, NINA, "*Nuclear Innovation North America*", está roubando o Tesouro.

(Os bancos da NINA, os beneficiários definitivos da garantia do Tesouro, devem ter dado uma boa risada com o nome usado para obter o suporte do empréstimo do governo. "NINA" é o acrônimo de finanças da indústria para *No Income No Assets* — Sem Renda, Sem Bens —, que resume bem o perfil do consórcio nuclear).

Agora, assim que eu mostrar a você o arquivo que tenho sobre eles, presumo que eles vão mostrar o arquivo deles sobre mim: então fiz isso por eles. Você conhece meu pênis tanto quanto a NRG/NINA. Estou retirando o truque favorito deles: descrédito e destruição.

Você quer saber o que há no arquivo do Tijolo Radioativo? Só um momento. O mais importante é *por que* estou contando isso, e o que me trouxe aqui esta noite, a mais de cem quilômetros dos beijos dos meus gêmeos, para escrever isso a você. E por que eu estava esperando há muitos, muitos anos para sentar com você e contar histórias de ursos polares e perfuração de petróleo.

UNITED ELECTRICAL, RADIO & MACHINE WORKERS
PAMPERO
EXTRA VIRGIN OLIVE OIL
It's Time To Fight Ba
Page 2 DAILY WORLD
Jobs or takeover, says Sadlowski
CONFRONTS

CAPÍTULO 9
A Pedra Filosofal

LA, CHICAGO, GARY E ATENAS ANTIGA

Digamos que seu pai é rico. Digamos que seu nome é Bush ou Bin Laden ou Bloomberg.

Você pode estragar tudo de todas as formas, ser pego cheirando coca no balcão de um bar, torrar milhões da grana do seu papai em esquemas estúpidos, permanecer analfabeto mesmo nos momentos em que está sóbrio e *ainda assim* entrar em Yale. E então, quando você estragar *até isso*, o Papai te dá um emprego em sua empresa petrolífera. Em um caso que conheço, o pai desse menino burro do Texas fez dele presidente dos Estados Unidos, porque sabia que o filho simplesmente não tinha competência para manter nenhum outro emprego.

Disse a você que sou do Vale, o Ânus de Los Angeles. Não pelas pessoas, pela estrutura. Nós só tínhamos o que os ricos expeliam de seus cólons.

Se eu estragasse tudo, meu pai me conseguiria um trabalho no armazém da loja de móveis, eu acho. Descobri isso desde o começo: se eu quisesse ter uma chance de escapar, eu não poderia esperar pelos resultados das notas da escola ou pelo vestibular ou por recomendações de pessoas importantes porque nós não conhecíamos pessoas importantes. Então, enquanto eu ainda estava na Escola Beco Sem Saída, menti descaradamente para entrar na Cal State University (aos 14 anos). Um ano depois, inventei uma história para entrar na UCLA (boa), e no ano seguinte, avancei dessa para uma vaga na Universidade da Califórnia, Berkeley (ótima), depois avancei do golpe na Berkeley para entrar na Universidade de Chicago (a melhor), totalmente paga com bolsas de estudo sabe lá Deus de onde vindas.

Por que parar? Ao invés de me incomodar esperando obter meu diploma de universitário, fiz um truque no meio do caminho para ir direto à imponente School of Business de Chicago (não vale a pena explicar o truque, que você não vai conseguir se aproveitar dele hoje em dia). E então (1973), quando a liderança dos sindicatos industriais de Chicago e o Partido Comunista acharam que eu devia entrar no círculo de pós-graduação de Milton Friedman, pensei *por que não? Posso fazer isso.*

Fiz, e simultaneamente entrei num círculo fechado chamado "*The Workshop on Latin America*" (Oficina sobre a América Latina), liderado por Arnold Harberger, o seminário de pós-graduação mais conhecido como Chicago Boys, o grupo que naquela época aconselhava o ditador do Chile, Augusto Pinochet.

Milton Friedman era fácil de se encantar. O encanto que usei nele foi uma teoria que eu tinha sobre um novo fenômeno: corporações multinacionais. Aquelas corporações internacionais imensas poderiam, com seus preços de transferência internos e métodos de contabilidade, contornar as leis existentes há séculos que controlavam e basicamente impediam os especuladores de mudarem de capital através das fronteiras. Uma vez que esses controles de capital foram finalmente vencidos e removidos, eu previ um mundo distópico, com fronteiras eliminadas, corporações internacionais mais poderosas do que qualquer nação e acima de todas as leis e regulamentações de qualquer nação, mercados soltos, barreiras comerciais demolidas e o capital financeiro correndo como um animal selvagem de continente em continente.

Poucos dos meus companheiros de viagem à esquerda política entenderam por que diabos eu vociferava, e poucos achavam tudo isso importante. "Arbitrariedade de moedas" e "barreiras de juros" não eram coisas que estariam em livros de Karl Marx ou no Livro Vermelho de Mao. Marx e Mao só queriam saber "dos meios de produção" e de fábricas gigantescas com proletariados musculosos e suados como os caras do sindicato com os quais eu trabalharia em breve na U.S. Steel Gary Works.

Porém, Milton Friedman conseguiu. *Cara, ele conseguiu mesmo.* Mas enquanto eu via um banqueiro-íncubo prestes a sugar a vida das leis que mantinham as economias saudáveis, Friedman viu algo mais quente do que um filme pornô: o *mecanismo* para eliminar as fronteiras financeiras. Ele achou que deveríamos publicar um artigo sobre isso juntos. Mas era demais para mim. Seria como compor uma ode de louvor à varíola.

Apesar disso, Friedman me convidou para sua oficina financeira (*ka-ching!*).

Milton Friedman era hipnótico. Ele podia sugar sua alma intelectual pelos seus olhos com seu verdadeiro brilhantismo. Era como olhar diretamente para o sol. Os estudantes de graduação, em sua maioria estúpidos, dividiam-se entre os avarentos e os carreiristas, deixados como zumbis, seus próprios intelectos escassos enfeitiçados pelo veneno dele, pronto para se espalhar nos cantos do globo para infligir a economia sem coração do mestre sobre o nosso planeta inocente.

Para minha própria segurança, eu tinha que focar minha visão em outro lugar.

Mas meu cérebro ainda estava faminto. David, meu melhor amigo, estava furtivamente enfiando seu negócio na minha namorada (ruiva/insaciável). Aliviado do peso, eu tinha tempo para calmamente permitir que o amor verdadeiro do próprio David me seduzisse: eu estava lendo Aristóteles escondido.

Aristóteles, o filósofo grego, não era grego. Ele era macedônio, e os gregos o odiavam por isso. Mais interessante é que ele foi o primeiro economista a escrever sobre a indústria do óleo (ele tinha uma vantagem por ser o primeiro economista. Ele inventou a palavra *economia* — Οικονομικά). De qualquer forma, o Pai da Economia conta a história da invenção dos contratos de futuros de bens de consumo — e da primeira vez que o mercado de óleo foi acuado, monopolizado.

É mais ou menos assim:

O filósofo Tales, ao obter uma dica de um informante, sabia que uma escassez de óleo estava por vir, então comprou toda a produção futura das oliveiras na cidade de Mileto. Quando mudaram as estações e a escassez chegou, ele jogou o preço das olivas lá em cima. Mas o público não estava nem um pouco nervoso por Tales os estar explorando pelo óleo que desesperadamente precisavam para comer e para manter seus lampiões acesos. Ao contrário, as pessoas o louvavam pela sua genialidade em realizar tal negócio.

Então Tales disse a eles: SEUS RETARDADOS DE MERDA. Vocês me desprezaram quando eu era um filósofo pobre tentando dar a vocês uma sabedoria inestimável a troco de nada. Agora vocês me adoram por destruir a economia. Vocês acham que uma boa economia é aquela em que pessoas espertas com informações internas ganham dinheiro por meio do dinheiro e ficam ricas além de suas capacidades de gastar. Mas ganhar dinheiro por meio do dinheiro *é contra a natureza, otários!* Uma economia de sucesso é aquela em que o dinheiro e a troca de produtos resultam em uma Vida Boa para todos.

Entendi. Friedman estava mais do que errado, ele era um conspirador contra a própria natureza. O sucesso de uma economia não devia ser medido pelo crescimento da riqueza por meio da riqueza, mas sim pela habilidade de líderes políticos, como bons pais — Aristóteles era obcecado com a ideia do "bom pai" —, de garantir o cuidado dos cidadãos, que todos possam buscar a felicidade e obter a Vida Boa, e não apenas um monte de mercadorias.

E a Vida Boa com certeza não exigia uma ruiva cheia de fogo. Exigia a busca de uma instrutora de ioga maoísta (morena) e de uma modelo formada em Oxford (loira).

... Enquanto isso, em uma sala de aula próxima, na Universidade de Chicago, os perdedores do campus, Paul Wolfowitz e Richard Pearle, estudavam a "arte masculina" da guerra com o professor Leo Strauss e ainda não faziam sexo. O mundo um dia sofreria muito por isso.

* * *

Aposto que seus filhos sempre perguntam, como os meus, *Papai, de onde vêm os fundos de cobertura?* Para sua própria proteção, e a proteção de seus entes amados, você deveria saber a resposta.

Aqui está.

Naquele período estranho com Friedman em Chicago, andando furtivo pelo laboratório de economia que estava inventando um novo inferno na Terra, me apaixonei, intelectualmente, pelo professor de estatística, Fischer Black. Enquanto os outros estudantes ficavam entediados e indignados por terem que aprender *coeficientes* e r^2, para mim aquele homem magro e alto era um feiticeiro com uma caixa de números mágicos. Ele se apegou a mim, enquanto os outros dormiam, e amava explicar seus teoremas esquisitos, que vinham, literalmente, do espaço sideral. Black era um físico fracassado. Obrigado a olhar para baixo, ele teorizou que as mesmas forças matemáticas que controlavam as estrelas e o mesmo movimento probabilístico de partículas subatômicas comandavam o comportamento do mercado de ações.

Black viu o mercado de ações não como uma caça à melhor ação, mas sim como um sistema solar comandado pelas leis da física e da probabilidade. As ações são como elétrons, girando e tropeçando aleatoriamente, como um bêbado tentando andar longe de um poste.

A Mágica de Black era a pedra filosofal das finanças. Segure-a, conheça-a, e seria possível praticamente eliminar todos os riscos financeiros nesse mundo arriscado.

Seria possível amalgamar grupos de investimentos em "portfólios" de tal forma que o risco de um compensaria o risco do outro. Apostas no mercado de ações por bancos de investimento seriam, necessariamente, eliminadas. Não existiriam mais escolhas de ações, seria uma perda de tempo. Recompensas financeiras seriam pequenas, mas o risco seria banido. Os pânicos financeiros do mundo seriam história do passado, e todas as ascensões e quedas econômicas seriam aliviadas em ondas tranquilas.

Conheci Black não muito tempo depois que ele expôs sua Caminhada Aleatória do Bêbado em um artigo acadêmico com seu amigo Myron Scholes. Eles o chamaram de *Capital Asset Pricing Model* (Modelo de Precificação de Ativos Financeiros).*

Mais ou menos ao mesmo tempo, um novo banco de investimento em expansão, uma casa pequena à margem do universo financeiro, o Goldman Sachs, também se apaixonou pelo Modelo Mágico do Dr. Black, e contratou todos os seus melhores alunos e, eventualmente, o próprio Dr. Black.

A equipe mágica de Black no Goldman olhava para o mercado de ações mas, ao invés de ver títulos, via simplesmente uma sopa de moléculas financeiras, que podiam ser manipuladas e cortadas e reagrupadas em combinações estranhas e maravilhosas.

O Modelo e seus correlatos podiam ser usados para encontrar o risco e compensá-lo. Se a General Motors vendesse carros no México, ele poderia compensar seus riscos *apostando que o peso mexicano cairia*. O risco da moeda seria "coberto", eliminado.

Os "fundos de cobertura" podiam ser criados para a compra e venda de "produtos" financeiros que incorporariam um desses riscos. É como equilibrar sua grande aposta na corrida apostando um pouquinho em todos os outros pôneis. Os fundos de cobertura, como os nomes implicam, podiam

---

* Se quiser anotar a fórmula, aqui está: $Kc = Rf + \beta x (Km - Rf)$. Se você não entende grego-aritmético, não se preocupe com ela.

reduzir o risco de uma crise financeira para empresas, investidores e para o planeta.

Não é por coincidência que experimentos com as primeiras aplicações práticas de física atômica foram conduzidos na Universidade de Chicago, a primeira divisão de um átomo, mostrando que, de fato, $E=mc^2$. Debaixo da arquibancada do campo de futebol americano da universidade, Enrico Fermi iniciou a primeira reação em cadeia "controlada". Controle-a, e produza calor suficiente para iluminar toda a cidade. Remova o controle, e elimine a cidade de Hiroshima.

De volta ao Goldman, e depois a outros bancos de investimento, os experimentos com moléculas financeiras continuaram.

Então, a ciência financeira ficou estranha. Ficou perigosa. Se é possível extrair o risco de flutuações de moedas das ações da GM, também é possível derivar desse título de risco da moeda outro título que extrairia o risco de flutuações no primeiro título e depois um título que flutuaria com o título que se moveu com esse novo título, e assim sucessivamente.

Títulos que são eles próprios "derivativos" de movimentos de outros títulos começaram a se formar no universo financeiro. E entraram em metástase. O mercado de "derivativos", pela meiose e mitose do fracionamento de títulos, cresceu de poucos bilhões de dólares em negociações centradas em empresas multinacionais para $83 trilhões até 2008 no balancete de um único banco, o JP Morgan. São $83 TRILHÕES. A reação em cadeia começou.

Tudo podia ser reorganizado em títulos derivativos redutores de risco: era possível eliminar o perigo de hipotecas de alto risco em Los Angeles "titularizando" os riscos de inadimplência e vendendo o derivativo disso em um fundo de pensão na Noruega. E era possível eliminar o custo do risco de eletricidade para beneficiários de hipotecas (ou seja, reduzir sua exposição a execuções de hipoteca causadas por contas de eletricidade crescentes) se você cobrisse o clima na Argentina vendendo um derivativo de seu derivativo em uma "parcela" para... Se você não está entendendo, lembre-se, *você não deveria estar*.

Então, a mão ossuda de Adam Smith ergueu-se de uma cova gelada para apontar o dedo na nossa cara. O reitor Smith disse: "Cuidado com homens que colhem o que não plantam". A voz fria de Aristóteles completou:

"Rentistas", aqueles que ganham dinheiro vindo do dinheiro, assediam a própria natureza. Um furacão chegaria. Chegou.

Em 1994, os "fundos de cobertura" não eram mais as entediantes máquinas matemáticas de compensar riscos do Dr. Black. Títulos derivativos de títulos derivativos de títulos iniciaram a temida reação em cadeia. Enquanto as agências reguladoras assistiam à explosão em pânico, o secretário do tesouro de Clinton, Robert Rubin, que veio do Goldman Sachs, viu apenas um novo mundo, uma América do Norte pós-industrial. Os EUA "manufaturariam" e venderiam "produtos" financeiros, enquanto deixaríamos a maçante manufatura de objetos para a China.

Em 1997, com os mercados de ações mundiais subindo às alturas, Myron Scholes recebeu um Prêmio Nobel pelo Modelo de Black-Scholes. O comitê não pôde premiar Black, meu guia pela Admirável Nova Numerologia, que morreu de câncer na garganta anos antes.

Então chegaram as chuvas.

Como meu mestre Black pôde ter errado tão horrivelmente? Ele escorregou na casca de banana jogada por Milton Friedman. Friedman vendeu a Black e ao mundo a ideia de que os mercados são perfeitamente "eficientes", desde o preço das batatas fritas até os derivativos e o próprio dinheiro, tudo organizado em um caminho perfeitamente racional e justo. A Mão Invisível mágica do mercado não precisava de um braço. O governo só atrapalharia essa economia autorreguladora deslumbrante.

Crucial para a teoria de Friedman — e por favor preste atenção nisso — era que os mercados tinham "sabedoria". Ou seja, *os preços em um mercado livre comunicam toda a informação* sobre um produto, títulos inclusos (e seus derivativos). Um mercado livre é um mercado justo com todas as informações disponíveis a todos os jogadores. Ninguém podia ganhar $7 bilhões por uma "arbitragem" das falhas nos mercados ou tirar vantagem de informações especiais. Consequentemente, nenhum investidor podia, no fim das contas, ganhar um centavo procurando por ações melhores. O Saco não consegue fazer o macaco pular. O saco de bilhões de Steven Cohen simplesmente não pode existir.

Lembre-se, as informações já estão incorporadas no preço. Ninguém pode lucrar com as imperfeições dos mercados, porque não existem imperfeições. E ninguém pode ganhar um centavo de segredos, de informações "internas", porque não há tal coisa como informações internas: está tudo do lado externo no preço do mercado.

É sem sentido, claro, e a Fantasia de Friedman deixaria o mundo de joelhos.

Enquanto isso, as teorias de Friedman e os modelos de Black tornaram-se o caminho para *encontrar* essas imperfeições, para *criar* essas imperfeições, para avaliar o controle da informação e manipular os cretinos.

O mais rápido dos alunos de Chicago, quase sempre armado por algoritmos imponentes de informática que podiam fazer Einsten suar, louvou Friedman e o mercado livre aos céus — e ganhou bilhões provando que ele estava errado. O mercado podia ser consertado, acariciado, fodido, dobrado e os cretinos podiam ser feitos de surdos, mudos e cegos, ter seus bolsos detonados, perder seus empregos, casas e pensões aos arbitragistas, os operadores de fundos de cobertura, e os negociantes da Enron guiados por seu teorema secreto, bem comprovado:

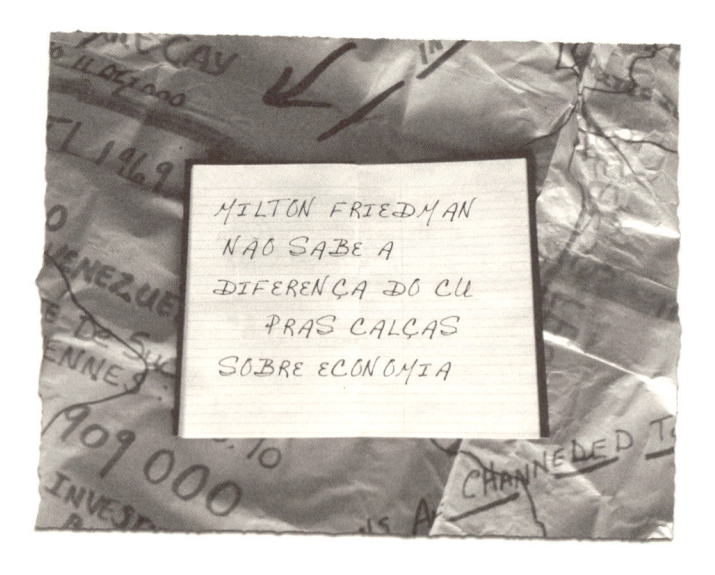

> MILTON FRIEDMAN NAO SABE A DIFERENÇA DO CU PRAS CALÇAS SOBRE ECONOMIA

Apenas pergunte ao Saco. Apenas pergunte ao Abutre.

* * *

Mas eu tinha a pedra filosofal deles, o Modelo de Precificação de Ativos Financeiros, nas minhas mãos. Os vestibulandos e os oportunistas ao meu redor sabiam exatamente o que fazer com suas pedrinhas: o Goldman e parceiros estavam pagando um salário inicial de $250 mil dólares por ano para trainees da Chicago Business School (Chicago era o local do momento e, diferente dos graduados de Harvard, as crianças de Chicago não tinham medo de aritmética). Alguns dos meus colegas de classe ganharam milhões, mas a maioria ganhou dezenas de milhões, outros ganharam bilhões.

Para mim, trabalhar como um funcionário glorificado em algum banco apenas para comprar uma Ferrari parecia uma tarefa maçante, um assassinato do cérebro, um desperdício inglório dessa vida. Eu simplesmente ficava enojado pensando que teria que aceitar um desses empregos que são um show de horrores, onde a vida espera por "sextas casuais" e rapidinhas com estagiárias na copa. Escritórios repletos de abutres e cacetes. Deus me livre.

Ele não me livrou. A United Electrical Workers sim. Fui guiado lá por uma italiana de pele escura e deliciosa, Ann Lonigro, a única pessoa próxima a mim que realmente acreditava em Deus, ou seja, um Senhor de verdade no alto de uma nuvem.

Entendi essa quando ela disse que queria me apresentar ao seu irmão mais novo e aos seus pais. Claro, vou para a Itália. "Não, eles estão no Paraíso. Você vai gostar muito deles".

E ela era uma maoista dedicada, tinha acabado de voltar do Peru, onde ela se envolveu com assassinos de guerrilha.

Não precisava fazer sentido, só que Lonigro ("A Negra") tinha contatos com a liderança sindical trabalhista em Chicago, especialmente com o brilhante chefe da United Electrical Workers, Frank Rosen. Ele fez seu caminho até as categorias mais elevadas do sindicato vindo de um emprego nas maquinarias de uma fábrica na General Electric, onde trabalhou como mecânico da linha de produção depois de obter seu diploma em física na Universidade de Chicago (essa escolha aristotélica foi repetida por seu filho Carl, que arranjou um emprego como eletricista de metrô após se graduar em Harvard).

Então lá estávamos nós, eu e a Negra, dois maoistas (que não tinham nenhuma ideia do que era "maoismo") que estudaram os modelos e números de Chicago noite e dia.

Nós tínhamos essa ideia: e se umas crianças magrelas e cabeludas descobrissem uma forma de utilizar o Modelo de Precificação de Ativos Financeiros não para realizar um assassinato, mas para *parar os assassinos?*

Em seu poncho de lã de lhama na faculdade de administração, Lonigro estava deslocada de forma tão estranha que eu a parei e disse a ela que não sabia o que ela estava fazendo, mas que eu queria fazer com ela. Ela me levou ao seu apartamento em Southside, pegando ervas nas fendas da calçada para nos fazer uma salada para o almoço.

Lá dentro, estendidas em uma parede de 4,5 metros, do chão ao teto, havia folhas enormes de papel de embrulho com um desenho grosseiro de um mapa do planeta. Ele estava coberto com setas malucas, números e nomes em espanhol, holandês, inglês e italiano das subsidiárias, laranjas, disfarces e mutações da Deltec Corporation, um dos megaconglomerados multinacionais mais antigos, que misturava finanças, extração de recursos básicos e manufatura. A carne enlatada da Argentina tornou-se o seguro da Suíça, depois aparelhos na Austrália, com fundos de capital e fluxo de caixa mudando de peso para corporações de ofício para dólares e voltando, girando e girando em um turbilhão corporativo sem um centro. E em todos os lugares, em todos os continentes, seus trabalhadores se ferrando.

Lonigro criou esse mapa do dinheiro para um sindicato trabalhista transnacional baseado em Genebra, na Suíça, que estava tentando, de alguma forma, organizar e proteger os trabalhadores abaixo de cada um dos extensos tentáculos da Deltec. A tarefa de Lonigro era investigar os movimentos do capital desse polvo mutante em todas as suas áreas.

A parede de setas e nomes e números me prendeu. E eu soube, instantaneamente, que queria fazer *aquilo*. Como carreira, para o resto da minha vida. O que quer que "aquilo" fosse. Eu queria fazer setas! Eu queria viajar nelas em minha cabeça pelos continentes.

E a luz ficou tão clara e tão forte
nessa camada do paraíso
que a mente do homem ficou estupefata.

Quase arranquei um pedaço da África esfregando Lonigro contra ela.

E enquanto as setas giravam e giravam, logo os produtos em torno dos quais elas giravam não significavam nada. Era dinheiro gerando dinheiro gerando dinheiro. O petróleo saía, mas os petrodólares voltavam. Em círculo e em círculo. Os ricos da Argentina esconderam seu dinheiro em bancos de Nova York, e seu governo desesperado o pegou de volta emprestado a juros usurários. Entra e sai, entra e sai, entra e sai.

Aqui, em um mundo perfurado e mordido por setas e cobras em movimento, estava o Canto XXXVIII de Ezra Pound.

Uma fábrica
também tem outro aspecto, que nós chamamos de aspecto financeiro
inclua os preços ocasionados por essa fábrica, qualquer fábrica maldita e há
e deve haver assim uma obstrução e o poder de compra nunca pode acompanhar

Foi esse mapa, esse jogo bilionário de cobras e escadas, reduzido a palavras, que eu dei a Milton Friedman. Aristóteles, Ezra Pound e Lonigro.

* * *

Mais importante do que mostrar ao Friedman, coloquei O Modelo na frente do líder da Electrical Workers, Rosen, e ofereci a ele minhas novas habilidades em finanças e meus contatos com a nova Tropa de Choque direitista. Rosen, um gênio da matemática e lutador de rua, entendeu o valor daquilo tudo. "Livre-se do broche do Mao", foi seu primeiro conselho, vista o uniforme deles e silenciosamente aprenda a trabalhar com suas ferramentas. Fique frio e fique dentro do círculo de Friedman. Então comprei camisa, gravata, uma pasta usada e óculos de sol (todos os Chicago Boys do Brasil e do Chile, ditadores em treinamento, usavam óculos de sol, como no filme Z).

Enquanto Lonigro continuava rastreando a Deltec, Rosen me deu minhas próprias corporações para dissecar, duas nas quais vivi: a Commonwealth Edison Corporation (que é a Exelon de hoje) e a Peoples Gas Co. Essas eram empresas de energia elétrica e gás de Chicago. A Com Ed estava apagando suas luzes porque triplicou suas taxas de energia elétrica. A "People's" Co. estava cortando o gás de aquecimento das famílias pobres hispânicas, negras e polonesas do noroeste de Chicago. Foi lá que meus pais cresceram. O monopólio do gás quintuplicou seu preço, e se você não pagasse, eles mandariam caminhões para bloquear os dutos de aquecimento, mesmo em meio a tempestades de gelo. Famílias com frio abandonaram seus lares; vários acenderam lamparinas de querosene, o que incendiou suas casas decrépitas; crianças morreram; alguns velhos simplesmente congelaram em suas camas. Bem, esse é o mercado livre para você, Milton.

Rosen, presidente da United Electrical Workers, viu uma oportunidade de expor todo o mecanismo do sistema. Ele compreendeu que os monopólios de eletricidade e gás que exerceram o poder de vida-e-morte em clientes escravizados eram os dentes caninos do capitalismo, que dilacerava os corpos, desprezados, indefensáveis, e portanto os mais vulneráveis politicamente.

Rosed convocou uma reunião e me apresentou a um conjunto raro de pássaros: pessoas que se importavam (no sentido aristotélico). Havia Charley Hayes, vindo dos currais, então presidente do sindicato dos Frigoríficos. Nos cumprimentamos com um aperto de mãos e as minhas foram engolidas em seu punho enorme de açougueiro (mais tarde, quando os currais foram fechados, o Membro do Congresso Hayes fundaria o *Congressional Black Caucus*). Havia Teddy Smolarek, presidente dos ferreiros locais; Norm Roth, chefe do sindicato local da enorme fabricante de tratores Caterpillar da United Auto Workers (antes da empresa demitir todos os trabalhadores sindicalizados); e Jack Spiegel do sindicato dos Sapateiros (os calçados ainda eram consertados naquela época nos EUA). E Fred Gaboury, um executivo não tão secreto do Partido Comunista.

Enquanto isso, Rosen enviou Lonigro a uma fábrica de fios para conseguir um emprego na linha de montagem e, em espanhol, que os gerentes não entenderiam, organizar um sindicato.

Essa era a época em que as empresas energéticas e de gás ainda eram controladas por agências governamentais pouco conhecidas. Os cidadãos tinham o direito de surgir na frente delas quando estabeleciam os preços do gás de aquecimento e da eletricidade doméstica, mas os governantes de Chicago garantiram que ninguém apareceria exceto pelas empresas...

... Até que, para a surpresa da elite da cidade, toda a liderança trabalhista do estado de Illinois, 26 sindicatos ao todo, em uma época que os sindicatos significavam alguma coisa, entrou no tribunal onde as agências reguladoras ouviram suas provas e me empurraram para frente, onde expus meus documentos: duzentas páginas de cálculos, minúcias de contabilidade e análises estatísticas mostrando que as cobranças da empresa fornecedora de gás eram inchadas de modo grosseiro por lucros ultrajantes.

Pela primeira vez na história, o Modelo de Chicago, ao invés de sugar milhões para o banco Goldman, foi utilizado em defesa das vítimas do sistema.

Todos os canais de TV da cidade e os jornais diários registraram o momento. Os executivos e advogados da empresa de gás estavam rindo baixo e cotovelando uns aos outros, olhando para aquela pilha de números mal digitados entregue por um rapaz cabeludo de sandálias (coloquei um terno mas me esqueci dos sapatos).

Os comissários, cada um deles que logo trabalhariam nas empresas que fiscalizavam, olharam para os futuros empregadores que piscavam, para as câmeras, e para o navio de guerra político da liderança trabalhista... e ordenaram um julgamento completo dos meus cálculos.

Os executivos da empresa de gás não conseguiam acreditar e, perplexos com a minha matemática baseada no Modelo de Precificação de Ativos Financeiros, contrataram um professor de Chicago para traduzir os pensamentos codificados da pedra mágica. Os advogados mais caros de Chicago me interrogaram quase todos os dias por um mês, desafiando cada fórmula "beta" e cada ponto de dados. Foi como fazer um vestibular, mas com cem milhões em jogo.

Então, com artigos quase diários na imprensa noticiando coisas assustadoras que descobri vasculhando os livros de contabilidade da empresa, as agências reguladoras, apesar dos desejos mais profundos de suas almas, não tinham escolha. Votaram unânimes pelo fim do lucro descontrolado da empresa. Os preços do gás de aquecimentos foram cortados.

Quem diria que a contabilidade podia ser uma ferramenta tão revolucionária, tão divertida ou, como Jake descobriu, podia matar alguém.

A empresa de gás ficou aturdida, furiosa, e longe de me deixar em paz. O enorme poder de influência da indústria, subornos rotativos e mais advogados do que tinha O. J. Simpson não podiam ajudá-la. Mas sempre há um jeito de se rastejar por baixo da lei.

Descobri de que jeito quando recebi uma ligação de um decano da universidade. Ele estava muito empolgado por mim: uma corporação muito grande estava me oferecendo um emprego muito bom. Então perguntei: "Essa corporação grande por um acaso é a People's Gas?".

"Sim! Tudo deve ficar em sigilo. Não devo dizer a você".

"E eles solicitaram meus arquivos confidenciais?".

Ele entendeu imediatamente. E ficou horrorizado. Com essa enganação barata de "oferta de emprego", eles levaram o Decano a cometer uma violação da lei federal, a Emenda de Buckley, que mantinha esses arquivos em sigilo. Tentando me ajudar, ele deu munição aos meus inimigos — e agora ele perderia o emprego assim que eu divulgasse a história. Eu não podia fazer isso com ele porque ele me salvou quando a universidade descobriu que eu trapaceei para entrar lá sem me formar no ensino médio e ele mandou todos irem passear. Além disso, nós compartilhávamos um segredo: o Decano também sabia que Milton Friedman era uma fraude. Então eu disse: "Esqueça. Deixe que eles olhem os arquivos. Deixe-os ficar com eles".

Havia outro arquivo que tenho certeza que os patetas da empresa pegaram. Lonigro e eu deixamos um cara de algum grupo de esquerda ficar em nossa casa por alguns dias. A União Americana pelas Liberdades Civis, via processo civil, enviou uma cópia do relatório extenso que ele escreveu sobre nós para o esquadrão vermelho da polícia de Chicago (em um arquivo, disseram que um amigo meu, médico, explodiu uma barraca de cachorro-quente. Sério!). Bem, fodam-se.

Decidi que seria muito divertido ir atrás de mais desses malditos — e eles decidiram vir atrás de mim. Bem, é melhor do que esperar pela festa de Natal do escritório. Mas sem Ferrari. Orgulhosamente me tornei o primeiro (e tenho certeza que o único) graduado da Chicago Business School a obter um MBA banhado a ouro e, na mesma semana, fazer minha inscrição no programa de vale alimentação. Eu tinha trabalho, mas não tinha emprego. Também não queria um.*

* * *

Os Chicago Boys me assustavam. Com certeza eu não queria nenhum emprego que exigisse meu trabalho perto o suficiente para sentir o cheiro deles. Frank Rosen chegou ao resgate. Enquanto eu pegava o que eu precisava dos Boys e de Friedman e pregava meu pergaminho, Rosen me guiava na matemática dos salários, benefícios e prognosticação atuarial cabalística dos fundos de pensão. Então, ele me enviou, um moleção, para negociar contratos para os metalúrgicos nos fornos de coque da Interlake Steel e para os trabalhadores de usinas energéticas em Gary, Indiana. Rosen me apresentou ao sindicato dos Metalúrgicos, onde fui designado a investigar os truques de precificação da U.S. Steel, e conseguiu para mim um emprego de professor adjunto na Universidade de Indiana. Rosen fez isso enquanto fundava uma organização para o plano de saúde universal e outra por uma semana de trabalho menor, tudo isso enquanto lutava com os bandidos entrando em seu sindicato. Talvez aquele revolucionário de espírito prático não pudesse mudar a direção do trem da história, mas pelo menos ele podia sindicalizar os maquinistas.

Eu e sua esposa, Lois, trabalhamos juntos jogando granadas de informações nas empresas energéticas, das mesas do porão sem janelas do sindicato. Isso era *viver*. E eu havia encontrado o pai que meu pai devia ter sido.

Eddie Sadlowski era mecânico na U.S. Steel Southworks. Em 1976, ele liderou uma rebelião de trabalhadores para assumir o controle da *United Steelworkers of America* (União de Metalúrgicos dos Estados Unidos), com um milhão de pessoas (naquela época, os trabalhadores eram unidos e os Estados Unidos fabricavam aço). Eddie era o herói da classe trabalhadora dos Estados Unidos, naquela época, quando os EUA trabalhavam. O

---

* A diversão não acabou. Enquanto digitava esse último parágrafo, fui interrompido por uma entrega do FedEx de um pacote que pesava cerca de 1,5 kg: outra pasta de papel pardo de arquivos de uma empresa energética. Mandei uma mensagem ao remetente: "Recebi seu presente. Meu tamanho certinho! Abraços para a mamãe!".

E você pode participar da brincadeira. Envie para mim seus arquivos "para eliminar", no e-mail DeathThreat@GregPalast.com. Falo sério.

programa de TV *60 Minutes* fez um perfil dele. A Business School achou bonitinho levá-lo à universidade para uma palestra, com suas mãos rudes e casaco da Local 1110, para que os riquinhos-em-treinamento pudessem tirar sarro do macaco dos trabalhadores tentando falar inglês.

Sadlowski os espantou, com seu cérebro correndo além dos deles. Mas era a década deles, com a ascensão de Reagan, e eles fechariam a Southworks, depois enterrariam tanto Eddie quanto seu sindicato. Eu não sabia disso na época e fico feliz porque não sabia.

Sadlowski terminou sua performance olhando para a plateia lotada, perguntando: "Greg Palast está aqui?".

Cabeças viraram. A minha também. Ahn?

"É, você. Você é o Greg Palast? Me encontre lá embaixo".

Certo. Na cafeteria do porão, peguei dois copos de café e muito açúcar para nós, e sem nem mesmo um olá, Sadlowski disse: "Rosen me disse onde eu poderia encontrá-lo. Teddy Smolarek diz que você é um gênio".

Ele disse isso como se dissesse "você é o cara que tem os pneus do tamanho que estou procurando".

Sadlowski me disse que um político importante, uma Máquina do Chefe Daley infiltrada na parte sul, estava concorrendo contra uma senhora decente que se importava com os metalúrgicos. O sindicato precisava de informações a respeito do candidato da Máquina. Sadlowski disse: "Ele é um bandido".

> Perguntei como ele sabia que o cara era um bandido.
> Os 108 kg de metalúrgico polonês se inclinaram em mim.
> "*Você é* o gênio. Você que *me* diga!".

Duas semanas depois, com uma conversa fiada que usei, sobre uma pesquisa, consegui colocar as mãos nas licitações para a construção emergencial de rodovias do município. Lá estava: o garoto da Máquina era o licitante mais caro do trabalho. Ainda assim ele conseguiu o contrato. E ainda assim ele foi eleito.

De qualquer jeito, aquela era minha primeira investigação de verdade. Eu não sabia disso, mas aquela meia carcaça de mecânico estava entregando a minha vida em uma mesa de plástico dobrável.

Exultante com essa tarefa, eu devo ter espalhado feromônios por toda a parte, porque uma loira sensacional com um vestido elegante (estranho para uma estudante) chegou e disse: "Você *conhece* o Sadlowski?".

Carol estava na Business School, mas silenciosamente entrou no Sindicato dos Economistas Políticos Radicais. Ela deixaria isso fora de seu currículo para o Banco Morgan. Mas ela também estava tentando casar o modelo dos derivativos com a revolução proletária.

Expliquei como eu estava trabalhando com Pessoas Trabalhadoras de Verdade e Pessoas Pobres de Verdade — e descrevi a jornada para a qual fui enviado por Sadlowski. "Isso é tão...". Fiquei feliz por ela não ter dito "legal". Fiquei mais feliz ainda quando ela pressionou seus lábios nos meus de forma tão violenta que eu caí na cerca viva da faculdade.

Foi quando eu percebi pela primeira vez que fazendo o trabalho que os babacas evitavam. eu podia não ganhar uma Ferrari, mas podia ganhar uma Carol Overby.

No apartamento dela, a graduada de Oxford disse: "Prometo que não vou fazer nada para te machucar". Ela tinha quase 1,80 m. Como isso podia ser ruim? Cordas? Vendas nos olhos? Será que valia a pena? *Sim, sim, SIM!*

Eu disse: "Certo, mas por favor, nada que deixe marcas visíveis".

Carol se afastou: "Eu quis dizer *emocionalmente*!".

Nota para as leitoras mulheres: tenham piedade. Nós homens somos idiotas. Não sabemos merda nenhuma sobre o amor, sobre a dança de Eros com Artemis e o Cupido. Metade de nós nem *sabe* que é selvagem e ignorante, e a outra metade está olhando desesperadamente em seus olhos, procurando pelo manual de instruções.

Foi a primeira vez que eu ouvi a palavra "lingerie" ou "negligé" ou vi alguma coisa feita totalmente de seda e renda. Cresci em um mundo da classe proletária com roupas íntimas brancas feitas para meninas e meninos em pacotes de desconto com oito peças.

Devagar, cuidadoso, carinhoso, nadei em direção às praias inglesas, terras que eu nunca poderia ver exceto pela intimidade sedosa de Carol. Eu estava tão encantado com tudo, que pude fingir por um momento que não estava traindo Lonigro.

A vida ficou estranha e agitada, porque eu sempre me atraí pelo estranho e agitado. Todas as noites antes de um seminário de Friedman ou de um encontro dos Chicago Boys, eu deixaria Lonigro e viajaria culpado da Itália para visitar a Inglaterra de Carol.

Deixei Carol ficar com minhas entrevistas de emprego; não era para ter mais tempo com ela sem lingerie, mas por que me arriscar? Eu realmente não queria ir para as entrevistas — e se o Goldman de fato me fizesse aquela oferta maravilhosa? Você sabe, eu era um garoto da classe proletária, e seria extremamente difícil recusar um gordo salário anual de seis dígitos. Instintivamente, eu sabia que ninguém escapa de uma prisão feita de ouro.

Desculpe por sempre lembrar das mulheres. Mas eu tinha vinte e poucos anos, e qualquer um com uma memória boa sabe que essa é a época em que sua genitália, sua alma e o murmúrio do planeta estão todos emaranhados de alguma forma mágica. É só mais tarde, em seus cinquenta anos, quando essa época deliciosa vira apenas lembrança, que essas atividades de pular de galho em galho parecem simplesmente doentias e dignas de pena. *Post coitum omnia animalia tristia sunt.* Depois de fazer amor, todos os animais ficam tristes. Muitos, muitos anos depois.

* * *

Naquele inverno de 1976, a empresa de gás continuava cortando o fornecimento para os pobres quando o vento do Lago Michigan levava a temperatura a -23ºC. Crueldade e ganância dançando de rosto colado. Um grupo de latinos, negros e poloneses pobres do noroeste, putos da vida, marcharam até o edifício sede da corporação, passaram pela segurança de algum jeito e, na cobertura da People's Gas Co., ocuparam o escritório do presidente do conselho. Em uma emissora de rádio da empresa ocupada, que se recusava a negociar, eles juraram viver ou morrer lá, a não ser que os chacais corporativos concordassem em acabar com os cortes de fornecimento de gás e até que o governador aceitasse demitir o chefe da comissão prestadora de serviço público.

Conseguiram as duas coisas.

No meio daquele grupo militante, com os policiais enlouquecendo, estava a "organizadora da comunidade", que tinha *pernas até aqui*. No meio da sala lotada, ela me olhou com olhos verdes acesos por um cérebro que eu corretamente presumi ser mais rápido que o meu. Com botas pretas de salto alto. Não gravei o nome dela na hora, mas na cama ela me disse: "No momento em que te vi, eu sabia que me casaria com você".

Foi uma decisão apressada da qual, trinta anos e um par de gêmeos depois, Linda diz que se arrepende.

Mas eu não, nem por um minuto.

Foi um casamento para os livros de recordes. Do porão daquele salão do sindicato, onde ela se juntou a mim para arrancar os pulmões da empresa de gás, para o alto do Himalaia, pegamos grandes pedaços do mundo e cuspimos os pedaços horrendos nos criadores do horror.

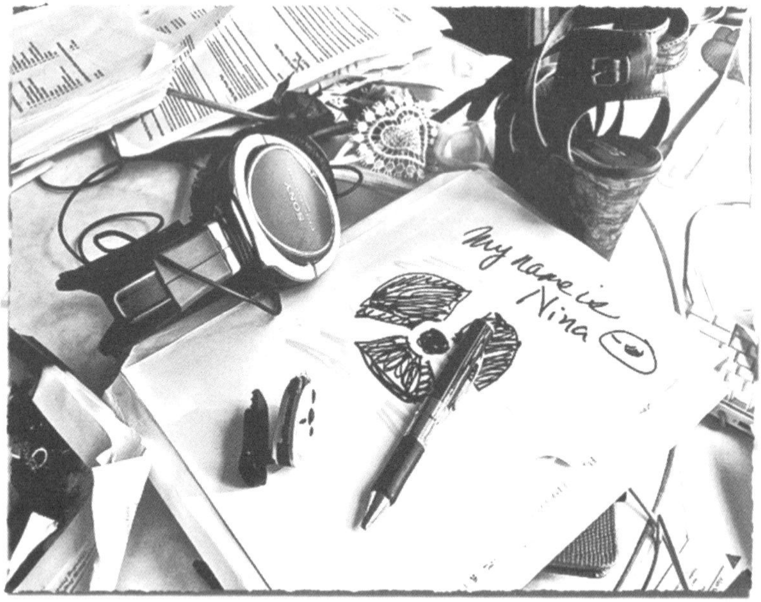
My name is Nina

CAPÍTULO 10

Fukushima, Texas

TÓQUIO PELA TELEVISÃO, 12 DE MARÇO DE 2010

Badpenny está vendo a enchente do Japão na CNN. É 1h da manhã, mas ela não deixa que eu encerre a noite só porque eu disse à TV: "Isso é conversa fiada".

Na usina nuclear de Fukushima, ao norte de Tóquio, três reatores estão se suicidando. Os caras da CNN estão dizendo que o terremoto gigante e o tsunami da noite anterior destruíram os geradores da usina, os motores que bombeavam água para impedir que o combustível derretesse; mas não se preocupe.

Eles estão mentindo, e o bizarro é que eles nem *sabem* que estão mentindo. Primeiro, o terremoto não destruiu os geradores. Segundo, o tsunami não destruiu os geradores. Terceiro, você deve se preocupar.

Você deve se preocupar porque as usinas nucleares em funcionamento hoje, e aquelas que querem construir, todas dependem desse mesmo sistema de gerador emergencial à diesel para salvar seus traseiros de um acidente nuclear. Boa sorte.

Como eu sei que o reator japonês devia ter resistido, mas não resistiu; que seus geradores de reforço explodiram por si mesmos? Não sou telepata. Não consigo olhar dentro das mentes dos distantes motores à diesel. Não consigo prever nem a próxima quinta-feira.

Tudo que tenho são arquivos.

Badpenny está no meu pé: "Bem, se você sabe de tudo isso, por que não está escrevendo algo a respeito? Por que não está ligando para o *Newsnight?*".

Eis o motivo: estou quase terminando o *Picnic de Abutres* e não vou estender o capítulo das usinas nucleares, e estou correndo contra um prazo que não posso aumentar, minha querida, porque meu editor tem um coração de ouro. Sem sangue, só o metal amarelo. E as crianças têm que acordar para ir à escola às 6h45min.

"*Você prometeu para o Harvey!*".

O anjo. Esse foi um golpe baixo. O Tijolo Radioativo de Houston estava pulsando e brilhando no canto da minha mesa.

Certo, então, *me dê a merda dos arquivos!* Estamos no escritório do porão e eu comecei atirando recipientes de plástico enormes de papéis velhos, gritando: "*Por que diabos todos esses papéis estão fora de ordem, merda merda merda!*". A resposta é porque eu fiz uma bagunça com os arquivos antigos, jogando-os em vasilhas de plástico enormes, apesar dos maiores esforços de Badpenny para classificá-los, caso precisássemos acessá-los rapidamente.

Agora, precisávamos acessá-los rapidamente. Está tarde, quase 2h da manhã, e estou mal-humorado e não precisava disso. Estou gritando (por que estou sempre gritando?) pedindo "cada merda de arquivo ou relatório ou fichário que diga *RICO*", especialmente qualquer um marcado com *EDG* ou *QS*.

Desisto. É totalmente impossível. Caí no sofá e vi a fumaça subindo dos reatores de Fukushima. Algumas vezes tinha fumaça negra, outras vezes era branca, igual à eleição de um novo Papa.

Em 20 minutos, Badpenny organiza duas pilhas de 60 cm de papéis, fichários, gravações transcritas, relatórios e impressões, e as organiza em sua mesa. Inalo um pouco do remédio para asma para enfrentar o material empoeirado. *Nunca vou encontrar as provas nessa pilha de lixo.*

Encontrei. O Caderno. Lá estava o diário escrito à mão por um engenheiro sênior da usina nuclear.

> Wiesel estava muito chateado. Ele parecia muito nervoso. Muito agitado. (...) Na verdade, a usina estava infestada de problemas que, de forma nenhuma na Terra, podiam suportar um terremoto. A equipe de engenheiros enviada para a inspeção descobriu que a maioria desses componentes podiam "fracassar completa e totalmente" durante um terremoto.

"Fracassar totalmente durante um terremoto". E aqui estava o terremoto e aqui estava o fracasso. O aviso estava no Caderno, o qual eu não devia ter. Que bom que eu tinha uma cópia de qualquer forma, porque os armários de arquivos se foram junto com o prédio.

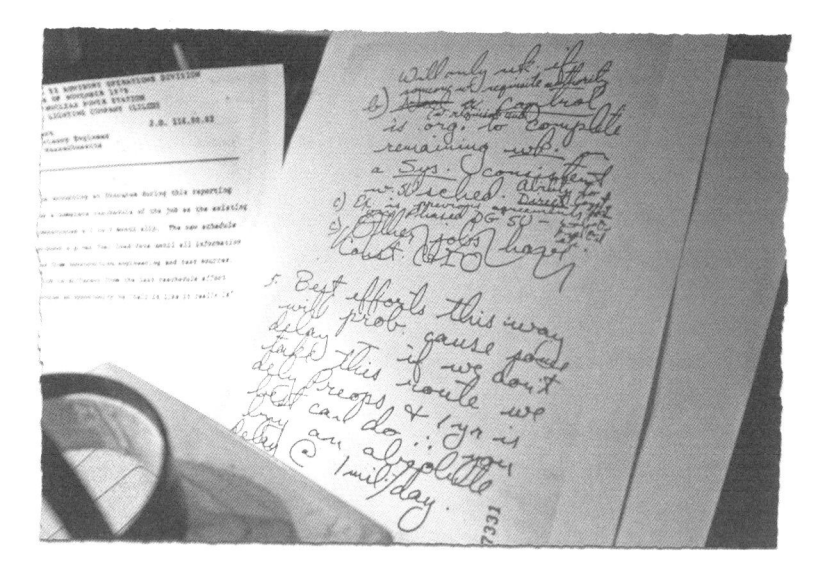

WORLD TRADE CENTER, TORRE 1, QUINQUAGÉSIMO SEGUNDO ANDAR, NOVA YORK, 1986

Vi muitas coisas bizarras na minha carreira, mas isso era bizarro em um novo nível de bizarrice.

Dois engenheiros seniores de usinas nucleares estavam abrindo seus corações e arquivos em nossa mesa de conferências enorme, deixando minha equipe de investigações sobre o governo de queixo caído com as informações internas sobre a construção da usina de Shoreham.

A reunião era secreta. Muito secreta. A coragem deles podia destruir suas carreiras: nenhuma firma de engenharia quer contratar delatores, mesmo aqueles que salvaram milhares de vidas. Eles podiam perder seus empregos; podiam perder tudo. E perderam. É o que acontece. Tenha um bom dia.

Todos os engenheiros de campo fazem um diário. Gordon Dick, um supervisor, não devia mostrar o dele para nós. Pedi que ele nos mostrasse e, relutante, ele me levou a essas anotações sobre os testes "QS".

QS é a linguagem nuclear para "Qualificação Sísmica". Uma usina nuclear com qualificação sísmica não irá derreter se você balançá-la. Um "evento sísmico" pode ser um terremoto ou um presente de Natal da Al Qaeda. Não se pode operar um reator nuclear nos EUA, na Europa ou no Japão sem uma QS certificada.

Tudo isso está claro em seu caderno: Esta usina nuclear irá derreter em um terremoto. A usina falhou miseravelmente ao tentar atingir o padrão Sísmico I (tremores) exigido pelos EUA e pelas leis internacionais.

Eis o que aprendemos: o subordinado de Dick na usina, Robert Wiesel, conduziu a revisão sísmica padrão. Wiesel reprovou sua empresa. Nada bom. Então Dick ordenou a Wiesel que mudasse seu relatório para a Comissão Reguladora Nuclear, que mudasse de reprovado para aprovado. Dick não queria mandar Wiesel fazer isso, mas ele mesmo estava na mira da arma, agindo sob o comando direto dos chefes corporativos. Do Caderno:

> Wiesel estava muito chateado. Ele parecia muito nervoso. Muito agitado. [Ele disse] "Acredito que esses resultados são ruins e acredito que são relatáveis", e então ele pegou o volume de regulamentações federais da estante e foi para a seção 50.55(e), que descreve deficiências relatáveis em uma usina nuclear e [eles] leram a seção juntos, com Wiesel salientando os parágrafos apropriados em que a lei federal claramente exigia [deles e da empresa] que fossem relatados na Categoria II, deficiências sísmicas I.
>
> Wiesel então expressou sua preocupação, que estava com medo de que se ele [Wiesel] relatasse as deficiências, seria demitido, mas se não as relatasse, estaria violando uma lei federal. (...)

A lei é clara. É crime não relatar uma falha na segurança. Eu podia imaginar Wiesel parado lá com aquele livro de regras enorme e grosso em suas mãos, A Lei. Ele devia ser pesado. Como era seu salário. Ele ponderou as escolhas: violar a lei, possivelmente um crime que daria cadeia, ou manter seu emprego.

O que Wiesel fez? O que *você* faria?

Por que diabos a empresa fez aquele homem ficar dividido? Por que apontaram uma arma em direção a sua cabeça, fizeram ele esconder um perigo mortal? Foi o dinheiro. É sempre o dinheiro. Consertar o problema sísmico custaria ao dono da usina meio bilhão de dólares, fácil. Um cara da corporação disse a Dick: "*Robert é um homem bom. Ele fará o que é certo. Não se preocupe com ele*".

Ou seja, eles acharam que Robert salvaria seu emprego e sua carreira ao invés de entregar a empresa aos federais.

Mas acho que *todos nós devemos* nos preocupar com Robert. A empresa para a qual ele trabalhava, a Stone & Webster Engenharia, construiu ou planejou cerca de um terço das usinas nucleares dos Estados Unidos.

Do quinquagésimo segundo andar podíamos olhar para a Estátua da Liberdade. Ela não nos olhava de volta.

Minha fera loira do sul, Lenora Stewart, descalça sob a mesa de conferência, anotou as informações com taquigrafia. A corporação realmente solicitou o relatório falso? Nosso engenheiro informante disse que tinha certeza que sim. Mas como podíamos descobrir, provar? Havia mais de dois milhões de páginas de documentos no arquivo da usina nuclear na CRN. Stewart levou quatro meses, mas conseguiu. Dei a ela o esboço de um nariz, e ela pintou a *Mona Lisa* (você acha que é fácil? Você viu uma página do Caderno. É o que ela tinha para trabalhar. Se você consegue fazer melhor, está contratado).

Certo, então sabemos que a indústria nuclear dos EUA pode brincar de roleta russa com a segurança de terremotos. Mas foi isso que aconteceu no Japão?

CENTRO, MANHATTAN, 2011

Badpenny diz: "Então você não vai incluir Fukushima no livro?".

Você sabe que não. Não vou brigar com meu editor para colocar isso num livro que eles acham que está pronto e que querem *agora*. Eles pagaram em dinheiro por isso e eu não posso devolvê-lo. Mas ela quer fingir que eu sou algo além de um incompetente covarde. Penny quer que eu finja ser um Profeta, O Homem Que Não Vendeu Sua Alma, um Napoleão da Verdade.

Além disso, não há necessidade que eu investigue o acidente nuclear em Fukushima. Eles já têm a resposta. Os especialistas na TV, supridos pela indústria nuclear, estão nos dizendo que a usina foi planejada para suportar um terremoto de apenas 8.0; mas foi atingida por um tremor muito maior do que qualquer um esperava, um monstruoso 9.0 na escala Richter. Eles acabaram de dizer isso na CNN, então deve ser verdade. E também é verdade que o Coelhinho da Páscoa irá reduzir o desemprego e que Reagan foi um grande presidente.

Não houve nenhum terremoto de 9.0 na usina. Nada perto desse número.

A história da indústria, a fábula do 9.0, é tão consistente quanto um saco molhado de bosta de cavalo. Claro, houve um terremoto de 9.0 — *a cem quilômetros no Oceano Pacífico*. O tremor *na usina* foi apenas entre 7.0 — 8.0 na escala Richter. Essa escala é logarítmica. Isso significa que o tremor foi de apenas um *décimo* da força do 9.0 no epicentro, no Oceano Pacífico.

Algo terrível estava acontecendo e eu estava tentando com todas as forças não descobrir o que era.

ESCRITÓRIO DE MANHATTAN, 2011

Porém eu não resisti. De algum jeito, a Tokyo Electric (TEPCO) tinha, eu suspeitava, feito um jogo com a Qualificação Sísmica da usina e, mais uma vez, a Mãe Natureza deu à corporação a desculpa perfeita: um terremoto pior do que a suposta exigência da QS.

Matty Pass enviou para mim o "mapa do tremor" do Japão feito pelo Serviço Geológico dos Estados Unidos, a fotografia técnica do tremor. Encarei as leituras de aceleração sísmica de estação a estação e depois de uma hora encontrei a localização "FKSH05, Lat: 37", que tinha uma aceleração máxima de "62.3241 N". Do que aprendi no meu intensivão autodidata de *Terremotos para Leigos*, isso parece ruim, mas não o suficiente para balançar os geradores a ponto de eles não funcionarem.

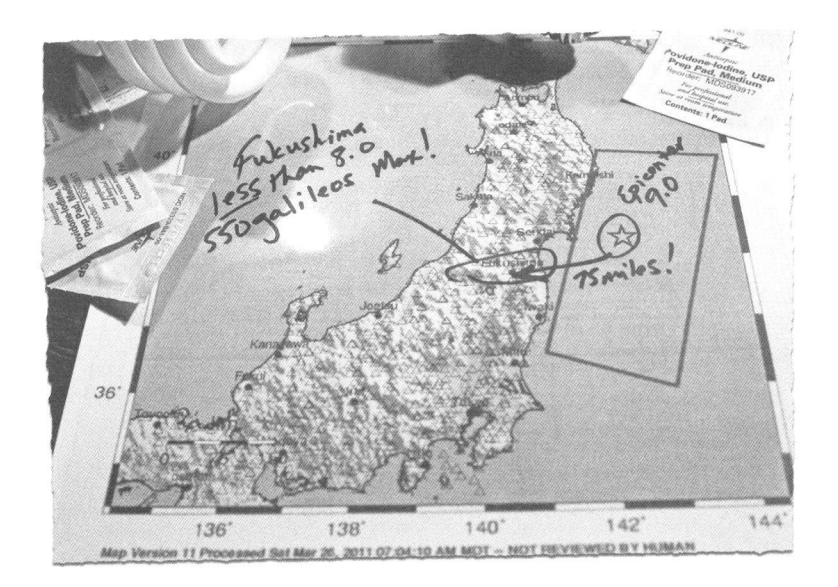

Mas, às vezes, sou um homem confuso, e talvez meu cinismo esteja me mostrando crimes quando olho para flores. Espero até de manhã no Colorado e fico no telefone até conseguir um sismologista vivo do Serviço Geológico, um especialista em terremotos, para traduzir esse dialeto "Max Vel %g PSA" para mim.

Contudo, assim que ele ouve que eu sou da imprensa, o homem do governo fica nervoso e simplesmente não me diz o que está acontecendo. Ele sugere que eu ligue para o Japão. *Arigato*, otário.

Então, entrei em algumas salas de bate-papo na internet de especialistas em energia nuclear e de engenharia e há muita reclamação sobre os sismos, fotos e detalhes sobre os tanques de diesel perdidos. Como eu, os caras da indústria farejaram a mentira. Eu só precisava encontrar o mentiroso.

Eles me levaram ao mentiroso. A empresa, Tokyo Electric, disse que o terremoto atingiu o Reator nº 2 mais forte, uma batida de 550 gals (*galileos* são a medida do movimento da terra). Que vergonha, porque o reator foi planejado para suportar apenas 436 gals. De acordo com a empresa e com o *The New York Times*, o terremoto excedeu a exigência de segurança em 20%. Mas eu não caí nessa.

Vasculhei mais fundo nos documentos técnicos, e achei isso: a usina não devia ser planejada para um tremor de 436 gals. A Tokyo Electric *sabia* que 436 não aguentariam. Em documentos técnicos velhos e empoeirados, a empresa prometeu às agências reguladoras do governo que aumentaria a proteção sísmica para 600. Eles prometeram. Isso foi há cinco anos.

Então aí está. Se a TEPCO não tivesse enganado as agências reguladoras, o Japão não estaria sofrendo uma Hiroshima em câmera lenta.

Era a usina de Shoreham tudo de novo. A TEPCO brincou com a Qualificação Sísmica da usina. Mas a linguagem técnica e regulamentações complexas são muito mistificadoras para a mídia, que prefere o conto do Grande Terremoto Inesperado. Até onde sabemos, a usina de Fukushima teria derretido se um casal de Chihuahuas dançasse no telhado.

A TEPCO violou as regras, forçou o silêncio das agências reguladoras e intimidou a imprensa com conversa fiada. Agora você já deve reconhecer o modelo:

犯罪、消費電力、神秘

Hanzai, shōhi denryoku, shinpi. Crime, Poder, Mistificação.

SHOREHAM, LONG ISLAND

Portanto, agora sabemos que a Tokyo Electric estava contando as moedas para investir na segurança contra terremotos da usina. Ainda assim, os geradores emergenciais a diesel deviam ter impedido o derretimento do centro do reator de Fukushima. Eles falharam. E suspeito que não foi nem o terremoto, nem o tsunami que os arruinaram. Minha mente desconfiada ficou empolgada com outra coisa que encontrei nos meus arquivos provocadores de asma do ano passado.

Aqui está.

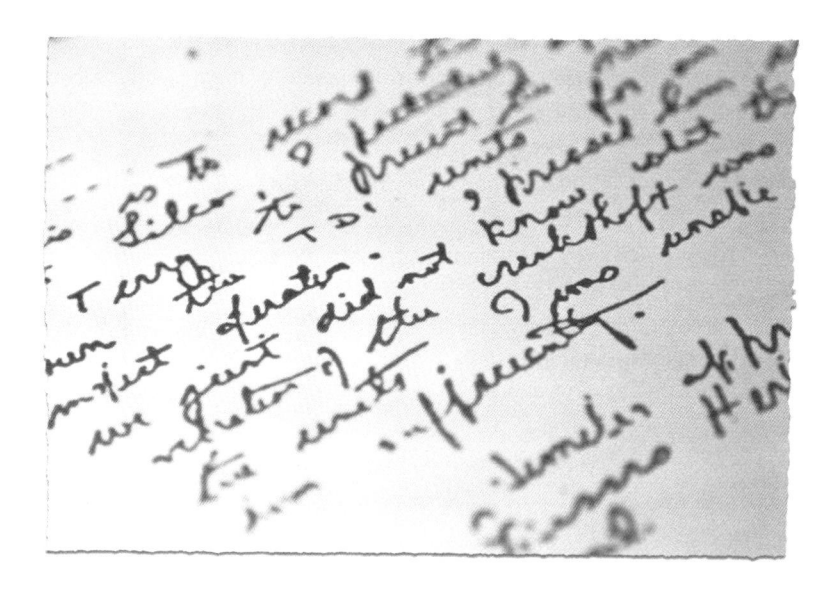

Uma página de caderno de um especialista em Gerador Emergencial a Diesel, R. D. Jacobs, contratado para monitorar um teste para um sistema de resfriamento de reforço de um reator nuclear.

Isso é para registrar que em minha última visita (...) pressionei [um executivo da empresa] dizendo que nós simplesmente não sabíamos o que a vibração axial do eixo de manivelas estava fazendo com as unidades [de geradores]. Não fui capaz de impressioná-lo o bastante.

Os geradores foram "testados" ao serem ligados por alguns minutos em uma potência baixa. Eles funcionaram normalmente. Mas R. D., um homem honesto, suspeitou que havia problemas. Ele quis os motores abertos e inspecionados. A gerência da empresa energética o mandou ir para o inferno.

O Condado de Suffolk, em Nova York, o mais rico dos Estados Unidos, tinha o dinheiro, a equipe jurídica, os especialistas e o poder dos privilegiados para perguntarem o que estava acontecendo. As empresas energéticas não estão acostumadas a serem questionadas. Quando obrigamos o construtor da usina a testar os três Geradores Emergenciais a Diesel em condições de emergência, um deles estragou quase que imediatamente (o eixo de manivelas quebrou, como R. D. Previu), depois o segundo, depois o terceiro. Chamamos os três geradores de "Estalo, Explosão e Estouro".

Então, como era fácil prever, não fiquei surpreso que os geradores japoneses, grosseiramente do mesmo modelo, iriam *gyoshi, makka, pop* ("estalar, explodir e estourar" em japonês).

Minhas suspeitas portanto me levaram a uma hipótese mais sombria. Em meu íntimo, eu acreditava que *nunca esperaram* que aqueles geradores funcionassem, que *não pudessem* funcionar. Em lugar nenhum: nem no Japão, nem nos Estados Unidos, nem na Rússia, em lugar nenhum. Isso significa que todas as usinas nucleares construídas ou prestes a serem construídas não têm a menor chance em uma emergência de interrupção de energia.

O cinismo não é prova. Mesmo se minha avaliação do show de horrores estivesse correta, eu precisaria de um especialista para me apoiar, alguém infiltrado disposto a denunciar sua própria indústria e colocar o sustento deles em jogo.

Três dias depois do terremoto, Badpenny recebeu um bilhete da Costa Oeste enviado pelo homem que eu precisava.

ALGUM LUGAR, CALIFÓRNIA

Deus abençoe os bilhetes e as fadinhas que puxam a consciência de alguém e falam para eles mandarem esses bilhetes. Esse, de Jonathan Sellars, veio por meio do link *Contact Greg* ("Fale com Greg") do site www.GregPalast.com (guarde esse endereço na sua carteira).

Sellars é um especialista em trabalho prático nos geradores emergenciais de usinas nucleares. Sua longa mensagem continua alguns termos técnicos sobre "8 cilindros alinhados, fazendo 450 rpm, com 43 cm de diâmetro e 53 cm de comprimento, turbinados e refrigerados internamente" — Sellars parecia conhecer seu trabalho.

Liguei para o telefone que ele informou e pedi para falar com o sr. Sellars.

"Sellars: não é o meu nome real". Olha, não brinca. Essa não é uma indústria que dá a outra face. Peguei seu nome verdadeiro e o escondi.

Aparentemente, "Sellars" estava vendo Fukushima derreter e bateu aquela sensação de eu-avisei-aqueles-idiotas que só acontece com engenheiros honestos, que são a maioria, quando as coisas acabam mal. Ele trabalhou para a General Electric, que construiu a maioria dos reatores de Fukushima.

O problema era a água nos geradores. Ele me disse: "Era óbvio para toda a equipe de habilidosos mecânicos construtores de moinhos e engenheiros que uma vulnerabilidade muito grande do sistema era uma enchente".

Ele lançou o aviso em 1985. Fukushima foi construída nos anos 70, portanto um reajuste custaria o preço de uma balinha. O aviso foi ignorado.

Sellars checou as fotos da usina Fukushima no cryptome.org (uma fonte excelente), e viu que as construções dos geradores estavam perfeitas. O terremoto não as derrubou. Eles simplesmente não haviam selado os geradores para protegê-los da água.

Ele me disse: "Eles fortificaram os geradores contra um atentado terrorista de bazuca, mas uma simples inundação daria uma rasteira neles".

Bem, lá vai a desculpa idiota nº 1, que um tsunami maior do que o esperado "destruiu" os geradores. Aqueles que não simplesmente quebraram ficaram molhados. Igual quando você deixa seu celular perto de uma janela aberta e uma tempestade o encharca e ele estraga. Não precisa de um tsunami.

Então grande coisa. Os japoneses são babacas. Como eles puderam ser tão burros? Água e eletricidade não se misturam, assim como avisaram na escola que você não levasse seu rádio para a banheira.

Meu informante trabalhava nos geradores de uma usina nuclear na Califórnia, mas é a mesma história em quase todos os lugares, de Fukushima até a Flórida. Geradores expostos à água continuam sendo uma prática padrão da indústria no mundo todo (exceto na Alemanha). Os engenheiros encolhiam os ombros e diziam: "Aquelas são as especificações". Acidentes nucleares e câncer? Esses são assuntos do escritório no fim do corredor.

Então, confundi a cabeça daquele especialista, uma pergunta que ele não esperava. Eu sabia que todos esses geradores eram basicamente projetados, ou mesmo copiados, de salas de motores de navios de cruzeiro ou de locomotivas antigas. Não sou engenheiro, mas suspeito que um motor projetado para uma navegação de lazer por Bermuda não era adequado para uma luta de vida ou morte. Então perguntei a ele: "Eles não funcionam *de jeito nenhum*, os geradores, funcionam?".

Foi quando ele me apresentou ao termo "arrancada".

Em um navio, ele explicou, levaria meia hora para aquecer os rolamentos, e depois chegar devagar na velocidade "máxima" do eixo de manivelas, e só então adicionar a "carga", a hélice. Mais ou menos como aquecer o carro antes de colocá-lo em marcha.

Isso é para a navegação. Mas em uma emergência nuclear, "os geradores precisam ir da inércia à carga total em menos de dez segundos". Seria como pular no meu Honda frio e sair da garagem a 190 km/h.

Pior ainda, para evitar a construção de geradores adicionais, os operadores das usinas os turbinaram, fazendo com que tivessem uma rotação de 4.000 cavalos em dez segundos, quando eles são projetados para metade dessa potência.

Resultado: estalo, explosão, estouro.

Soube que, em Fukushima, pelo menos dois dos geradores estragaram *antes* do tsunami atingi-los. O que destruiu aqueles motores foi *o seu acionamento*. Em outras palavras, os geradores são lixos, são porcarias, não são capazes de chegar à potência máxima em segundos e então funcionar continuamente por dias. São decorações anexadas a usinas nucleares para que as pessoas pensem que aquelas chaleiras radioativas são seguras.

Apenas testá-los poderia danificá-los. Há alternativas para os geradores de estalo, explosão e estouro, mas elas podem custar um bilhão de dólares por estação. E os operadores decidiram que você simplesmente não vale isso.

Às vezes, os geradores funcionam, às vezes não. É uma roleta russa do acidente nuclear.

"Então você está dizendo que os geradores emergenciais não funcionam em uma emergência?".

"Na verdade, eles apenas não são projetados para isso".

A falha é no projeto, no projeto do sistema político, do sistema corporativo. No lugar de geradores, eles também podiam embrulhar a usina com papel alumínio e papel de presente para o Natal. Eles são decorativos, estão lá para tranquilizar um público sonolento dizendo que está tudo bem. Bem parecido com o Teatro da Limpeza da BP, esse é o Show de Segurança da indústria nuclear.

A CASA BRANCA DE REAGAN

Veja bem. Depois que o Estalo, Explosão e Estouro foram expostos como algo pior do que inútil, por que a Comissão Reguladora Nuclear não fiscalizou os geradores de todos os Estados Unidos?

Eles fiscalizaram. A CRN encontrou várias usinas com geradores não tão perfeitos, especialmente aqueles fabricados por uma empresa chamada Transamerica Delaval Inc. (TDI).

Então, um engenheiro nuclear brilhante, Ronald Reagan, assumiu o poder. Dentro da Casa Branca, enquanto Ollie North organizava a equipe secreta do Caso Irã-Contras, outro grupo, liderado pela hiena política Lyn Nofziger, organizava em segredo uma equipe para manipular a Comissão Reguladora Nuclear, apesar de essa ser uma entidade de aparência jurídica (uma Casa Branca que daria armas ao Aiatolá e aos chefes do tráfico de drogas da América Central com certeza não teria escrúpulos em destruir os motores de geradores).

Os bruxos nucleares de Reagan usaram manipulação e força bruta para frustrar a tentativa da CRN de consertar o problema dos geradores. Os operadores nucleares aprenderam uma lição: consertar as agências reguladoras é mais barato do consertar o problema.*

BROOKLYN, NOVA YORK

Em 1985, eu estava sentado em minha mesa em um porão que aluguei no Brooklyn, onde eu podia trabalhar e tocar minha bateria sem perturbar ninguém com alguma autoridade para me impedir. Fiz um tipo de intervalo para o lanche sem propósito e sem fim, e revirei alguns milhares de páginas de memorandos confidenciais enviados entre a Stone & Webster Engenharia (agora Shaw) e a Long Island Lighting Company (LILCO). Os memorandos eram sobre a construção da usina nuclear de Shoreham, onde a LILCO já havia torrado $5 bilhões ao longo de 18 anos — e a usina ainda não estava pronta.

Começando em 1973, o Dirigente da empresa energética e seu presidente depuseram sob juramento que faltava apenas cerca de "um ano"

---

* Como eu sei do golpe extralegal da Casa Branca sobre os geradores emergenciais? Ele foi descoberto pelo maior jornalista investigativo do século XX, Ron Ridenhour de Nova Orleans. Ridenhour é o cara que revelou o Massacre de My Lai no Vietnã, uma história comumente creditada a Seymour Hersh. Hersh é realmente brilhante e merece crédito por expandir as revelações de Ron e publicá-las na imprensa dos EUA, mas esperei anos para garantir que Ridenhour receba seus créditos.

Era o meu amigo Ron, não eu, que tinha o contrato para escrever este livro quando, em 1996, achei que essas histórias precisavam ser contadas. Mas Ron morreu jovem e eu peguei a caneta que ele deixou cair. Peço desculpas por não ser nenhum Ron Ridenhour. No entanto, ninguém é.

para a usina ficar pronta. Porque a usina estava quase concluída, o governo permitiu que a empresa cobrasse até meio bilhão por ano pela usina quase pronta.

Ano após ano, a mesma coisa. A usina ficará pronta em um ano, o público é cobrado em mais meio bilhão de dólares, depois a usina não fica pronta. Repete. Por *mais doze anos.* O público pensou que os dirigentes dessa empresa e sua construtora fossem muito burros.

Me chamem de louco, mas me ocorreu que talvez eles não fossem tão burros, ou, talvez, que fossem burros como uma raposa, como um chacal, como um corvo. E se a "estupidez" fosse um disfarce para a mentira, o perjúrio, a falcatrua? Será que aqueles membros de cabelos brancos dos country clubs de North Shore podiam ser simplesmente fraudadores desprezíveis bem penteados, bandidos, como a Máfia, mas com uma arma mais perigosa — uma usina nuclear?

Com certeza: os memorandos confidenciais me mostraram que as datas de finalização das obras *nunca* eram para apenas um ano. O depoimento deles foi conversa fiada apenas para tomar bilhões do povo.

Aqui está um exemplo.

Em dezembro de 1975, o executivo de uma empresa energética depôs sob juramento que a usina ficaria pronta para "carga total" até "o fim de 1977".

Então, descobri o seguinte: um memorando confidencial da Stone & Webster de dois meses antes dizendo que as duas empresas fizeram um acordo secreto para "uma data de Carga Total em 02/79 mais uma contingência de cinco meses". No meu calendário, há pelo menos uma diferença de dois anos. Eu digo "acordo", mas o termo jurídico é *conspiração.*

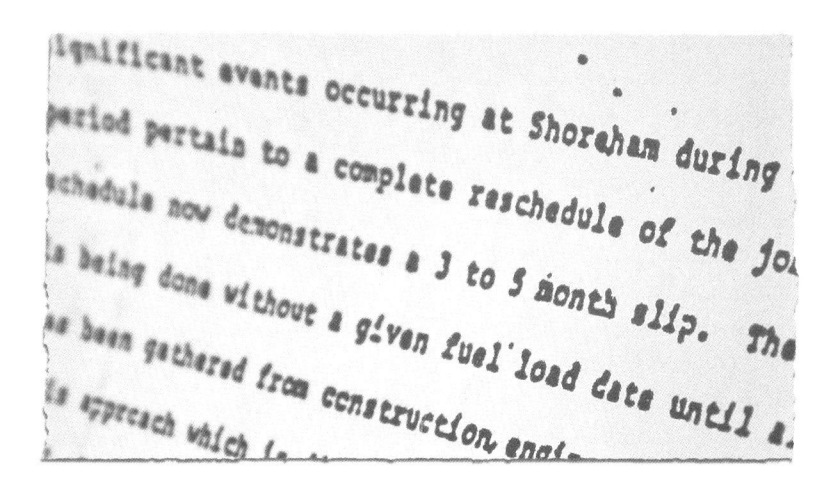

> ignificant events occurring at Shoreham during
> period pertain to a complete reschedule of the jo..
> schedule now demonstrates a 3 to 5 month slip. Th..
> is being done without a given fuel load date. Th..
> as been gathered from construction until a..
> is approach which [...]

O golpe nunca parou. Em junho de 1983, a Stone & Webster *ainda* não tinha terminado a construção da Shoreham. O presidente do Conselho implorou pessoalmente por dinheiro do governo, jurando que "a Unidade de Shoreham está pronta em termos de construção, exceto pelos motores a diesel", e que iria funcionar com carga total em dois meses.

Na verdade, o presidente do conselho já havia recebido um relatório confidencial dizendo que eles teriam sorte se terminassem a usina em um ano.

E então, chegamos àqueles geradores emergenciais, estalo, explosão e estouro, parecidos com o sistema que falharia no Japão. Outro executivo da empresa energética jurou: "Não havia nenhuma indicação em quaisquer dos problemas nos geradores da Shoreham de que a falha catastrófica no eixo de manivelas ocorreria".

O que era conversa fiada. A empresa já tinha o memorando de R. D. Jacobs no qual ele relatou uma "vibração axial do eixo de manivelas" nos geradores e queria que eles fossem desligados e desmontados. Eles esconderam as demandas de Jacobs do governo.

Eu sabia que alguns oficiais do governo acham que eu sou completamente maluco — e estavam dispostos a pagar a mais por isso. Então eu chamei o Advogado-Geral de Nova York e seu chefe de unidade que estava incumbido de vigiar essas empresas. O advogado-geral substituto, Jerry Oppenheim, disse que minhas descobertas soavam completamente insanas. Eu alegava que executivos respeitáveis de uma corporação multibilionária haviam praticado perjúrio para sugar bilhões de dólares do povo. Ele mal podia esperar para arquivar o caso.

Porém. *Porém* significando "sem dinheiro". É fácil conduzir um caso contra um menino que rouba uma bicicleta. Algeme-o, apreenda a bicicleta, apreenda o menino. Barato. Mas os governos simplesmente não podem bancar o cumprimento das leis por parte de operadores bilionários. Essa é uma forma como os caras grandes escapam ilesos.

Esse caso exigiria milhões em taxas legais por advogados especialistas, por um exército de engenheiros e por anos de litígio contra a resistência do governador e do estabelecimento político.

Mas os executivos da empresa energética cometeram um grande erro, muito grande. As usinas supostamente devem ser construídas em locais como a Riviera Cajun (por exemplo, a usina nuclear Grand Gulf), ou Waynesboro, na Geórgia (63% de negros, para a proposta da Usina Vogtle da Southern Company), ou no Vale (onde a LA Water and Power colocou sua usina imunda de queima de petróleo residual, a usina que me deu asma).

A LILCO, tolamente, decidiu colocar sua arma nuclear bem no meio dos clubes country de North Shore. Uma terra que devia ser um campo de golfe! Até os republicanos ficaram tristes. O governo excepcionalmente rico do condado disse: "Investiguem-no, desativem-no, qualquer que seja o custo. Apenas me mande a conta".

Foram dois anos para compilar um milhão de páginas de evidências. Em 1988, levamos tudo para o tribunal federal no Brooklyn, onde mostrei ao júri os documentos que estou mostrando aqui (e mais várias centenas), e sugeri que eles exigissem que a empresa pagasse $13 bilhões aos seus clientes.

Os advogados dos conspiradores me atacaram por 15 dias no banco das testemunhas. Eles não gostavam de mim. E o *consigliere* da empresa energética avisou o júri que o governador de Nova York me chamou de astrólogo! Meu Deus.

O júri não se importou com o horóscopo do governador. Eles votaram unânimes para que a empresa energética pagasse $4,3 bilhões. Eles descobriram que a empresa LILCO e seu presidente do conselho violaram a lei de extorsão antimáfia em uma conspiração com a Stone & Webster.

A própria usina nuclear, depois de funcionar por apenas um dia, foi desmontada. Ninguém chorou. Com certeza a Stone & Webster não chorou, porque ganhou um bilhão de dólares com o golpe da construção da usina e, apesar do veredicto, se livrou com aqueles $50.000 de pagamento de estabelecimento.

Devo dizer que na escala das Mentiras-Que-Tem-Perna-Curta, a empresa energética LILCO, agora fora dos negócios, estava longe de ser a pior. Eu investiguei dúzias de operadoras nucleares, e em cada caso, sem exceções, encontrei o seguinte: a fraude é parte da estrutura de uma usina nuclear tanto quanto é o cimento e o aço.

TEXAS E TÓQUIO

Em junho de 2010, Obama dirigiu-se à nação, jogando fogo do inferno e enxofre na odiosa BP. Ele puxou seu lenço para chorar por causa de nosso vício nacional em petróleo, e prescreveu a metadona energética que curaria nossa necessidade por mais uma dose. O presidente expôs uma visão de moinhos sobre a majestade de montanhas roxas e painéis solares de mar em mar brilhante.

Isso era conversa fiada, claro. O dinheiro iria para a energia nuclear.

No começo de 2011, o novo Congresso Republicanizado dos EUA, que não podia gastar 20 centavos para proteger um milhão de famílias das execuções de hipotecas, estava prestes a emprestar $56 bilhões para construtores de usinas nucleares, e Obama adorou.

Existem centenas de empresas energéticas nos Estados Unidos, mas apenas quatro foram escolhidas para disputar o doce do Tesouro dos EUA: UniStar Nuclear, Scana Corp., NRG e Southern Company, a empregadora do pobre Jake.

Como pôde um Deus benevolente permitir isso? Sou um cínico maldito, mas esse era um novo patamar de esquisitice. Depois da NRG ficar quebrada com a falência do Capítulo 11 da Lei de Falências há anos e me pagar uma indenização por me difamar na Europa, achei que tínhamos visto seu fim. Também achei que o bom senso havia cravado uma estaca no coração da empresa há 20 anos. Agora, o fantasma nuclear está se levantando de sua cripta, voltando do mundo dos mortos no momento em que ouviu as palavras *garantia governamental*.

A falência pelo Capítulo 11 da NRG, excessos de custos de 500% e multas por violações de segurança nuclear dificilmente contribuem para um perfil vencedor em uma aplicação de empréstimo competitiva. O que deve ter ganhado a garantia do governo para eles, apesar de seu passado assustador, foi a proposta espetacularmente baixa. Eles alegaram que podiam construir um novo reator por $5,709 bilhões. No mundo economicamente frenético da energia nuclear, isso é uma barganha.

No entanto eu abri o Tijolo Radioativo. A resma de papel era outra daquelas caixas de chocolates de Dia dos Namorados para investigadores de fraudes: tantos doces para devorar que é difícil escolher. Mas este aqui se destacou, este aqui.*

---

* Várias páginas do "Tijolo Radioativo" original, em inglês, estão no endereço GregPalast.com/VulturesPicnic.

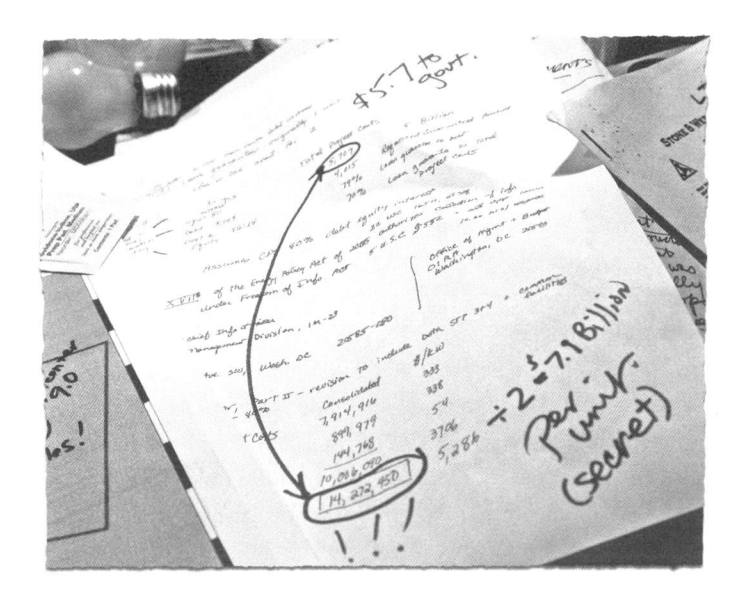

Repare no garrancho da margem esquerda. Lá diz "apresentado em confiança; segredos comerciais ou proprietários" — o que sugere que o escritor não conseguia descobrir qual conversa fiada jurídica as empresas utilizariam para esconder isso. O número vencedor para o Departamento de Energia está lá, $5,709 bilhões. Mas, abaixo, vejo um número diferente, $14,272 bilhões. Isso para dois reatores. Pera aí: são $7,1 bilhões para cada um dos dois reatores.

Em outras palavras, $5,7 bilhões é o número que aparentemente eles apresentaram na proposta, mas $7,1 bilhões é a própria estimativa interna da empresa para a construção. Uma discrepância de $1,4 bilhão. Onde eu cresci, chamamos isso de muito dinheiro.

Ou podemos chamar de fraude.

Quando você dá um número para o governo e outro número fica no seu bolso, em segredo, é lorota. *Fraude* é o termo que utilizamos.

Aviso, aviso, aviso: não sabemos quem escreveu esses números, exceto que eles estão dentro do acordo com a NRG. Então não podemos chamar a fonte do mistério e dizer: "Ei, tem tipo $1,4 bilhão que não confere. O que você pode me dizer sobre isso?".

E provavelmente há uma boa explicação. Sempre há. Eu disse.

Há vários outros documentos com vários outros números que não conferem com esses, que não conferem uns com os outros, que não conferem com as declarações oficiais, que não conferem com a realidade.

O número de $5,7 bilhões foi criado em Houston, sede da NRG. O número mais alto, $14 bilhões ($7 bilhões por reator), foi calculado pela corporação que irá de fato construir as usinas: a Westinghouse, você conhece, a velha confiável norte-americana que fazia refrigeradores. Eles não fazem mais refrigeradores e o nome Westinghouse foi vendido para a Toshiba do Japão. Os japoneses irão na verdade construir o núcleo do reator (é o fim dos empregos prometidos para os norte-americanos).

Os $5,7 bilhões de Houston foram usados para vender o cachorro-quente da empresa ao público e ao presidente. Eles o engoliram inteiro, sem mostarda. Os $7 bilhões foram utilizados pelos caras que construirão a coisa e cobrarão os texanos e os contribuintes dos EUA por isso.

Então a Toshiba e a NRG, ao que parece, estão juntas na dissimulação. Quem mais?

É bem difícil dissimular um custo excessivo multibilionário, a não ser que a empresa de construção ajude. A construtora designada é a Shaw Construções, os patrocinadores do Rei Milling, os amigos do governador Jindal, de Baton Rouge, que empilhou sua barreira solúvel de areia no Golfo.

Bem, castelos de areia não são perigosos. Mas isso é: a unidade nuclear da Shaw não é ninguém menos do que nossos amigos do gerador quebrado e da falsidade do teste sísmico, a Stone & Webster, que a Shaw absorveu algum tempo depois do julgamento de extorsão descobrir a empresa.

A Stone & Webster como Shaw está indo bem por si mesma. Além dos reatores da South Texas, a S&W irá construir os primeiros novos reatores do país a serem ativados, para a Southern Company, utilizando os $3,46 bilhões das garantias do Tesouro dos EUA. Eles devem conseguir fazer isso por um preço mais baixo: a Southern tem várias partes sobressalentes não utilizadas.

E as outras duas estações nucleares apoiadas pelo Tesouro? São todas da Shaw.

E as usinas nucleares no Reino Unido? A Shaw de novo.

E, recentemente, o Japão anunciou a vencedora do grande contrato para limpar sua usina destruída pelos geradores destruídos. Quem ganhou foi a... Shaw. Talvez eles sentissem um parentesco especial pela empresa que falsificou testes de terremotos.

A Westinghouse é Toshiba, mas quem é a Toshiba? Sua grande acionista: a Shaw Construções.

Sei o que o grupo corporativo irá dizer: a Stone & Webster não é mais Stone & Webster. Tornando-se Shaw, o Corvo Radioativo agora está limpo, verde e honesto, assim como o céu é azul. Entendido. Porém, se você for pego dirigindo embriagado, você nunca mais poderá dirigir um ônibus escolar pelo resto de sua vida. Seja pego falsificando testes de segurança nuclear, tenha uma lista de um quilômetro de extensão de acusações por violações de segurança nuclear, e você conseguirá outra licença nuclear, contanto que você mude a fantasia da sua empresa — e, se você tiver sorte o bastante, ou for falso o bastante, conseguirá alguns bilhões de dólares do governo para o pontapé inicial.

* * *

Tendo em vista sua história intragável, era improvável que a NRG, sozinha, ganhasse o sorteio pelo dinheiro de graça do governo federal. Para o Projeto South Texas, a NRG/Reliant/Houston mascarou a si mesma com ainda outro nome: *Nuclear Innovation of North America* (Inovação Nuclear da América do Norte). NINA. A NINA, enquanto liderada pela NRG, é outro consórcio com todos os tipos de operadores por baixo dos panos. Mas o que mais impressionou o Departamento de Energia dos EUA é o operador com a melhor reputação em energia nuclear do planeta: a TEPCO, *Tokyo Electric Power Company.*

A TEPCO receberá uma fatia de 20% do Projeto South Texas. Já me sinto mais seguro.

Com toda a justiça à NINA, o grupo realmente informou ao Departamento de Energia em 6 de setembro de 2008 que o preço das usinas havia subido para $7 bilhões para *os dois* reatores. Mas, de acordo com o Tijolo Radioativo, em uma reunião apenas um mês depois, a Toshiba lançou o custo real para $12 bilhões. E não está claro que a NRG já tivesse mencionado ao Departamento que a Toshiba não estava apenas construindo os reatores, mas que detinha uma fatia de 12% da propriedade, provavelmente permitindo que a empresa estrangeira se beneficiasse com 12% do saque do Tesouro dos EUA.

Estou olhando para outra fraude bilionária ou para algo simplesmente confuso? E será que o Departamento de Energia sabe disso? Eles se importam? E David Axelrod, gerente de campanha de Barack Obama. O que ele tem a ver com isso? Eu o conheço de Chicago, e sei que ele foi uma vez contratado pela Exelon, a maior operadora nuclear dos Estados Unidos. Axelrod está metido nisso, sem dúvida. Mas mesmo quando digo "sem dúvida", eu tenho as minhas dúvidas.

Então, como se as informações angustiantes do Tijolo e o aviso de "Sellars" não fossem suficientes, recebi uma ligação e outro pacote de um especialista em "supressão de incêndios" nucleares que trabalhou no estabelecimento de padrões internacionais de combate a incêndios em estações nucleares. Para proteger sua identidade, vamos chamá-lo de "Bombeiro". O Bombeiro dirigiu os testes para padrões de segurança em incêndios utilizados em todos os reatores do mundo. Mas os padrões lançados pela Agência Internacional de Energia Atômica foram baseados em dados que ele não forneceu. Alguém trocou os dados reais por dados falsos que faziam com que os incêndios parecessem menos perigosos, mais fáceis de controlar. Estabelecendo os padrões de segurança com base em dados falsos, a indústria não precisaria melhorar seus projetos, economizando uma nota para os operadores. Mas o povo pagará o preço, principalmente os japoneses. Os sistemas de supressão de incêndio em Fukushima falharam, piorando o desastre.

"O Bombeiro" me enviou os dados falsos. Suas acusações são sólidas. Em especial, ele me enviou as informações sobre os sistemas comprometidos de combate a incêndios em julho de 2010, oito meses antes de Fukushima pegar fogo.

Mas e agora? O que você quer que eu faça com isso? O que tenho aqui são cacos extraordinários de evidências. A agulha do contador Geiger está pulando, mas é um longo caminho entre a aparente fraude e a prova dela.

Jones liga de Londres e quer que eu prepare a montaria e comece a caça nuclear para a BBC.

Porém, será que eu já não estive aqui antes, em Shoreham, com a Southern Company, com a Reliant/NRG? Quantas vezes podemos contar a mesma história antes que os poucos ouvintes tornem-se ninguém? Pra quê?

Eu sou meu goleiro texano?

LUGAR NENHUM, LOUISIANA

Em 1997, a Ku Klux Klan foi até Forest Grove, indicando que os moradores receberiam uma usina de reprocessamento de combustível nuclear. Ou sofreriam as consequências.

"Forest Grove" é muito pobre para ser incorporada como uma cidade real, então, oficialmente, ela é invisível, simplesmente não está ali. E porque ali é legalmente lugar nenhum, a British Nuclear Fuels (BNFL) a escolheu como local de despejo de resíduos nucleares da usina de reciclagem.

A BNFL escolheu essa localização depois de concluir que o local devia estar parcialmente abandonado, porque as casas que eles viram da estrada estavam tapadas com tábuas. Contudo, como 40% do povo de lá não possui aquecimento, eles tapam suas janelas no inverno para se protegerem do frio.

Falei com Juanita Hamilton, a matriarca de 77 anos da não cidade, que estava imaginando como os britânicos escolheram Forest Grove, de toda a imensidão dos Estados Unidos, para alojar sua mais nova usina de resíduos.

A empresa fez um afunilamento científico dos locais potenciais para sua usina de combustíveis, em 15 passos (de verdade), e em cada passo as zonas alvo ficavam mais e mais e mais pretas. Outras cidades do Delta de Louisiana tinham "vistas panorâmicas" e "belas igrejas", e desse modo tinham dinheiro para lutar contra uma indústria venenosa.

Juanita me disse: "Se isso fosse tão bom, por que eles viriam lá da Europa para essa cidadezinha de negros em Claiborne Parish? Por que eles não ficaram com a usina para si mesmos?".

O povo local estava preocupado com o Lago Claiborne. Já que um terço das casas não tinha nenhum encanamento, o lago era tudo que eles tinham para beber e cozinhar.

Juanita falou: "Não são muitas as pessoas daqui que sabem algo sobre o enriquecimento de urânio".

A BNFL contava com isso. Em uma reunião comunitária, a contratada da operação nuclear segurou um pedaço do que a empresa chamava de "hexafluoreto de urânio", e não havia nada a temer daquele punhado de terra.

Foi uma demonstração impressionante. No entanto, os moradores de Forest Grove podem ser negros e pobres, mas eles sabem quando um show de mágica é enganação. Os moradores do distrito chamaram uma universidade local, e encontraram um físico que explicou que o hexafluoreto de urânio UF6 vaporizaria em contato com o ar úmido e, possivelmente, vaporizaria a porta-voz da BNFL também.

ALEMANHA, 1942; WASHINGTON, DC, 2009

Hermann Goering nunca visitou um campo de concentração.

O nazista mais feliz de Hitler podia comandar o bombardeio de duas ou três milhões de pessoas e depois colocar sua roupa para a festa de arromba. Mas Heinrich Himmler fez uma visita a um campo e viu centenas de judeus, mulheres e crianças também, levarem tiros na cabeça, um por um. Ele quase desmaiou, vomitou.

Não gostamos de olhar na cara de nossa presa. E certamente não gostamos que ela nos olhe de volta.

É por isso que os homens civilizados inventaram máscaras e corporações.

Quando olho para trás, para uma vida expondo verdadeiros comportamentos doentios perigosos, cruéis, loucos, a grande pergunta que me confronta é: como eles podem fazer isso?

Como os chefões da BP deixam de mencionar que sua plataforma explodiu no Mar Cáspio, como os engenheiros da Stone & Webster deliberadamente falsificam relatórios de segurança de uma usina nuclear para encobrir uma dose de radiação potencialmente letal — e depois vão para casa e contam histórias para seus filhos dormirem?

Talvez eu esteja dando muito crédito a esses babacas malignos. Talvez eles não estejam nem aí se o filho do Chefe Criollo, ou o seu, estiver com leucemia. Mas acho que eles são mais como Goering, caras normais cegados pelo véu corporativo, incapazes de ver as consequências de seus atos. E não querendo ver.

O bicho-homem faz coisas por trás do escudo corporativo que nunca sonharíamos em fazer se estivéssemos cara a cara com nossas vítimas. Imagine como a BP e a Chevron agiriam se o Chefe Criollo fosse um membro do Petroleum Club, ou se o lorde Browne tivesse que passar uma noite na prisão com Mirvari, ou se o poderoso da BP Tony Hayward tivesse que viver em uma plataforma de águas profundas.

O que marca a diferença entre os lençóis brancos da Ku Klux Klan e os ternos da Brooks Brothers da Southern Company? A distância e a responsabilidade. Se um membro encapuzado da KKK envenena uma família de negros em Forest Grove, ele vai para a prisão e deverá pagar pelos danos às vítimas. Mas se o envenenamento é causado pelo vice-presidente sênior das operações no Golfo da afiliada URENCO da BNFL, bem, então, *ah, essas coisas acontecem.*

Os caras no topo não enxergam muito bem lá embaixo, do alto das pirâmides. Não que eles queiram. A Máscara Corporativa fornece a distância necessária para cometerem crueldades lucrativas.

De Louisiana, convoquei a artilharia da mídia na BNFL de Londres, que disse que ninguém na empresa podia dizer algo sobre Forest Grove. Eles eram parte do grupo URENCO, que era parte do grupo LES. Entre o povo pobre receber os dejetos envenenados de usinas nucleares e os executivos plantarem os venenos, há um conjunto complexo de cascas corporativas encaixadas como bonecas russas.

O homem da BNFL me disse: "Não temos nada a ver com as decisões. Apenas coletamos os dividendos".

E esse é o lema da BP, da Shaw e de todas as corporações do planeta: apenas coletamos os dividendos. A BP me disse que, a respeito da economia de dinheiro por não comprarem o equipamento de segurança na Enseada do Príncipe Guilherme, isso não era responsabilidade deles, isso foi incumbido àquela coisa chamada Alyeska. A BP apenas coleta os dividendos. Leia a carta deles para mim e veja se você ainda gosta dessas pessoas.*

A British Petroleum e toda a tribo de empresas petrolíferas multicontinentais têm seus próprios rituais de mascaramento, e eles são úteis pra caramba. A Exxon foi burra o bastante, arrogante o bastante para colocar seu nome no *Valdez*, então, quando ele atingiu as pedras, o vilão ficou exposto aos olhos. Claro, o verdadeiro senhor das sombras do derramamento, a British Petroleum, era um Corvinho esperto, se escondendo por trás do nome corporativo otimista e que soava familiar, *Al-YES-ka*. A BP conhecia a Regra nº 1 dos malfeitores: cubram o rosto.

Mas no Golfo, a BP, cheia de si, esqueceu-se da máscara, portanto quando o petróleo atingiu o Delta, até o presidente sabia a quem apontar.

Ainda assim, quem é essa "BP"? Quem irá arder no Inferno? O problema é que as corporações não têm "nem corpos para serem chutados nem

---

* As respostas completas da BP às acusações de meus filmes podem ser encontradas em GregPalast.com/VulturesPicnic (site com conteúdo em inglês).

almas para serem condenadas". Andrew Jackson disse isso. O presidente populista tentou banir essas criaturas artificiais de nossa nova república.

A própria proposta de uma corporação é para limitar a responsabilidade de seus proprietários, seus acionistas. A Transocean Corporation, que operou na Deepwater Horizon para a BP e também na plataforma do Cáspio, fornece um escudo jurídico completo protegendo a identidade de seus acionistas. Como eu. Descobri $600 em ações na Transocean em meu pequeno fundo de pensão. Ei, eu apenas coleto os dividendos.

Na França, as corporações são legalmente designadas como *société anonyme*, "sociedade anônima". A irresponsabilidade do anonimato está no núcleo degenerado do corporativismo. Roube um banco e você tomou uma decisão pessoal. Falsifique os testes sísmicos em uma usina nuclear e a decisão foi tomada para você — pela corporação.

No Natal Ortodoxo, os nativos de Nanwalek realizam sua "cerimônia de máscaras" pré-Cristã. Nos tempos antigos, ela podia ficar violenta, as contas eram acertadas, e os perpetradores ficavam bem escondidos, como o Corvo se pintando de preto. O padre Benjamin, que estava ministrando na vila, disse que deixou o ritual pagão se misturar com o Natal, mas com uma condição. À meia-noite, as máscaras deviam ser removidas ou destruídas.

Nós vimos uma quantidade horrível de máscaras neste livro, desde o Rei do Carnaval, King Milling, cuja organização America's Wetland é a máscara ambiental sorridente da Shaw e de suas pás, e das petrolíferas internacionais e suas brocas. E o Hamsá, o olho sem rosto.

(E há o rosto cirurgicamente congelado da Lady Baba, a máscara mais assustadora, pois não pode ser removida).

Em 2 de janeiro de 2006, uma explosão na Mina Sago, na Virgínia Ocidental, matou 12 mineiros. John Nelson Boni, o chefe da mina, e William Lee Chisolm, um despachante, enviaram os homens, que conheciam bem, para suas mortes. Boni e Chisolm cometeram suicídio.

Mas Wilbur Ross não. Eu conheci Wilbur; ele me ajudou no caso de Shoreham. Um cara legal. Bilionário. Dono da Mina Sago e do Grupo Internacional de Carvão por meio de seus recursos de abutre. Toda vez que abro uma revista *Hamptons Magazine*, ele está com uma esposa mais nova e mais loira do que a anterior. Depois que a Mina Sago explodiu, foi descoberto que as linhas de comunicação que poderiam ter salvo os mineiros, exigidas por lei, não estavam lá. Isso fez com que Wilbur se sentisse péssimo, então ele foi à TV e pediu ao público norte-americano que fizesse doações para as famílias dos mineiros mortos. Ele não disse se era para enviar as doações para sua casa nos Hamptons, ou para a de Palm Beach ou para o apartamento de Nova York.

* * *

Em setembro de 2009, a Corte Suprema dos EUA decidiu que as corporações tinham os mesmos direitos de cidadãos "naturais". Esses cidadãos "não naturais" podiam fazer doações para campanhas políticas (e, presumo, logo teriam permissão para votar).

A British Petroleum agora pode alugar seu próprio Membro do Congresso contanto que isso seja feito por meio de sua unidade BP EUA. A gangue dos Zetas mexicanos, o Bebê Baba, os discípulos de Charles Manson, o Talibã, o Exército de Libertação Popular Chinês, todos podiam agora injetar dinheiro ilimitado nas mãos dos políticos norte-americanos contanto que primeiro pagassem $100 para se incorporarem a Delaware. O que fazer?

Não tenho uma arma e, como sou desincorporado, não posso atirar com impunidade, não que balas signifiquem alguma coisa a essas criaturas acéfalas e sem coração.

Tudo que temos para nos proteger durante essa onda de crimes corporativos é o livro de regras enorme do inspetor Lawn. Quando o Homem Porco se posicionou, ele citou o CFR § 192.3, a respeito do PHMSA MAOP para o HCA, que, se desconhecido, ele diz, "significa que pessoas são explodidas". E quando Bob Wiesel tentou salvar a população de Long Island de uma incineração, ele pegou o grande livro de códigos da Comissão Reguladora Nuclear, recitando a seção *50.55(e)*. Isso não impediu a fraude, mas em último caso deu ao chefe de Wiesel, Gordon Dick, a ferramenta legal que nos ajudou a ganhar o caso e fechar a usina.

Regulamentação, as regras que eles dizem para você odiar, são a forma como aplicamos a democracia na economia. Votos contra dólares. Acho que você entende isso.

Sim, eu sei, o governo está profundamente fodido. É o governo dos EUA, do Reino Unido, e nem vamos falar do chinês, do malásio, do tanzaniano. As pessoas estão sofrendo com regras e regulamentações desde que Moisés carregou as dez primeiras do Monte Sinai.

Mas o Grande Problema do governo é que não temos regulamentação suficiente; as regras não são rígidas o suficiente para impedirem a BP de explodir os Cajuns para o Reino do Amanhã. Ou as regras são corruptas, criadas por políticos que são subornados para fazerem o macaco de Steve Cohen pular.

Se você está gritando para o *"guveno saí"* do seu pé, entendo seu lado. Mas você ainda é um perdedor, uma marca barata, uma isca, um besta, um pateta involuntário de forças ainda mais poderosas do que as daquele governo feio, um brinquedo nas mãos dos poderes que estão cagando em você quando dizem que está chovendo chocolate.

No entanto, quem regula os reguladores? Bem, a Shaw Construções é uma delas. Agora, a empresa está construindo uma usina que transformará o plutônio de bombas atômicas antigas em combustível nuclear. A Comissão Reguladora Nuclear isentou a usina de transformação de bombas em combustível da Shaw das medidas de segurança antiterroristas. Um comissário que votou a favor dessa isenção "leve-um-terrorista-para-tomar-chá", Jeffrey Merrifield, agora trabalha na Shaw. E o secretário de energia que promoveu o plano, Spencer Abraham, agora é presidente do conselho da Areva EUA, parceira da Shaw Areva Mox Services.

A solução de Heinrich Himmler para o problema de ter que olhar nos olhos de sua presa foi industrializar o processo, usando gás da I.G. Farben Corporation e fornos da Siemens AG. Eles apenas seguiram suas ordens.

Mas há um regulador dos reguladores que devemos confiar. O Quarto Estado. Eu. E Matty Pass e Badpenny. É nosso trabalho, como jornalistas, arrancar essas máscaras. É o que fazemos naquele escritório barato no centro, enquanto as sirenes soam. E vou voltar para ele assim que eu tomar uma dose de coragem e parar de sentir pena de mim mesmo...

CENTRO, NOVA YORK

É tudo conversa fiada, você sabe. Estou fingindo que faço Algo Importante aqui, toda essa corrida ao redor do globo e bisbilhotando arquivos com todo esse Drama e exigindo que você preste atenção. Preste atenção a mim. É falso, vanglorioso e uma piada, e eu estou aterrorizado que você descubra isso antes do fim deste livro, e depois?

Em outras palavras, me sinto um lixo. Deus tem todo o direito de me esmagar com Seus sapatos, como uma bituca de cigarro.

Badpenny me manda procurar um médico.

Ligo para o Reverendo Thayer Greene, doutor em psicologia. O Dr. Greene, já com seus 80 anos, um dia libertou um campo de concentração, ou o que restou dele. Isso o aproximou de Deus e de Carl Jung.

Conto para ele sobre o meu fracasso, meu fracasso em libertar alguém, mas que estou fazendo um filme sobre isso de qualquer jeito, um grande barulho vazio que ninguém escuta e ninguém deveria mesmo, e então estou morto.

O silêncio foi curto enquanto ele consultava — quem? — Jung ou o Senhor?

Então, o doutor diz, em uma voz surpreendentemente agressiva e irrefutável: "VOCÊ NÃO É O SEU PAI".

Ele pede meu endereço para enviar a conta. Imediatamente, me sinto melhor.

No vaso sanitário jogo o resto do sangue dourado das uvas...

... Trinken Sanftmut Kannibalen
Die Verzweiflung Heldenmut!

É a Badpenny cantando? Sou eu?

Então, pelamordedeus Palast, acelere o passo.

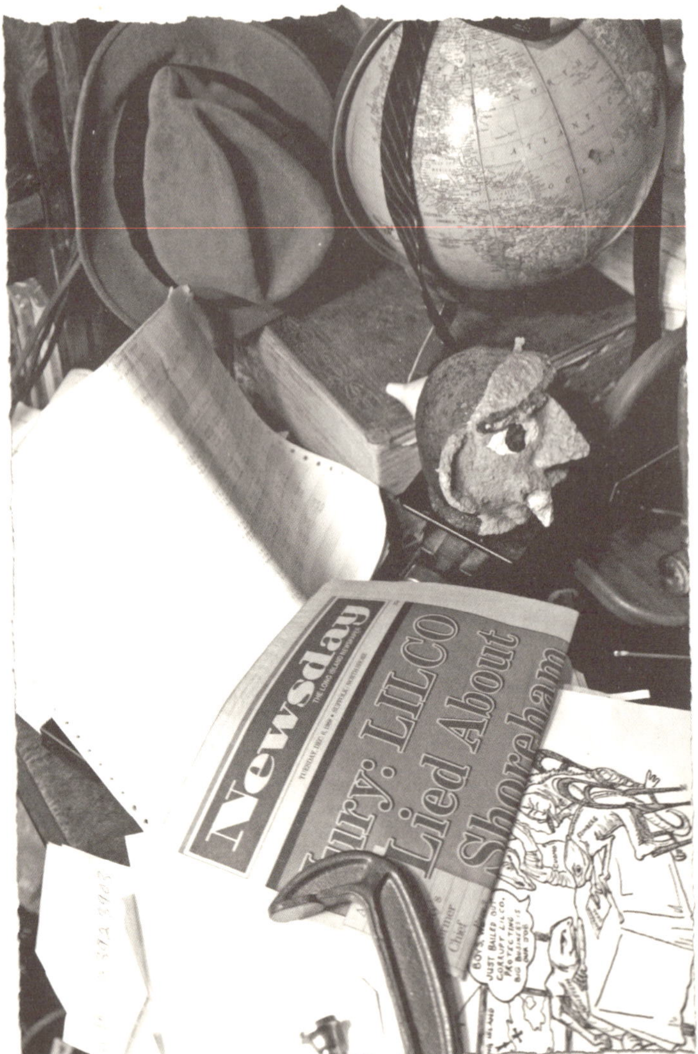

Newsday
ury: LILCO
Lied About

CAPÍTULO 11

Sr. Justiça

TRIBUNAL FEDERAL, DISTRITO SUL DE NOVA YORK (BROOKLYN)

Quando a Combinação Energia-Finanças precisa sacanear com o público, eles contratam um profissional para isso. E o chamam de Sr. Justiça.

Em 15 de junho de 2010, o quinquagésimo sexto dia após a explosão da BP, a presidência de Obama estava boiando de barriga para baixo no Golfo do México. O presidente fez um Grande Discurso sobre a BP no Salão Oval. E foi um desastre.

Até seus aliados estavam de saco cheio. Eles não gostaram nem do fechamento padrão, tradicional e piegas: "E que Deus abençoe a América". O apresentador de TV Keith Olbermann disse: "Estamos esperando ação e ele nos diz que o melhor que podemos fazer é *rezar*?".

O presidente prometeu que faria a BP pagar $20 bilhões às vítimas da explosão, *no mínimo*. Se a BP se recusasse a dar o dinheiro, Obama estaria ferrado, politicamente atropelado na rodovia.

Em uma semana, o presidente conseguiu seus $20 bilhões. Viu, Virgínia, existe Papai Noel.

Infelizmente, o meu trabalho é olhar pela chaminé do Papai Noel.

A BP sabia que teria que pagar os $20 bilhões, ou pelo menos fingir — não é grande coisa para uma empresa que suga cerca de $300 bilhões de dólares em receitas por ano. Mas a empresa petrolífera não abriria mão de uma única condição: os $20 bilhões, disse a BP, seriam *tudo*. Basta. Não haveria mais nada.

Obama, um advogado constitucional, sabe que nem os presidentes podem prometer isso. A Casa Branca não pode ordenar que os tribunais dispensem processos dos prejudicados, envenenados, mortos. Além do mais, um teto para os pagamentos da BP seria um suicídio político. Os negociadores e advogados da empresa petrolífera, trancados na Casa Branca, ficaram olhando uns para os outros por dois dias.

Então, o presidente pediu que Carl-Henric Svanberg, o presidente do conselho da BP, fosse ao Salão Oval, apenas os dois. Meia hora depois, eles surgiram. Obama conseguiu seus $20 bilhões de Carl-Henric, e sem teto.

O que aconteceu lá? Será que o presidente deu uma de *Perseguidor Implacável*, pegou um cigarro que escondeu de Michelle, e disse "Você está *com sorte, Carl?*"?

A história real é o *segundo* anúncio que os dois fizeram.

Como Obama pôde secreta e legalmente concordar com o teto da responsabilidade da BP, mas não anunciá-lo? Para firmar um limite, o presidente precisaria jogar um réptil no meio da bagunça de advogados de processos coletivos. A cobra teria que paralisar os litigantes e forçá-los, por meio de ameaças, pagamentos e manipulação, a aceitar menos de $20 bilhões para as vítimas da BP. Obviamente, os cavalheiros no Salão Oval concordaram com a cobra.

O presidente chegou e anunciou: "Não haverá teto". E depois, sutilmente, soltou o réptil: cada reivindicação de cada vítima, e existem mais de 100.000 delas, seria, disse Obama, feita por um único homem, Kenneth Feinberg. Ou, como o *The Wall Street Journal* o apelidou, "Sr. Justiça". Sem júri, sem regras, sem especialistas, sem ninguém exceto por Feinberg.

O *The New York Times*, ao ouvir o nome de Feinberg, quase melou suas cuecas.

> O nível incomum de discrição atribuído a ele, acordado entre a BP e o presidente Obama na semana passada, é difícil de imaginar sendo dado a qualquer um sem a experiência e o respeito que o Sr. Feinberg adquiriu após anos como mediador das reivindicações dos prejudicados em massa.

Conheço Ken. É um homem incrivelmente talentoso, o Babe Ruth dos mediadores. Babe Ruth era o melhor em sua área, o beisebol; no entanto, o Drácula também era o melhor em sua área.

Mas eu queria uma opinião independente. Então liguei para outro Babe Ruth, Victor Yannacone. Você se lembra, Yannacone é o cara que inventou a lei ambiental. Ele criou o Fundo de Defesa Ambiental — FDA (apesar de que, a pedido de um doador favorável à indústria, o FDA o demitiu). E Yannacone atuou no pioneiro de todos os processos de interesse público, contra a Dow Chemical, por envenenar soldados norte-americanos no Vietnã com o Agente Laranja.

Yannacone me disse: "Falei para os meus clientes, veteranos da Guerra do Vietnã: Ken [Feinberg] é um saco nojento de bosta que mente descaradamente. Mas com o passar dos anos, percebi que esse é o lado *bom* dele".

Devo dizer, Ken Feinberg nunca mentiu para mim. Quanto a dizer que há um cheiro de matéria fecal embalada ao redor dele, bem, sim, há.

Eis a história de Yannacone, a história dos veteranos. O advogado, após vários anos de trabalho sem um centavo de recompensa, fechou um acordo com os advogados da Dow Chemical para criarem um fundo de $2,5 bilhões para os veteranos prejudicados. Mas quando Yannacone falou ao telefone com o presidente do conselho da empresa, pela aprovação pro forma, o chefão da Dow disse "não". O que diabos aconteceu? Outro acordo foi feito pelo "mestre especial", Sr. Feinberg. Os veteranos receberiam menos de 1% da soma que a Dow originalmente aceitou pagar, apesar de que o governo iria pagar as despesas médicas deles.

Yannacone disse: "De jeito nenhum, sem acordo". Então o tribunal o demitiu do cargo de advogado dos veteranos, mas não antes do Sr. Justiça se encontrar com ele. Ele queria que Yannacone não desafiasse o acordo de 1% publicamente. Talvez Yannacone pudesse administrar o fundo, um trabalho lucrativo.

Yannacone falou: "Ken, você está tentando me subornar?".

Ken, o Sr. Justiça, disse que não, mas deu a entender algo que parecia muito com chantagem. Se Yannacone se recusasse a aceitar, ele não receberia um centavo em honorários, nem mesmo para cobrir os gastos. Isso significaria a falência do advogado do interesse público: ele pagou todas os custos do processo de seu próprio bolso.

Yannacone recusou. E aconteceu que, como o Sr. Justiça previu, o juiz concedeu grandes honorários a outros advogados que não fizeram nada comparados a Yannacone, mas para o advogado que iniciou e lutou pelo caso: zero. Nem mesmo os gastos. No tribunal, Yannacone esmurrou a mesa e disse ao juiz: "Isso é uma merda de uma injustiça". Mas nos registros lê-se apenas "Isso é uma injustiça". Yannacone silenciosamente murmurou o palavrão na cara do juiz para que ele não *aparecesse* na transcrição.

Alguns veteranos, presos com o acordo de 1% e vendo seu advogado ser sacaneado, se ofereceram para cuidar do assunto como cuidariam no Vietnã. Yannacone os acalmou.

Agora espere um minuto. Como eu sei que isso aconteceu? Como eu sei o que o Sr. Justiça falou a Yannacone? Quero dizer, temos o honorário zero que o juiz deu ao advogado; temos o acordo de 1% que Feinberg recomendou como justo (cerca de $10 por veterano atingido). Mas não tenho como saber se o Sr. Justiça disse aquelas coisas ameaçadoras a Yannacone.

Mas sei que ele as disse para mim, em 1988. O mesmo tribunal do Brooklyn. O mesmo juiz. O mesmo "Mestre" Ken, que foi indicado depois que ganhamos o grande veredicto contra a LILCO, a empresa energética, por sua conspiração com a Stone & Webster. O veredicto para o governo do distrito (Suffolk, Nova York), aplicado a todos os clientes, custaria à empresa $4,3 bilhões. Eles não tinham essa quantia — iriam à falência.

Tudo bem por mim, aqueles imundos.

O juiz ordenou negociações de estabelecimento, as quais Feinberg lideraria. O governador de Nova York se meteu, escondido da vista do público — ele tem o direito. Ken gostava de entrar na corte com a frase "Acabei de falar com o governador pelo telefone", como se déssemos a mínima. Então, ele mascava um charuto enorme.

Os "especialistas" do governador disseram à corte para cortar o julgamento em 95%. Eles têm o direito: executivos de empresas energéticas e as agências reguladoras estatais são adultos e têm o direito de fazer o que quiserem na cama.

Ken esperava que eu aceitasse. Eu estava negociando para o governo do distrito e para os três milhões de clientes da empresa. Não, eu não aceitaria. O Sr. Justiça então me disse que o juiz iria simplesmente *rejeitar o veredicto* se os meus clientes não aceitassem. Ele jogaria o Agente Laranja no meu caso.

Eu gosto de Ken. Eu não gosto de chantagem. E porque gosto dele, disse "Vá se foder" com um sorriso alegre. E ocorreu que o juiz realmente rejeitou o veredicto, removendo os advogados que iniciaram o caso. Um advogado que não estava no tribunal nem por um minuto do julgamento foi pago com mais de um milhão de dólares e assinou o acordo de 5%.

Um jornal local reagiu com uma charge cruel — ouso dizer "injusta"? — do Sr. Justiça, do juiz e do governador como répteis livrando a empresa energética.

Sell-out of the Ratepayer

Eu não tinha um gravador. E eu com certeza não sei o que motivou o juiz. Ele podia muito bem ter decidido por seu julgamento sem nunca ter falado com o Sr. Justiça sobre isso antes. Nunca vou saber.

Eu sei que quando Feinberg se estica sobre a mesa para te torcer, você não esquece. Meus mamilos doem até hoje.

O Sr. Justiça também lidou com o Fundo do 11 de setembro para as famílias vítimas dos assassinatos terroristas do World Trade Center. Ken recomendou que os advogados que "cooperassem" pegando dinheiro rápido para seus clientes ganhariam uma recompensa (mais de $100 milhões em honorários foram repassados); os que esperaram foram derrotados. Mas aquele juiz rejeitou o plano de enriquecimento de advogados e disse ao Sr. Justiça que fizesse um plano mais justo.

Ainda assim, há um padrão. Os garotões fazem um fundo de caixa e, milagrosamente, o Sr. Justiça mantém os pagamentos nesse fundo.

E agora o presidente dos Estados Unidos e o presidente do conselho da BP PLC colocaram as vidas das pessoas na Costa do Golfo, dos pescadores de camarão, dos operários, dos cozinheiros, dos crupiês e de Raphael Gill, o homem da limpeza da BP com a pazinha, nas mãos criteriosas do Sr. Justiça, o Agente Fiduciário dos Fundos de Vazamento.

Mas o que há de confiável nesse fundo? Um "agente fiduciário", segundo a lei, é única e exclusivamente um fiduciário para os beneficiários. Ou seja, Feinberg devia agir apenas pelo Sr. Gill e pelas outras vítimas — a BP e o Obama que se danem. Mas Feinberg imediatamente fez algo um tanto estranho para um fiduciário. Ele pediu que todas as vítimas em seu fundo, se recebessem um pagamento, renunciassem seus direitos de processar *outros* malfeitores culpados pela explosão da Deepwater Horizon.

Havia a Halliburton, a empresa que criou aquele cimento de nitrogênio não confiável, e a Transocean, a proprietária suíça da plataforma Deepwater Horizon, que fugiu de sua responsabilidade. Será que eles deviam fazer uma contribuição? Um fiduciário geralmente tenta "aumentar a propriedade", um termo chique para conseguir mais dinheiro para os beneficiários. Mas o Sr. Justiça não.

Por quê? Ele diz: "Eu quero que os processos terminem".

Isso soa razoável. Exceto por uma coisa: não é verdade. Ele não exige que a *BP* desista de seus direitos de processar a Halliburton e a Transocean. A BP processou. O resultado é que qualquer dinheiro que a BP pega da Transocean ou de outras empresas negligentes vai direto para seus cofres, nenhum centavo para as vítimas que aceitam os cheques pegar-ou-largar de Ken.

Enquanto escrevo isso, Feinberg já anunciou que talvez precise de apenas *metade* dos $20 bilhões. Como um economista que calculou danos em casos de delito em massa, estou atônito e impressionado. Será que o cachorro dele comeu a calculadora? Aliás, a sobra de $10 bilhões iria direto de volta à BP.

Anote o seguinte: eu garanto. O Sr. Justiça não irá pagar dois centavos além do fundo, mesmo se todos os pescadores de Louisiana vomitassem sangue. Portanto, meus camaradas Crioulos, vocês podem se ferrar, mas lembrem-se, *vocês estão sendo ferrados pelo melhor dos Estados Unidos*.

O Sr. Justiça é um homem maligno? Pergunta errada. Isso não tem nada a ver com Feinberg. Se ele não fizesse isso, eles encontrariam outro escritório de advocacia para pegar os honorários de um milhão por mês. Estou tentando explicar como o *sistema* funciona. Como você é influenciado. Ele é a ferramenta deles, você é o tolo.

E o meu próprio caso de extorsão? Uma corte de apelações rejeitou a tola decisão do juiz, mas depois transformou nosso caso em uma tecnicalidade. Apesar disso, nós realmente fechamos e desmantelamos a usina nuclear de Shoreham. Então Nova York podia dormir sossegada. O acordo de 5% do Sr. Justiça nos foi enfiado pela goela (ainda assim, $200 milhões para os consumidores). E depois, em particular, depois de Feinberg discretamente cuidar dos meus honorários, nós nos beijamos e fizemos as pazes. Tomei antibióticos por duas semanas.

GREATER
EW YORK
THE WALL STREET JOU
Europe Crisis Deepens
s Chaos Grips Greece

CAPÍTULO 12
O Generalíssimo da Globalização

CHICAGO

Você sabe qual é o crime perfeito?
É aquele que não é ilegal.
O Tio Maxxie que me disse.

Meu tio-avô Maxxie Eisen tinha seus desentendimentos com Al Capone a respeito de quem controlava os jogos de azar e os cassinos clandestinos ao norte de Chicago. Quando a organização do Oeste de Al Capone mudou-se para a vizinhança de Maxxie sem um convite formal, os garotos do Tio Maxxie jogaram os caça-níqueis de Al Capone na lagoa do Lincoln Park. Isso foi resolvido amigavelmente. Maxxie foi deixado com duas moedas no bolso e com as duas pernas intactas.

Mas o Tio Max, que costumava me dar notas de cinco dólares (que ele pedia emprestado), me disse: "Capone era um otário".

Al Capone, que fez sua fortuna com a extorsão nos jogos de azar — os italianos chamavam de "lotto" —, acabou atrás das grades.

Guy Snowden é muito mais esperto do que Al Capone. Em 1980, ele criou a GTECH Corporation, e transformou a "lotto" dos guetos na respeitável "Loteria Estadual". A GTECH promoveu a aposta em números abençoada pelo governo como uma forma de financiar a educação. Depois de 30 anos da loteria, os Estados Unidos continuam ignorantes e a GTECH está indo muito bem, controlando a extorsão dos números sob contratos monopolistas lucrativos com vários estados e com a Coroa Inglesa. Al Capone faturou milhões, depois foi para a prisão. Snowden ficou do outro lado dos muros do presídio, milagrosamente, enquanto sua corporação faturava bilhões.

O grande truque de Snowden foi desencadear um lobby muito bem pago, um exército abrangendo desde políticos velhos do Texas até Dolly Draper em Londres, que transformaram o crime — a loto — em um negócio legal. Ele expulsou os competidores, não com o uso do soco inglês como seu predecessor Al Capone, mas sim habilidosamente, mudando as leis e as regras antes que as violassem.*

Outro exemplo. Considere John Dillinger, o grande ladrão de bancos. Ele invadiu bancos e pegou o dinheiro. Dillinger comprou ternos chiques, mas terminou em um beco de Chicago com tiros no estômago.

Sanford "Sandy" Weill deve ter pensado que Dillinger era outro otário. Weill não se importou com algumas verdinhas no cofre do banco. Ele roubou *a porra toda. Ele roubou tijolos, argamassa, estacionamentos e inclusive gerentes assistentes.*

Em abril de 1998, a empresa de Weill, a Travelers Group, uma aglomeração de bancos de investimento e outras grandes operações financeiras, assumiu o controle do Citibank. Weill pegou cerca de meio trilhão de dólares em bens do Citibank. Brilhante — e contra a lei.

Enquanto Dillinger, o tolo, usava carros velozes de fuga e submetralhadoras Thompson para fugir da lei, Weill simplesmente afastou a lei.

A lei era o Ato Glass-Steagall, assinado pelo presidente Roosevelt em 1933. Esse ato proibia bancos de depósito (bancos "comerciais") de se unificarem com bancos de "investimento". Os bancos de investimento, apesar do nome honesto, são cassinos financeiros, que podem fazer apostas muito altas e muito arriscadas em ações, títulos, moedas, derivativos, seja o que for.

O Ato Glass-Steagall foi baseado em um acordo que Franklin Delano Roosevelt, FDR, fez com os bancos durante a Grande Depressão: o governo garantiria contas de poupança, mas então os bancos não poderiam utilizar aqueles depósitos do governo para financiar o carregamento de uma mesa de pôquer com fichas para jogarem um blefe de dois pares.

É claro, o mundo seria um lugar muito mais feliz hoje, e a Grécia não estaria quebrada, se Weill e seus amigos banqueiros simplesmente tivessem pegado um trilhão de dólares e torrassem tudo em um fim de semana muito louco em Las Vegas.

---

* Parte do sucesso da GTECH pode ser atribuída ao amuleto da sorte que Snowden guardava no bolso: o certificado de alistamento de George W. Bush. Essa é uma história à parte. Visite GregPalast.com/VulturesPicnic (em inglês).

Fiz um pequeno cálculo do acordo de Weill que violou a lei (quero dizer, literalmente a despedaçou). As ações das empresas em conjunto dele subiram para $24 bilhões no dia do anúncio. Legal. Foi dito aos tolos e aos depenados que a combinação "criou valor". Criou o cacete. Na realidade, ele criou uma garantia do governo para os cassinos de Sandy. O público norte-americano, efetivamente, apoiou um seguro no valor de $24 bilhões.

O golpe do banco de Weill foi um crime interno. Afastar a lei que criou a fundação consolidada da estrutura financeira norte-americana exigiria muita demolição do secretário de tesouro dos EUA, Robert Rubin.

A britadeira de Bob Rubin no Ato Glass-Steagall foi eficiente — a demolição da lei foi assinada em 12 de novembro de 1999, apenas quatro meses depois de Rubin deixar o Tesouro e somente duas semanas depois de ele se juntar a Sandy Weill como copresidente do conselho do Citigroup.

Rubin pegou $126 milhões da operação agora-legalizada de Sandy. Esse não foi um *pagamento*. Foi uma *compensação*. Há uma diferença: duas letras a mais. Pode contar.

(Depois que o Citibank faliu e foi bancado pelos contribuintes dos EUA, Rubin escapou com seus $126 milhões e agora é o copresidente do Conselho de Relações Internacionais. Bem, você já esperava por essa).

Entre parar o Citibank para pegar seu pagamento e assumir o controle do Conselho, Rubin tornou-se o conselheiro chefe do candidato à presidência Barack Obama (conselhos sobre livrar o Citibank e o Goldman Sachs. Observação: Rubin era copresidente do conselho do Goldman quando foi indicado à Secretaria do Tesouro dos EUA em 1992).

Quando Rubin deixou o Tesouro pelo Citibank, ele colocou seus protegidos Larry Summers e Tim Geithner no comando; Summers para assumir o posto de Rubin, e Geithner foi enviado para Genebra em uma missão muito especial.

Não faz sentido descriminalizar as apostas com a garantia governamental de depósitos nos cassinos derivativos se lá não existem jogos. Meus antigos colegas de classe de Chicago que foram para o Goldman resolveram essa questão. Eles estavam criando novos "produtos" derivativos em uma velocidade maior do que a lavagem dos lençóis de um puteiro. Alguns grisalhos se preocuparam com o risco. Risco uma ova. Com as garantias explícitas e implícitas do governo, os banqueiros estavam prontos para dobrar o valor dos títulos instáveis. Os Secretários Rubin e Summers bloquearam todas as tentativas de regulamentar o mercado de derivativos.

A menos que estivesse preso em Guantánamo por uma década, você provavelmente sabe a maior parte dessa história — Rubin, Goldman, Summers, Citibank —, mas não posso iniciar uma investigação sem primeiro olhar os velhos recortes.

Estamos investigando um incêndio criminoso. Quem começou o fogo na Grécia em 2010 e 2011 e, antes disso, na Indonésia (1998), no Equador (1999), na Argentina (2000), no Equador de novo (2005), na Hungria (2006) e na Letônia (2009)? (A lista não é exaustiva.)

Por sorte, alguns passarinhos voaram para nosso escritório e entregaram vários papéis pelo vão da janela, um deles escrito por Tim Geithner para Larry Summers. Eu não devia ler a correspondência deles — era confidencial — mas, você sabe. Estava datada em novembro de 1997.

Nenhum documento, exceto talvez pela Bíblia e pelo *Mein Kampf*, de Hitler, causou tanto prejuízo, lágrimas e terror. Ele estremeceria pelo sistema financeiro mundial e lá engendraria as paredes quebradas de Detroit, os tetos em chamas do Equador e a morte da Grécia.

> "Enquanto entramos no fim do jogo das negociações de serviços financeiros da OMC, acredito que seria uma boa ideia você entrar em contato com os presidentes-executivos..."

"Fim do jogo"? Vamos juntar as peças para entender como o jogo começou. Em 1997, havia duas perguntas explosivas para Summers, Geithner, Rubin, Weill e toda a gangue.

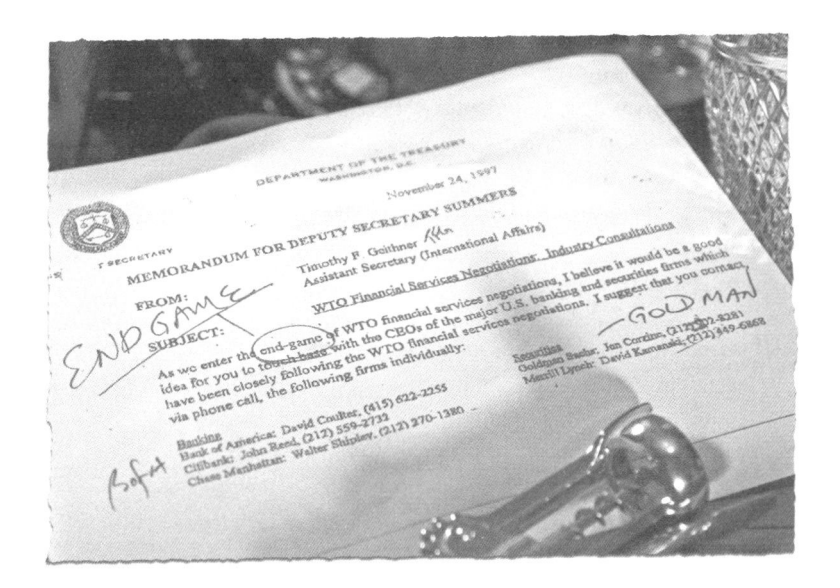

A primeira era: *E se acontecer uma merda?* E se, ou seja — quando, o negócio descriminalizado de títulos estranhos der errado, onde os Estados Unidos podem despejar seus ativos tóxicos?

O vice-secretário de Rubin, Summers, aplicaria a mesma solução que sugeriu antes, em 1991, a respeito das toxinas químicas. Naquela época, como economista chefe do Banco Mundial, Summers escreveu um memorando afirmando que nações pobres são "SUB-poluídas" (letras maiúsculas dele), então, o Oeste devia despejar mais toxinas por lá. Quando o memorando vazou, Summers disse que aquilo foi uma piada. Com certeza era uma piada, mas também era, sob o comando de Summers, a política do Banco Mundial.

Em 1997, Summers faria o resto do planeta engolir ativos *financeiros* tóxicos. Deixem a Irlanda, o Brasil e Portugal pagarem dinheiro vivo para assumirem o risco dos banqueiros dos EUA.

A segunda pergunta para os banqueiros era: *Como podemos detonar regras financeiras em todo o planeta?*

Os Estados Unidos são um grande parquinho, mas esses caras querem brincar em todos os lugares da escola. Não era suficiente apagar as leis contra a especulação em depósitos bancários nos Estados Unidos se isso ainda era crime no Brasil, na Índia, na Espanha e na Grécia. Na maioria das nações, apostar as cadernetas de poupança garantidas pelo governo em títulos não convencionais ainda era *proibido*. Além do mais, as leis nacionais barravam o Citigroup de Sandy Weill de comprar bancos locais.

O que fazer? Não dá para maquinar golpes de estado suficientes e colocar generais Pinochets em todos os lugares. Então, como mudar as leis de 152 países em um único golpe? O Tesouro convocou uma reunião.

Dos memorandos, parece que houve pequenos encontros do Tesouro com Os Garotos (David Coulter do Bank of America, John Reed do Citibank, Walter Shipley do Chase, Jon Corzine do Goldman, David Kaminski do Merrill Lynch), todos presidentes executivos. Como eles poderiam fazer com que 152 nações acabassem com suas leis bancárias e permitissem a compra dos ativos tóxicos dos EUA?

A resposta era fazer um pequeno tratado de comércio, o Acordo de Serviços Financeiros (ASF), e transformá-lo na nova lei financeira do planeta. Em suas reuniõezinhas fechadas, aquela mesa redonda de banqueiros (por favor, não diga "quadrilha") reescreveu o ASF, com protocolos forçando todas as nações a retirarem as restrições e as regulamentações de segurança à moda antiga. O acordo reescrito exigiria que todas as nações permitissem o comércio de novos produtos financeiros, sejam mágicos ou tóxicos. Isso acabaria com qualquer lei de um país que fizesse restrições a bancos estrangeiros. O Acordo, uma vez assinado, suplantaria qualquer tentativa de qualquer Congresso ou Parlamento de restabelecer as proteções. O Acordo também ditava que, uma vez demolidas, as barreiras não podiam ser reconstruídas. O retorno das regulamentações, chamado de *regressão*, seria severamente punido. Qualquer nação que resistisse seria colocada na roda econômica e ficaria quebrada.

Em 1997, o Assistente do secretário do tesouro Geithner foi enviado para Genebra, para a sede da Organização Mundial do Comércio (OMC), com essa nova Lei em sua mala diplomática. Ele foi incumbido de informar aos embaixadores de todas as 152 nações, sem exceções permitidas, que eles teriam que assinar o acordo. *Ou sofreriam as consequências.*

Quais consequências?

Às vezes, as pessoas — e os países — precisam comer merda. Mas ninguém pede por isso no cardápio. O garçom precisa estar com uma arma apontada para sua cabeça.

A arma dos banqueiros era a banana, pelo menos no caso do Equador.

Se o Equador quisesse vender suas bananas aos Estados Unidos, teria que comprar os "produtos" financeiros dos banqueiros. Se não comprasse, podia vender suas bananas aos macacos. O Equador entendeu que a resistência seria um suicídio econômico e assinou. Mais de cem outros países receberam o tratamento do Equador, caíram de joelhos e também assinaram o Acordo.

O brilhantismo dos banqueiros foi utilizar o comércio como arma. Funcionou como um embargo militar. Os navios só podiam passar se os papéis estivessem assinados. Se um país quisesse vender mercadorias para os Estados Unidos, eles teriam que engolir as *merdarias* norte-americanas, os derivativos, as permutas e todas as outras esquisitices saindo dos laboratórios dos banqueiros malucos. Além disso, o Citibank, o JP Morgan e outros bancos poderiam entrar nos mercados desses países e sugar capital à vontade. Os bancos locais seriam desregulamentados e liberados também. Liberados para serem devorados pelo Citigroup.

Geithner foi presenteado com a arma do terror do comércio, e quando recebi os documentos, essa arma ainda estava fumegando.

Foram eles que eu trouxe comigo enquanto seguia o rastro de Geithner para Genebra até a fortaleza da OMC, designada a executora sem luvas do tratado do banco.

GENEBRA

O diretor-geral da Organização Mundial do Comércio, Lamy, me ofereceu a cadeira profunda de couro. Senti como se estivesse afundando em uma mão enorme e macia.

Talvez Geithner sentou-se nela quando escreveu para Summers sobre o fim do jogo quando estava pronto para acender o pavio da dinamite, aquela reescritura do Acordo de Serviços Financeiros dos banqueiros. Geithner estava pronto para isso. Mas ele não faria xixi, muito menos explodiria o sistema financeiro mundial, até que tivesse certeza de que pelo menos cinco banqueiros mobilizaram seus exércitos lobistas. Por isso a mensagem a Summers.

O Diretor-Geral Lamy viu o "fim do jogo" e outros memorandos confidenciais que eu espalhei pela mesa. Lamy é muito esperto para perguntar como eu os consegui, muito esperto para defendê-los e excelente para explicar por que eles não existiam de verdade:

"Não, não, não, não, não, não. Na OMC não temos banqueiros fumantes, ricos e malucos fazendo negociações".

Bem, então, será que ele reconheceu os nomes e telefones desse grupo de fumantes:

Coulter, Banco da América: (415) 622-2255
Reed, Citibank: (212) 559-2732
Shipley, Chase Manhattan: (212) 270-1380
Corzine, Goldman Sachs: (212) 902-8281
Kaminski, Merrill Lynch: (212) 449-6868

Eles estavam na carta do "fim do jogo".
Aquele francês sorriu com tanta força, que achei que seu rosto partiria ao meio.
Ele sabia o que eu queria dizer.

"A OMC não foi criada como uma quadrilha sombria de multinacionais que secretamente arma planos contra o povo".

Eu não usei a palavra *quadrilha* nem uma vez, Diretor.

"Fazemos as coisas na transparência! Olhe em nosso site!".

Eu olhei. Não vi os memorandos com esses telefones. Talvez eu não estivesse procurando direito.

Então Lamy prosseguiu pintando uma imagem da OMC não como a executora do Citibank, mas sim como um tipo de Oxfam ou União Americana pelas Liberdades Civis do comércio. "Nós tratamos da liberdade, dos direitos humanos, da tecnologia, da mídia, das liberdades civis políticas!"

Meu Deus! Eu estava na presença de outro Thomas Jefferson, não de um descendente de criminoso. Humildemente, sugeri que, fora do complexo fechado da OMC, poucas pessoas associavam derivativos dispensáveis e títulos de hipotecas sem valor a direitos humanos e liberdade.

Lamy disse: "Elas deviam associar! *Elas deviam!*".

* * *

Geithner escreveu sobre um fim do jogo, mas qual jogo eles estavam jogando? As negociações do Comércio Mundial costumavam ser a respeito do comércio de mercadorias: você sabe, meu computador por suas bananas. Mas os banqueiros, por meio da podridão do Acordo de Serviços Financeiros, trocaram o tabuleiro.

O alvo mais lucrativo do novo ASF seria a China. A China queria nos vender tudo que nós mesmos costumávamos fazer. Os Estados Unidos aceitariam que as coisas deles entrassem no país, mas em troca, a China teria que entrar na OMC, assinar os Tratados e comprar o que os EUA faziam agora, "produtos" bancários. A China teria que deixar o Citibank e o JP Morgan abrirem uma filial em Xangai.

Efetivamente, os trabalhos de manufatura dos EUA seriam vendidos pelo direito dos banqueiros apostarem no novo mercado.

Para capturarem a rainha da China, os peões trabalhadores foram sacrificados — ainda que não tivessem ideia de que estavam em um tabuleiro de xadrez, de que estavam sendo movimentados.

O resultado? Na última década do último século, as multinacionais dos EUA perderam 2,9 milhões de empregados no país enquanto aumentavam sua força de trabalho estrangeira em 2,7 milhões. A China assinou o tratado do Comércio Mundial em 2006, acabando com a Guerra do Dinheiro dos Outros, deixando os banqueiros estrangeiros entrarem na Cidade Proibida.

Será que era da conta do diretor-geral que os bancos dos EUA estavam tomando todas as decisões na surdina?

Esse não era o seu departamento.

"Não sou eu que julgo as credenciais democráticas dos membros. Há um lugar na ONU, não muito longe daqui, que é chamado de Conselho dos Direitos Humanos, onde esse tipo de debate pode ocorrer".

Se uma junta não eleita de banqueiros projeta a posição comercial dos Estados Unidos, bem, aqui está o número para você telefonar.

E assim a lei de finanças internacionais tornou-se a Ilegalidade.

ATENAS

Em maio de 2010, o fim do jogo acabou para a Grécia.

Os novos produtos financeiros estavam embalados, polidos para brilhar e vendidos para fundos de pensão de governos por todo o planeta. Os banqueiros venderam pacotes cegos de hipotecas de alto risco, fatiadas e misturadas, como Obrigações de Débito Colateralizadas (*Collateralized Debt Obligations* — CDO) e outras combinações fétidas. O Acordo de Serviços Financeiros estava arrasando!

Mas quando abriram os pacotes, os compradores descobriram que eles estavam cheios de fezes financeiras. As pensões e os fundos soberanos dos governos, da Finlândia até o Catar, perderam trilhões. Os pacotes eram tóxicos aos balancetes dos bancos e inúmeros faliram. No entanto, na maioria dos casos, os banqueiros conseguiam um reabastecimento de lucros de capital dos governos temerosos por um colapso financeiro completo. Refinanciar os bancos significava "desfinanciar" as economias: cortes de pensões, cortes de salários, tudo que deixa uma economia de joelhos. E que a incendeia.

Quando os Banqueiros Selvagens levaram o planeta à recessão, a principal indústria da Grécia, o turismo, perdeu dois milhões de visitantes que estavam muito falidos, muito em pânico para curtirem férias na praia e tomarem uzo.

E quanto mais a Grécia perdia, maior era o "spread".

Em maio de 2010, após os bancos pegarem fogo, o primeiro-ministro da Grécia George Papandreou disse: "Todos na Grécia, com 3 ou 98 anos de idade, agora sabem o que é um spread".

Se você não é um grego de três anos de idade, vou te deixar por dentro desse assunto. Um *spread* é o juro extra exigido por especuladores e bancos como garantia contra a falência e inadimplência de um país. Quando vendido como um derivativo, o seguro de falência é chamado de *swap de inadimplência de crédito* (*credit default swap* — CDS).˙

Quanto custa esse seguro? Se você precisa fazer essa pergunta, é porque não pode comprá-lo. Em 2010 e 2011, o "spread" da Grécia alcançou um valor de 10% a mais da dívida alemã. Ou seja, a Alemanha podia pegar

---

˙ Sim, estou simplificando demais. Mas não posso transformar esse livro em um *Derivativos para Leigos*. Vá em minha página no Facebook para discussões sobre as sutilezas e os detalhes. E talvez uma dracma por seu pensamento.

empréstimos a 5% enquanto a Grécia pagava 15% (ao mesmo tempo, os bancos norte-americanos tinham o direito de pegar empréstimos a um valor próximo de zero, menos de 1%, da Reserva Federal dos EUA). No débito de aproximadamente $100 bilhões da Grécia, a usura extra exigida pelos credores aumentou os pagamentos de juros para $14.000 por ano, *por família*, mais da metade de um ano de salário do trabalhador grego médio. E isso eram apenas os juros.

Como isso foi acontecer?

A Grécia é vítima de um crime. Seus bancos, os incendiados e os não incendiados, as cenas do crime.

Em 2002, o banco de investimentos Goldman Sachs comprou em segredo todos os $2,3 bilhões da dívida do governo grego, converteu-a em ienes e dólares, e a vendeu novamente para a Grécia com um grande prejuízo. O Goldman não é estúpido. O negócio era um golpe, com o Goldman inventando uma taxa de câmbio falsa para a transação, escondendo a dívida grega como uma perda de taxa de câmbio, e trabalhando em uma fraude para obter o reembolso da "perda" pago pelo governo com o tempo a juros exorbitantes. Por meio dessa manobra louca e dispendiosa, o governo direitista de mercado aberto da Grécia podia fingir que seu deficit nunca excedeu 3% do PIB.

Ótimo. Fraudulento, mas ótimo. Fraudulento, mas legal. Leia seu Acordo de Serviços Financeiros.

Um esquema de fraude não é barato hoje em dia: no topo dos juros assassinos, o Goldman cobrou dos gregos mais de $250 milhões de dólares em taxas.

E aqueles pacotes podres de CDOs vendidos pelo Goldman e outros? Será que eles sabiam que estavam entregando a seus clientes bostas pintadas de ouro? Bem, em 2007, ao mesmo tempo em que bancos como o Goldman estavam vendendo títulos hipotecas de alto risco aos europeus, a própria empresa apostava que os títulos que criaram fossem lixo. O Goldman assumiu uma posição "líquida curta" com os títulos que eles mesmos venderam. O banco ganhou meio bilhão de dólares nessa aposta. Agora, se a General Motors fizesse um carro que eles soubessem que não iria funcionar, será que a empresa seria glorificada, como o Goldman foi, pelo brilhantismo de descarregar o lixo em caipiras ingênuos?

Então a Grécia sucumbiu. Foi o próprio spread, o prêmio pelo seguro contra a falência, que levou o país à falência. É como se uma empresa de seguros contra incêndios incendiasse a sua casa e depois cobrasse taxas maiores porque você sofreu um incêndio.

Nem todo mundo foge de prédios em chamas ou de uma nação em chamas. Os tumultos têm seus fãs. Um turista de tumultos mal podia esperar para chegar na Grécia e, para saborear o tumulto ainda fresco, convidou o presidente da Grécia para almoçar.

Então, enquanto as ruas explodiam, enquanto os bancos queimavam, enquanto no meio de suas seções de mendicância incansáveis e humilhantes com o FMI e a Chanceler alemã, o novo primeiro-ministro da Grécia, George Papandreou, foi convidado para um almoço com um homem robusto de bigode penteado. Os outros no restaurante de Atenas seriam perdoados se o confundissem com um prefeito bávaro deslocado. O bigode pertence a Thomas Friedman, o escritor mais influente de economia do mundo. Ele não é um economista de verdade, mas finge ser um nas páginas do *The New York Times*.

Friedman pegou um avião na classe executiva e já havia visitado o banco incendiado, um "santuário", como ele chamou, da globalização.

Então Friedman chegou ao restaurante radiante de alegria e, por sua própria conta, atacou seu peixe com gosto. A Grécia já havia sido "libertina", mas agora encarava uma oportunidade maravilhosa de "regeneração". O especialista efervescente estava tão excitado pela expectativa de que a Grécia agora teria que "cortar salários do setor público, congelar benefícios, cortar empregos, abolir uma série de direitos sociais e ceifar programas como os de construção de escolas e de manutenção de estradas" que era de se temer que ele melaria a cueca antes que o correio entregasse algumas limpas.*

Friedman listava com prazer: 20% de corte nos salários, seguro social reduzido em 10%, idade para aposentadoria aumentada em quatro anos e cortes generalizados nos gastos do governo. Enquanto as rendas caíam, os

---

* As roupas íntimas do Sr. Friedman foram um tópico de intensa discussão entre mim e um economista de verdade, Paul Krugman, em 2006. A pergunta era como alguém lidava com uma escassez súbita de cuecas quando uma turnê de livro era estendida inesperadamente. Se necessário, eu viraria as minhas do avesso. Krugman disse que lavá-las no banho funcionaria; e pela manhã elas estariam quase secas, e daria para usá-las confortavelmente meio úmidas. O vencedor do Prêmio Nobel então observou, sem precisar dar nome aos bois, que um "certo colunista, ouvi falar, recebia cuecas limpas via FedEx todos os dias".

impostos sobre vendas de valor agregado nacionais subiriam em quatro pontos percentuais. Friedman estava empolgado. Seguidor do filósofo protofascista Schumpeter, que cunhou a frase "destruição criativa", Friedman aplaudiu aquela demolição criativa da economia grega.

As chamas e o desemprego em massa, a redução permanente de salários, disse Friedman, trariam uma "revolução", uma "regeneração" da Grécia. E, é claro, a queima de estoque pós-incêndio de ativos nacionais.

O primeiro-ministro Papandreou não jogou seu queijo feta na cara de Friedman.

Libertina?! Papandreou havia acabado de assinar um acordo de cortar o orçamento que aumentaria o desemprego quase pelo dobro, de 9% para 14%. A causa verdadeira da crise era o "prêmio de seguro" de $14.000 por família, de fundos pertencentes a especuladores, o spread. Até o chefe do banco central britânico, Mervyn King, disse: "O preço dessa crise financeira está sendo pago por pessoas que absolutamente não a causaram".

Mas não se pode fazer com que os inocentes paguem a não ser que eles aceitem que são os culpados.

Papandreou entendeu o papel dos dois Friedmans (Thomas, e antes dele, Milton). A implosão da globalização precisava de defensores, assim como os professores e especialistas que, há um século, cantavam louvores alegremente para os bolcheviques enquanto ignoravam os corpos em decomposição. Lênin tinha um nome para eles: *idiotas úteis.*

Os Friedmans são muito úteis para os banqueiros: para tirar o foco dos perpetradores e culpar as vítimas pela ruína financeira. A imprensa norte-americana, especialmente, sempre está pronta para culpar as vítimas de crimes financeiros, seja nas execuções de hipoteca ou no fechamento de fábricas automotivas. Professores e garis que perderam seus empregos, operários de fábricas que perderam suas aposentadorias, principalmente se pertencem a sindicatos, são preguiçosos, gananciosos e culpados. E esses trabalhadores lamuriosos sempre estão se agarrando aos seus "direitos", como se receber seguro social fosse um crime avaro, enquanto vender títulos falsos para fundos de pensão é simplesmente um negócio inteligente.

Papandreou olhou para o bigode bávaro e entendeu os termos de renúncia. Ele teria que comer merda misturada em sua spanakopita, beijar o chicote que o açoitava, anunciar que amava engolir a pílula do corte de empregos, mesmo que ela tivesse um gosto suspeito, como o de cianeto.

A Grécia cortaria as aposentadorias até que a vovó precisasse viver de comida de cachorro e o corpo de bombeiros vendesse suas mangueiras, contanto que os banqueiros credores, supostamente os "tomadores de risco", obtivessem seus juros e seu pagamento, em dinheiro e completo, tudo para pagar os débitos criados pela fraude. A Grécia era agora uma hipotecária de alto risco para o FMI e os detentores de CDS — como uma Detroit com praias.

Podia ser pior. E se Papandreou fosse espanhol? Enquanto o "spread" da Espanha se alastrou por merda nenhuma exceto que os espanhóis pareciam meio gregos, seu primeiro-ministro socialista teve que cancelar $2.500 euros em pagamento para pais de recém-nascidos.

Um informante do FMI disse que a Grécia teria que voltar ao seu status de "nação de salário baixo". Os gregos deviam aceitar que são novamente a Jamaica da Europa, condenados eternamente a servir mesas e levar *piñas coladas* para alemães obesos em navios de cruzeiro, por salários baixos, isso quando os salários puderem ser encontrados.

E assim, Aristóteles finalmente está quite com os gregos por terem feito com que ele perdesse seu tempo.

As chamas da Grécia se espalharam pela Espanha e Portugal e acabaram com os empregos em toda a Zona do Euro. A Tailândia implodiu em protestos, mas quando os pobres foram baleados e expulsos de Bangkok, isso já não era mais notícia. A Itália e o Reino Unido eram os próximos. Execuções de hipoteca na Califórnia derreteram os bancos da Islândia. E agora a infecção econômica já havia voltado às suas origens em Detroit, Los Angeles, Miami, Las Vegas.

Então aqui está: o mapa gigante da Lonigro de setas deslizando pelos continentes. E agora eu sei que eram pavios, e aqueles malditos eram loucos o suficiente para acendê-los.

NOVA YORK

Toda aquela fraude com o Goldman, que esfaqueou a Grécia no estômago, foi uma tentativa incompetente do governo direitista da Grécia de cobrir um deficit governamental que excedia em 3% de seu PIB. Para os Estados Unidos, um deficit de 3% seria simples. Francamente, em tempos difíceis, nenhum país pode manter um limite de 3%. Nenhum país deveria.

Então por que a fraude mortal para seguir uma regra tão estúpida?

A resposta é que a regra dos 3% é o preço que a Grécia teve que pagar por substituir sua antiga moeda, a dracma, pelo euro.

Estranho isso. Há várias coisas bacanas que uma nação pode fazer com sua própria moeda. Se você precisar de mais, você imprime. É o que a Reserva Federal faz quando os EUA precisam de alguns trilhões (imagino o presidente do conselho da Reserva, Ben Bernanke, no porão, assoprando as notas até que elas estejam secas para serem enviadas ao Citibank).

A Grécia nem tem mais um banco central, ou algum banco que signifique algo. Não há ninguém para imprimir e soprar as notas. Pior ainda, a Grécia não pode mudar a taxa de câmbio de sua moeda, o que resolveria algumas de suas aflições, porque ela não tem mais uma moeda própria.

A regra dos 3% não é questão de ser simples, é questão de política fiscal. A Grécia não pode ter uma. Entre na zona do euro e você desiste dela. Teve uma recessão ou depressão? Bem, você não tem permissão de gastar com trabalhos de recuperação. Na verdade, o tratado do euro requer que os governos cortem orçamentos no meio de uma depressão, que é como ter uma regra que faz com que você beba água enquanto está se afogando.

É cruel, e *é feito* para ser cruel, o que nenhum governo pode contrariar. Funciona como um padrão dourado estrito, que, como o Sr. "Destruição Criativa" Schumpeter coloca, "impõe restrições sobre governos ou burocracias que são muito mais poderosas do que a crítica parlamentar. É tanto o distintivo quanto a garantia da liberdade burguesa, da liberdade não apenas do interesse burguês, mas da liberdade no *sentido* burguês".

Não sei o que isso significa, mas sei que não gosto de como isso soa. Especialmente vindo de um austríaco. Mas posso tirar o seguinte disso: você pode escolher o euro ou pode escolher a democracia.

Tendo em vista as chamas e os gritos de dor da Grécia até a Espanha e a Islândia causados por unirem-se ao euro, você se pergunta por que existem países que mutilam a si mesmos para entrarem na colônia de leprosos dessa moeda. Ainda assim, a Letônia deliberadamente se jogou em uma depressão com desemprego de 25% para se qualificar como membro do euro.

Quem semeou essa moedinha maldita e cruel?

Chamei o pai dela, o Professor Robert Mundell. Ele é conhecido como o Pai do euro.

Frequentemente fala-se sobre o euro como um meio de unir europeus pós-guerra emocionalmente e politicamente, e de dar a essa Europa unida o poder econômico de competir com a economia norte-americana. Isso é balela.

O euro foi inventado em *New York, New York*, na Universidade de Columbia.

O Professor Mundell inventou tanto o euro quanto a luz orientadora do governo Thatcher-Reagan: o "Setor Real da Economia" ou, como o George Bush Pai precisamente chamou, "Vudu da Economia". O vudu de Reagan-Thatcher e o euro são dois lados da mesma moeda (ai! Alguns trocadilhos doem).

Como a Dama de Ferro e o Presidente Gaga, o euro é inflexível. Ou seja, uma vez que você entra no euro, seu país não pode lutar contra a recessão usando políticas fiscais ou monetárias. Isso deixa a "redução dos salários, as restrições fiscais (cortar empregos públicos e benefícios) como os únicos recursos em uma crise", explica o *The Wall Street Journal* com alegria — e vendas de propriedades do governo (privatizações).

Por que o euro, professor? O Dr. Mundell me disse que estava chateado com as regras de zoneamento na Itália que não permitiam que ele colocasse sua cômoda onde ele quisesse em sua casa de campo. "Eles tinham regras que me diziam que eu não podia ter um banheiro neste cômodo. Você imagina?"

Na verdade, não. Não tenho uma casa de campo na Itália, então não posso imaginar muito bem o peso de uma restrição de posicionamento de uma cômoda.

O euro eventualmente irá permitir que você coloque seu banheiro em qualquer merda de lugar que você queira.

Ele quis dizer que o único jeito do governo criar empregos é demitindo pessoas, cortando benefícios e, crucialmente, eliminando as regras e regulamentações que restringem os negócios.

Ele me disse: "Sem uma política fiscal, a única forma dos países manterem os empregos é pela redução competitiva de regras nos negócios". Além da localização do vaso sanitário, ele estava falando das leis trabalhistas, que aumentam os salários dos encanadores, das regulamentações ambientais e, claro, dos impostos.

Não, eu *não* estou inventando tudo isso. E eu *não* estou dizendo que o euro foi imposto no Velho Continente apenas para que o professor pudesse colocar seu banheiro em um local de prazer máximo. O euro é moldado como uma camisa de força antirregulamentação que eliminaria leis aos montes, extinguiria regulamentações bancárias restritivas e todos os outros controles governamentais.

Não tomei muito tempo do vencedor do Prêmio Nobel, imaginando que, devido aos seus problemas não resolvidos de alocação do vaso sanitário, ele parecia estar soltando merda pela boca.

LONDRES

A dracma era boa o bastante para Platão e Sócrates. Por que desistir dela pelo *diktat* do euro? Por que remover regulamentações de bancos que mantiveram nossas aposentadorias e dinheirinhos em segurança por décadas?

Na maioria dos países, os quinta-colunas financistas nacionais estavam prontos para abrirem as portas para o Derivativo de Troia.

Na Europa, o grupo faminto pela desregulamentação chamava a si mesmo de Os Inomináveis. Não ria.

Esse grupo de líderes seletos de bancos e seguros era presidido por Leon Brittan, barão de Spennithorne, durante o reinado de Rubin. Apesar de seu título de nobreza, ele estava presidindo o grupo em seu posto de presidente do conselho do UBS Ltd., os banqueiros suíços.

O nome infeliz do grupo secreto foi modificado para que não soasse tão... secreto. Além disso, a maioria de suas reuniões não eram conduzidas em segredo. Ou seja, alguém roubava a maioria de suas anotações e, por um caminho tortuoso, elas chegavam ao escritório de Jones na BBC TV.

O novo nome dos Inomináveis é Comitê LOTIS, *Liberalization of Trade in Services* (Liberalização do Comércio de Serviços). Comércio de serviços, como o DG Lamy salientou para mim, inclui minha própria profissão de jornalismo internacional, assim como a arte, a música, a poesia. E, claro, bancos de investimento e extermínio de contratos (acrescentei esses).

De acordo com as atas das reuniões do LOTIS, não havia poetas (apesar de que havia, entre os banqueiros e os figurões de seguros, um executivo da Reuters aconselhando os cavalheiros abastados sobre como evitar perguntais maldosas de repórteres a respeito de seus objetivos).

Um dos membros mais poderosos era, de acordo com as anotações das reuniões, Peter Sutherland. Ele obtém o título de consultor da Seção Extraordinária de Administração do Patrimônio da Sé Apostólica (i.e., o corretor de ações do Papa), mas seus poderes reais estão em uma autoridade menor: Sutherland é presidente do Conselho do banco Goldman Sachs International.

(Ele foi apelidado de "pai da globalização" por Mickey Kanter, um antigo chefe de Comércio dos EUA, hoje um lobista, que foi apelidado de "bastardo da globalização", e assim se explica a relação).

A pergunta para o grupo era como influenciar a Organização Mundial do Comércio para que ela transformasse serviços bancários e financeiros em assuntos de *comércio*. Desse modo, eles poderiam usar a OMC como um aríete para a desregulamentação.

Com certeza, Sutherland tinha algumas dicas úteis: ele era o diretor-geral fundador da OMC.

Sutherland é um homem ocupado. Além do Goldman, ele era, ao mesmo tempo, presidente do Conselho da BP. Ele é a Combinação Energia-Finanças em um terno feito sob medida.

E esse homem tem uma sincronicidade impecável. Ele deixou o Generalato na OMC logo antes da sujeira ir a público — e deixou seu posto de presidente do Conselho da BP apenas alguns meses antes da explosão da Deepwater Horizon.

É bem incomum para um homem exercer a presidência de duas corporações multinacionais gigantes como o Goldman e a BP ao mesmo tempo. Poucos homens são tão flexíveis a ponto de conseguir beijar a própria bunda.

E apenas um homenzinho barbudo teve coragem de chutá-la.

ALBERGUE DE PRAIA DO SINDICATO DOS ELETRICISTAS, PERTO DE SÃO PAULO

Em 1998, depois de matar um barrilzinho da pinga caseira de Zeb e umas duas caipirinhas (mistura de três partes de limão e sete partes de solvente de cérebro) no albergue de praia do Sinergia, Sindicato dos Eletricistas, fora de São Paulo, senti a necessidade de dizer a uma jovem brasileira, mesmo que ela não entendesse inglês, que ela era a mulher mais bonita que eu já vi na minha vida; e, falando isso, gentilmente caí de cara na areia.

Na manhã seguinte percebi que ela podia não ser tão bonita, ou jovem, ou mesmo uma mulher e, tendo em vista a minha situação, eu não estava em condições de me encontrar com um carinha barbudo chamado Lula.

Luiz Inácio Lula da Silva é um líder de sindicato iletrado, rústico, e chefe do Partido dos Trabalhadores do Brasil. Naquela época, o Brasil estava indo em direção a uma crise econômica, a Grécia antes da Grécia, e aceitou uma ajuda do FMI. Seu colapso ocorreu nos anos 90 após um economista do Banco Mundial chamado Larry Summers pedir ao Brasil que desregulamentasse seu setor bancário. Depois que a bolha bancária estourou, a economia explodiu em chamas. Em troca dos financiamentos do Fundo Monetário Internacional, o então presidente do Brasil, o pregador, mas bem vestido, Fernando Henrique Cardoso, concordou, em segredo, em disparar as vendas de ativos nacionais, a começar por "abrir" as reservas de petróleo do Brasil para a Shell e outras operadoras estrangeiras. O próximo no bloco de leilões era o sistema elétrico, vendido barato para corporações norte-americanas, francesas e britânicas, notavelmente nossos garotos da Geórgia, a Southern Company, e os meus texanos, a Houston/Reliant/NRG. Quando a Houston assumiu o comando da Companhia de Energia Elétrica Light do Rio de Janeiro, os texanos decidiram demitir um monte de funcionários e suprimir seus salários. Então a Houston descobriu que não havia nenhum mapa ou diagrama do sistema da Light no Rio; apenas quem conhecia o sistema eram os caras que eles demitiram. Os moradores renomearam a empresa de "Dark" do Rio.

Agora, os trabalhadores do gás e da energia elétrica do Brasil, sem emprego ou esperando pela carta de demissão, estavam me entupindo de caipirinha, tocando chorinhos em seus violões, inclusive canções sobre seus "belos geradores". Eles presumiram que eu estaria sóbrio o bastante em uma semana para ajudá-los.

Lula, o líder do partido do sindicato, queria soluções, então solicitou que o meu artigo acadêmico sobre regulamentação da indústria energética fosse traduzido para o português. O conselheiro de Lula, o economista Ildo Sauer, queria minhas ideias para quando Lula comandasse o país. Eles chutariam a bunda dos piratas energéticos dos EUA. Claro. Imaginei que fosse papo de caipirinha. Eu fugi do Lula. Não queria perder tempo em reuniões com um cara que estava sempre fazendo campanhas secundárias risíveis para a presidência.

Uma década depois, quando o mundo financeiro caiu de cara na lama, uma nação ficou em pé, intacta. Dominando os destroços do mundo ocidental, como um colosso, estava o Brasil do presidente Lula.

Os banqueiros não tolerariam isso.

Com Lula, eleito em 2002, o Brasil acabou com a mania de "liberalização" bancária e se livrou do vale-tudo do sistema financeiro do admirável mundo novo. O Brasil sobreviveu e prosperou enquanto a Grande

Recessão chutava a bunda do Ocidente. Atrás de uma barricada contra a contaminação dos banqueiros enlouquecidos por derivativos, a economia do Brasil disparou em quase 70% durante o mandato de Lula.

E isso deixou os banqueiros ainda mais loucos. Aquele Brasil que zombou o plano dos banqueiros e salvou sua economia nunca seria perdoado.

Era 1998 quando o Brasil foi "Greciado". E é por isso que arrastei você para a América Latina e para as minhas células da memória confundidas pela pinga. O Brasil, como a Grécia, abriu seus bancos para a felicidade de Nova York, de Londres e dos financistas suíços. No momento em que isso aconteceu, o dinheiro fluiu para comprar os ativos de um país rapidamente e por um preço barato. Parecia um crescimento da economia, mas você também pareceria rico se vendesse sua casa e fizesse uma festa. Mas quando a festa acabasse, você não poderia ir para casa.

Quando a festa acabou para o Brasil em 1998, o dinheiro "quente" estrangeiro fugiu e os ricos do país, em pânico, enviaram seu dinheiro para o exterior também. As reservas de moeda estrangeira do Brasil caíram de $70 para $26 bilhões. O dinheiro quente não ficou esquentando torradas por muito tempo.

Para pagar pelas demandas dos investidores e pela transferência do dinheiro dos ricos para fora do país, o Brasil teve que aumentar os fundos vendendo suas empresas energéticas muito barato, assim como o sistema de celulares e outros. Não era o bastante. Para impedir a saída do dinheiro, o Fundo Monetário Internacional falou para o Brasil aumentar suas taxas de juros em 70% — *setenta porcento* — e isso significava que cartões de crédito e empréstimos comerciais custariam ao consumidor juros de até 200%. A economia estava agonizando.

O resultado: depressão instantânea, todo o desastre causado pela desregulamentação do sistema bancário.

De repente, Lula não era mais uma piada, mas sim um sério candidato a presidente. Os financistas estrangeiros quase se borraram.

A ameaça de uma presidência de Lula levou todos os globalizadores à loucura, mas não Peter Mandelson. Ele já era louco. E no caminho, tirando férias da corrupção, o Príncipe das Trevas parou no Brasil para apoiar o oponente de Lula, algo bem estranho para um súdito da Rainha, mas não se você vê o Brasil como uma colônia financeira. Seus ataques a Lula eram comprimidos entre caças de barganhas de ativos estatais para as multinacionais britânicas e entre sambadinhas na areia com Reinaldo.

Robert Rubin não samba, mas o secretário do Tesouro dos EUA conhecia a dança brasileira e era mais eficaz do que Mandelson. Ele e seu sucessor, Summers, arrumaram um empréstimo de $41 bilhões para o Brasil logo antes da eleição, para que FHC pudesse continuar no cargo.

FHC derrotou Lula, e então, apenas 15 dias após as eleições, o Tesouro dos EUA deixou a moeda brasileira despencar, as taxas de juros subiram novamente e a economia foi para o inferno.

O dinheiro emprestado pelo FMI entrou e saiu em disparada. A solução de FHC: mais privatizações e um corte gigante nas aposentadorias — os gananciosos sindicalistas de Lula eram a causa verdadeira do desastre, concordaram o FMI e FHC.

Privatizações em queima de estoque, cortes em aposentadorias, demissões em massa de funcionários públicos... você já sente o cheiro da Grécia? Não há nada de novo sob o sol. Exceto que, no Brasil, o FMI e os abutres foram atrás do petróleo bruto, e não do azeite de oliva. Esses cães velhos não precisam de truques novos contanto que nossa mídia amnésica realize nossa lavagem cerebral periódica.

Não há vergonha nenhuma: os banqueiros tentaram aplicar o mesmo golpe em 2002, quando Lula enfrentou José Serra, candidato apoiado por FHC. Dessa vez, foi oferecida outra linha de crédito do FMI. Mas os termos secretos eram mais rígidos: o Brasil teria que entregar seus bancos estatais para financistas privados. Não estou especulando sobre isso. Um acordo de 60 e poucas páginas marcado como CONFIDENCIAL E DOCUMENTO DO FUNDO MONETÁRIO INTERNACIONAL E NÃO APROPRIADO PARA UTILIZAÇÃO PÚBLICA* é um acordo assinado pelo ministro da fazenda de FHC apenas três semanas antes de Lula tomar posse (os brasileiros, diferente dos norte-americanos e dos britânicos, raramente são enganados duas vezes). O Banco do Brasil já havia sido vendido, mas

---

* Veja você mesmo. Esse e outros documentos em GregPalast.com/VulturesPicnic. Aviso: um porta-voz do FMI diz: "Palast é o mestre da desinformação". Não fui eu que redigi esses documentos.

agora o homem de FHC concordou em vender os cinco bancos estatais. Do documento confidencial:

> Um tribunal atrasou a privatização do Banco de Santa Catarina, o maior dos quatro bancos estatais federalizados. A privatização de outro banco estatal federalizado está programada para o fim de 2002, enquanto a dos outros dois bancos remanescentes devem ser finalizadas em janeiro de 2003.

Essas fontes públicas de financiamento mantiveram o Brasil respirando quando os banqueiros internacionais estavam sufocando o país. Mas essas fontes precisavam ir... para os banqueiros internacionais. Como Sandy Weill, os credores aprenderam que o caminho mais fácil de roubar um banco é tomar seus corredores e suas paredes.

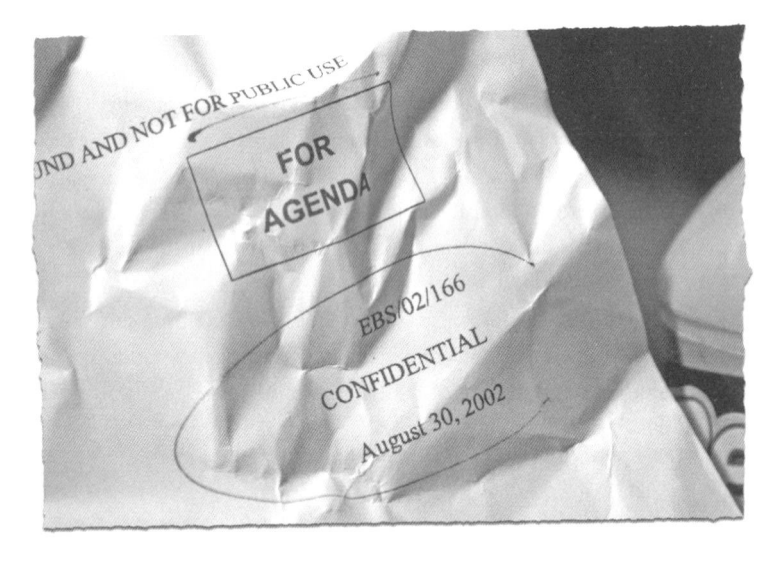

O novo presidente, Lula, resistiu, apesar da ameaça da arma da falência em sua cabeça e dos acordos que o Brasil assinou antes, aos quais ele estava preso. Mas Lula mandou o FMI enfiar os acordos e bloqueou as privatizações, especialmente as dos bancos estatais. Ao invés de implorar por restos para os financistas internacionais, ele abriu os cofres do banco estatal e emprestou mais de meio trilhão de dólares para fábricas, fazendas, infraestrutura — mas nem um real para derivativos, aquisições hostis ou CDOs. Durante seus dois mandatos, os bancos estatais de Lula deram aos seus proprietários-cidadãos mais crédito do que o FMI dava a mais de cem nações. E a economia do Brasil foi da lama às estrelas.

Então o Brasil encontrou petróleo, muito petróleo, nas águas profundas do Atlântico. Antigamente, ou seja, há uma década, a Chevron, a Shell e a BP estariam em volta dessas reservas como carrapatos, sugando o petróleo do Brasil. E, claro, abrir mão da propriedade estatal da grande reserva de petróleo brasileira era uma das condições do FMI.

Mas o diretor de Petróleo e Gás do governo Lula, meu companheiro de bar Ildo Sauer, disse aos chefões do petróleo para irem passear. Por meio da empresa petrolífera estatal Petrobras, que já havia sido pequena, Ildo e Lula planejaram manter a propriedade do petróleo nas mãos do povo. Como Lula, o cara que estava dizendo às petrolíferas internacionais para irem pastar, iria aumentar o capital para chegar às reservas do meio do Atlântico? Com nadadeiras e óculos de mergulho?

Ildo e Lula tinham outro problema: o Brasil tinha que vender o petróleo. O próprio Brasil não precisa de muito; a eletricidade é gerada pela água e Lula forçou o país a ter uma síndrome de abstinência pelo seu vício em gasolina. A maioria dos carros roda a álcool. Isso significa que o Brasil devia vender seu petróleo (e seu excesso de álcool) aos viciados em petróleo dos Estados Unidos e da Europa.

Mas, agora, Lula foi avisado, deixe os bancos dos EUA e da Europa entrarem ou beba sozinho seu petróleo e seu álcool, e também seu suco de laranja. O Tio Sam atingiu Lula onde dói, bem na biomassa, impondo uma tarifa de 54 centavos em cada litro do combustível limpo importado aos Estados Unidos.

Isso devia ser uma lição ao Brasil, à Grécia, à Espanha e a qualquer outra nação enfraquecida que pudesse sonhar em resistir.

A lição não foi aprendida. Em setembro de 2010, a Petrobras levantou com sucesso $70 bilhões na maior oferta pública de ações da história mundial. Aparentemente, vários capitalistas se sentiam mais seguros com seu dinheiro nas mãos dos socialistas, mesmo que cada torre de perfuração de petróleo no meio do oceano seja um dedo do meio flutuante para Summers e Rubin.

Mais importante, Lula fechou as fronteiras contra os novos "produtos" financeiros dos bancos estrangeiros. Os guardas foram ordenados a atirar nos derivativos assim que os vissem.

O Brasil se esquivou do tiro na Recessão mundial de novembro de 2008 ao rejeitar o bingo dos CDSs e o blefe do crédito de risco dos cegos. Os bancos estrangeiros ficam particularmente irritados porque não podem abrir uma filial no Brasil sem um "decreto presidencial", ou seja, a aprovação pessoal de Lula. E ele aprovou pouquíssimos.

Isso salvou a vida de sua nação.

Tal conduta não seria tolerada. Lula seria espancado, sua concessão, seus bancos e sua economia arrasadora seriam tomados. Matty Pass conseguiu uma cópia do plano de castigo, a *"Solicitação da CE ao Brasil"*. A CE, Comissão Europeia, não faz solicitações, faz exigências. Essa exigência, ainda em discussão, foi feita pelo Comissário de Comércio da CE à época, o Lorde Peter Mandelson.

GENEBRA

"O Brasil ainda não aceitou o Quinto Protocolo", a *"Solicitação"* inicia raivosa. Com certeza, o Brasil não aceitou.

O "Quinto Protocolo" soa como um ritual de tortura satânica. E é. O Quinto Protocolo do Acordo de Serviços Financeiros, aquela nova lei da ilegalidade, exige que as nações permitam que bancos estrangeiros abram filiais e vendam quase tudo que quiserem na boca do caixa (CDOs, CDSs, qualquer coisa). A nação signatária não pode restringir o "formato" do banco, i.e., nenhuma lei do tipo Glass-Steagall pode continuar salvando as contas das mãos dos especuladores.

Simplesmente todas as nações assinaram pelo menos parte do protocolo do ASF. Mas Lula não, não o Brasil, praticamente o único de 153 países.

E isso enlouquece os banqueiros. Eles não podem suportar isso. Esse comportamento tem que parar.

Então, os negociadores europeus, com a bênção dos Estados Unidos, ainda planejam, enquanto escrevo este livro, espremer o Brasil até que seus cocos estourem, a não ser que o país aceite se abrir para o *Royal Bank of Scotland* (Banco Real da Escócia). Os bancos norte-americanos entrariam logo em seguida.

Eu trouxe a exigência confidencial de Mandelson/CE/EUA comigo para a sala de conferências barroca da OMC, para mostrar ao Diretor-Geral Lamy.

Perguntei se não era completamente insano, após tudo que acabou de acontecer com o colapso dos bancos, exigir que o Brasil convide os leprosos para entrar? Enfiar o comércio de derivativos na garganta do país? O documento da CE chamava isso de "liberalização progressiva". O chefe da OMC começou:

> "Tudo depende do que você quer dizer com 'liberalização', que, aliás, é uma palavra inglesa muito ambígua, que pode significar duas coisas que são diferentes em outras línguas...".

Estávamos entrando no redemoinho multilíngue. Lamy continuou:

> "Compartilhar derivativos entre as fronteiras é questão de interdependência...".

Compartilhar? Não me lembro do Goldman "compartilhando".

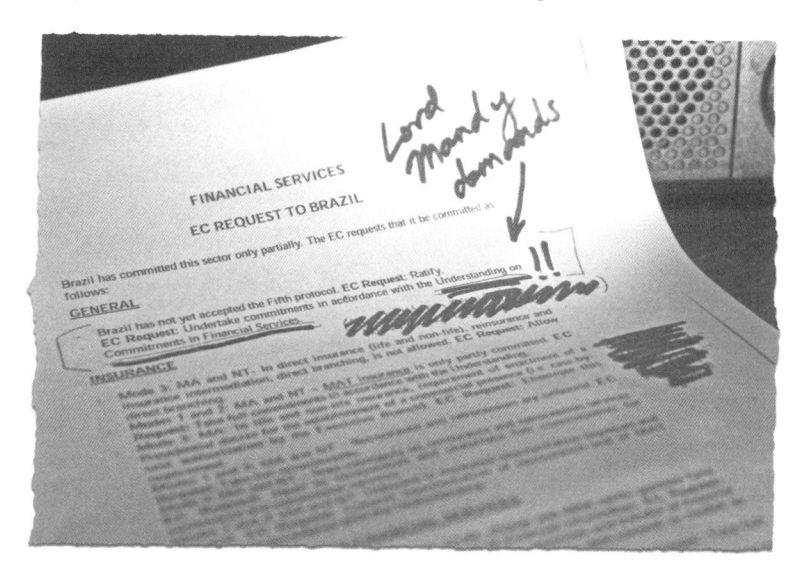

* * *

Badpenny e eu saímos tarde de Genebra e nos perdemos, distraídos pelos Alpes iluminados pela lua.

Eu estava pensando nos lábios pálidos, sem sangue correndo, do diretor-geral Lamy. Eles nunca paravam de sorrir. Ele sabia e eu sabia: a OMC sobreviveu à Batalha de Seattle, às chamas da Grécia e à Depressão que eles tiveram um dedo na criação. Ela certamente sobreviveria ao Greg Palast. Os criminosos vencem. Os donos das pedras maiores e tudo isso.

Mas aquele francês me deu o que eu queria: autenticação dos documentos. Agora, se os deuses, a BBC, e o orçamento permitirem, eu poderia levá-los de volta à América do Sul, onde eles poderiam ser úteis.

Tão bonitos, os chalés suíços, até as cidades modernas. Mas bonitos de uma forma violenta, imposta, intolerante com qualquer suspeita de desvio. E seguros. Os suíços providenciaram milhares de cavernas como shopping centers armados, onde toda a população poderia viver por um século em caso de ataque. Mas ninguém está atacando. Penny disse: "Os terroristas não bombardeiam seus próprios bancos".

Estávamos morrendo de fome e demos sorte com um restaurante solitário e rústico, para nosso desalento, apenas fondue. Pior ainda, por um costume local, cada vez que um fondue é servido, eles diminuíam as luzes do bar e, com uma lanterna especial, projetavam a bandeira suíça, uma cruz branca em uma superfície vermelha, no queijo derretido. Todos bateram palmas para algum hino nacional militar. Exceto por Penny. O costume estupidificante que a levou a se exilar de sua terra natal de financistas carnívoros ainda permanecia em seu baço.

Os burgueses que batiam palmas jogaram uma bandeira suíça enorme nas mãos dela e ela sorriu, enquanto procurava por um buraco para se enfiar e morrer.

Lá estava a "indústria" da Suíça: regimentação e um compromisso com os segredos e o silêncio de cumplicidade, uma nação contida pela curadoria do Dinheiro dos Outros, altamente viciante, guardiães do campo neutro da polícia do Comércio Mundial e das compras de sapatos de ditadores.

A culpa que vinha com aquele *geld* tinha um preço psicológico que ela não pagaria.

QUITO, EQUADOR

Em 6 de maio de 2010, no dia seguinte dos protestos gregos, o *The Wall Street Journal* citou um analista de finanças sobre a imposição de seu governo de cortes draconianos do FMI nos empregos, aposentadorias e salários. "Não há dúvida de que as mortes aliviam um pouco a pressão política" sobre o governo grego. Em 21 de maio, a manchete do *Journal* era: "Na Grécia, Anarquistas Temem ter Ajudado a Austeridade". Eles ajudaram. O incêndio do banco invocou a moralidade dos protestos dos cidadãos desesperados, e agora o castigo poderia chegar.

Já vi essa história antes, mas não na Grécia.

O primeiro protesto de que me lembro veio logo depois de Geithner acender o pavio do ASF em Genebra. Em 1999, os bancos do Equador, desregulamentados, ficaram selvagens, e a moeda forte do país correu para festejar em Miami. Os bancos do Equador foram rapidamente à falência causada por seus proprietários livres de regras antiquadas. Então o FMI forçou o governo a assumir as dívidas dos bancos falidos.

De acordo com um documento do FMI que foi colocado sobre a minha mesa, os equatorianos pagariam por isso com um aumento de 66% a 92% no preço da gasolina, um aumento de 50% no preço da energia elétrica, cortes de aposentadorias e, o mais doloroso, um aumento no preço do gás de cozinha, que seria de até 333%.

As mulheres falantes do idioma quíchua que tinham que pagar pelas dívidas dos bancos não concordaram com as sugestões de políticas do FMI. Elas desceram as Cordilheiras dos Andes até Quito, a capital, batendo panelas e frigideiras — depois começaram a queimar a cidade.

O castigo veio, os tanques foram para as ruas. O exército derrotou as mulheres e os *diktats* do FMI foram impostos. O Equador, como a Grécia, perdeu sua moeda própria como parte do acordo. O país aceitou pagar os Estados Unidos por usar o dólar, uma penalidade anual que Rubin e Summers coletavam com alegria.

Então, em 2000, a Argentina explodiu, também seguindo o colapso dos bancos após a desregulamentação. E, novamente, havia mulheres batendo panelas e frigideiras vazias, professores procurando comida em latas de lixo. Protestos, castigos, depois a "reforma" do FMI. E, assim, sucessivamente, da Indonésia até a Hungria. Desregulamentação de bancos, colapsos, protestos, castigos, reforma do FMI. Era possível marcar no seu calendário com antecedência.

Era tão regular, tão previsível, que daria para pensar que esse era o plano.

E era, e eu tenho uma cópia dele. É chamado de "Plano de Redução da Pobreza" para o Equador, um documento do Banco Mundial com o costumeiro *confidencial, não apropriado para distribuição pública*, e todos aqueles avisos que me dão tanto prazer em ignorar.

"Redução da pobreza"? Quem inventa esses títulos? Quem eles pensam que enganam? Bem, quando seus memorandos são colados na frente de um tanque de guerra, você pode chamá-lo de qualquer coisa que quiser.

Em 2005, o Equador entrou em colapso de novo quando o FMI apertou mais. Enquanto as linhas telefônicas fixas não estavam funcionando, consegui falar com o futuro presidente do Equador pelo celular (uma história muito louca para ser verdade).˙ O novo presidente me convidou para ir lá (o presidente anterior foi embora de helicóptero, da sacada de seu escritório).

Em Quito, passando pelas mulheres que cantavam (eu gostei do estilo delas — usavam fedoras), e depois por círculos de policiais militares armados e nervosos, cheguei no palácio presidencial para minha reunião — mas fui enxotado imediatamente.

Aparentemente, o embaixador dos EUA viu *Palast* na agenda do presidente Alfredo Palacio e disse que ele poderia esquecer. O presidente sabia que o embaixador, que controlava sua nação pela moeda, precisava ser obedecido, e me dispensou. Depois, o presidente Palacio pediu ao seu filho, Alfredo Jr., que me deixasse entrar por uma porta dos fundos do Salão Oval Equatoriano.

˙ Essa e outras histórias, muito estranhas para serem impressas, estão em GregPalast.com/VulturesPicnic.

Eu tinha aqueles acordos do Banco Mundial/FMI que exigiam cortes horríveis no orçamento do Equador e a venda de ativos estatais. Apesar de seu predecessor na presidência ter concordado com os termos, o novo presidente nunca tinha visto uma cópia.

Bem, eu gosto de compartilhar.

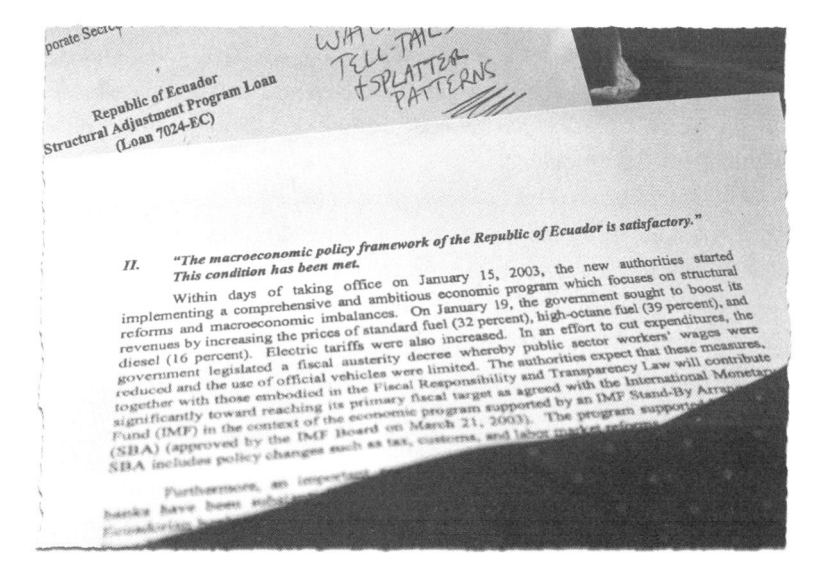

Palacio me disse que tinha certeza que George Bush, então presidente, ouviria à "razão" e faria o Banco Mundial recuar. Palacio ponderou, Bush ouviu, sorriu, e depois deixou o presidente e seu país entregues à morte.

FACULDADE DE ECONOMIA DE LONDRES

Às vezes, é útil ter sua paranoia justificada por um especialista.

Joe Stiglitz é um especialista, um grande economista. Ele causou um grande impacto ao analisar a economia do Primeiro Catecismo do Mercado Livre: que O Mercado tem "sabedoria", que O Mercado está sempre certo. É por isso que devemos ficar felizes por designar O Mercado como o Thug dos dias modernos, a Mão Invisível com uma grande pedra para nos manter na linha com sua sabedoria. Mas Stiglitz provou, matematicamente, que às vezes O Mercado pode ser apenas louco, cruel, insano, ignorante, principalmente quando alguns de seus jogadores guardam segredos.

Agora, eu, você, Lonigro e a maioria do planeta já sabe disso, mas, para os economistas, a descoberta de que O Mercado pode estar errado foi tão impressionante que deram um Prêmio Nobel a Stiglitz.

Em 2000, eu e ele estávamos dando uma palestra na Faculdade de Economia de Londres na mesma noite, e eu percebi que aprenderia mais ouvindo ele do que ouvindo a mim mesmo. Então encerrei logo e fui lá.

O cara é esperto demais, um acadêmico com cicatrizes do mundo real suficientes para que você saiba que números no quadro-negro podem salvar ou destruir nações. Stiglitz concordou em conversar comigo no dia seguinte em Cambridge, onde ele iria visitar seu filho. Conversamos por mais ou menos umas três horas. Ele ficou contente, exceto quando eu usava as palavras *Larry Summers*. Ele ficava roxo e baixava a guarda acadêmica. Usei bastante essas palavras.

Procurei Stiglitz não apenas porque ele era um especialista, mas porque ele era testemunha ocular de um crime. Ele já esteve por dentro, membro do gabinete do presidente Clinton, chefe do Conselho de Assessores Econômicos de 1995 a 1997. Clinton não aceitou o conselho dele, mas deixou Stiglitz sentar-se com Summers e Rubin, enquanto eles convenciam o bom e velho presidente a descriminalizar as práticas bancárias. Stiglitz de alguma forma ficou até o fim, sem fazer sons de engasgamento ou virar os olhos.

Ele me contou que finalmente interferiu quando Summers perguntou a Rubin, pela milésima vez: "O que o Goldman vai achar disso?".

Aparentemente, Summers e Rubin nunca fizeram uma grande decisão de política econômica sem calcular as implicações para o antigo banco de Rubin. Eles achavam que essa era uma ótima maneira de testar suas políticas contra a reação esperada do Mercado. Stiglitz achou isso doentio, governança ruim, e um flagrante conflito de interesses. Ele ressaltou isso e recebeu nada mais do que um olhar que alguém daria a uma criança que não entende os modos do mundo dos adultos.

Sobre deixar os bancos ficarem selvagens em todo o mundo, Stiglitz levantou alguns questionamentos e recebeu mais olhares tolerantes do tipo "você vai entender quando crescer".

Em 2008, quando Barack Obama foi eleito por uma nação em profunda recessão econômica, o presidente eleito mal esperou uma semana para escolher seu gabinete de economia: Larry Summers para o novo posto de Czar da Economia e Tim Geithner para Czarina, Secretário do Tesouro.

Stiglitz e outros que corretamente avisaram das chamas que iriam irromper do descontrole bancário foram ignorados. Ao invés dos bombeiros econômicos, Obama escolheu os incendiários.

Talvez Stiglitz estivesse apenas magoado com Summers por ter sido demitido do Banco Mundial. Assim como Summers, ele também havia sido economista chefe do Banco. Ele levou o trabalho a sério e, segundo boatos, Summers fez com que ele saísse.

Stiglitz viu de tudo enquanto estava no Banco Mundial, inclusive déspotas transformando os programas de privatização do Banco em lutas de vale-tudo do suborno ("subornização", Stiglitz chamava), exigências cruéis de nações que imploravam por comida (a Etiópia ainda o incomoda) e o desejo patológico do Banco de rasgar regulamentações financeiras em países que mal tinham finanças.

Contudo, o crucial para mim foi sua autenticação das "Estratégias de Redução da Pobreza" e de outros documentos internos do Banco que chegaram em nossos escritórios na BBC. E eles precisavam ser traduzidos do Esperanto Burocrático.

Um deles em especial me perturbou, a respeito do Equador. O Banco Mundial, após ordenar um aumento em trinta vezes do custo do gás de cozinha, avisou que o governo devia esperar "inquietação social", o que, o Banco disse, devia ser combinada com uma "solução política".

O quê? Me parece que o Banco e seu parceiro, o FMI, estavam dizendo de forma eufêmica que o programa de cruel austeridade levaria ao caos nas ruas e que o governo deveria preparar a polícia para a repressão. Isso era só a paranoia do Palast?

A resposta de Stiglitz quase me fez cair da cadeira.

"Tínhamos um nome pra isso: o protesto do FMI". Era uma estratégia fria. E você pensou que o sistema bancário era bobo. Stiglitz disse que quando o FMI tem nações "arruinadas, ele tira vantagem e arranca a última gota de sangue delas. Eles aumentam a temperatura até que, finalmente, todo o caldeirão exploda".

Como pensei, os protestos estavam no plano.

E podíamos ver a pressão, a explosão e a repressão repetidas da Grécia até a Tailândia.

Sugiro que o FMI e o Banco Mundial sejam renomeados para "Disk-
-Protestos".

MANHATTAN, CENTRO

Em 18 de julho de 2006, o presidente George Bush fez uma massagem nos ombros da chanceler alemã Angela Merkel. Em 9 de maio de 2010, o presidente Obama torceu o braço dela, ou, como disse a Casa Branca em seu pronunciamento oficial, o presidente e a chanceler "discutiram a importância de uma ação firme da Grécia e do apoio oportuno do FMI e da Europa para enfrentar as dificuldades econômicas daquele país".

A Alemanha teria que dar dinheiro. Ou sofreria as consequências. *Quais* consequências? Essas consequências, Angela: em 2008, em uma manobra de contabilidade muito estranha e maravilhosa, a Reserva Federal, pela primeira vez em sua história, transferiu maços da moeda dos EUA, totalizados em meio trilhão de dólares, para o Banco Central Europeu (e para os Bancos Centrais da Suíça e do Japão). Agora, Obama indicou à trêmula chanceler alemã que, a menos que a Grécia (e a Espanha) fosse "firme" com seus cidadãos — castigos, cassetetes e cortes de salários — e que a Alemanha colocasse dinheiro em jogo, os Estados Unidos não dariam o meio trilhão adicional que a Reserva Federal prometeu.

Por que nosso presidente bonzinho deu essa chave de braço na senhora chanceler? Porque Barack Obama não é apenas o presidente dos Estados Unidos, ele também era chefe-executivo da seguradora AIG, que o Tesouro Nacional havia acabado de comprar por $170 bilhões em fundos de auxílio.

Uma única corporação, a AIG, que nem é um banco, recebeu esses $170 bilhões (seis vezes o deficit da Califórnia), porque era a "contraparte" que vendeu aos bancos do mundo aquelas merdas de CDS, prometendo assim seguro para os empréstimos subjacentes que não derem certo.

Os contribuintes já estavam por *aqui* com os auxílios bancários, então passar o dinheiro para a AIG era uma forma do Tesouro dos EUA transferir clandestinamente cem bilhões para Os Garotos de maneira indireta. O Goldman recebeu $12,9 bilhões por meio do fundo de auxílio da AIG, e assim foi com os suíços ($5 bilhões para o UBS); e, Angela, seu *Deutsche Bank,* recebeu $11,8 bilhões, tudo isso escondido dos olhos ultranacionalistas dos norte-americanos (o banco alemão correu imediatamente com dinheiro do Tesouro para Las Vegas e apostou tudo em um cassino, literalmente. Os alemães compraram o hotel cassino *The Cosmopolitan*, hoje falido, e sua aposta de $4 bilhões com nosso dinheiro está *kaput*).

Os Estados Unidos auxiliaram o *Deutsche Bank* e agora Obama queria a pele de Merkel em jogo também. Para auxiliar a "Grécia", apesar de que a Grécia não receberia nada disso. O dinheiro alemão iria para os especuladores, bancos detentores do pacote de inadimplência de crédito, incluindo a AIG.

E essa é a grande piada deles, não é? A piada de que os gregos não tem um centavo. A Alemanha, a França e a União Europeia deram à Grécia um empréstimo de auxílio em 2010 no valor de $110 bilhões de euros, enquanto os bancos de investimento e os especuladores despejaram aproximadamente o mesmo valor na dívida grega. Em outras palavras, o dinheiro foi para os banqueiros, nem um euro foi para o Tesouro da Grécia.

Mas pelo menos a AIG não cairia novamente. E para seu presidente-executivo, Obama, isso era o suficiente.

Mas não era o suficiente para os bancos alemães e para a classe dominante da Grécia, os golpistas "não pagamos impostos sujos" que ajudaram a drenar o tesouro grego. Em julho de 2011, a Associação das Indústrias Gregas e a chanceler alemã exigiram que o governo grego vendesse $50 bilhões de euros em ativos estatais, inclusive o sistema hídrico, para pagar o *"spread"* (já vi esse filme antes: em 1988, quando a Argentina, para pagar os juros de empréstimos a taxas que chegavam a 101%, foi obrigada a vender o sistema hídrico de Buenos Aires para a Enron. As taxas quadruplicaram, os encanamentos quebraram e a Enron deixou os argentinos sedentos e falidos). E o banco estatal grego precisava ir embora também. A UE não deixaria a Grécia fazer o que o Brasil de Lula fez, manter seu próprio banco como um salva-vidas financeiro. Os incendiários exigiram sua queima de estoque. Os especuladores alemães lideraram a lista de compradores famintos pelos ativos do país. Os lendários portos de Pireu e Tessalônica foram tomados, adquirindo apenas com um pequeno golpe financeiro o que Hitler não conseguiu adquirir com os tanques Panzer.

Badpenny podia sentir o ódio da forma limpa e pura: abutres devorando a Zâmbia, especuladores incendiando a Grécia, banqueiros fraudando o fundo de aposentadoria ferroviário suíço, o que depois cortou as aposentadorias. E quando ela foi atrás deles, era pessoal, físico, hormonal. Às vezes, ela ficava nisso por 20, 30 horas, sem parar. Ela estava obcecada, ela estava enlouquecida: deve haver uma ligação entre a Grécia, a AIG, os auxílios e o golpe de troca de moeda do Goldman. Era manhã na Europa, meia-noite nos EUA, e eu estava no colchão do escritório, a salvo, na terra dos sonhos.

Até as cinco da manhã.

De repente, lá estava a investigadora, na minha frente, louca, empolgada. Badpenny estava lendo, na verdade, estava *gritando*: "*Fundos de cobertura em outubro...*" e depois um monte e mais um monte de coisas em alemão.

"VOCÊ TÁ MALUCA, PORRA? SÃO — QUE HORAS SÃO? — AH MEU DEUS, SÃO TIPO CINCO DA MANHÃ!".

"É do — *você tá me ouvindo?* — do *Frankfurter Allgemeine...*".

Eu não tinha saída, de costas, tentando voltar pro meu sono, enquanto era metralhado com estilhaços multilíngues *à porra das cinco horas da manhã*.

"ME ESCUTA ME ESCUTA '*Die Wette...*'" e depois mais um pouco de alemão. Certo, Jesus. O que? O QUE?

"Achei! VOCÊ TÁ ME OUVINDO? Você queria que eu achasse! Achei — olha, isso significa — '... *a pergunta agora é, quem vendeu o CDS?*' OLHA ISSO, ACHEI, A LIGAÇÃO COM O GOLDMAN!".

A sala estava quente como o inferno e ela abriu o zíper daquele casaquinho apertado que usava por cima dos couros.

"Olha! Você disse para que eu procurasse. Achei — você não está olhando! Aqui o *Le Figaro* fala disso" — ela tirou a camisetinha — "*La banque*" — e vários blablablas em francês e — "*de 300 millions de dollars.* Isso significa que *o banco embolsou $300 milhões*, o que é compatível — FIZ TUDO ISSO POR VOCÊ E VOCÊ NÃO TÁ PRESTANDO ATENÇÃO" — zap! abriu o zíper da calça preta de motoqueira — "é compatível *exatamente...*".

Prestei atenção.

"... *exatamente* com o *spread...*" — ela tirou a calça de couro, mudando para italiano — "Olha. *Borsa Plus — migliori tassi sul mercato...*".

Depois, do meu lado, renda branca, dolorosamente feminina, que estava escondida debaixo do couro pesado.

E eu não consegui falar.

Lá no alto do telhado do escritório, pude ouvir anjos idiotas gritando e assoviando como caubóis, tocando-se por baixo dos mantos.

Então eles ficaram em silêncio, quando ela olhou nos meus olhos e através deles, enquanto as asas dos anjos batiam devagar, ritmadas.

Ela sussurrou: "É só uma tecnicalidade agora, não é?".

Aquelas foram as últimas palavras dela em inglês naquela hora quente antes do amanhecer.

* * *

A respiração de Badpenny dormindo ronronava em meu ouvido. Porém, interrompendo-a, o som de estilhaços de vidro na 2nd Avenue. Algum bêbado, provavelmente.

Agora era impossível dormir. Levantei, me vesti, escrevi um bilhete, uma frase de Rilke — *Ein jeder Engel ist schrecklich* —, rasguei-o e fui para casa, para a mulher que eu amei por tanto tempo, pela última vez.

Todo anjo é assustador.

DE VOLTA AO EQUADOR

Todas as minhas investigações — das finanças mundiais, do petróleo, dos abutres — parecem tecer seus caminhos nesse lugar do centro da Terra. Agora eu estava novamente em Quito com os memorandos marcados como *confidenciais* do Banco Mundial e várias perguntas para o novo presidente, Rafael Correa.

Correa e o Equador estavam sob o ataque de três frentes, do Banco Mundial e FMI juntos, da Chevron, Occidental Petroleum e indústria petrolífera e dos abutres financistas.

Seu predecessor, Palacio, recusou-se a cortar o orçamento da saúde para pagar os débitos dos banqueiros canalhas do Equador, há muito tempo foragidos. O Banco Mundial não ficou feliz. Seu presidente, Paul Wolfowitz, que, em sua cabeça, havia acabado de ganhar a guerra do Iraque, e assim estava cheio de testosterona da autoenganação, deixou cair o martelo sobre o Equador, cortando o acesso do país aos mercados de capital do mundo. Era um embargo bancário que podia causar a inanição do Equador. O apelo a George Bush fracassou e foi quando o Equador foi abandonado para morrer.

O Equador não morreu.

Palacio se desesperou, mas seu ministro da fazenda, Rafael Correa, por sua conta, foi secretamente ao encontro do presidente da Venezuela, Hugo Chávez, e conseguiu garantias de empréstimo e outras ajudas de Chávez no valor de até $250 milhões de dólares.

Correa salvou sua nação — e foi demitido. Palacio não tinha mesmo outra escolha: os ministros não podem cavalgar seus próprios pôneis fechando negócios, mesmo que sejam negócios salva-vidas.

Nas eleições de dezembro de 2006 do Equador, o FMI e os bancos internacionais contavam que o proprietário da maior plantação de banana daquela república da banana voltasse à presidência. Mas Correa, que significa "O Cinturão" em espanhol, açoitou o adversário. A avaliação de crédito do país, em má forma, despencou. Correa sorriu.

O acordo do Equador em pagar pelas perdas de bancos comandados por completos vigaristas foi forçado aos predecessores psicóticos de Palacio e Correa (há mais presidentes psicóticos na história do que eu imagino, do Irã até os EUA. Mas Abdala Bucaram do Equador, afastado em 1997, tinha um diagnóstico médico oficial).

O hino da campanha presidencial de Correa era "We're Not Gonna Take It", do Twisted Sister. Claro. Já ouvi isso antes, dos seus predecessores. Uma vez no cargo, sob a mira da arma do Banco Mundial, eles mudam a música.

Correa não mudou. Ele me disse: "Não iremos pagar títulos com a fome do nosso povo". Comida primeiro, pagamentos de juros depois, pagamento de abutres nunca. Conversa pretensiosa. Eu havia acabado de me encontrar com seu compadre, Hugo Chávez, presidente da Venezuela, que podia dar suporte às conversas pretensiosas com grandes reservas de petróleo. Mas e o pequenino Equador?

E lá vinha mais pressão em Correa. George Bush exigiu que o Equador mantivesse uma base militar norte-americana em sua costa. Correa disse para Bush esquecer — a não ser que ele deixasse que o Equador colocasse uma base militar em Miami.

Claramente, Correa estava pedindo. De fato, uma vez ele pediu mesmo, literalmente, quando alguns policiais nervosos o atacaram. Ele rasgou sua camisa e disse a eles: *"Dispara a mí!!" — Atirem em mim!*

Mostrei ao presidente acordos feitos por um ministro da fazenda do Equador com o Banco Mundial em 2005. As atas da reunião do dia 10 de março que eu tinha em minhas mãos estavam marcadas como *APENAS PARA USO OFICIAL*. O presidente era oficial o bastante para mim, se não fosse para o Banco Mundial.

Ele ficou enojado, mas não surpreso, porque o Banco Mundial solicitava ao Equador que vendesse os campos de petróleo do país. Lia-se:

"(...) Apesar da oposição política, o governo estava avançando com um pacote ambicioso de reforma estrutural, inclusive uma abertura para a parceria privada no setor petrolífero (...)".

Abertura para a parceria — tipo com a Chevron. *Privada* — tipo, venda para nós suas reservas de petróleo.

Correa tinha sido ministro da fazenda, mas nunca mostraram esses documentos para ele. Ele me pediu para fazer uma cópia. Já que os documentos, eu presumo, foram roubados de seu escritório, não tive como recusar.

Enquanto nunca haviam mostrado os acordos para Correa, os ataques de bancos e diplomatas fizeram com que ele soubesse que com certeza violou termos firmados secretamente antes de seu mandato.

Quanto às exigências de venda dos campos de petróleo e de privatização das empresas energéticas, Correa simplesmente me disse: "O Equador não está mais à venda". Boa sorte com *essa*.

A maior parte do poder da OMC, do FMI e do Banco Mundial não está apenas em suas habilidades brutais de sufocar a reserva monetária de uma nação, mas sim nos litros de conversa fiada técnico-econômico-teórica escorregadia e pretensiosa que acoberta seus tratados frios. Mas eles estavam tentando jogar a fumaça da economia complexa na cara do *professor* dr. Correa, economista educado na Europa, fluente em cinco idiomas. Até ser designado para o cargo de ministro da fazenda por Palacio, o Dr. Correa dava aulas de economia na Universidade de Illinois, onde seu doutorado e suas publicações incluem *"Desestabilizando a Especulação no Mercado de Câmbio: O Caso Equatoriano"*, *"O Consenso de Washington na América Latina: Uma Avaliação Quantitativa"*, entre outros. Em outras palavras, ele tinha o telefone de Larry Summers. Quando o Banco Mundial falou sobre merdas macroeconômicas, Correa sabia exatamente o que ele queria dizer na verdade.

Correa sabe que a única esperança do Equador, que não seja implorar, é retomar o controle de seu próprio petróleo. O país já foi membro da OPEP. Correa entrou novamente na Organização.

Ele já tinha dado o passo mais difícil na retomada do petróleo público, como ministro da fazenda de Palacio. Os dois outros passos chutariam a bunda da Occidental Petroleum por não cumprir seus contratos. A empresa ficou chocada. A Oxy deve ter confundido o Equador com o Azerbaijão e achou que poderia tratar termos de contrato como lencinhos umedecidos para bebês.

Enquanto o presidente "Cinturão" expôs sua exigência de que as regras deviam ser cumpridas pela Occidental e pela Chevron, não pude evitar a comparação com a postura um tanto quanto letárgica do meu próprio presidente. Assim como a Chevron e a Occidental violaram seus contratos com o Equador, a BP violou o seu com o governo dos EUA com sua perfuração negligente (e assassina) da propriedade em águas profundas. Por que Obama não confiscou a concessão da BP? Se eu jogar petróleo por todo meu apartamento em Nova York, pode apostar que meu locador cancelaria meu contrato. Obama fez o contrário: ele declarou publicamente que a BP era bem-vinda para ficar, mesmo depois de envenenar o litoral do Golfo e, antes disso, a costa do Alasca. Suspeitei que a BP manteria suas concessões mesmo se, durante as reuniões, o presidente do conselho Svengard fizesse cocô no tapete do Salão Oval.

Diferente de Obama, Correa não aceitaria as merdas de uma empresa petrolífera, tampouco sua poluição.

Mas e quanto ao julgamento da Chevron?

A gigante petrolífera não estava muito feliz com o processo impetrado pelo chefe Criollo e os Índios Cofan. O próprio Correa foi para a Amazônia, viu os buracos tóxicos, encontrou-se com os pais em luto. Sua integridade fez com que ele me dissesse que sua própria empresa petrolífera estatal precisava aceitar sua parcela de responsabilidade e que ele não iria se esquivar disso. Mas a Chevron também devia aceitar, a depender do que o tribunal decidisse.

Sobre a operação cancerígena e venenosa que a Chevron Texaco realizou perto das fazendas e vilas, Correa disse: "A América não faria isso com seu próprio povo". *Ah, faria sim*, pensei comigo mesmo, lembrando dos nativos do Alasca.

Mas ninguém mexe com a Chevron. Afinal, a corporação colocou uma secretária de estado dos EUA em seu Conselho e o nome dela em seu petroleiro. Você poderia pensar que Correa entenderia a dica.

A abordagem não-engulo-sapo de Correa está prestes a passar por um puta teste. O juiz Equatoriano rejeitou a tese da Chevron que dizia que a poluição de petróleo bruto não causa câncer infantil. Os cientistas livremente indicados pelo tribunal determinaram que alguns, mas não todos os buracos de petróleo bruto que eu vi foram feitos pelos desleixados da Chevron Texaco. A decisão foi tomada com cautela: o julgamento e a revisão científica duraram 17 anos.

Em 15 de fevereiro de 2011, os tribunais equatorianos decidiram que a Chevron devia pagar $8,6 bilhões pela limpeza e por compensação de danos — barato, pela minha experiência com esses casos. O que eu vi na floresta tropical, a exposição mortal, era muito, muito, *muito* pior do que qualquer coisa que eu vi no Golfo do México ou no Alasca.

A Chevron já havia prometido aceitar a decisão da corte do Equador. Agora, os advogados deles me disseram: "Nós não vamos pagar. Nunca iremos pagar. Eles nunca conseguirão receber". Os advogados da empresa me disseram que a Chevron aproveitou a oportunidade do longo processo e removeu todos os seus bens do Equador. Eles riram como garotinhos malvados que esconderam o doce do professor. E quanto às mesas no escritório de advocacia deles? Jaime Varela, aquele com o penteado bufante e calças amarelas de golfe, disse: "Nem mesmo as mesas. Não estão no nome da Chevron". Ele sorriu mais ainda.

O que o Equador irá fazer, sr. presidente, agora que a Chevron diz que não vai pagar?

Antes de Correa ser eleito, a resposta seria conhecida com antecedência. Os índios podiam pegar seu julgamento e enfiar lá. Tribunais eram para Abutres, não para nativos dominados pelo câncer, com pintura de guerra.

É assim na Nigéria, na Indonésia, no Azerbaijão.

Como uma nação, Correa está imitando o comportamento dos Abutres: ele ameaça confiscar os bens da Chevron em qualquer lugar do mundo onde ele possa agarrá-los.

Nenhuma nação teve culhões de fazer isso antes.

Agora a Chevron está alegando que os fazendeiros, os índios, o presidente, os cientistas, os jornalistas, o juiz e a mulher do Sting (sim) estão juntos na "maior fraude da história". A empresa petrolífera tomou a atitude sem precedentes de processar os advogados dos nativos por extorsão e conspiração. A empresa que ainda não havia me explicado a ordem de seus próprios executivos de destruir provas está acusando os advogados da floresta tropical de destruir provas. Pablo Fajardo é o fazendeiro que cresceu na área envenenada e entrou em uma faculdade de direito apenas para que pudesse lutar por sua cidade. Eles processaram esse cara, que não tem nem onde mijar, por milhões.

E numa tentativa de impedir os equatorianos de receberem o que lhes era devido nos Estados Unidos, a Chevron também está processando Steve

Donziger, o advogado norte-americano que aconselhou os nativos, sem receber por isso, durante todos os 17 anos. Donziger se formou na Faculdade de Direito de Harvard mas, diferente de seus colegas de classe, ele não ganhou rios de dinheiro. O astuto graduado de Harvard poderia ter ido trabalhar na firma Gibson Dunn & Crutcher. Ele poderia cobrar $600 por hora (eu sei, eu paguei esse valor). Eles representam a Chevron e estão faturando um absurdo para impedir que a empresa petrolífera tenha que pagar os tratamentos de câncer dos equatorianos. Ei, Steve, é um milhão de verdinhas por ano. *Você é louco?*

Conheci Steve, sua esposa e seu filho. Ele *é* louco. Um louco do bem. A única coisa a favor dele é que, enquanto a Chevron o processa por tudo que ele tem, ele não tem muita coisa.

Mas Correa não é louco. Uma coisa é um advogado apostar sua carreira em uma causa pelo interesse público, outra coisa é um presidente apostar sua nação.

Eu queria saber, como ele não estava se borrando em suas calças presidenciais? O Equador é pequeno. Por que ele não estava morrendo de medo dos chefes financistas e dos poderosos do petróleo, principalmente quando estes estavam apoiados pela autoridade nada frágil do Estado Norte-americano? Onde ele conseguiu seus *cojones gigantes?* E onde posso conseguir uns pra mim?

Eu tinha que perguntar: E o seu pai?

Sua equipe, assistindo, congelou. Aquele não era um tópico que ele falaria, tampouco eles queriam que ele falasse.

O doutorado de Correa e seus ternos azuis feitos sob medida podem enganar. Correa é das ruas de Quito, uma criança muito pobre. Somente com coragem, inteligência e sorte ele acabou no Palácio Presidencial, ao invés de acabar em um restaurante em Baltimore limpando a gordura das coisas. Esse era o trabalho do seu pai — ou o que ele pensava que era o trabalho do seu pai.

Quando a moeda do Equador entrou em colapso, enquanto Correa ainda era um garoto, talvez um milhão de equatorianos desesperados deixaram o país da forma que puderam. A maioria foi para os Estados Unidos para procurar emprego. Seu pai também foi, uma viagem paga da única forma que seria possível.

"Meu pai era uma mula."

Ele parou, depois acrescentou: "Ele levou 160 gramas de cocaína para os Estados Unidos e foi preso. Por quatro anos. Minha mãe me disse que ele estava trabalhando fora".

Seu pai, solto, foi deportado de volta ao Equador. Humilhado, pobre, quebrado, ele morreu; ouvi dizer que foi suicídio.

Quando eu estive na Venezuela, os líderes loiros da antiga ordem falavam de si mesmos como os "Espanhóis" — e falavam do presidente Hugo Cháves como "o macaco". Chávez me contou orgulhoso: "Sou negro e índio" — como a maioria dos venezuelanos. Agora, por toda a América Latina, os "macacos" assumiram o comando pela primeira vez em quatro séculos: Correa, Lula, Chávez, Evo Morales na Bolívia, e eles estão abrindo as jaulas econômicas. Washington que fique avisada: a humilhação é passado.

Eu sei que essa é uma história incrivelmente simples: índios de chapéus brancos com seus filhos mortos, e milionários do petróleo de chapéus pretos, rindo do câncer infantil e brincando de dança das cadeiras com ativos do petróleo.

Mas talvez seja simples assim. Talvez nesse mundo exista mesmo o Bem e o Mal.

Talvez o Papai Noel faça a separação para nós, nos diga quem está sendo bom e quem está sendo mau. Talvez o Advogado das Calças Amarelas irá acordar na véspera de Natal encarando o Espírito do Natal Futuro e irá prometer limpar a sujeira de petróleo da água potável dos Cofan.

Você acha?

Eu tinha mais uma pergunta para Correa. E quanto aos Abutres? Assim como na Zâmbia e na Libéria, os abutres das finanças surgiram, encontraram dívidas equatorianas antigas (os clientes de Henry Kissinger encontraram títulos de ferrovias de meio século de existência) e pagaram um fragmento do valor nominal delas. Registros sugerem que a FH International, o fundo de cobertura do Dr. Hermann, o Abutre da nossa tocaia, era um deles. Agora os Abutres estavam exigindo o pagamento do valor nominal dos títulos e ainda mais, esperando os retornos de 1000% que eles espremeram do vizinho Peru.

Mas diferente dos líderes da Libéria e do Peru, Correa não tinha interesse em se sentar com predadores emplumados e implorar (veja "humilhação é passado" acima).

O "Doutor Professor", como às vezes ele é chamado, tinha uma ideia melhor.

Em 2006, Correa anunciou que o Equador não pagaria pela dívida criada por fraude ou suborno. Imitando a própria estratégia dos Abutres, ele impetrou uma série de processos em todo o mundo para impedir que eles recebessem. Como meu pai diria, os Abutres ficaram mais indecisos que camaleão em frente a arco-íris.

Dava para ver a fumaça saindo da orelha do Goldman Sachs. O banco anunciou que o Equador estava indo em direção à inadimplência.

Era exatamente o que Correa *queria* que eles dissessem.

A histeria e os lamentos do Goldman deixaram o valor da dívida do Equador despencando de baixo para ridiculamente baixo.

Então Correa foi um menino mau: ele fez exatamente o que os Abutres fazem, e armou para o Equador comprar alguns de seus próprios títulos com um desconto enorme, afastando os Abutres do dia de pagamento.

Correa "abutreou" mais que os Abutres.

TERRA DO CARVÃO, PENSILVÂNIA

Matthew Pascarella — Matty Pass — conseguiu a *"Solicitação da CE"* confidencial e aquela pilha de documentos do Banco Mundial marcados como "não apropriados para distribuição pública". Como esse menino ficou tão bom na escavação de informações? Seu pai não era um mineiro de carvão, mas Matty teria sido, se as minas de carvão não tivessem explodido.

O pai de Pascarella tinha um Volkswagen Caddy *e* uma Mercedes, e Matty nunca passeou em nenhum dos dois. Seus pais se separaram quando ele tinha cinco anos, o que deixou sua mãe sem ter para onde ir, a não ser pelo Centro de Recrutamento do Exército, para se alistar. Sua mãe militarizada o levou em uma vida cigana por 15 bases militares em 14 anos, o que é uma merda para uma criança. A escola de ensino médio estava acima das minas de carvão desativadas na Pensilvânia rural. Eles a chamavam de Terra do Carvão, mas devia ser chamada de Terra da Execução de Hipoteca. É claro, aquele era o melhor lugar para a mamãe, agora uma recrutadora do Exército, para colher crianças para guerras em diversas disputas por petróleo estrangeiro e campos de ópio.

Matty Pass é inteligente o bastante para não culpá-la, mesmo quando soube que os filhos de alguns mineiros não voltavam. De forma realista, alguém será atingido por estilhaços no capacete, então uma mãe solteira que realmente precisava daquilo também poderia receber a gratificação de alistamento por isso; mas esse tipo de merda pode mexer com a cabeça de uma criança. Mas não com a de Matty. Ele teve consciência o suficiente para entrar em pânico e fugir gritando para Nova York, conseguir uma bolsa de estudos, trabalhar como garçom o tempo suficiente, até as 3h, para sobreviver e arranjar garotas e ir para as aulas de manhã. Apesar de que ele é o tipo de cara de uma mulher só. Em todo o caso, Matty Pass leu um livro meu recomendado por algum professor — *Palast sendo recomendado por um professor? Quase caí pra trás quando ouvi essa!* — e ele gostou da história sobre meu pai e sobre fazer jornalismo sem clareamento dental. De alguma forma, ele estava trabalhando de graça em nosso escritório por semanas antes que eu descobrisse que ele estava lá.

Após um ano torturando-o com trabalho inútil não remunerado e não agradecido, ouvi grunhidos e rosnados saindo do escuro quarto dos fundos do nosso escritório na 2nd Avenue; e, como esperado, o garoto era uma fera: escrevendo, pesquisando, filmando. Certo, ele só tem 22 anos, mas por que não fazer dele o produtor-chefe do filme de nossa investigação da BBC sobre o presidente? Dan Rather, jornalista norte-americano, disse um dia: "George Bush é o meu presidente e eu vou formar fila onde ele disser que devo formar fila". Imaginei que um menino que foi arrastado para mais bases militares do que um prisioneiro de guerra nunca entraria na fila. E se ele encontrasse a fila, ele a desmancharia.

Não tinha como minha pequena operação manter um prodígio daquele, e Matty Pass foi embora para lançar uma revista multimilionária de moda e política. A *TAR magazine* foi a referência de moda internacional pelo menos por dez minutos. Observe que ele chegou no topo mais jovem do que Tina Brown quando ela se lançou editora da *Vanity Fair*, e Matty chegou lá sem se casar com um velhote bem relacionado. Mas ele sabia: o sucesso de publicação e um salário de seis dígitos iria apenas enfraquecê-lo, então ele voltou para sua casa na 2nd Avenue, para trabalhar por biscoitos e leite. Ele havia acabado de ser escolhido por uma sociedade de graduação excelente na Faculdade de Economia de Londres, mas ele tomou a decisão maluca de recusar, apenas para que pudesse me ajudar a terminar esta investigação. Tenho vergonha de dizer, eu deixei que ele ficasse maluco.

E agora ele também tem seu próprio trabalho de detetive em andamento, mais perigoso do que ele imagina, dentro de Cuba, caçando o espírito perdido de Fidel. O que ele encontrou lá foi uma mãe que escavou a terra do cemitério para ver, pela última vez, o rosto de seu filho que Fidel Castro havia executado naquela manhã.

Em segredo, com sua Canon 5D Mark II, ele organizou a história da mãe e do filho e da revolução devorando seus jovens, e, como mencionei, Matty conseguiu sair com os cartões de memória das filmagens de formas que não posso contar.

O que eu não quero contar para ele é que ninguém dá a mínima para a mãe e seu filho enterrado. É triste, é o mundo, mas não é o filho de mais ninguém. Assim como as crianças que a mãe de Matty alistava no Iraque, é uma tragédia pessoal, e não uma história memorável. É motivo de ronco para a maioria dos editores e produtores de TV. Aos 27, você quer acordar o mundo. Aos 57, você se pergunta se não é melhor deixá-lo dormindo.

TURBILHÃO INSANO, NOVA YORK

Um bilhete em minha mesa:

Errado, Papai Palast!

Me mudei VINTE E SEIS vezes antes de me formar no ensino médio. Eu tinha cinco anos; meu irmão tinha oito quando minha mãe se alistou.

Acho que foi minha mãe que deixou meu pai, mas essa é uma questão a ser discutida; não quero que ele seja difamado — isso realmente não é justo com ele. Eu tenho plena certeza de que aquele homem passou a maior parte de sua vida com a alma sendo devorada pela culpa.

Você disse o seguinte sobre seu pai: "Ele foi ferido no fundo de sua alma... para que eu pudesse fazer o trabalho que ele só podia observar à distância". Seu pai vendia móveis, o meu vendia mantimentos.

Tanto minha mãe quanto meu pai sofreram o suficiente por seus pecados e pelos pecados dos outros. E eles trouxeram muita coisa boa para esse mundo sombrio. Eu sou grato a eles, mesmo que não diga que sou grato a eles.

Talvez você queira ressaltar que agora eu trabalho com você, ATURO VOCÊ e sua rabugice por quase uma porra de década! Continuo sendo puxado mais e mais para dentro do seu turbilhão insano...

E VOCÊ — SEU velho cínico FDP escondido debaixo do seu fedora VOCÊ ESTÁ ERRADO! As pessoas vão dar a mínima quando eu terminar meu romance e meu filme. E mal posso esperar para provar isso a você!

Eu também. Mal posso esperar.

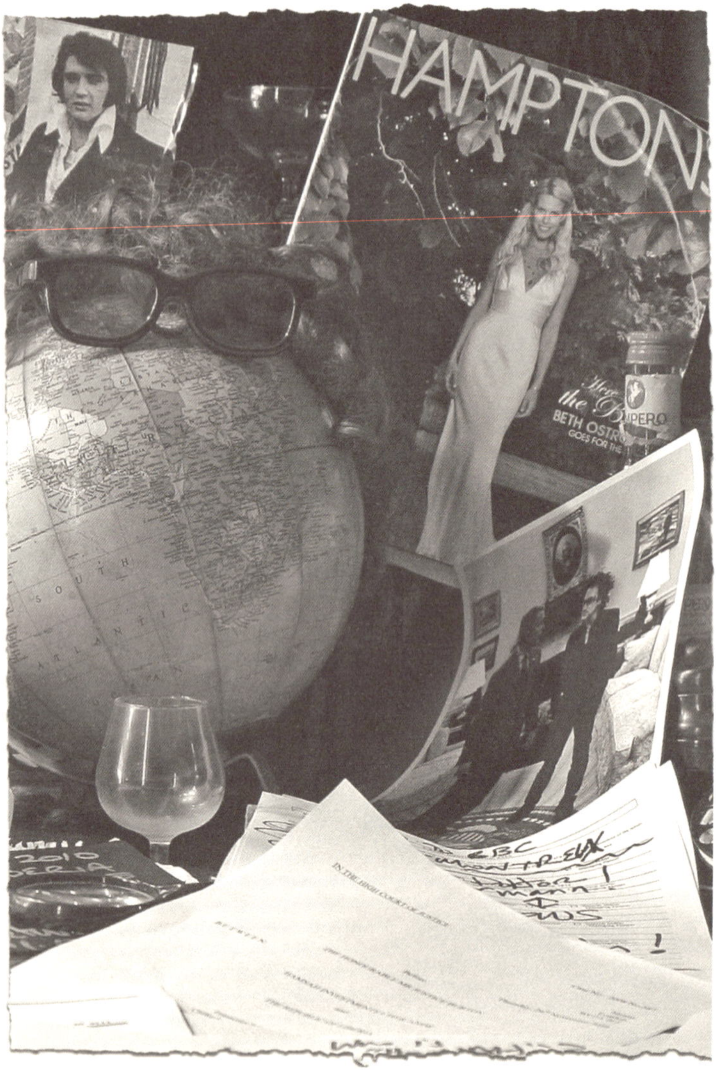
HAMPTON
IN THE HIGH COURT OF JUSTICE

CAPÍTULO 13
Picnic de Abutres

SEDE DO FBI, WASHINGTON, DC

O FBI nos disse para entrar. Eu e Jones.
Era um figurão do governo, e o outro, um dos melhores do Departamento de Justiça. Você não precisa saber o nome deles e eu não tenho permissão de divulgá-los.

Era 2008. Jones e eu havíamos feito uma história sobre um dos chefes deles, o promotor federal Tim Griffin. Não confunda Griffin com Elliot Ness, o Intocável, o caçador de criminosos. Griffin conseguiu seu cargo como promotor liderando uma operação secreta de "caging" no Comitê Republicano Nacional. "Caging" é uma forma de jogar fora os votos de eleitores legítimos. A operação de Griffin visava os votos dos soldados de cor e dos sem-teto que viviam em abrigos. Um cara bacana. O advogado de direitos civis Robert F. Kennedy Jr. examinou as provas para nós e disse: "O que ele fez foi absolutamente ilegal e ele devia estar preso. Assim como Karl Rove".

Rove era o chefe de Griffin à época. Ele não estava preso. Estava na Casa Branca como conselheiro sênior do presidente dos Estados Unidos. Ele era conhecido como o "Cérebro de Bush". Ele garantiu que Griffin fosse nomeado para o Ministério Público no Arkansas: qual a melhor forma de acobertar a suspeita de um crime do que fazer isso com um distintivo? Digo "suspeita" de crime porque não houve prosseguimento do processo.

Griffin, um verdadeiro idiota no computador, enviou a lista de caging e provas do plano de correção de votos do Comitê Republicano Nacional nas eleições de 2004 para os chefes de campanha em GeorgeWBush.com e GeorgeWBush.org. Esse foi o grande erro de Tim: o endereço ".org" era, na verdade, uma armadilha virtual feita pelo meu amigo John Wooden, que enviou as provas do crime para mim.*

Politicamente, Griffin era o empregadinho de Rove, o que devia tê-lo deixado invulnerável. Mas a equipe de Bush o entregou quando nós divulgamos o jogo de caging na BBC. Griffin convocou uma coletiva de imprensa na manhã seguinte. Ele reclamou, choramingou e entregou seu distintivo. Pegue aqui um lencinho, Tim. Ou devo dizer "Tim, Membro do Congresso". O honorável Tim Griffin foi eleito para o Congresso em novembro de 2010 (Rove não deixaria eles colocarem seu garoto para baixo).

Então, aqui na Justiça, o antigo departamento de Griffin no prédio do FBI, eu não esperava receber muito amor. Eles nos colocaram em uma salinha sem janelas, escura como um restaurante demasiadamente caro. Eles nos disseram que o FBI e o DJ queriam que eu e Jones entregássemos nossas informações sobre um tal de Michael Francis Sheehan.

Goldfinger! Me acorde desse sonho! George W. Bush de repente estava preocupado com o suborno. E você, cínico leitor, pensou que Bush havia deixado o Departamento em coma. Me senti como Elvis deve ter se sentido quando recebeu a condecoração do Departamento de Narcóticos e Drogas Perigosas oferecida por Richard Nixon.

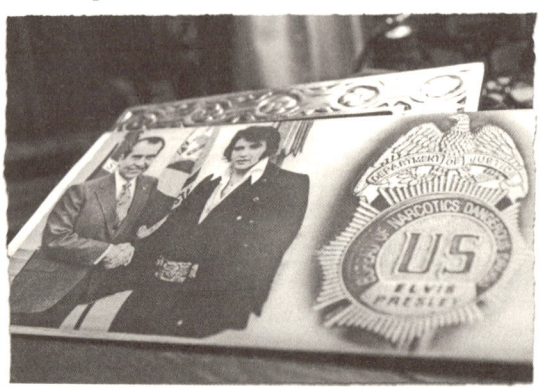

---

* Para acobertar os rastros da eleição fraudada, Rove e Griffin demitiram o ministro (capitão) David Iglesias, que depois me deu informações do esquema. Um estudante da Universidade da Flórida perguntou ao senador John Kerry se ele havia lido a história da lista de caging (ele segurava uma cópia do meu livro *Armed Madhouse*). A resposta veio dos policiais locais que o atacaram com um Taser, apesar de seu pedido: "Não me machuque, bro!". O senador Kerry havia, de fato, se aprofundado em minhas provas do "caging" e depois apoiou uma lei para proibir a prática. Isso não é surpreendente. Se o caging fosse interrompido em 2004, ele seria o *presidente* Kerry. Se você quiser ver a lista de caging e entender a história completa, visite GregPalast.com/PalastInvestigates e GregPalast.com/VulturesPicnic.

Lá estavam eles, os federais indo atrás do cara mau. Bem, muito foda.

Goldfinger foi o cara que molhou a mão do presidente da Zâmbia, o autocrata baixinho que Badpenny seguiu até a loja de Genebra, onde ele comprou os sapatos de salto interno.

O FBI queria nossas provas daquilo que parecia uma violação de Goldfinger do Ato de Práticas de Corrupção no Exterior, ou seja, suborno. Jones e eu não demos fontes, mas repassamos a eles as mercadorias que já havíamos transmitido pela TV.

O "suborno" pode ser um pouco escorregadio. Nós tínhamos aquele e-mail escrito pelo próprio Sheehan/Goldfinger, que por uma contribuição à "caridade favorita" do presidente da Zâmbia, a corporação de Sheehan nas Ilhas Virgens Britânicas receberia em troca $15 milhões do Tesouro da Zâmbia, em pagamentos de títulos que valiam menos de $3 milhões.

A Zâmbia iria sangrar, literalmente. O pagamento sairia de doações feitas àquele país falido para remédios de combate à AIDS e para a educação.

Uma contribuição para "caridade" podia ser um suborno? Com certeza cheirava a suborno. Com certeza funcionou como um. Apenas para que nos sentíssemos confortáveis para rotular a situação como um suborno, pensamos em perguntar para os especialistas: o próprio escritório de advocacia de Sheehan. Era um truque barato mas, tendo em vista o nosso orçamento, todos os nossos truques são baratos. Fomos aos escritórios de advocacia Greenberg Traurig em Washington. A empresa em paraíso fiscal de Goldfinger contratou essa firma conceituadíssima como lobistas. Ele escolheu bem. Dos escritórios e varanda suntuosos da empresa, era possível ver a Casa Branca de frente.

A Greenberg Traurig não era apenas em frente à Casa Branca, ela tinha uma conexão direta com ela. A maior parte legal. Mas um dos maiores mandachuvas da empresa, Jack Abramoff, havia acabado de ser preso por pagar vários milhões de dólares em dinheiro para Membros do Congresso republicanos e outros.

Não é de surpreender que a empresa também abrigou um dos maiores advogados de defesa de subornos do país, que representou alguns dos maiores corruptores condenados do país, como a Lockheed Corporation, agora jurada para o caminho correto. Na varanda com vista para a Casa Branca, mostrei ao parceiro da Traurig o e-mail da "caridade" escrito por Goldfinger. Mas eu não disse que havia sido escrito pelo próprio cliente daquela empresa. Vacilo meu.

O advogado não usou a palavra *suborno* mas disse que tal contribuição de caridade parecia uma "violação da lei". "Se" aquele fosse um cliente seu, ele disse, ficaria muito preocupado. Daria cadeia? "Esperaríamos que não", disse o conselheiro.

Para o FBI, seria moleza. Goldfinger iria se dar mal.

Eu teria que ligar para John Conyers, membro do congresso, e agradecê-lo. Ele viu nossa reportagem do Abutre naquele programa da Amy Goodman, *Democracy Now!* Imediatamente após a transmissão, ele foi direto para a Casa Branca e enfrentou Bush no Salão Oval. Conyers era, à época, presidente do Comitê Judiciário da Câmara e estava a caminho de enviar uma intimação para Rove e Griffin. Bush não teve escolha a não ser fingir que dava a mínima para as preocupações de Conyers.

O presidente alegou não saber nada sobre os abutres da dívida (uma defesa que ele usava regularmente com sucesso). Conyers, um advogado, queria saber por que o FBI não estava em cima deles. Bush murmurou algumas promessas.

Agora lá estávamos com o FBI e a Justiça. Eles estavam nos contando seus grandes planos para o flagrante.

Enquanto esperávamos que o FBI realizasse a prisão, um tribunal britânico decidiu que Goldfinger/Sheehan era "deliberadamente evasivo e até mesmo desonesto", que ele havia "deliberadamente" fornecido "evidências falsas". Ainda assim, a corte britânica deu a ele sua dívida e mais um pouco. Não vendo objeção alguma dos EUA, o juiz viu-se obrigado a ordenar que a Zâmbia pagasse $44 milhões à empresa de Sheehan, 11 vezes mais do que o seu "investimento" de $4 milhões.

O novo governo da Zâmbia prendeu o ex-presidente Chiluba e confiscou seus sapatos; mas não era o suficiente para pagar pelos remédios de combate à AIDS perdidos para Michael Francis Sheehan.

O presidente Bush assumiu a causa. Ele almoçou com Bono, o roqueiro dos anos 80 com óculos do *Jornada nas Estrelas*, que depois se uniu a Bush em uma coletiva de imprensa anunciando a utilização de centenas de milhões de dólares do imposto dos EUA para o perdão da dívida de nações pobres, muito pobres.

Os Abutres, sobrevoando, deviam estar sorrindo. A menos que a lei da dívida fosse modificada, os fundos de perdão iriam, afinal, alimentar os predadores. Era algo mais para Bush não saber de nada.

Jones e eu esperamos pela ação dos agentes.

Então, em 4 de novembro de 2008, a história foi marcada. Os Estados Unidos elegeram Barack Obama. O novo presidente havia sido gerado por um pastor mal-humorado da África que virou professor de Harvard e abandonou o futuro líder Barack quando ele tinha apenas dois anos de idade. Como presidente, Obama, em uma visita à Europa, aproveitou a oportunidade para entrar no continente de seus antepassados, usando suas poucas horas na África subsaariana para repreender os líderes por sua corrupção.

Não é preciso ter uma graduação em psicologia para ver que o homem mais poderoso do planeta aproveitou seu momento de VINGANÇA. E deve ter sido particularmente satisfatório para Obama poder ver todo o continente aplaudir a cor de sua pele (vários bares africanos agora são chamados "Obama") enquanto ele dava a eles a reprimenda que seu pai tanto merecia. Obama saiu a jato na fumaça do Air Force One, abandonando a África tão rápido quanto seu pai o abandonou.

O *The New York Times* adorou, agarrando a chance de repetir a história estereotipada daqueles africanos loucos e corruptos. O *Times* até regurgitou nossa história na BBC sobre a farra de compra de sapatos do presidente da Zâmbia em Genebra. Mas o jornal deixou de fora o cerne da nossa reportagem: os sapatos de salto interno eram pagos com suborno, como o *shopka* que o diminuto ditador Chiluba recebeu de Goldfinger.

A África é pobre demais para subornar a si mesma. Então, Sr. Obama, quem está realizando a corrupção? Os subornos são uma das poucas coisas ainda Fabricadas nos EUA. Ele também é um importante produto de exportação da Grã-Bretanha, Suíça, Alemanha e França.

"Ninguém quer viver em uma sociedade onde o império da lei dá espaço ao império da brutalidade e do suborno", censurou Obama. Você está coberto de razão, sr. presidente — uma pena que a Constituição exige que você viva nos Estados Unidos.

Hoje posso dizer que Michael "Goldfinger" Sheehan não está na prisão. Bem, pelo menos ele não está no Congresso. Ainda.

PARK AVENUE, NOVA YORK

A ex-sra. Steven Cohen expôs muito bem a merda do Saco — nomes, datas, documentos a respeito do nobre da SAC Capital, o arbitragista bilionário — e queria que eu a ajudasse a espalhar essa merda. O crime: *insider trading*, uso indevido de informações privilegiadas.

"Você vai receber um Prêmio Pulitzer por isso". Claro, senhora. Fiz meia dúzia de histórias que mereciam um Pulitzer ou pelo menos uma noite com a Halle Berry. Infelizmente, tudo o que as minhas histórias "Pulitzer" me renderam foram dois processos judiciais, uma dúzia de editores irritados e dinheiro o suficiente para um par de cadarços, para eu me enforcar.

Fiz os cálculos: que inferno, a *Vanity Fair* pagaria $4 por palavra por isso: uma história bilionária, loiras e sodomia no mercado de ações. Cinco mil palavras a $4 = $20 mil.

"Comece do começo. Soletre os nomes".

A esposa nº 1, Patricia Cohen, me levou para o passo-a-passo do primeiro sucesso milagroso no mercado de ações do ex-maridinho. Ela disse que o Saco, que então era um peixe pequeno em algum banco de investimento, soube por meio de seu patrão que a General Electric estava prestes a comprar a RCA. A cotação da RCA iria às alturas uma vez que a oferta fosse anunciada. Ela disse que por meio de um informante, o Saco comprou as ações da RCA prestes a se tornarem douradas.

Utilizar uma informação privilegiada como essa é um crime que dá cadeia.

Essa era uma puta acusação. Significava uma de duas coisas. A primeira, que Steven Cohen, bilionário badalado, especialista em fundos de cobertura, não passa de um criminoso, como um drogado que possui uma loja de conveniência, exceto que, pela quantidade de dinheiro envolvido, seria como possuir duas mil lojas de conveniência. Ou a segunda, que Steven Cohen pode prever o futuro e Patricia era uma atriz excepcionalmente talentosa aplicando um golpe.

O Saco ficou perturbado durante semanas, ela disse, agindo como um louco. Até que, finalmente, ela fez com que ele confessasse. "Vale a pena fazer isso?", ela perguntou, esperando convencê-lo a dizer a verdade para seu chefe.

Ele olhou para ela: "*Nove milhões* valem a pena?".

Fiz mais anotações. O Saco e a Sra. Saco se separaram depois disso, antes que ela soubesse que ele estava no caminho dos milhões para os bilhões. Ela descartou um jogo vencedor. E agora ela estava furiosa e pronta para acabar com o homem que ganhou tanto dinheiro que podia ser chamado de "filantropo".

A sra. Cohen (Patricia mantém o sobrenome dele para assombrá-lo) se divorciou do Saco e de sua mamãe "o dinheiro faz o macaco pular". O sr. Cohen então encontrou uma garota bacana do Bronx em um site de relacionamentos, que agora está gastando seus bilhões e contratando Annie Leibovitz para tirar suas fotos.

Aparentemente a nova sra. Cohen não liga para alguns soluços de choro depois dos jantares com a mamãe, nem para mãozinhas rechonchudas em um homenzinho rechonchudo. Talvez ela não repare. Minha amiga Donna Litowitz diz: "É incrível o quanto ele é alto quando sobe no dinheiro".

Levantei da mesa da cozinha, agradeci a ex-Cohen pelas informações impressionantes, prometi me aprofundar, e prometi a mim mesmo que não iria.

Me arrependi por isso. Mas do que eu *não* me arrependo?

Outra pessoa podia ganhar o Pulitzer. O Saco tem mais advogados do que o seu tubarão tem dentes (Cohen tem um tubarão). Fiz os cálculos: depois que os advogados dele acabarem com a minha carcaça, e os pesos políticos estiverem nas costas dos meus editores, eu terei gastado seis meses da minha vida e todas as minhas economias e terminarei com uma história presa no departamento legal da revista, apenas um potinho de folhas rasgadas.

E tudo porque a sra. Cohen só queria uma ferramenta para arrancar um pouquinho daqueles bilhões que *ela merecia*. Vamos ver: 1% de seis bilhões são 60 milhões. Eu fiz as contas: quando ela conseguisse isso, quando o Saco desse a ela o último beijo de ouro, ela negaria tudo que me disse; ela seria fiel ao seu homem; e eu estaria lá segurando meu pintinho e procurando por abrigo.

A Mamãe Cohen estava certa. O dinheiro faz o macaco pular. E eu não seria o macaco da Patty.

★ ★ ★

Então, em 7 de maio de 2011, Badpenny me avisa da seguinte manchete:
'CONTA DE COHEN' DA SAC EXAMINADA PELOS EUA POR USO INDEVIDO DE INFORMAÇÕES PRIVILEGIADAS

Lá se vai o meu Pulitzer.

O arbitragista bilionário/filantropo/filhinho da mamãe está com a corda no pescoço. Ou talvez não. Li a história de novo, depois rapidamente consegui uma cópia do processo da ex-sra. Cohen (você já esperava por essa).

Humm. Parece que a história de Patricia foi para o espaço. De acordo com seu advogado, a ex não ouviu *nada* que pudesse compreender. Era um papo muito técnico, muito além de sua cabecinha de loira.

Seu depoimento oficial foi bem elaborado para mostrá-la tão inocente quanto uma freira de pernas compridas, e mostrar o Saco como um *ladrão*, um trapaceiro.

Pense nisso: Patricia provavelmente gastou sua parte dos $9 milhões que foram obtidos do alegado uso de informações privilegiadas sobre a RCA. E se você acredita na história dela, ela sabia muito bem como o Saco conseguiu o dinheiro. E lembre-se, quando ele perguntou "Nove milhões valem a pena?", ela deve ter concordado, *sim!!*

Em outras palavras, pelo que ela mesma me disse, ela era uma *co-conspiradora*, não uma denunciante. A prova que ela me mostrou também tinha suas digitais, assim com as dele.

Patricia deve ter percebido em algum momento que $9 milhões *não* valiam a pena, mas uma parte dos $7 bilhões do Saco com certeza valia.

A questão para mim não é se O Saco negocia informações privilegiadas, apesar de que isso não seria legal. O problema é ele "negociar" de qualquer jeito.

O que quero dizer é, não existe um bilionário sem vítimas. Cohen é o Tales encurralando o mercado do óleo de oliva. O que faz o Saco ser admirado era um crime quando eu era estudante de economia. Ainda deveria ser.

A economia é chamada de "A Ciência Desolada". Você sabe por que? Não há nada infinito nesse mundo. As coisas são divididas. Thug e Ugh, lembra?

O presidente do Goldman Sachs foi chamado de "visionário" e "brilhante" por descarregar os títulos de hipotecas de alto risco de seu banco antes que eles fossem descobertos como bosta de vaca. Mas suas vendas brilhantes significam que algum bombeiro no Alabama perde seu emprego porque o estado acabou de perder uma nota com os títulos tóxicos do Goldman. Significam que um maquinista na Suíça, dependente de seu fundo de pensão, vê sua aposentadoria mensal transformada em salsicha de cachorro-quente.

Não reclame dos ricos comendo sua fatia do bolo, diz Thomas Friedman. Apenas cultive um bolo maior. Bolos não são cultivados, são devorados. É devorar ou ser devorado. A Ciência Mais Desolada.

Mas o clube dos garotos bilionários tem coisas melhores pra fazer com o seu dinheiro do que você, eu acho. Em 2006, Steven Cohen precisava de um tubarão novo. Ele comprou um que estava morto em um aquário de um artista britânico mediano e pagou $6 milhões por isso. Então o tubarão começou a ficar... estranho. Ele não estava preservado de maneira adequada, então o artista disse ao Saco que ele teria que comprar um novo tubarão morto. Esse custava bem mais de $100.000, uma soma "insignificante", disse Cohen.

"Gosto do fator medo", diz o homenzinho gorducho. Grrrr, diz Patricia.

Adam Smith e Karl Marx concordaram em um ponto: todo o valor é criado pelo trabalho. O valor é criado pelo Sr. Mamonov fazendo sapatos em Sangachal, fazendeiros montando abóboras para o Halloween e economistas formando mais economistas em salas de aula. Se ninguém faz isso, isso não tem NENHUM valor. Essa é a lei esculpida nos Dez Mandamentos da Economia. Consequentemente, quando você ouvir que um "arb" ganha um bilhão "pesquisando" os movimentos futuros de uma ação, cem mil pobres coitados que não estavam por dentro do jogo perderam aquele bilhão, venderam suas ações muito baratas para O Saco.

Criar novos produtos financeiros não cria algo de valor, economicamente falando. Quando novos produtos financeiros são criados do nada, depois vendidos para vítimas como nós, o valor que criamos é aumentado, roubado, removido, e paga pelo tubarão. Se você embolsa $20 de uma caixa registradora, é crime. Se embolsar $2 bilhões, ludibriando um fundo de pensão para comprar tampinhas de garrafa achando que são diamantes, é "arbitragem".

Lembre-se de Adam Smith: "Cuidado com o homem que colhe o que não planta".

(Bom conselho, Adam, eu devia tê-lo repassado para Patricia. Um juiz jogou ela, seu processo e seu macaco pelas escadas do tribunal, rejeitados.)

Apesar de que talvez *exista* um jeito de criar valor sem (muito) trabalho. Acho que posso convencer o povo da Cidade Terminal de que por $6 milhões eles podiam fazer um sorteio, enfiar o perdedor dentro de um aquário e vendê-lo para o Saco.

✳ ✳ ✳

Em todo caso, eu não podia parar meu trabalho real para investigar a disfunção familiar do Saco nem para me preocupar se Cohen podia realizar uma arbitragem entre suas esposas. Eu não podia porque o Abutre, Dr. Hermann, estava à espreita por aí — a menos que estivesse se escondendo embaixo da mesa com os outros milionários na FH International. E porque a Hamsá, seja lá o que for isso, seja lá *quem* for isso, estava apontando uma faca para o pescoço da Libéria.

Badpenny acabou de pedir que eu explicasse como um cara escondido no escuro atrás de sua mesa podia "possuir" a dívida de uma nação africana. Nesse caso, Hermann comprou o direito de recolher uma dívida supostamente da Libéria com o Chemical Bank, que mais tarde seria uma unidade do JP Morgan. Então foi incumbido ao Abutre Hermann e seu advogado Straus, como agiota, que pegassem o dinheiro da Libéria por todos os meios possíveis, contanto que fizessem isso de uma forma que não os conectassem visivelmente ao Banco Morgan (o Morgan havia assinado uma promessa internacional de nunca transferir a dívida para os fundos dos Abutres).

Então, por que um banco colossal, trilionário como o Morgan *traz primatas como Straus para quebrar os ossos da Libéria por causa de alguns trocados? Resposta: pela mesma razão das unidades do Morgan terem executado hipotecas sem valor algum em Detroit. Primeiro, ter alguns trocados é sempre melhor do que não ter trocado nenhum. E segundo, para* dar um exemplo *visível e sangrento: quando você não paga, vamos jogar as aves de rapina em cima de você. E em seus filhos e na sua avó.*

MIDTOWN, MANHATTAN

Há um jogo maior rolando aqui, a proteção política do sistema do Abutre, e eu queria chegar ao Grande Pássaro por trás dele. O Dr. Hermann, apesar de sua casa do tamanho do Coliseu, e Goldfinger, com suas rodas de magnésio, são relativamente peixes pequenos. Assassinos, sim, para países fracos como a Libéria e a Zâmbia, mas meras galinhas comparados ao Abutre-Mor, o pai do bando, Paul Singer.

Jesus pode ter transformado água em vinho, mas Singer pode transformar merda em prata. Por exemplo, no meio das guerras civis do Congo, Singer pegou títulos com valor nominal de $100 milhões. Dizem que ele pagou cerca de $10 milhões por eles, mas agora entrou com uma ação para receber $400 milhões do Congo. Nada mal para uma aposta de $10 milhões.

Abutres não se alimentam apenas de africanos famintos. Na verdade, a primeira grande tacada de Singer foi seu golpe nas vítimas do asbesto dos Estados Unidos. Os executivos de algumas empresas, como a WR Grace, USG e a Owens Corning sabiam que suas fábricas de produção de asbesto estavam matando seus trabalhadores, mas não se incomodaram em contar para eles. Quando pegas e processadas, as empresas solicitaram falência, aceitando pagar tudo que pudessem para aqueles moribundos e prejudicados pelo asbesto.

Mas Singer teve uma ideia melhor. A Grace, a USG e a Owens Corning, como você pode imaginar, não valiam quase nada, e Singer comprou a Corning a preço de banana. Simplesmente cortando a quantidade paga às vítimas, ele poderia incrementar o valor da empresa.

Você não quer morrer de asbestose. Seu pulmão fica mole e você sufoca, lentamente. Iniciou-se uma campanha atacando os trabalhadores moribundos. Eles estavam fingindo. Um dos agressores era um cara chamado George W. Bush. Em janeiro de 2005, o presidente realizou uma reunião televisionada com um "especialista" que disse que mais de meio milhão de trabalhadores que entraram com processo eram mentirosos. Se eles não conseguiam respirar, não era culpa dos asbestos. O "especialista" não era um médico, porém, notavelmente, sua "pesquisa" era parcialmente financiada por Paul Singer. Assim como Bush. Desde a morte de Ken Lay da Enron, Singer e sua equipe de fundos de cobertura no Elliott International tornaram-se os maiores contribuidores do Comitê Nacional Republicano. É difícil calcular a generosidade exata da equipe, porque parte dessa contribuição entra pela porta dos fundos. Por exemplo, em 2004, Singer colocou dinheiro por trás da armação do grupo "Swift Vets and POWs for Truth", criado para fazer oposição ao concorrente de Bush para a presidência, John Kerry.

Os ataques jurídicos, políticos e pessoais aos trabalhadores moribundos arrancou a compensação que eles esperavam ser paga pelas empresas de asbesto, aumentando o patrimônio líquido delas. Então Singer transformou a Corning, vendendo-a com um lucro bilionário bacana.

É legítimo, é brilhante, é doentio, é o Singer.

É por isso que o membro do Congresso Conyers não acreditava que o presidente Bush não sabia nada sobre os Abutres. Mesmo que Bush não se lembrasse dos negócios de Singer, o presidente dificilmente teria esquecido o nome do protetor Número Um de seu partido, o homem que financiou Bush até a Casa Branca.

―――――

Então, pensei em conversar com Singer sobre essa bolada do Congo — e o que ele poderia saber sobre seu antigo advogado: Michael Straus, o parceiro secreto do Abutre Hermann. Com a câmera nas mãos, Ricardo e eu andamos por Midtown Manhattan procurando por um prédio de 34 andares com uma caveira sobre ossos cruzados. Localizamos o quartel-general de Singer, mas não encontramos um Baú da Morte vigiado por um cara de tapa-olho. Em vez disso, encontramos George Gershwin, ou melhor, um sósia de Gershwin, de smoking com caudas, tocando *Rhapsody in Blue* em um piano enorme no saguão do prédio comercial que abrigava a Elliott International, poleiro do Abutre-Chefe.

Há mais de uma década, Straus, sentindo o cheiro de um pássaro da sua espécie, aproximou-se de Singer com uma ideia: comprar alguns títulos da empobrecida nação do Peru; comprá-los extremamente baratos e depois processar o país pelo valor "nominal". O prêmio: um lucro de 1000%.

Só havia um problema com o método de Straus. Era contra a lei. Era um "processo de interesse" nos lucros resultantes. Em Nova York, assim como em todos os estados, não se pode comprar as coisas com o único propósito de impetrar um processo. Por exemplo, você não pode comprar um carro estragado por $100 e depois entrar com um processo de $10.000, alegando: "Ei, esse carro está estragado!".

Singer levou Straus embaixo de sua asa sombria. Eles compraram os títulos falidos do Peru e depois processaram. Um juiz determinou que aquele era um "processo de interesse" e jogou-o na lata de lixo, mas uma corte de apelação fez com que o processo de Straus e Singer retornasse.

O pingue-pongue legal pode se arrastar por décadas. Mas Singer deu sorte. O presidente do Peru decidiu que seria prudente fugir de seu país. Algo relacionado a acusações de homicídio a caminho. O disfarce do presidente Alberto Fujimori para escapar seria uma visita oficial ao Japão, utilizando o avião presidencial.

Foi quando Singer, o agiota bilionário, atingiu e apreendeu o equivalente ao Air Force One do Peru. Processo de interesse uma ova — Fujimori precisava *dar o fora*. O advogado dos EUA no Peru, impressionado, me disse que o presidente ordenou que o tesouro do país pagasse tudo que Singer pediu ($58 milhões). Então o fugitivo Fujimori, com seu veículo de fuga, apressou-se para o Japão e renunciou à cidadania do país em que ele, estranhamente, continuava sendo presidente.

Então Singer ainda sobrevoa. Qual seria a próxima? O que quer um homem que já tem tudo, ou que já devorou a todos?

O Congresso. Embrulhado para presente.

No dia em que o Congresso aprovou a lei fraca mas bem intencionada de Obama, que devolvia um pouco da aparência de razão aos mercados financeiros, Singer convidou os republicanos que votaram contra a lei para irem ao seu apartamento no Central Park West tomar um café, um chá e um milhão de dólares. Contribuições para campanhas. Legítimas. É claro que são: os beneficiários do milhão redigiram a lei que tornou a prática legítima.

Singer, um homem generoso, emprestou seu próprio jatinho para a campanha presidencial de Rudy Giuliani.

Mas o topo é solitário, no topo da pilha de carcaças. Então Singer convidou outros dois bilionários para juntarem-se ao seu picnic: Steve Schwartzman, o especulador conhecido como Sr. Blackrock (depois de seu fundo de "cobertura") — e o Saco.

Os três juntos — Singer, Schwartzman e Cohen — concordaram em fazer o macaco republicano pular, em financiar um terrível tanque de dinheiro para impedir o retorno da lei para o campo financeiro deles. Eles sabem muito bem que a regulamentação é a expressão da democracia no mercado. Então, Singer está afrontando a democracia diretamente. Ele financiou um referendo para mudar a forma como a Califórnia distribui a maior quantidade de votos do país para a presidência.

Vamos admitir: esses caras são bons no que fazem. Contra nós.

Há um exemplo de quando a máscara corporativa da Elliott International caiu do rosto de Singer, quando uma vítima de um preconceito cruel foi jantar com ele. Seu filho. Ele queria se casar — com outro homem. De repente, o coração e a carteira de Singer se abriram para todas as campanhas de ações políticas de direitos dos gays dos Estados Unidos. É uma pena que seu filho não se apaixonou por um garoto do Congo, doente pelo asbesto.

Eu tinha várias perguntas para o Sr. Singer, mas os seus guardas nos pararam na porta. Até o Gershwin nos deu um olhar ameaçador. Liguei para o agente de relações-públicas de Singer, que disse que eu "nunca" poderia me encontrar com ele.

"Nunca mesmo?".

"Nunca *mesmo*".

Liguei para Jones na BBC de Londres. Ele tinha uma nova pista sobre a Elliott International. Singer ainda não sabia, mas nunca mesmo é um tempo menor do que ele imagina.

PARK AVENUE, CENTRO, NOVA YORK

Não é bem uma chuva. A cidade de Nova York estava molhada o suficiente para ficar escorregadia, apenas luzes de freio vermelhas e um policial deprimido pronto para atirar em uma criança porto-riquenha. "Achei que ele estivesse armado". Esse tipo de dia.

Singer não falaria, mas um amigo dele sim. Não estou a fim disso. Talvez fosse a segunda dose do conhaque Presidente na noite passada, antes de eu ir dormir. Ou talvez fosse a quarta vez que são 4h da manhã e eu não consigo dormir. Não sou mais um alcoólatra, mas vou tomar umas agora e... que se dane. Você não se importa. *Sólo mi mamá llora para mí.*

Na Park Avenue, os táxis passam rápido, levando nossos superiores e jogando água das poças em nós. Então, Ricardo e eu fomos andando para o edifício macabro que abrigava a Greylock Capital. O nome não é exatamente um raio de sol.

O diretor da Greylock é Hans Humes. Ele tem uma prancha de surfe em seu escritório. Hans é muito bacana. Ele tem fotos de seus amigos do Corpo da Paz na parede. Há uma carta de um padre de uma favela no Equador agradecendo a ele por ajudar as pessoas humildes de lá a terem encanamento de água.

Para a entrevista, Hans colocou um casaco rasgado de um mercado de pulgas. Brilhante: ele sabe exatamente como elevar a imagem de um especulador de fundo de cobertura milionário.

Rick está captando toda essa camuflagem na câmera digital e sussurra: "ele ainda é um Abutre".

Na verdade, Ricardo está errado. É preciso mais do que penas — cobrando as dívidas das nações quebradas — para ser um predador. Não importa. Não me importo se Hans é o São Francisco ou se é mais baixo do que os testículos de uma aranha. Ele tem informações sobre Hermann e Straus e eu acho que posso encorajá-lo a entrar nessas águas perigosas para denunciar seus compadres e às vezes rivais.

Não começa muito bem. Os resquícios do presidente me levaram a falar do presidente Correa — que, eu tinha esquecido, venceu a Greylock com seus títulos do Equador. No entanto, Hans admite uma certa admiração pela trapaça brilhante de Correa em nome do interesse público de sua nação.

A Greylock tem um nicho de mercado: Os Abutres Bacanas. Ao invés de prender nações por um grande resgate, Hans prende nações como a Nicarágua ou a Libéria por um *pequeno* resgate. Na verdade, ele tem muitos amigos na Libéria, porque facilita os acordos para deixar os países mais pobres pagarem suas dívidas de forma mais em conta. Ele compraria dívidas por um centavo sobre o dólar. Ele encontrou os títulos da Libéria em uma caixa esquecida na despensa de um banco.

O Sr. Abutre Bacana trabalhou em um acordo para a Libéria. Ele pegou sua caixa de títulos velhos, empoeirados e esquecidos da Libéria e ofereceu-os baratos para o governo: apenas três centavos sobre o dólar (o que ainda geraria um lucro gordo para a Greylock). Mas a Libéria não podia comprar nem um hambúrguer, imagine 3% do valor nominal de todos os seus débitos antigos. No entanto, o Banco Mundial, o FMI e os países doadores — nesse caso, a Noruega, a Suíça, a Grã-Bretanha e os Estados Unidos — aceitaram pagar a pequena quantia a favor da

Libéria, mas com uma condição: *todos* os detentores dos títulos, todos pagando pela Libéria deviam aceitar os mesmos termos. Se o Abutre Bacana tivesse 3%, todos teriam 3%.

E todos fizeram assim. Quase.

Aqui é onde a história se torna doentia e triste (eu vou ter que terminar esse conto da dívida da Libéria partindo do que posso juntar de documentos e das palavras de Hans e de mais dois informantes, entre outros espalhados em três continentes. Eu gostaria de saber o ponto de vista do dr. Hermann, mas ele está escondido, ou esquiando, ou as duas coisas).

Em 2007, todos os detentores da dívida da Libéria se encontraram em Nova York. Isso incluía bancos franceses, o Sr. Abutre Bacana, o dr. Hermann, Straus, entre outros. Os Estados Unidos, a Grã-Bretanha, a Noruega e a Suíça concluíram o negócio atrás de portas fechadas e assinaram cheques para todos a 3,1% da quantidade "devida" pela Libéria (coloquei "devida" entre aspas porque em alguns casos a Libéria nunca viu o dinheiro).

O Abutre Bacana e todos os outros enviaram seus títulos e pegaram seus 3,1% — exceto por Straus. Estavam faltando alguns títulos de Straus. Ele *vendeu* boa parte deles. Aqueles títulos estavam agora nas mãos do Olho Maligno sobre a mão aberta: a Hamsá.

Straus não tinha o telefone da Hamsá, não sabia como encontrá-los. Foi mal.

Aquela era uma crise de verdade — para os países doadores, para os especuladores bacanas que estavam dispostos a pegar os 3% e correr, mas especialmente para a Libéria. A Hamsá agora podia executar seus títulos, avaliados em $26 milhões, e legalmente confiscar qualquer doação ou investimento daquele país em apuros.

A Hamsá podia dar seu preço. Ela não tinha endereço, mas tinha advogados, e eles tinham o preço: *cinquenta vezes* o que todos os outros aceitaram.

Notavelmente, aquele era o mesmo golpe que Straus, como advogado de Singer, havia aplicado no Peru anos antes. No Peru foi assustador, esperto mas assustador. Isso era ainda mais assustador.

Por quê? Resposta: informação privilegiada. Todos os detentores da dívida foram para a sala de negociação sob a condição de que eles colocariam todos os seus títulos, para não processar judicialmente e não traficar as informações adquiridas nas negociações. Straus entrou sabendo algo que ninguém mais sabia: os títulos da Hamsá não estavam no acordo. Se — e eu enfatizo o *se* — Straus lucrou com isso, então ele trapaceou para que seus colegas detentores de títulos desistissem de suas reivindicações por um valor baixo, tirando do caminho essas reivindicações competitivas.

Agora a Hamsá mantinha a Libéria como refém: como sua última credora remanescente, tudo que o país tinha era dela. E os milhões de dólares pagos pelos contribuintes dos EUA e da Grã-Bretanha para ajudar os pobres da Libéria não serviram de nada: os governos doadores agora teriam que desembolsar mais uma nota para pagar a Hamsá.

O Sr. Abutre Bacana me informou do jogo porque pensou que eu podia descobrir se Straus mantém uma conexão com a Hamsá; ou, se ele *é* a Hamsá. Se a Hamsá é de fato a mão de Straus, ele teria levado a Greylock e todos os outros detentores a aceitarem pouco dinheiro.

E os maiores otários? O povo dos Estados Unidos e da Europa, que responderam aos pedidos emocionados de Bono e Nelson Mandela para pagarem o peso das dívidas assassinas que estavam esmagando os africanos. Em vez disso, o orçamento para o "perdão da dívida" seria subtraído por essa mão chamada Hamsá.

Mas que diabos isso tem a ver com o dr. Hermann? Hans disse que Hermann era um cara bom, não era um Abutre de jeito nenhum. No entanto, de forma estranha, Hermann parecia defender o sinistro Straus, ficando do lado dele em detalhes da divisão do espólio. Isso levou Hans a perguntar ao dr. Hermann — duas vezes — se ele tinha algum negócio com Straus. Hermann disse: "Não!", e o Bacana acreditou na palavra dele. Agora, quando um cavalheiro dá sua palavra de honra — duas vezes — eu presumo que é tudo uma grande caixa de merda de cavalo. Os cavalheiros e suas palavras honoráveis começaram mais guerras, mataram mais judeus, sérvios e africanos, roubaram mais terras indígenas e transformaram mais garotinhas em escravas sexuais do que o mercenário comum.

Matty Pass conseguia com habilidade a papelada mostrando que Straus havia atuado como advogado de Hermann no processo contra a Libéria durante a guerra civil do país. Isso não cheirava bem, mas os advogados da BBC disseram que Straus ser advogado de Hermann não fazia deles parceiros.

Então lembrei do combate corpo a corpo entre mim, Badpenny e Felipe II. Pela memória embaçada do meu lábio sangrento, minha bebida e minha dor extrema, lembrei dela dizendo que havia encontrado a conexão entre Straus e o Dr. Hermann: um fundo de cobertura chamado Montreux.

Badpenny era fanática, fervorosa para encontrar essa conexão. A investigadora foi atrás de todos os arquivos de Comissão de Títulos e Câmbio da história do Montreux Capital. A tarefa era desumana, dolorosa para o cérebro. Era isso que ela estava tentando mostrar ao chefe de ressaca às 5h da manhã, esse documento aqui.

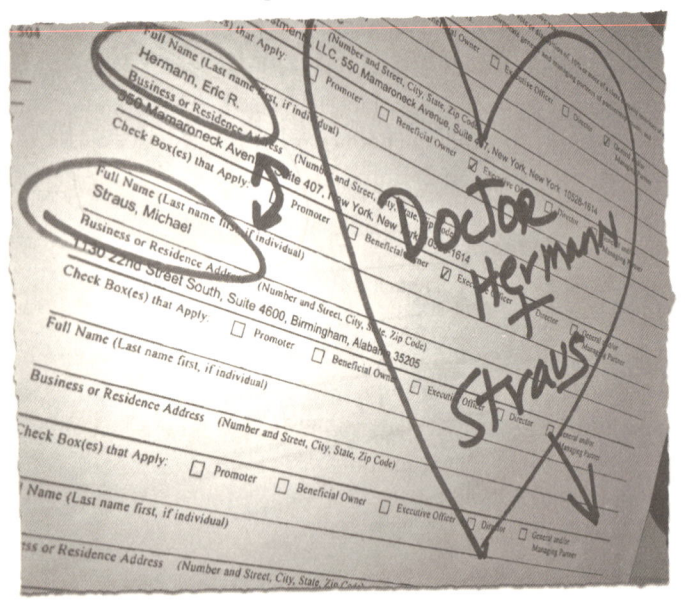

Lá estava a prova: por mais de uma década, o parceiro de Straus no Montreux era o correto dr. Eric Hermann.

Quando contamos para Hans o que encontramos, ele pirou. Ele havia sido tomado, envolvido, enganado, depenado, enrolado, depois levado para a lavanderia. Por milhões. Foi quando ele me disse: "Parece que o Eric passou para o Lado Negro".

UM TRIBUNAL EM LONDRES

O dr. Hermann não queria ficar conhecido como um Abutre. Os narcisistas de Hollywood iriam expulsá-lo das recepções do Festival Sundance de Cinema. Mas o doutor quer ter as duas coisas: comer a carniça com os especuladores e beber vinho com as estrelas. Então o jogo dele é sutil e, como todos os corredores de maratona, ele é paciente. A posse da dívida da Libéria, o direito de confiscar os bens daquele país foram obscurecidos em um labirinto insano de transações, repassadas para lá e para cá entre empresas chamadas Red Barn, Montrose, Red Mountain e Wall Capital, em uma dança giratória antes de parar nas mãos da Hamsá.

Os advogados da Hamsá juraram para um tribunal britânico que eles não tinham ideia de quem ou o que era Hamsá, mas eles eram instruídos a arrancar o coração da Libéria a menos que a Hamsá recebesse sua cota de almas, 5000% a mais do que a soma aceita pelos outros credores.

Isso não era piada. A Libéria mal respirava. Uma guerra civil demente matou um décimo da população. Agora, com o fim da guerra, após sua primeira eleição democrática, a Libéria esperava poder se alimentar novamente. No entanto, ninguém podia dar um centavo para o país, investir uma moeda, porque a Hamsá tinha o direito de confiscar tudo. Eles eram os donos do país.

Uma vez que toda a dívida da Libéria, exceto a da Hamsá, estava acertada sob o acordo de 3%, uma corte britânica determinou que a Hamsá podia receber cada dólar que exigisse. Mas a corte suspendeu por um curto período o direito dessa entidade misteriosa de começar a confiscar os bens da Libéria.

E se eu pudesse caçar essa empresa do olho com cinco dedos e conectá-la com a informação privilegiada conhecida por Straus e Hermann? Se a Hamsá tivesse qualquer ligação com Straus ou Hermann, então a Libéria podia pedir a anulação das alegações dela no tribunal britânico, porque a transferência de títulos teria sido fraudulenta.

Jones estava horrorizado com o custo do orçamento apertado da BBC, mas eu sabia que eu e Rick precisávamos ir para a África imediatamente.

MONRÓVIA, LIBÉRIA

Em 1980, após o coronel Sam Doe amarrar todos os ministros da Libéria em postes e atirar, seus homens mutilaram e assassinaram o presidente em seu próprio quarto. Era basicamente o fim de cem anos da democracia mais antiga da África.

Sam Doe, meio louco com o poder, nomeou-se presidente. O futuro presidente dos EUA, Ronald Reagan, *completamente* louco com o poder, estava exultante com a oportunidade de ver Doe, um aliado declarado de Reagan na guerra contra o Comunismo Ateu, aprisionar aquela parte do oeste da África. O então presidente dos EUA injetou milhões de dólares em armas para o novo déspota, sr. Doe, que Reagan chamava de " sr. Moe".

Não demorou muito para que outros chefes de guerra tentassem pegar um pedaço da torta norte-americana, e também as minas de ouro da Libéria. Eles formaram os primeiros exércitos de crianças da África, algumas ordenadas a atirarem nos próprios pais.

Em Monróvia, a energia foi cortada, depois a água foi cortada — e ficaria assim por quase uma década. Em 1990, o príncipe Johnson nomeou-se presidente, ou seja, ele cortou Sam Doe em pedaços não apetitosos, tudo televisionado. A nação caiu em uma anarquia descontrolada.

Depois as coisas ficaram ruins.

Em algum lugar na sombria Massachusetts, um desfalcador condenado, durante uma transferência de prisão, pulou da van blindada, lançou seus carcereiros na selva enferrujada dos lixões nas periferias de Boston e chegou, sabe-se lá Deus de que jeito, em Goma, Libéria, onde em 1989 ele também se declarou presidente.

O fugitivo, Charles Taylor, é outro psicopata assassino, um golpista e um economista credenciado, uma combinação muito frequente. Taylor estudou sobre a Libéria para sua tese na Universidade Bentley de Massachusetts, então ele sabia que para percorrer bem seu caminho até o alto posto precisaria de muitas drogas, diamantes, armas, crianças soldados e a ajuda de alguém profundamente perturbado como ele. E para isso, o Bom Deus criou Jimmy Carter.

O apoio de Carter para a "candidatura" de Taylor foi crucial para o sucesso definitivo de sua campanha homicida, o que era notável por seu slogan de vitória: "Ele matou minha mãe, ele matou meu pai. Vou votar em Charles Taylor!".

Em 1993, o vice-secretário geral das Nações Unidas, Winston Tubman, sabe lá Deus por qual motivo, pediu para que eu ajudasse a convencer o Departamento de Estado dos EUA a participar de um plano para salvar a nação condenada, seu país natal. Meu assistente Jim Ciment se voluntariou para ir a Monróvia e conseguir a história (o que ele fez, com o general Peladão). Com as informações de Ciment, executei meu plano com um subsecretário de Estado: *"Libéria: Um Sucesso Esperando para Acontecer!"*. Eu sabia que a equipe de bons garotos otimistas de Clinton prefeririam isso do que *"Libéria: Um Inferno Totalmente Fodido Pelo Qual os EUA Devem Assumir Alguma Responsabilidade"*.

O *sucesso* teria que esperar uma década por eleições verdadeiras e para a Hamsá soltar suas garras de credora.

Os diamantes eram os melhores amigos do presidente Taylor e ele supostamente fomentou a guerra civil em Serra Leoa para conseguir alguns.

É justo mencionar que o presidente Taylor (de sua atual prisão domiciliar) jurou perante o Tribunal Internacional de Justiça que nunca havia nem mesmo segurado um diamante. Mia Farrow, no entanto, testemunhou em 2010 que ele havia dado uma bolsinha cheia de pedras brutas para a supermodelo Naomi Campbell, que, vendo apenas um monte de pedras sem graça, livrou-se delas (há pessoas que consideram a srta. Campbell uma pedra sem graça que devia ser jogada fora, mas esse é outro assunto).

Foi em 2002, no meio da loucura da guerra civil, com um décimo da população morta ou morrendo, que os srs. Straus e Hermann processaram o governo da Libéria na corte federal de Nova York, exigindo milhões pelos títulos podres do fundo de cobertura deles, Montreux. É claro, não estava claro se havia um governo na Libéria para ser processado. Straus e Hermann gostavam assim.

Não é de se surpreender que nem os canibais que vagavam pelo palácio presidencial (sério), nem o condenado fugitivo Taylor, e nem ninguém mais apareceu no tribunal para defender a Libéria. E assim, o fundo de Abutre de Hermann e Straus, o Montreux, venceu um grande julgamento por omissão.

Era direito do Montreux receber aquele julgamento que de alguma forma saiu das mãos de Straus para a Hamsá. Um tribunal dos EUA podia ter dado um segundo julgamento para o novo governo eleito da Libéria, mas a Hamsá processou o país em Londres, cujas cortes eram notoriamente acolhedoras das reivindicações dos Abutres.

Hamsá: um Olho que Tudo Vê em uma mão mística. Quem diabos iria gostar de tal jogo de nomes e símbolos? Eu diria um Professor Moriarty, com uma educação ampla e clássica, que superestima as próprias distorções de sua mente. Em especial, não podíamos localizar Michael Straus, porque acontece que ele estava reforçando seu Latim em Oxford. Ele já é proficiente em línguas gregas antigas. Um Homem Renascentista, Straus também era presidente da Fundação Andy Warhol (é uma pena que a Fundação tenha sido pega vendendo Warhols falsos).

Eis o que sabemos: *Hamsá* = "Cinco" em árabe.

A investigação começa com especulação. Aqui está o meu palpite:

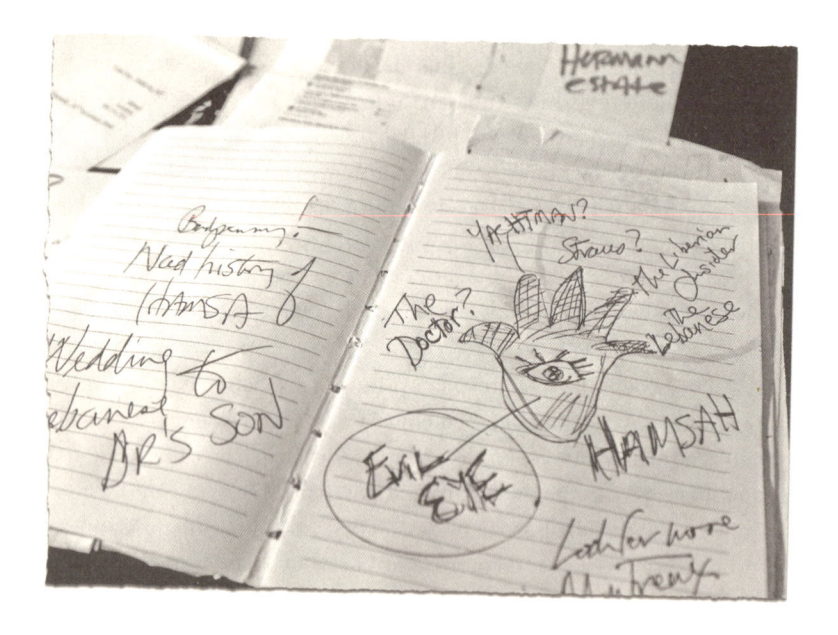

1. Polegar — Doutor Hermann
2. Dedo anelar — Landis
3. Dedo médio — Straus, o homem de Singer

Steven Landis é o parceiro secreto de Hermann. Nunca conseguimos encontrá-lo. Mas encontramos o iate dele navegando. Fomos para a marina e filmamos o dinheiro da Libéria flutuando por lá (isso me enche de rancor? Sou invejoso, raivoso com a imensa injustiça de um mundo onde uma hiena completa como Landis tem um iatezão, enquanto eu tenho um Honda vermelho e velho, com as luzes do FREIO piscando pra mim, e pescadores na Libéria têm disenteria e irão morrer aos 47 anos? *Sim*. Quero jogar bombas de precisão em algum Talibã perdedor e pobre em Tora Bora? *Não*. Quero que um míssil predador acerte o iate de Landis? *Com certeza*. Isso faz de mim um homem ruim? Eu me importo?).

4. Dedo mínimo — o informante liberiano

Sempre há um informante. Informações e influência escondida são a chave desse jogo. Alguém tem que convencer o presidente a pagar o título questionável, ou avisar os Abutres sobre os negócios a serem firmados.

Então, quem podia identificar o informante liberiano que estava sabotando o país? Discretamente, fiz uma ligação para me encontrar com Tubman, o homem da ONU que originalmente me puxou para esse labirinto liberiano. Erudito e formal, Tubman jantou comigo e com Rick, *kebabs* e *dolma*, na sala de jantar bem equipada do único hotel de verdade em Monróvia. Ele me passou o nome de alguém de dentro do círculo da presidente.

A melhor maneira de revelar esse informante seria alertando a própria presidente; talvez ela pudesse agarrar o Dedo Mínimo.

* * *

A presidente Ellen Sirleaf-Johnson, a primeira mulher eleita chefe de estado em toda a África, me recebeu em sua modesta residência na capital, usando um xale africano colorido e simples e um lenço na cabeça. Ela usava sapatilhas pretas simples. É claro que eu reparei.

Fui para a casa dela porque o "Salão Oval" havia pegado fogo, apesar do corpo de bombeiros ser do outro lado da rua. O país não tinha dinheiro suficiente para abastecer o caminhão deles.

Contei pra ela das minhas suspeitas de haver um informante revelando confidências do governo, o Olho Maligno na palma da Hamsá, mas ela era muito esperta para me falar o que faria com essa informação. No entanto, ela me perguntou se podia fazer uma súplica pessoal, em frente às câmeras, para a sombra chamada Hamsá. Ela disse: "Por favor! Tenha coração! *Tenha coração*".

Claro.

* * *

E o Número Cinco? O dedo indicador?

Apontando para os *kebabs*, Ricardo disse: "Libanês".

O dono do hotel é um libanês. Os donos de *todos* os hotéis são libaneses. Não há nenhum lugar em todo o país onde você possa usar um cartão de crédito. Você tem que pegar dinheiro de um libanês. Em uma nação completamente destruída, todas as finanças eram conduzidas por libaneses que tinham seu próprio sistema independente de trânsito de capital correndo por Beirute.

Em Nova York, Badpenny foi correr atrás da mão com o Olho Maligno. Uma Hamsá é um símbolo da Cabala, o símbolo hebraico da bênção que se vê em casamentos judeus, mas Badpenny descobriu que também é algo que se vê em casamentos libaneses. Então ela descobriu essa: um recorte antigo no *The New York Times*, uma história bonitinha sobre um padre maronita libanês e um rabino juntos, conduzindo uma cerimônia de casamento em Beverly Hills. A jovem senhora, de uma família libanesa poderosa, estava se casando com um tal de sr. Fredston-Hermann. Como em "FH" International. O filho do Doutor.

Hora de ir a Londres para encontrar Straus e bater um papo em Latim.

No caminho do aeroporto de Monróvia, Rick queria pegar uma "vista geral", fotos da atmosfera local. As crianças estavam por toda parte da rua, brincando como crianças. Mas com uma diferença: sem uma perna, sem um braço. Várias crianças sem os quatro membros.

Então, nós paramos e eu chamei uma criança vendendo chiclete, sem o braço direito. Seu nome era Peter Tah. Peter, o que aconteceu com você? Quando? Quem?

> *Quando os rebeldes vieram capturar nossa comunidade, eles nos pegaram e disseram: por que vocês não se juntam a nós? Na época eu tinha nove anos.*
>
> *Sem comida, minha família, todos choravam, morrendo de fome.*
>
> *Então, eles deram a arma e ensinaram como usar a arma, para treinamento com ela só por dois dias e a partir daí eles nos levaram para a linha de frente.*
>
> *E então, quando os rebeldes começaram a atirar, eu fiquei tão confuso, não sabia nada sobre arma, tão confuso. E eles me deram um tiro no braço.*
>
> *Depois, meu irmão mais novo correu pra mim; chegou, me pegou e me levou pro hospital. Mas o médico disse que não poderia cuidar da minha mão porque não tinha um tratamento bom, nenhum remédio, então eles foram obrigados a cortar meu braço. Meu braço inteiro.*

Peter estava segurando as lágrimas, então seu irmão mais novo, Fan Foley, continuou a história. Ele tinha à época oito anos.

> *Depois eu trouxe pro hospital um monte de caras, até dois amigos nossos morreram no hospital, porque não tinha um tratamento bom...*

Por que vocês se juntaram ao chefe de guerra?

Ele disse que se a gente não se juntasse a ele, ele mataria nosso pai. Então fomos obrigados.

Vocês salvaram o pai de vocês, entrando no exército do chefe de guerra?

MATARAM ele. Levaram ele pra fora e cortaram ele. E eu tava preso. E eles queriam me matar e matar meu irmão também.

É o meu dever perverso, como um repórter, nunca pagar alguém por uma entrevista, uma regra estranhamente justa (e maravilhosamente benéfica ao orçamento) em uma indústria de prostitutos. Mas esse é outro caso. No momento, lá estava Peter com seu único braço e seu único irmão, e todas as suas mercadorias foram levadas pela polícia porque eles estavam com uma barraca ilegal na rua, vendendo chicletes. Eu tinha um saco plástico do dinheiro vermelho liberiano no chão do carro, que tinha o valor de papel higiênico. Mas naquela cidade ferida, aquilo valia algo. Entreguei a Peter e a seu irmão uma mão cheia do dinheiro vermelho e eles sorriram pra mim como se fosse o Natal.

Sou um príncipe.

* * *

Então quem são os predadores de verdade? E eu não estou falando do chacal escondido de cinco dedos, a Hamsá.

Quero dizer, *cui bono?* Quem realmente tira proveito desse sistema de caos e tragédia? Quem transformou os protestos do Equador, o terror do Azerbaijão e a fome da Libéria em um centro de lucros?

Os Abutres comem as carcaças, mas quem realiza a matança?

Vamos começar com aquelas nações gentis que generosamente se ofereceram para pagar os abutres da Libéria: Suíça, Noruega, Grã-Bretanha e Estados Unidos.

Suíça? Comentei com a Badpenny que os suíços estavam fazendo algo que realmente parecia altruísta para mim, pagando as dívidas da Libéria. Ela me deu aquele olhar "você não tá falando sério" de McEnroe. "Os suíços? *Altruístas?*".

Acontece que, enquanto o maior negócio da Suíça é contar o Dinheiro dos Outros e esconder o ouro nazista, aquele pequeno país sem saída para o mar possui quatro das cinco plataformas de perfuração de petróleo em águas profundas do mundo, inclusive aquela no fundo do Golfo do México de propriedade da empresa suíça Transocean.

Grã-Bretanha? British Petroleum. A BP soube que os norte-americanos ficaram muito, muito chateados com as explosões de bilhões de litros de petróleo. Mas na Libéria ninguém consegue ouvir os gritos.

Noruega? Proprietária da Statoil, a número um do mundo em perfuração de petróleo em águas profundas.

A essa altura você já adivinhou, a Libéria havia acabado de descobrir um monte de petróleo em águas profundas.

EUA? Depois da descoberta de petróleo, o petro-presidente dos Estados Unidos, George W. Bush, fez uma visita incomum à Libéria, onde ele sambou com a sra. Sirleaf (sério). Dava pra imaginar o navio a vapor *SS Condoleeza Rice* atrás dele, fumegando pelo Atlântico.

São os velhos dois passos. Passo Um, um país fica mutilado por jogos de guerra generalizados. Os Abutres correm para as carcaças. Passo Dois: os grandes países "doadores" se oferecem para serem heróis com empréstimos — pagáveis com o petróleo bruto.

Os Abutres, desse modo, são carniceiros bem-vindos pela elite do petróleo, uma parte fundamental da cadeia alimentar carnívora da Combinação Energia-Finanças, onde a coleta de dívidas que torce os braços e o confisco de recursos passam de mão em mão, de garra em garra.

Pense nisso: quais termos a Libéria pode exigir das empresas petrolíferas quando o país tem que implorar por um pouco de gasolina para o seu único caminhão de bombeiros?

E o vencedor é a... Chevron Corp. Anunciado pela presidente Sirleaf em novembro de 2010.

Placar? Combinação Energia-Finanças: 1. Libéria: 0.

LONDRES

E então: acabou. A Libéria... ganhou.

Na noite de 25 de fevereiro de 2010, a BBC transmitiu nossa história pela TV. Lá estavam o covil revestido em neve do dr. Hermann, a placa do escritório arrancada da parede de seu prédio, os especuladores milionários escondidos atrás da porta, o apelo da presidente Sirleaf e as crianças feridas.

O público lamentou e rugiu. E exatamente no dia seguinte, o Parlamento votou para impedir que os Abutres coletassem tudo, até as almas, nas cortes britânicas. A ação judicial de $26 milhões da Hamsá agora não valia nada.

Admito, eu não espero finais felizes. Não espero que ninguém *assista* às minhas reportagens, imagine mudar a lei, especialmente uma lei para impedir que milionários ganhem mais milhões.

Esse é um teste terrível para o meu cinismo.

* * *

Badpenny e Jones queriam chutar minha bunda. "Nós acabamos de salvar a porra de um país africano e você está *infeliz*".

"Salvar"? A Libéria não parece estar "salva" para mim. Peter Tah foi salvo?

Além disso, não estou "infeliz". Estou irritado. Parar a ação do Abutre Hamsá na Libéria foi uma Coisa Boa. Mas era mais ou menos como ganhar um encontro com uma miss que era sua prima. Apenas não me completa.

Porque eles ainda estão por aí, sejam lá quem "eles" são. Eu estava escrevendo um livro sobre encontrar a Hamsá, o Cinco. E eu sei menos sobre ela do que no dia que começamos. Meio que um fracasso, não?

O único fato pelo qual me sinto confiante é que Lukasz, o aspirante a jornalista e sequestrador de computador, agora tem seu próprio programa de notícias na Polônia.

Em histórias de detetives, as pistas deviam se encaixar no último capítulo com um *ta-DÁ!* Foi o mordomo, na biblioteca, com o castiçal. O criminoso era inocente porque o prefeito desonesto armou para ele levar a culpa pela namorada do dono da empresa energética.

Isso é ótimo para ficção barata, mas e quanto à não ficção barata? Você irá fechar este livro e eu ainda estarei pensando se os geradores à diesel japoneses quebraram antes ou depois do tsunami, se a minha emissora irá me pagar para que eu descubra isso e se os advogados de Singer irão esperar até depois do Bar Mitzvá do meu filho para me arruinarem financeiramente. *Obrigado por ouvir.*

---

* Você pode acompanhar o progresso dessas investigações ao se inscrever para receber nossas atualizações periódicas em GregPalast.com (Infelizmente, por enquanto, nosso conteúdo é completamente em inglês).

Badpenny não está ouvindo. Enquanto estou cantando "Palast Sente Pena de Si Mesmo", ela está experimentando sua nova sandália Soda Effect-S de tiras pretas, plataforma anabela (FoureverFunky.com, $28) e eu armo a barraca. Ela sorri: "Vejo que seu pau é muito mais esperto do que você, Palast".

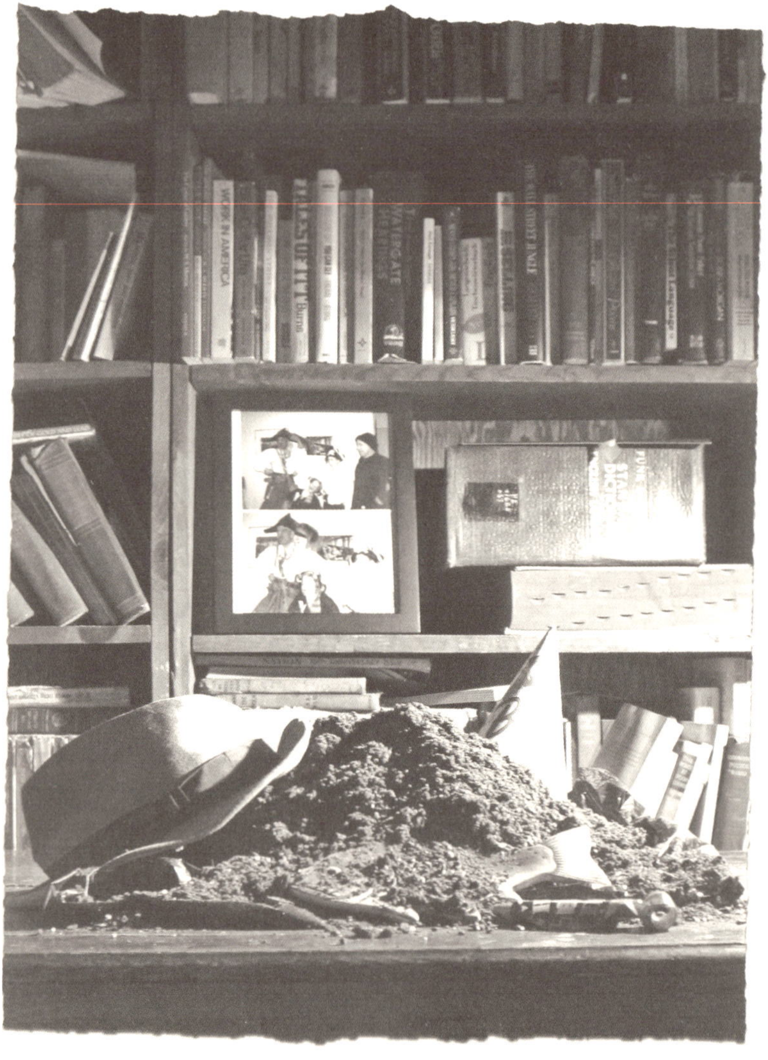
WORK IN AMERICA

CAPÍTULO 14

Um Monte de Peixes

NO AR, NOVA YORK PARA LONDRES

Talvez a BP me dê uma explicação sobre a explosão em Baku. Sempre há uma explicação.

O programa britânico *Dispatches* passou o meu filme sobre a BP no horário nobre. Ele tinha tudo: pássaros cobertos em meleca preta, arenques mortos, baleias de mau humor.

E, em algum lugar acima do Atlântico, eu percebi, *Eu não tô nem aí pros arenques.*

Nem tenho certeza se estou aí pras imensas nuvens de petróleo que sufocam os peixes. Quero dizer, olhe pra baixo, é um grande oceano. Há um monte de peixes.

Eu ouvi a mim mesmo dizendo isso e pensei: *Palast, ou você é um homem terrível, muito terrível, ou um grande filósofo.* Eu não sabia qual das duas opções e eu não tinha muita certeza se isso era importante.

Mas há uma história que eu ainda tenho que contar. Não sobre peixes, mas sobre a luta.

Eu não sei se gosto de baleias, mas sei que gosto de Etok. Gosto do modo como ele sacaneou de volta quando seu povo foi sacaneado.

Foi essa percepção que fez com que eu me sentisse muito sozinho e muito feliz, uma rara explosão momentânea de gratidão pelo mundo ter me dado uma missão, uma vocação e alvos gordos, e um lugar nesse planeta onde meu trabalho é dar um soco na cara desses caras.

Era o trabalho que meu pai queria, o qual abriu mão em silêncio e sacrificou sua vida pelos móveis, ferido no fundo de sua alma, para que eu pudesse fazer o trabalho que ele só podia observar à distância.

Acho que até mesmo no Inferno existem algumas noites encantadas. O Diabo as odeia, mas não pode impedi-las. Os fogos da condenação jogam cinzas na parte de baixo do Céu e nós, os condenados, acreditamos ver as estrelas.

Tenho que parar por aqui. Não vejo o que mais escrever que você já não saiba.

Pensei que esse seria um livro sobre petróleo, reatores nucleares, caras maus e ditadores chutando nossas bundas. Não tenho mais tanta certeza.

Se, daqui a anos, meus filhos, "D-Man e Peanut", lerem isso, o que eu terei dito a eles?

Olho em volta e não vejo uma escassez de petróleo. Vejo uma escassez de coragem. Folheio estas páginas e percebo que o que eu escrevi são as biografias dos corajosos.

Mirvari
Larry e Gail Evanoff
Inspetor Lawn
Kadija e seu pai
Homem do Cáspio e Homem Porco
Professores van Heerden e Steiner
Tundu Lissu
Jack Grynberg
Paul Kompkoff e Padre Nicholas
Chaim Ajzen
Chefe Criollo
Steve Donziger
Lonigro
Etok
Blogueiro Festeiro
Presidente Correa
Victor Yannacone
Soldado Manning
Frank Rosen

Cinzas contra o telhado do Inferno.

Talvez eu adicione *Gil Palast*.

Meu pai pensava que era preciso ter um coração de leão e uma alma de aço para enfrentar um mundo muito terrível para se explicar em palavras. Ele estava errado. Mirvari, van Heerden, todos eles me mostraram que você pode enfrentar um dragão *e* ser covarde. Apenas não deixe que o dragão saiba disso.

NA FLORESTA

Em 8 de agosto de 2011, o presidente Obama aprovou a concessão para a Shell Oil perfurar petróleo no Mar de Beaufort, na costa da Vila de Kaktonic.

E hoje é o meu aniversário. Linda ligou. Uma noite sem lua, particularmente escura, vem da floresta e arrependimentos diversos, mais velhos, também ligaram.

No sexagésimo aniversário de Steven Schwartzman, Rod Stewart cantou "Parabéns pra você". O Saco, Paul Singer e Donald Trump cantaram juntos. A esposa jovem do Blackrock, Christine Hearst, pagou ao velho roqueiro $1 milhão ($40.000 por nota musical). Talvez fosse amor. Talvez fosse medo de acabar como as outras quatro sras. Schwartzman anteriores.

A vida é feita de escolhas. Acho que eu estraguei tudo quando abri mão da minha entrevista no Goldman Sachs. Eu podia ter sido convidado para o aniversário do Blackrock. Podia estar festejando no picnic dos Abutres.

Ainda posso ir — como uma refeição. Tenho uma ideia melhor. Jones ligou do Centro da BBC de Londres. Ele achou os podres do FG Hemisphere, outro Abutre. Vou ter que ir à Ilha de Man, o paraíso fiscal no meio do Canal da Mancha, depois ao Congo.

Jones está me deixando faminto. Ouvi falar que abutre tem gosto de frango.

Os gêmeos e a Badpenny acabaram de fazer uma surpresa pra mim, enquanto eu estava digitando isso. Eles estão vindo para essa mesa de picnic com um bolo de aniversário cheio de velas, o suficiente para deixá-lo parecido com um poço de petróleo em chamas. Rod Stewart não apareceu. Não sinto a falta dele.

OS ALPES

Carregamos as cinzas da mãe de Badpenny na parte de trás do sedã quase até a fronteira em direção a Milão, no meio de um frio que fazia sair aquele vaporzinho da nossa respiração. Seu pai, o maquinista, estava no volante, é claro. Algumas orações, uma caminhada para a pequena capela de Roveredo, mas apenas até uma ponte curvada sobre um riacho, coberta de videiras à espera da primavera, uma gruta de conto de fadas.

Perguntei a Badpenny se ela já havia pensado em se casar ali. Ela disse que sim.

Comigo?

Penny estava gelada, tremendo mesmo sob o sol brilhante, em silêncio.

Era só uma tecnicalidade agora.

Então esse é o final feliz.

É? Você está feliz? Eu estou? É impossível para mim esquecer que, lá no fundo dos nossos bolos de casamento, a BP ainda lança produtos químicos satânicos nos aquíferos; um blogueiro com uma fantasia de burro está enlouquecendo na cela da prisão do Baba; o VLCC *Corvo*, carregado de vampiros industriais sugando a Mamãe Natureza, ainda navega nas águas do Ártico. E o filho do Chefe Criollo nunca vai voltar, nem meu pai, nem Linda. Então por que continuar? Pra quê?

BUDAPESTE, HUNGRIA

Por isso.

Quando eu estava na Escola Francis Polytechnic em LA, tínhamos que pegar aulas de treinamento vocacional. Pegamos desenho técnico. Era como se fosse "desenho de plantas". Pegamos oficina metalúrgica. Eles me mandaram fazer uma pulseira identificadora com uma lata de alumínio. Escrevi PAI na pulseira porque era a menor coisa que eu podia escrever.

Se você frequentou a Bevvie — Escola de Beverly Hills —, a Escola de Hollywood ou a Pallie — Pacific Palisades —, você não teve aulas de oficina metalúrgica. Você teve aulas de Colocação Avançada em Francês. Nós não tínhamos Colocação Avançada em Francês. Não tínhamos nada de francês. Não estávamos Colocados e não Avançamos.

Sentávamos naquelas mesas de desenho com aquelas réguas triangulares para que pudéssemos ter um emprego na Lockheed como desenhistas de plantas ou de aviões tipo caça. Ou para sermos montadores de puxadores de geladeira na fábrica da General Motors onde eles montavam Chevrolets e geladeiras Frigidaire.

Mas não iríamos pilotar os caças. Em algum lugar na Phillips Andover Academy, um bêbado estúpido iria para Yale e pilotaria nossos caças sobre o Texas. Nós não iríamos para Yale. Iríamos para o Vietnã.

Nesse meio tempo, riscávamos nossos lápis, usávamos nossas réguas triangulares e aprendíamos sobre a montagem para que tivéssemos um salário estabelecido pelo sindicato na GM. Vietnã, fábrica da GM. Esse era o plano deles para nós.

O que não sabíamos era que a fábrica de Chevrolets ia fechar. Não sabíamos e não nos importávamos. Só queríamos ver a calcinha da Christie Hernandez.

Christie usava vestidos muito, muito curtos, assim como Rikki Gross, e, sentado entre as duas, quase reprovei na aula de Espanhol. Mas então, levei Christie para a plataforma abaixo do letreiro de HOLLYWOOD e ela me deixou tocá-la.

Achei que tinha tocado o rosto de Deus. Mas Deus estava com o rosto virado. Ele estava sorrindo para algum cretino do Texas que tinha um poço de petróleo como pai. Deus usava os caras das aulas de desenho técnico da Escola Poly para limpar Sua bunda.

Eu não devia ser ingrato. Não fui para o Vietnã. Não precisei trabalhar na Chevrolet e gastar meu salário no clube de strippers em frente ao trilho de trem da fábrica. E graças a Deus não engravidei a Christie. Não que eu tenha chegado mais perto do que apalpar um tecido fino e branco.

Estou escrevendo isso em uma Suíte Presidencial de um hotel cinco estrelas em Budapeste (por quê? Tenho certeza que vou descobrir logo). Aqui foi o meu início: na estrada, onde minha avó húngara, da parte da minha mãe, nasceu. Mas eu não sei uma palavra de húngaro. Então algumas coisas acabaram dando certo.

Talvez Christie esteja morta; talvez Louie Hernandez tenha morrido no Vietnã no meu lugar. Talvez eles tenham virado as costas para aqueles trilhos que enviavam os equipamentos de montagem da Chevrolet para o

México depois que o NAFTA foi assinado. Talvez eles sejam republicanos no subúrbio de Las Vegas, gratos por serem vigiados pelo Departamento de Segurança Interna.

Deus limpa e dá descarga. E nós estamos acabados.

Não há nada de novo sob o sol. Mas eu vou escrever sobre isso de qualquer jeito.

Mudqnò.

ENTRE EM CONTATO COM A EQUIPE INVESTIGATIVA DE PALAST

(NÃO SE ESQUEÇA QUE, POR ENQUANTO, DAMOS PREFERÊNCIA À LÍNGUA INGLESA)

AINDA NÃO TERMINAMOS...

O *Picnic de Abutres* ainda não acabou.

Inscreva-se agora mesmo no site GregPalast.com para seguir Matty Pass, Jones, Greg Palast, srta. Badpenny e a equipe de investigações enquanto continuamos nossa caçada atrás da Hamsá, dos informantes da indústria nuclear e da próxima explosão da BP.

E nos siga em facebook.com/gregpalastinvestigates.

Para mais documentos internos e vídeos das investigações, visite VulturesPicnic.com, constantemente atualizado.

SE VOCÊ SABE QUEM MATOU JAKE...
OU SE POSSUI UM DOCUMENTO MARCADO COMO "CONFIDENCIAL"

Não o rasgue! Envie-o para nós no Fundo Investigativo de Palast. O Homem do Cáspio, o Homem Porco e o chefe de Inteligência da República Livre do Ártico eram todos leitores das nossas reportagens, que se tornaram nossas fontes. Nós realmente precisamos dos seus olhos, dos seus ouvidos, dos seus segredos. *www.GregPalast.com/contact*

Nossas investigações para a BBC e o *Democracy Now!* são apoiadas pelo Fundo Investigativo de Palast sem fins lucrativos, uma instituição de caridade criada por nossos leitores e telespectadores. *www.PalastInvestigativeFund.com*

AGRADECIMENTOS

Eu não escrevi esse livro. Eu só fui anotando. Esse trabalho, como todos os meus trabalhos, é a criação de pessoas com mais alma e dedicação do que eu consigo juntar, mesmo sóbrio. Isso inclui as minhas fontes, muitos que estariam em perigo se eu citasse seus nomes, apesar de que a maioria está em perigo de qualquer forma.

Esse trabalho é dedicado em primeiro lugar aos Dois Mil: os doadores do Fundo Investigativo de Palast. É por causa de vocês que não estou colhendo algodão na plantação do sr. Murdoch: vocês nos permitiram ir atrás de notícias, e não de dólares. E eu agradeceria nossos patrocinadores corporativos: mas não há nenhum, e isso é muito.

Não posso calcular minha gratidão por aqueles que puxam os remos no escuro compartimento de carga do navio das Investigações de Palast, aqueles que não recebem hora extra enquanto eu ganho os créditos: Matthew "Matty Pass" Pascarella, que deve prometer que vai escrever meu obituário com mais perdões do que eu mereço. Donald Roberts, cujo *outro* nome real é Zach ZD Roberts, intrépido jornalista investigativo fotográfico; Richard "Rickie Ricardo" Rowley, cuja câmera inventou o plástico Semtex para o cinema, e seus compadres da Big Noise Film, Jacquie Soohen e David Rowley. Kat L'Estrange, guarda-costas e especialista de operações: não, sua aposentadoria não foi aceita; A Fera Loira, detetive e coescritora Lenora Stewart, que diz: "Não vale a pena salvar pessoas que não querem ser salvas". Gostaria que fosse tão simples assim. Oliver Shykles, pesquisador, "fada, pacifista, adorador de árvores cuzão", como um leitor ciumento o chamou e nós o amamos por isso. Yuriy Kushnir, webmaster extraordinário; Ray Romano, Diretor Criativo e botão de ligar o meu cérebro; Tom D'Adamo, que me traduz para o inglês; Zane Groshelle por romper o hímen da verdade da mídia; Angelo Staeldi, câmera e cafeína; Christine Speicher, pela Direção de Arte e Vida; Dave Ambrose, editor do filme e "Palast Noir"; Tikonaut Ana Chen; Santiago Juarez, consciência; Victoria Crawford, arquivista; Liz Mescall, pelo *español con corazon*; Marianne Dickinson; Keri Melshenker; e a ultra-artista de filmes de retrato Lili Wilde, pelo trabalho maluco de redes sociais e por manter os outros garotos longe da moto da minha querida.

E em especial ao meu acolhedor "Jones em Londres", Meirion Jones, meu produtor no *Newsnight* da BBC TV, e paciente diretor de filme, "NÃO NÃO NÃO ERRADO ERRADO ERRADO VOCÊ ESTÁ LOUCO, PORRA". Nada é verdade até que Jones diga que é verdade.

Para Benno Friedman, que concebeu a ideia do *Picnic de Abutres*, mas que não merece culpa nenhuma. Para Donna Litowitz, minha *Yiddishe momme,* que me apresentou a Nanook. Você tem razão, eu digo *foda* o tempo todo.

Para a Família Rosenstein e a Fundação Puffin, porque a Verdade é brutalmente cara. Para Michael e Sheila Wilkins, Sharon Duignan, Norman Lear, Bill Perkins, Andrea Friedell, Steve Bing e a Família Michaan, por investirem em minha mina de fatos. Para Doris Reed, minha criminosa favorita. Para a Working Assets, Fundação Caipirinha, Fundação Threshold e Lori Grace, Sara McCay, Dr. Alice Tang, Jeff Barden, Danila Oder, James Yedor, Robert e Chandra Friese, Frank Kovacs, o trampolim de Barbara Kramer, Hope Morrissett, Alison "AL" Kennedy, Bill Perk, Bonnie Raitt e Jackson Browne, Pat Morrison, Timothy Finn, John B. Gilpin, Amy-Grace Shrack, James Schamus, Barbara Gummere *e* a mãe dela, e David Johnson pela ajuda, o que nos manteve respirando. Para Joey Kaempfer e Andy Tobias, pelos e-mails e pela corda salva-vidas. E Theron Horton, pelo processamento investigativo de números. E agradecimentos imensos ao especialista das ondas Kelly Slater.

E aos financiadores da investigação do Ártico até a Amazônia sobre a BP: Joy e Jeff Vidheecharoen-Glatz, Brian Joiner, Erik Sjoberg (e por sua pesquisa), Steve Kelem, Michael Finn, Helen Shoup (apoiadora desde o começo), James Fadiman e a produtora caçadora da verdade Dorothy Fadiman, Stuart Pollock, Tony Shanahan, Ian Graham, Cindy Moeckel, Betty Dobson, Elena Anzalone, Brandon Gant, Stephen Church, William Veale, M. L. McGaughran, Janette Rainwater, Todd Diehl, Anne Posel e Pat Thurston e os trigêmeos, David Johnson, Elliot e Nick Kralj, Anthony Spanovic, Bob "Nas linhas de frente" Fitrakis, Dale Pollekoff, David Riley, Annie e Willie Nelson, Ann e Mike Chickey, David Kahn, Kenneth Green, Keith Fuchslocher, Paul Mann, CF Beck, Janis Weisbrot, Doris Selz e Erwin Springbrunn, Steven G. Owens, Victoria Ward, Frank Reid, Gale Georgalas, William Schneider, Suzanne Irwin-Wells, Dan Beach, Fritz Schenk, Kenneth Fingeret, David Pelleg, Dick Shorter, John Wetherhold, Charles Turk, Edward Farmilant, Donald Duryee, Gilbert Williams, Sam Cowan, Tina Rhoades, Jack Chester, David Thomas, David Griggs, Barbara Sher, John Pearce, Peter Stubbs, e Charles e Can-dia Varni. E à NetOne-Media, nossos carteiros eletrônicos.

Para Alan Rusbridger e David Leigh do *The Guardian* e *The Observer* e para John Pilger por salvar meu trabalho infeliz por lá; para os *Air Americans* Randi Rhodes, Richard Greene, Janeane Garofalo, San Seder, Cenk Uygur, Mark Riley, Nicole Sandler, Marc Maron, Laura Flanders, Stacy Taylor, Mike Malloy, Cynthia Black, Al Sharpton, Shelly e Anita Drobny, John Manzo, Stephanie Miller, e especialmente Thom Hartmann pelo lado feliz do ADD (nosso avião pode ter se acidentado, mas nós ainda voamos), e especialmente ao meu megafone de apoio Mike Papantonio e seu parceiro apresentador, e meu parceiro escritor Bobby Kennedy (e seus braços direitos no *Ring of Fire* Scott Millican e Farron Cousins).

Para Kevin Sutcliffe e Dorothy Byrne do Canal 4, por pagarem pela carne de baleia. Para Jann Wenner, por me arrastar para a *Rolling Stone*; para o Rabino Michael Lerner em *Tikkun* e a Network of Spiritual Progressives; e Graydon Carter, Cullen Murphy, e Doug Stumpf, por uma recepção na *Vanity Fair*; Joe Conason no *The National Memo*; e no The Nation Institute, Katrina vanden Heuvel, John Nichols, Victor Navasky, e Esther Kaplan; Rick MacArthur na *Harper's*; e Matt Rothschild do *The Progressive* e Joel Bleifuss do *In These Times*; Bob Fitrakis e Harvey Wasserman do *The Cleveland Press*; e Larry Flynt e Bruce David da *Hustler*, sem medo de revelar tudo isso.

Para Chavala Madlena e Maggie O'Kane no Guardian Films, por insistirem que continuemos a caça aos Abutres.

Para Gail Ross, Anna Sproul, e Diana Finch, por representação sem cobranças. Para Jessica Horvath, Carrie Thornton, editores da Penguin EUA, pela paciência impossível e Dan Simon e *Seven Stories*. Para Andreas Campomar e Dan Hind, por publicarem debaixo do nariz da Rainha.

E para os produtores e editores de rádio, TV e mídia impressa que primeiro transmitiram e imprimiram minhas reportagens clandestinas: os aeronautas da Pacifica Radio Dennis Bernstein da *Flashpoints* e Amy Goodman e a equipe do *Democracy Now!*, Brad Friedman e o revigorante Gary Null, Harry Allen, Verna Avery Brown, Heather Gray Radio Free Georgia, Allison Cooper, Jim Lafferty, Deepa Fernandez, Rob Lorei, Ree Blake, Kris Welsh, Daphne Wysham (*aqui olhando para você, garota*), Dread Scott Keyes, Esther Armah, Indra Hardat, Tony Bates, Hugh Hamilton e Sharan Harper, Blase Bonpane, Sam Husseini, Fernando Velasquez, Son-ali Sohatkar, Mark Babawi, Dave Mazza e o pessoal da KBOO em Portland, Otis MacLay, Rob Lorei, Sam Fuqua, Tiffany Jordan, Jennifer Kiser, e o anormalmente brilhante Norman Stockwell; Mark Babawi, os novatos do rádio Martin Eder e Activist San Diego; e ao gigante em pé Jerry Quickley. E aos colunistas que fizeram com que Greg Palast se esgueirasse em seus documentos mais importantes: Bob Herbert, Paul Krugman, e EJ Dionne.

E aos piratas do ar Louie Free (culpado por falar a verdade), Chuck "Isso é o Inferno" Mertz, Scott "Nas Entrelinhas" Harris, Alan Chartock, Bob Lebensold, Alex Jones (que irá viver mais do que o FMI), Jim Hightower pelo chapéu, Mike Feder, Leon Wilmer, Christiane Brown, Bob McChesney, Mark Crispin Miller, Jeff Cohen, Peter Werbe, Duke Skorich, Chris Cook, Bev Smith, Meria Heller, Joyce Riley e Mike De Rosa, Harry Osibin, Phil Donahue, GritTV, Link TV, Linda Starr e Santita Jackson e o Reverendo Jesse Jackson, por graciosas manhãs de domingo. E meus melhores sentimentos por Ed Garvey e Fighting Bob.

Aos editores eletrônicos que arrebentaram o Muro de Berlim da mídia em preto e branco, inclusive Mark Karlin e a *BuzzFlash*, Marc Ash e Jason Leopold da *Truthout*, Arianna Huffington, Michael Moore, Scott Thill da *Morphizm*, Bob Krall da *Op-Ed News*, e Nicole Power da *SuicideGirls*.

Imensos agradecimentos: para Darick Robertson, por recriar os Super Anti-heróis do *Picnic de Abutres*, a revista em quadrinhos; para Mark Swedlund, por não ter conversa fiada; para o Tio Ollie Kaufman (*alev shalom*), por me mostrar que gênios devem ser mercenários; para Marcia Levy, porque nós amamos a vovó; e para D. Neil Levy, pela operação de frente da Lobbygate e as informações internas do Morgan (*in memoriam*). E ao Jello Biafra, por me ajudar com os mortos-vivos, e Winston Smith, pelos pôsteres e ilustrações de dentro do meu crânio de *Armed Madhouse* e *A Melhor Democracia que o Dinheiro Pode Comprar*; e Bob Grossman "canetas mais poderosas do que espadas" (*Jokers Wild*); e Ted Rall, Lloyd Dangle e Lukas Ketner (*Steal Back Your Vote*); e Stephen Kling e seus Anjos Vingadores.

Para Stereophonic Space Sound Unlimited, Willie Nelson (*Democracy*), Chris Shiflett (tema de *Palast Investigates*), Boots Riley & The Coup (*5 Million Ways to Kill a CEO*), Funkspace (*Mr. Beale, Meet Mr. Palast*), Moby (*Bush Family Fortunes*), Brod Bagert (*Jambalaya*) — e Srta. Badpenny e The Bad Actors (*Human Condition, She's A Man*) com a genialidade de Tony Fabel — por me darem os direitos da trilha sonora da minha vida confusa (disponível na edição interativa e em GregPalast.com/VulturesPicnic).

E para toda a Família Rosen, que segue em frente.

E, finalmente, obrigado aos babacas que me enviam ameaças de morte e assim me dão uma razão para viver.

E para Linda, a coautora da minha vida. Se pudéssemos fazer tudo de novo, meu amor, sei que você não faria. Mas eu faria. Definitivamente.

Dedicado aos Peanuts, que um dia vocês leiam este livro e entendam seu pai — e então expliquem-no para mim.

E para *mein schrecklicher Punk Engel*, nossa Investigadora, a poliglota deliciosa Leni Badpenny von Eckardt. Não, eu *não* sei merda nenhuma sobre o amor.

CAÇA AO TESOURO: Como todos os detetives, eu me imagino um homem culto com um conhecimento dos clássicos bom o suficiente para fingir bem em um coquetel em Soho. Joguei no livro duas frases plagiadas de cada um dos seguintes: Dante, T. S. Eliot, Ezra Pound, Shakespeare, Raymond Chandler, Charles Bukowski, o Torá e Oscar Hammerstein, e uma frase de cada um destes: Yeats, Melville, Schiller, Douglas Adams e Santo Agostinho. Os primeiros 100 leitores que acharem apenas uma referência não atribuída de seis desses autores e santos irão ganhar um filme, um livro ou um baralho de cartas marcadas da nossa fundação (envie para GregPalast.com/contact).

Observação: o prêmio continua valendo pela frase roubada de Hunter Thompson em *Armed Madhouse*.